U0502315

万历朝鲜战争

梁晓天·著

中国出版集团 现代出版社

图书在版编目（CIP）数据

万历朝鲜战争 / 梁晓天著 . -- 北京 : 现代出版社，2022.7

ISBN 978-7-5143-9898-4

Ⅰ. ①万… Ⅱ. ①梁… Ⅲ. ①中日关系－国际关系史－研究－明代 Ⅳ. ① D829.313

中国版本图书馆 CIP 数据核字 (2022) 第 062240 号

万历朝鲜战争

作　　者：梁晓天
责任编辑：姚冬霞
出版发行：现代出版社
通信地址：北京市安定门外安华里 504 号
邮政编码：100011
电　　话：010-64267325　64245264（传真）
网　　址：www.1980xd.com
印　　刷：北京瑞禾彩色印刷有限公司

开　　本：710mm×1000mm　1/16
印　　张：30.5　　字　　数：412 千
版　　次：2022 年 7 月第 1 版　　印　　次：2022 年 7 月第 1 次印刷
书　　号：ISBN 978-7-5143-9898-4
定　　价：79.80 元

兵者，国之大事也。战争非常复杂，涉及政治、经济、军事、科学技术、自然条件等因素。许多军事研究者，在研究战争时，大而化之，多以“腐败”二字来解释胜败。将复杂的问题简单化，是解决问题的方法之一，将战争的胜败完全归咎政治腐败，只会给研究战争过程中的细节带来负面影响。

本书从宗教、政治、外交、经济、军事、科学技术、自然条件等方面进行综合分析，就四百年前在东亚发生的国际战争——万历朝鲜役，力所能及地进行了分析，让读者对决定战争胜败的前后因果、过程细节，能有更为清晰的了解。

目录

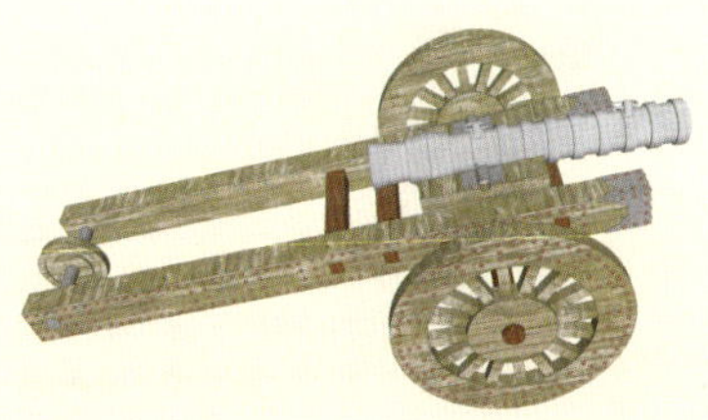

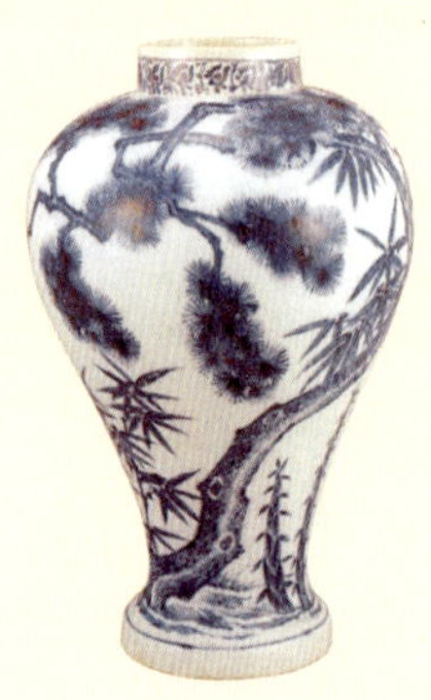

第一章

上帝的魔咒与『神国』的野心

马可·波罗笔下富饶的东方，是大航海时代欧洲人最初的动力之一。1145年，欧洲出现了约翰长老的传说，认为他是东方最强大的国王。这个故事是多种因素结合的产物，耶律大石打败塞尔柱王朝的苏丹就是其中之一。1165年前后，欧洲出现了“约翰长老来信”，13世纪前期，欧洲人曾将成吉思汗视为约翰长老。随着伊比利亚半岛长达800年的宗教战争的结束，葡萄牙和西班牙这两个取得最终胜利的天主教国家，以前所未有的热情，投入联合东方基督教国家，彻底消灭奥斯曼土耳其的伟大理想之上。然而，东方并没有约翰长老，最终展现在欧洲天主教徒眼里的，是一个远比奥斯曼土耳其更强大的“异教国家”——中国。

东方的香料、丝绸、瓷器，满足了欧洲人的财富需求，而欧洲人的宗教信仰并没有在东方广泛传播。作为东亚的文明中心，强大而富饶的天朝中国，是周边国家的榜样。当时的天主教教士在东亚乃至东南亚传教最大的难题，就是中国这个国家本身。当时中国对欧洲天主教传教士没有什么政策阻挠，作为当时东方国家行为准则（包括信仰范本）的中国，给传教士带来了一个巨大的难题——“若你的宗教是唯一真教，为何中国人对此一无所知”[①]。

狂热的信徒，在任何时候都是危险的。传教和对抗异教徒，是当时西班牙和葡萄牙人生活里不可或缺的一部分。1558年12月13日，耶稣会总会长秘书波郎科神父，在从罗马写给印度管区长克瓦多洛士的信中，提到了一件事：“在Chorao这个地方，有一位助理修士为管理教堂，向新基督徒教授教

---

① 参见《沙勿略书信集》。

《倭寇图卷》局部

义而驻留于此，为了对抗试图放火烧毁教堂的摩尔人，他拿着点燃火绳的火绳枪冲了出去。事件的结果是摩尔人被该岛的基督徒屠杀殆尽。”[1]

从“约翰长老国”到最大的“魔鬼”（佛像即为偶像，当时的天主教士视佛像为“魔鬼”）崇拜的“异教徒国家”，这是巨大的心理落差，这就不难理解，当时葡萄牙人为什么会用几条船和千余人去对中国进行无谓的挑战。从东南亚北上进攻广东的葡萄牙人，受到了中国人的迎头痛击，随后在东南亚陷入战争的泥潭。当使用武力无法打开中国通商和传教的大门后，葡萄牙人就以高额利润作为诱饵，与中国的走私商人和日本浪人联合，提供军火武器，最终引发了中国历史上危害最大的海寇行为——嘉靖大倭乱。

耶稣会传教士在日本则取得了巨大的成功，耶稣会会士圣方济各·沙勿

---

① ［日］柳田利夫：《耶稣会年报制度》，《锁国日本与国际交流》，上卷，箭内健次主编，吉川弘文馆，1988年，第42页。

纸本着色织田信长像（狩野元秀绘　长兴寺藏）

略（Saint François Xavier）于1549年踏上鹿儿岛之后，吸取早年在中国沿海冲突的教训，以提供火药武器和技术为诱饵，结合巨大的通商利润，吸引了一批试图在战国时代[1]天下大乱的局势里增强自己实力的地方大名，使天主教在日本短时间里快速扩张。到1587年，日本拥有天主教信徒20万人，大小教堂200所，包括47名日本人在内的传教士113人。[2]

天主教在日本巨大的成功是与明朝的政策分不开的。日本长期以来桀骜不驯，游离于中国制定的东亚国际规则即朝贡规则之外。对日本的封锁，使日本只能通过宗教有限对外交流，其技术引进、外交通道长期被僧侣把持。葡萄牙人来到日本，日本国内饱受僧院势力压制的世俗大名，由此获得了同僧侣对抗的新手段。大名们在宗教上引入了全新的天主教，而且僧侣长期把持的技术通道，也因为南蛮（当时日本人称欧洲人为南蛮）贸易而宣告瓦解，大名们可以直接向葡萄牙人购买新式的火药武器。其中最成功的

---

① 日本战国时代（1467—1600年或1615年），一般指日本室町幕府后期到安土桃山时代的这段历史。

② ［日］五野井隆史：《日本基督教史》，吉川弘文馆，1990年，第160页。

一个世俗大名就是被日本僧侣称为佛敌的第六天魔王——织田信长。

日本战国时代，群雄并起，战乱不休，底层平民生活十分困苦，纷纷投入宗教当中，以寻求精神上的慰藉。在这种社会环境下，一向宗第八世法主，开始亲自在各地传教。一向宗是净土宗的一支，提倡不用辛苦，人人皆可成佛，因此在日本国内迅速传播。大批平民选择依附于寺院势力，不可避免地与世俗的领主大名产生利益冲突。当矛盾日益尖锐，双方选择使用武力进行对抗，最终引发了日本历史上著名的“一向一揆”。

一揆，原先的意思是团结，后来泛指平民对统治者的反抗。一向一揆，便是一向宗信徒反抗世俗领主的武装暴动。最早的一向一揆，发生在加贺地区，一向宗信徒攻破了加贺守护富樫政亲的高尾城，加贺守护富樫政亲兵败自杀。从此，加贺地区成为地上佛国，当地从大名统治改由僧院住持和地方豪强联合执政。

第十代法主证如，将本山从京都山科迁移到大坂石山本愿寺，日本境内出现了强大的宗教王国。证如将大量手工业者及商人迁移到寺内町，不断强化僧兵武装，同时利用严密的组织向各地的信徒征收“志纳钱”，名义上作为对“佛”的敬贡，实则扩充自己的财力。16世纪中期以后，一向宗已经成为事实上独立于武家大名之外的宗教大名，能遥控日本各地的信徒。

武家大名与宗教领主不同，大名领地之间有严格的界限，而宗教大名的僧院不受领地限制。以前期织田信长的领地为例。在尾张国地区，一向宗建立的寺院超过了130座。织田信长的岳父斋藤道三对一向宗持支持保护态度，织田信长获得其岳父所领美浓国时，该地区的寺院超过了400座。而伊势国作为一向宗莲如证如期（15世纪中期至16世纪中期）的重点传教地区，一向宗的寺院更是超过了600座。这就是说，当织田信长领有尾张、美浓、伊势三国之时，其领地范围内一向宗的寺院多达1000多座。①

① ［日］藤木久志：《战国大名的权力构造》，吉川弘文馆，1987年，第47页。

石山合战图（和歌山市立博物馆藏）

有鉴于此，织田信长在统一过程中对天主教采取欢迎政策的最重要原因，除了通过“南蛮人”来获得新的军事技术，还有利用天主教对抗强大的佛教势力。当时天主教教士在传教过程中，态度极端，传教手段常常伴随着暴力，传教士一手圣经一手火枪，对于东方崇拜偶像的僧侣无所不用其极。传教士指示信众袭击僧侣，焚烧寺院，试图从肉体上和灵魂上，把这些崇拜“魔鬼”偶像的异教徒消灭干净。天主教在日本早期传教过程中手段过于激进，激发了寺院僧侣的抵抗，而对天主教采取宽容政策的织田信长，也最终走到了一向宗的对立面。

织田信长在天主教徒提供的火药、火器支持下，一步步向着“天下人”的宝座迈进。其他领主在面对寺院势力，比如一向一揆之时，通过战争手段镇压反抗之后，最终仍会与寺院进行和谈。而织田信长以十分决绝的手段，镇压了反对他的寺院势力一向宗和天台宗。

1571年9月，织田信长火烧天台宗总本山比叡山延历寺，将天台宗圣地付之一炬，杀死了数千僧众。1570年至1574年，织田信长三次进攻长岛，消灭了当地的一向宗自治势力。仅第三次进攻，就在长岛和中江两地，烧死一向宗的信众20000多人。1574年至1575年，织田信长镇压越前一向一揆，斩杀参与一揆的信众10000余人，并将捕获的一向宗信徒贬为奴隶，仅运往尾张、美浓两地的就有40000余人。1570年至1580年，织田信长又进行了长达10年的石山合战，彻底摧毁了一向宗本山石山本愿寺。

对耶稣会而言，对其抱有好感的大名强势崛起，摧毁偶像崇拜者的场所寺院，烧杀异教徒，利好传播天主教的福音。然而，即便是在日本，中国依旧是其传教道路上的巨大阻碍。

第一次登陆日本的圣方济各·沙勿略，在日本两年的传教过程中就遇到过这样的问题。日本的僧侣在与之辩论时，反复提及中国人不信天主教，因此他认为“中国是传播基督福音的一片有着广阔前景的地方，假如基督教义能在那里被接受，则日本那些异教徒将会不攻自破”[①]。

圣方济各试图前往中国传教，此举获得印度总督唐·诺洛那（don Alphonse de Noronha）和果阿主教唐·达布开格（don Jean d’Albuquerque）的支持。1552年8月，圣方济各乘坐葡萄牙帆船“圣太克洛斯”号（Santa Croce），抵达广东外海上川岛。然而，此时正值双屿之战结束不久，中国和葡萄牙正爆发武装冲突，没人肯冒风险将他送往广州。最终，这个将天主教第一次带入日本的耶稣会会士，于1552年12月3日病死于上川岛。[②]

在圣方济各失败后，耶稣会依旧试图在中国传播所谓上帝福音。1555年，耶稣会印度和日本省会长巴莱多（Melchior Nunez Barreto）神父，在前往日本的途中，在广州停留了两个月，试图赎出被中国关押的三名葡萄牙人和三名天主教徒。其间，他试图向中国人传教，被中国人“唾其面”[③]。

私人性质的传教活动没能成功，耶稣会开始借助官方。深受耶稣会影

① 参见《沙勿略书信集》。

② 参见布罗神父《圣方济各·沙勿略传》。

③ 参见费尔南·门德斯·平托（Fernão Mendes Pinto）《巴莱多神父旅行中国、日本记事》（*Peregrinação*）。

教皇庇护五世（格列柯绘）

响的葡萄牙国王唐·塞巴斯蒂昂（don Sébastien），命令新任印度总督唐·雷堂多（don François Coutinho de Redondo）派遣一个使节团前往北京，雷堂多任命圣方济各的好友雅各布·贝雷拉（Jacques Pereira）为使节团团长，同行的有贝雷士（Perez）、德塞拉（Texeira）和平托（Pinto）三名耶稣会会士。使节团于1563年7月26日抵达澳门，然而，广东当局拒绝葡萄牙传教士入境。贝雷士于1595年11月21日再次抵达广州，向广东的官员递交中文和葡萄牙文的备忘录，表达想留居中国的愿望，但再次被明朝官府拒绝。

中国无一人信教，无一传教士，但罗马教皇庇护五世（St. Pie V）却在1567年任命耶稣会会士加纳罗（Melchior Carneiro）为日本教区和中国教区的第一任主教。日本作为教区已经非常勉强，信仰天主教的人员数量很少，但毕竟还是有的，而中国这种没有天主教徒的国度，为何也成为教区的一部分，甚至有了主教？这与耶稣会的文件审查制度是分不开的。

1547年7月27日，耶稣会总会长秘书波郎高（Polanco）神父，向全体耶稣会会士传达了《分散在罗马以外地区的会员写信时应该遵守的规则》，对耶稣会成员的书信即传教情况报告，定下具体的写作规范。其中反复强调，书信内容应当积极向上，尽可能避免写令人沮丧的内容，要“让看信的人只能看到有利教化的部分内容”。1558年，波郎高神父再次强调：“有碍教化的内容不是一切都该记入。”这或许就是1567年没有一个信徒却有主教的中国教区的由来。[①]

与耶稣会此时略显温和的手段不同，奥斯定会的传教士马丁·德拉达，在1569年7月8日于菲律宾马尼拉写给法尔塞斯侯爵的书信中，提出了武装征服中国的建议：“中国人毫不勇武。他们全仗人多和炮垒对敌。只要占领他们的任何一座炮台，就可以斩尽杀绝。所以我相信（上帝保佑），用少数兵力，很容易地就能把他们制服。”[②]这是最早的传教士建议对中国进行武装传教的书信，然而，此项建议无疾而终。

1574年11月，在明朝水师的追击之下，在中国沿海无处可去的林凤集团，抵达菲律宾吕宋岛伊禄古近海，随即与西属菲律宾总督开战。次年3月，明军追击林凤集团的一条军舰抵达吕宋，哨官王望高会见了菲律宾总督拉维撒里。双方就合作剿灭林凤集团一事达成了协议，西班牙以协助剿灭林凤集团为条件，取得向中国派遣使节团的许可。在攻打玳瑁港的林凤集团时，王望高向西班牙人展现了中国在东南亚的巨大影响力。手持明朝印信的下级武官王望高，在西班牙的殖民地里，征召了5000名土著士兵，而与之对应的是，西班牙人在同一时间段里，只征召到了2500人。

菲律宾总督以保证消灭林凤集团为条件，使王望高同意乘季风提前返航，同行的有西班牙第一次遣明使节团。使节团带着两个目的抵达中国：一是要求中国政府允许传教士在华自由传教，二是请求划出福建的一个港口，供西班牙人贸易之用，一如葡萄牙人在澳门那样。然而，在使节团抵达福州之前，林凤已从西班牙人的包围中脱逃。使节团抵达福州不久，林凤的舰队便再次出现在福州沿海。心怀疑虑的巡抚福建佥都御史刘尧诲，将西班牙人打发回了吕宋，对于使节团的要求，则以自己不能做主，需皇帝批准为由一

---

① ［日］柳田利夫：《耶稣会年报制度》，《锁国日本与国际交流》，上卷，箭内健次主编，吉川弘文馆，1988年，第42页。

② 参见美国艾玛·海伦·布莱尔（Emma Helen Blair）和詹姆斯·亚历山大·罗伯逊主编《菲律宾群岛，1493—1803》（*The Philippine Islands*，1493—1803）卷三十四。

勒班陀海战（莱特绘　伦敦格林尼治国家航海博物馆藏）

口回绝。于是，菲律宾总督征服中国说，便在使节团回到吕宋之后不久，新鲜出炉了。

西班牙驻菲律宾总督的在正常人看来异想天开的计划，源于很多因素。1571年10月7日，勒班陀海战爆发，由西班牙王国、威尼斯共和国、教皇国、萨伏依公国、热那亚共和国及马耳他骑士团组成的神圣同盟（Holy League）舰队，在兵力劣势的情况下，以较少的损失大败了奥斯曼海军。奥斯曼土耳其舰队指挥官战死，头颅被挂在神圣舰队旗舰的桅杆上。土耳其人一共损失了200多艘军舰和30000多名士兵，与之对应的是天主教联军仅仅损失了16艘军舰和8000名士兵。这场重振基督教国家在地中海对抗阿拉伯人信心的战役，正是西班牙国王腓力二世同父异母的弟弟唐·胡安（Don Juan de Austria）指挥的。西班牙也是神圣同盟舰队里的主力。受此影响，西班牙在东方的总督开始变得激进——偶像崇拜的“异教中国”，在上帝的荣光之下，自然也会像奥斯曼一样不堪一击。

这些野心勃勃、试图武力颠覆中国的计划，除了勒班陀海战大胜的刺激，还出于一个很重要的因素，就是明初郑和下西洋时在东南亚建立的传统封贡体系。在西方传统的国际关系思维里，朝贡制度下的藩属国，在政治、外交上承认中国为宗主国，自认为中国皇帝臣属，领取中国对其封藩的印信后，便代表该国已被中国征服，成为中国的领地。葡萄牙人和西班牙人到达东方，分别占领满剌加和吕宋两国后，都曾面对这样一个问题：“中国人什么时候回来？”为此，葡萄牙人特意向中国商人打听过满剌加灭亡后明朝的反应。

王望高在吕宋行使宗主国权力，征召土著士兵的时候，摆在菲律宾总督面前的，就是这样一个需要面对的现实：有需要的话，中国人随时能够回来。王望高身为一名普通的下级武官，单凭印信便在西班牙人统治了几十年的吕宋征召到5000名士兵，如果中国人回来，兵力单薄的西属菲律宾，将要如何保卫这个远东的殖民地？

林凤作为一个在中国沿海被围剿得走投无路的海寇，在菲律宾驻屯近9个月，包括王望高征召的土著士兵在内，吕宋一共动员了近8000人进行围困。在西班牙人的记录下，林凤不过拥有2000名士兵、水手以及1500名妇女。围困的结果却是林凤扬长而去，西班牙使节团被中国地方政府直接遣返。林凤事件后仅隔一年，新任菲律宾总督弗朗西斯科·德桑德（Francisco de Sande）却奇怪地提出了征服中国的建议。与一年前菲律宾的西班牙人夸耀王望高精巧的军舰不同，此后的菲律宾方面对中国军事力量的描述，与使节团和葡萄牙的记录，形成了鲜明的对比。审视总督最初的军事计划，与中国作战，自卫有余，进取不足，区区数千人的兵力，实际上并不能在中国占领一个省。当今学者通常把西班牙征服中国的计划，归于总督个人狂妄自大，其背后的宗教背景乃至计划最终带来的影响都被忽视了。

与葡萄牙教会不同，西班牙在东方的教会多是天主教托钵修会，即苦修士派，这是天主教派内激进的派别之一。最早提出武装征服中国计划的，便是托钵修会四大修会中的奥斯定会，之后受西班牙国王派遣至菲律宾的，是托钵修会四大修会之一方济各会，同为苦修士派的多明我会也来到

在宗教裁判大会中的多明我会会士（佩德罗·贝鲁格特绘）

了菲律宾。也就是说，16世纪末期，天主教托钵修会四大修会之三，都来到了菲律宾，因而菲律宾也成为苦修士派在东方传教的根据地。然而，遗憾的是，贫瘠的菲律宾并不能代表东方，东方是富庶的中国和日本；让西班牙教会更遗憾的是，中国教区和日本教区的第一任主教是耶稣会会士加纳罗。

苦修士派当年是什么样的？天主教历史上的宗教裁判所（拉丁语：Inquisitio Haereticae Pravitatis），便是在1231年，天主教会教皇格里高利九世决意由多明我会设立的宗教法庭。16世纪的西班牙以宗教裁判所而闻名欧洲，其存在期间，用火刑处死了超过10万名“异端”。1571年，西班牙甚至在墨西哥成立异端裁判所圣职部仲裁法庭以“处理”，以反对天主福音的异端。

然而，与西班牙在欧洲、美洲军事上和宗教上的辉煌成功相比，在东方，特别是在中国，以耶稣会东方监察及总代表范礼安（Alexandre Valignani）1578年在澳门的哀叹来说，中国沉默得就像一块不会裂开的岩石。战胜阿拉伯人的喜悦、耶稣会成功的刺激，使受到托钵修会影响的菲律宾总督倾向于军事冒险，试图对中国进行武装传教。

然而，1578年8月，三王会战爆发，葡萄牙国王塞巴斯蒂昂一世溺死，王室绝嗣，导致葡萄牙在战后被西班牙吞并。西班牙自此达到全盛，但是，一个巨大的“异教国家”，崇拜“魔鬼”的中国，挡在了上帝的面前，加上当时明朝好男风，在天主教看来更是违天之恶行。西班牙教士对中国的信仰抨击，远比耶稣会激烈得多，方济各会教士集体发誓，要以福音教化中国，与崇拜“魔鬼”偶像的异教徒斗争到死。①

既然要同“异教中国”斗争到死，必然会诉诸战争。1582年6月24日，得知西班牙和葡萄牙合并消息的菲律宾总督，构建了一个更详尽的计划：出动12000名西班牙士兵，配合日本五六千名基督徒，再加上菲律宾土著，一共出动25000名士兵，征服中国。为了达到这个目的，菲律宾伪造了中国情报以欺骗西班牙国王批准这项远征计划。②因此，1580年之后，在胡安·包蒂斯塔·罗曼（西班牙菲律宾王家财库管理人）口中，中国变成了这样：巨大的帆船是风一吹就会破、不能远航的摆设，海战时中国人只会顺风撒石灰；中国人只会放礼炮，不会使用作战的火炮；中国人没有打穿盔甲的火枪，甚至没有带铁枪头的长枪；中国连壕沟都没有，只有单墙的由无武装平民放哨的城防。而澳门周围山头上全部是银矿，广州所有的岛屿上都有探明的矿脉。③

这就是当时在东亚的西班牙和葡萄牙官方的信件中，遍地财富而几乎不存在有效军事力量的中国。1584年，这个计划被削减到5000名西班牙士兵和六七千名日本人，以及三四千名菲律宾土著。在这个16世纪80年代由菲律宾天主教苦修士炮制的征服中国计划书中，有一个很重要的组成部分，就是日本人的参与。由于战国时代的日本没有中央政府，西班牙人在计划中反复提到的日本士兵，只能是由某个大名提供。在这个时间段里，唯一被记录下来的，对中国怀有敌意又有相当实力的地方大名，在当时只有一个人——被斥为“佛敌”的织田信长。

① ［西班牙］门多萨：《中华大帝国史》，中华书局，1998年，第251页。

② 张铠：《中国与西班牙关系史》，五洲传播出版社，2013年，第75—77页。

③ ［中国澳门］《文化杂志》编：《十六和十七世纪伊比利亚文学视野里的中国景观》，大象出版社，2003年，第123页。

1582年，日本耶稣会传教士在书信中记录下了织田信长的野心：统一日本六十六国，成为至高无上的君主，然后派遣一支大舰队征服中国。与之对应的，是菲律宾总督在同一年提出的由西班牙和日本联军征服中国的愿望。以当时日本的情况来说，最适合西班牙人的合作对象，便是对天主教怀有好感的、实力最强的织田信长。织田信长的崛起之路——一路捣毁传教士眼里的"魔鬼"偶像，屠戮佛教僧侣，深受排斥异端的托钵修会欢迎。被斥为"佛敌"的织田信长，很难从中日佛教交往这个有限的对外渠道中，获取多少有关中国的情报。而来自中国的唐船主要聚集在西日本的九州岛，当时并不在他的控制之下。南蛮人这个当时唯一可以获取大量国外情报的渠道，带来的中国信息又非常荒诞。连西班牙国王都敢欺瞒的传教士，对织田信长自然不会"网开一面"。虽然现在难以知晓织田信长眼中的明朝究竟是什么样的，但就之前的嘉靖大倭乱，以及西班牙人声称中国人害怕日本人胜过害怕死神来看，织田信长乃至其继承者对征服中国带有一种"美好"的憧憬。

再来看当时传教士对日本军事力量的描述：日本拥有世界上最多的火绳枪，总数多达30万支；织田信长的海军军舰上配备了无数精巧的长铳，还载有火炮；日本人高贵勇敢而富有理性。用传教士的话来描述中日战力对比，就是：拥有30万支火绳枪的日本，对中国少量而几乎无用的鸟铳；配备火炮火枪的日本军舰，对中国只会撒石灰的水师；勇敢而有理性的日本人，对懦弱胆小的中国人。更关键的一点是，中国人对日本人的恐惧远胜于对死亡的恐惧。

西班牙人甚至举出这样的战例证明日本人的英勇和中国人的胆小无能。一次，13个日本人乘船来到澳门，被3000名中国人包围，英勇的日本人突围而出，夺取了中国人的船离开。战斗中，超过2000名中国人被日本人杀死，而日本人只有一个人战死。这样极端的宣传背后，是极端的宗教思想，上帝的信徒和潜在信徒，面对崇拜"魔鬼"的异教徒，自然是战无不胜的。[①]

---

① ［日］高濑弘一郎：《基督教时代研究》，岩波书店，1977年，第41—61页。

丰臣秀吉像（狩野光信绘　高台寺藏）

于是，在日本这个封闭的国度里，统治者所能接触到的提供先进武器技术的主要人员，是信仰天主教的南蛮人。他们连续十几年向日本的实权大名宣传这样一个“真理”：中国是富裕的，遍地都是金银和财富，但防卫几乎不存在，中国人胆小而堕落，个人品质远逊于日本人。天主教传教士对日本的刻意吹捧，使本来就存在“日本是天下第一”“日本是神国”观念的日本人越发膨胀。对中国军事上的恶意贬低，以及西班牙、日本联合出兵征服中国的“远大”规划，使当时最可能统一日本的实权大名——织田信长的野心空前膨胀。即使当时控制的领地面积只有日本的1/4，他也对传教士发出了统一日本后进军中国的言论。织田信长在本能寺之变后身亡，继任者是其部将羽柴秀吉（后来的丰臣秀吉），延续了织田信长对天主教的宽容政策。随着羽柴秀吉逐渐统一日本，传教士的武装传教计划，从纸面上的规划，开始走向实际的运作。

第二章

强大而羸弱的『天下人』

织田信长身亡之后，最终统一日本的是其部将羽柴秀吉。羽柴秀吉原名藤吉郎，于天文六年（1537）二月六日，出生于尾张国爱知郡中村，其父木下弥右卫门，有出身贫困农户和足轻两种说法。藤吉郎幼年时，父亲死去。年幼的藤吉郎与继父不和，离家出走。因为生活艰辛、营养不良，藤吉郎身材矮小且容貌猥琐，酷似猿猴，被人称为“猴子”。

藤吉郎出身贫贱，但一心想出人头地，期望能进入武士家工作。经过努力，藤吉郎如愿以偿，为近江国头陀寺城城主松下之纲（松下嘉兵卫）服务。松下之纲虽然号称城主，但在日本战国时代，全国大大小小的“城”有数万个之多。当时的头陀寺城只是浜松城的支城，即外围据点。从2001年考古发掘的情况看，所谓头陀寺城，只是一个长约1町（109.09米），宽度略小，带有一圈壕沟的土围子。在头陀寺城待了几年的藤吉郎，最后还是离开了这个并无前途的城主。

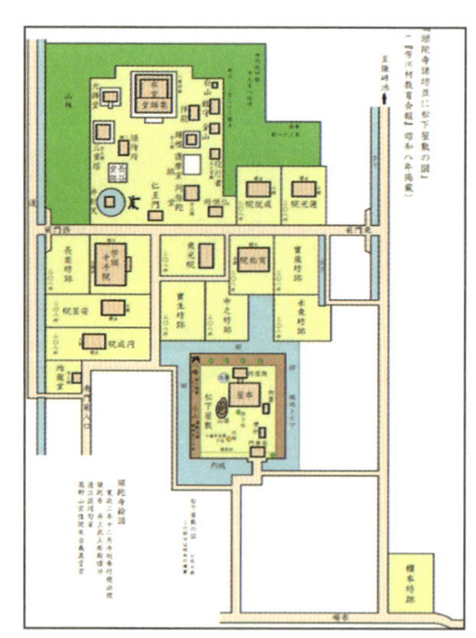

头陀寺城复原图

天文二十三年（1554），22岁的藤吉郎回到尾张，成为领主织田信长的下仆。传说，最初在织田家，这个“猴子”不过是给织田信长提草鞋的，后来因为在冬天时将草鞋放在怀中焐热，得到了织田信长的赏识。他最终从下仆一步步成为足轻组头，乃至在攻打美浓的斋藤家时，独领一军，并有了墨俣一夜城这样的成就。

不过，这些只是在江户初期才出现的《普庵太阁记》中的说法。实际上，一直到永禄八年（1565），“木下藤吉郎”这个名字，才第一次出现在文书之中。就在同一年，室町幕府第十三代征夷大将军足利义辉，在二条御所中，被三好义继、三好三人众（三好长逸、三好政康、岩成友通）和松永久通联军围困，试图重整室町幕府权威的足利义辉战败被杀，史称永禄之变。

足利义辉死后，其弟足利义昭颠沛流离，三年后，在朝仓义景家臣明智光秀的介绍下，前往当时已经领有的尾张、美浓两国。永禄十一年（1568）七月，足利义昭抵达美浓。在北近江浅井氏和南近江六角氏的支持下，足利义昭由织田信长和浅井长政出兵护卫，前往京都，即上洛。八月七日，织田信长抵达佐和山城。但此时南近江六角氏的六角义贤、六角义治中途退出，在拒绝出兵的同时，也拒绝织田和浅井通过。当时从织田领地前往京都，在陆路交通上只能通过近江地区，在上洛失败的织田信长返回岐阜城，开始联合浅井等大名出兵。九月七日，织田信长由岐阜出兵15000人，浅井长政出兵3000人，德川家康出兵1000人，合计19000人，号称60000人，于九月十一日抵达爱知川河北岸，进攻南近江。这就是号称结束战国时代，开创安土桃山时代（织田—丰臣时代）的观音寺城之战。木下藤吉郎确切的第一次领兵，出现在观音寺城之战的战斗中，此时的藤吉郎已改名为木下秀吉。

足利义辉像（日本国立历史民俗博物馆藏）

九月十二日早上，织田军渡过爱知川，兵分三路，进攻六角氏在南近江的各据点。第一队由稻叶良通率领，前往和田山城；第二队由柴田胜家和森可成率领，前往观音寺城；第三队由织田信长、泷川一益、丹羽长秀、木下秀吉等人率领，攻打箕作城。箕作城是在一个陡峭的丘陵山顶上修筑的山城，由当时吉田流弓术的继承者吉田重政（吉田出云守）领兵3000人守卫。此战中，木下秀吉领兵2300人由北方进攻，丹羽长秀领兵3000人由东方进攻，但箕作城周围陡峭的山坡和茂密的丛林，使织田军的兵力优势无法发挥。久战失利之下，织田军士气开始衰落，守将吉田重政于17时趁机反攻，将围城的织田军各部击退。

此战虽是木下秀吉有史可考的第一战，却显示出了他在军事上的过人之处。初战失利之后，木下秀吉随即整军准备夜袭。箕作城作为山城，山坡上有很多茂密的树林，而六角氏为了限制攻城一方的行动，没有清除山林。木下秀吉乘着夜色，借山林掩护，将部队悄悄运动至山腰集结，然后同时点起火把，对箕作城发起四面围攻。白天苦战了7个小时之久的吉田重政，没想到织田军没有进行正常休整，在织田军队攻入箕作城时毫无防备，所部在战斗中被当场斩首200余级。吉田重政见大势已去，只得率残部突围。仅一晚，六角氏本城所在观音寺城东南方外围工事，由六角家重臣兼弓术名家吉田重政领重兵防守的箕作城，便已宣告失守。丧失了斗志的六角义贤、六角义治开城投降，织田信长的上洛之路就此打通，而战国时代也在这场战斗中宣告结束。

足利义辉死后，松永久通、三好义继和三好三人众为争夺权力，在畿内地区（京都周围令制五国：山城国、大和国、河内国、和泉国、摄津国）杀得难分难解。双方反复争夺，使这些地区的生产活动受到极大破坏，东大寺也未能幸免，也在战争中受到波及，大批建筑被焚毁，奈良大佛连头部也未能保全。长年混战使交战的双方疲惫不堪，无力抵御织田信长大军。在兵不血刃占领京都后，木下秀吉与明智光秀、丹羽长秀、中川重政等人一起负责京都政务。在这次上洛之行中，在军事上崭露头角的木下秀吉获得了独立领军的资格。永禄十二年（1569）六月，织田信长命木下秀吉领兵进攻但马国的守护山名祐丰，意图控制但马领内的生野银矿。山名祐丰的领内虽然富饶，但属于山区的但马农田有限，产出不过10万石，无法承载太多的人口，因此兵员并不富裕。木下秀吉不负所望，10日之内接连攻破山名氏要塞18座，山名祐丰的居城此隅山城也被攻破，山名祐丰被迫逃亡堺町。

此时的织田信长可谓踌躇满志，在限制将军权力的同时，也开始对邻居动手。织田氏在上洛之时，朝仓义景正全力攻略若狭国，并未听从织田信长命令出兵上洛。织田信长以此为借口，召集畿内臣属大名池田胜正、松永久秀、朽木元纲，还联合德川家康，组成了3万名联军，出兵讨伐朝仓义景，并命京都公家飞鸟井雅敦和日野辉资从军。但即使没有出兵上洛，实力派大名朝仓义景也是支持足利义昭的，也是织田信长的潜在盟友之一。元龟元年（1570）五月二十四日出兵的这场所谓讨伐叛逆之战，是重视贸易的织田信长一方，为夺取日本海贸易中心港口敦贺港控制权，而对朝仓义景进行的一场突袭作战。为夺取港口并独占贸易利润。织田信长并未通知与敦贺港相邻的妹夫兼盟友浅井长政，而是与若狭国原大名武田元明所属、不愿臣服的朝仓家的部将粟屋氏和熊谷氏串通，通过若狭国境内，直取位于敦贺湾的金崎山城。

日本国土呈长条形，京都所在地便是日本交通的中枢。京都附近重要的国际贸易港口，南方有堺町，北方有敦贺、小浜、三国凑。北方三大港口还是当时日中、日鲜贸易的海上交通枢纽，除了巨大的贸易利润，这里还是重要的军用物资集散地。当时作为先进武器的火绳枪，在使用和制造中所需的硝石、铅铁，除了南蛮人，只剩下明朝和朝鲜两国能够对日本出口。攻占小浜并俘获武田元明的朝仓家，通过海港—琵琶湖路线，就基本垄断了日本海上与京都之间的大宗物资流通。而拥有常驻中国人、朝鲜人的敦贺、小浜港，同样占据了运用火器所需进口物资的相当份额。因此，无论朝仓家什么态度，消灭朝仓家，已经是要天下布武的织田信长计划之内的事。

织田信长对曾经的合作方和潜在盟友下手，甚至将妹夫兼盟友排除在外，逼得两家联手对抗织田信长。刚刚攻占了敦贺的织田信长，立刻就得到浅井长政和朝仓义景联合出兵的情报。绕开占据北近江的浅井家，织田家自然可以独占利益，但当浅井与朝仓联合的时候，织田军就面临着前后夹击的危险。被打了个措手不及的织田信长丢下大军，带着十几个人仓皇逃回京都，殿后阻挡追兵风险最大的部队，便是明智光秀、池田胜正和木下秀吉所部。当时的明智光秀还同属足利义昭，池田胜正则是畿内大名，唯一直属织田信长的只有木下秀吉。殿后军队主力则是池田胜正所部3000人，木下秀吉所部兵力不可能高于池田胜正。从兵力组成和武将组成可以看出，这支殿军在当时织田信长的眼里，承担的风险很大。或许可以这样认为，底层出身的木下秀吉，即使表现出了相当的才华，在当时的织田家依然是可以被随便放弃的。

高风险也意味着高回报。成功殿后的木下秀吉，获得了织田信长丰厚的奖励，在织田家内部组建了属于自己的团队。而此时木下秀吉已经33岁，相比其他元服（15岁）之后就可以组建家臣团、血统高贵的“天之骄子”，晚了近20年。而在江户时代的传说中，仿刘备“三顾茅庐”，很早便成为秀吉家臣的竹中半兵卫，实际是在金崎之战后才投入木下秀吉门下的。在金崎之战后，木下秀吉才是武家意义上的正式“元服”，即使在不拘一格的织田家，木下秀吉的仕路依旧艰难。在门户森严的日本社会里，制约木下秀吉的不是才能，仅仅是其平凡的出身。

浅井长政像（高野山持明院藏）

即使木下秀吉才能出众、战功不断，贫寒的出身依旧让他很难获得传统封地。在姉川之战后，木下秀吉被授予了衡山城城代的职位，与丹羽长秀一起挡在浅井长政主城小谷城的南下之路上。元亀四年（1573）八月二十六日，消灭了朝仓氏的织田信长，正式对小谷城发动总攻。二十九日夜，木下秀吉领兵3000人，攻占了小谷城所属的京极丸，将驻扎在小谷城本丸的浅井长政与驻守小丸的浅井长政之父浅井久政之间的联系切断，随后连夜强攻小丸。次日，大势已去的浅井长政在本丸东侧赤尾屋敷自尽，小谷城浅井余部开城投降，北近江浅井氏由此灭亡。织田信长处死了浅井的其余亲族。次年正月，织田信长将浅井长政、浅井久政和朝仓义景的颅骨涂上金箔，作为酒宴的装饰品。

在织田家苦熬多年的木下秀吉，终因军功受封浅井故领北近江，获得了第一块领地——北近江（伊香郡、浅井郡、坂田郡），约12万石。受织田家内政经济运作模式影响，木下秀吉拆除了交通不便的原浅井家主城小谷城，将小谷城拆除后的建筑材料，运至琵琶湖岸的今浜，修筑了一座平城（平原、平地之城），并取信长的“长”字，将城名改为长浜城，木下秀吉由此正式跻身织田家重臣之列。他取织田家名将柴田胜家与丹羽长秀名字中的各一字，创造出一个新名字羽柴秀吉。羽柴秀吉开始正式建立家臣团，原浅井家家臣如石田三成等人，便在此时顺势成为羽柴秀吉的家臣。此时的羽柴秀吉已经37岁，这12万石的领地相当于大半个琉球王国。

天正三年五月二十一日（1575年6月29日），长筱之战爆发。织田信长、德川家康联军在三河长筱城对阵武田胜赖，羽柴秀吉也参与其中。日本第一次在战役中大规模集中使用火绳枪（1000~1500支），以及构筑野战工事（野战筑城）。武田军骑兵被壕沟、斜坡和木栅阻挡，在火绳枪的射击之下大败而归。此战中，织田、德川联军使用的战术，类似欧洲与意大利战争时西班牙所开创的战术。如西班牙名将贡萨洛·德·科尔多瓦（Gonzalve de Cordoue），在1503年4月的察里诺拉战役中，依托堑壕工事并发挥火枪威力，以10000人

长筱之战图屏风（德川美术馆藏）

的劣势兵力击败40000人的法军，彻底埋葬了称霸一时的瑞士长矛方阵。参考织田信长此战中集中使用火绳枪，构筑三重壕沟、斜坡和栅栏组成的成熟野战火绳枪工事，欧洲传教士在其中发挥的作用不言而喻。

织田军是当时日本最先进的军队，基于冷兵器时代的日本传统战法、战术，已经很难抵御当时的织田军。长筱之战后，以勇武闻名的武田军一蹶不振，三濑之变后，日本传统的中世城防也变得不堪一击。天正四年（1576），伊势国著名的坚城雾山城被一焚而尽。虽然织田军节节胜利，但从底层崛起的羽柴秀吉，不可避免地受到旧体系家臣的排挤。天正五年（1577）九月，织田军与上杉军爆发手取川之战。身为主将的柴田胜家与羽柴秀吉在军议会上爆发激烈冲突，最终羽柴秀吉率军返回长浜城，而柴田胜家大败而还。织田信长决定将羽柴秀吉调归织田信忠指挥，参与消灭松永久秀的战斗。

天正五年（1577），赤松则房、别所长治、小寺政职归顺织田信长，织田氏趁机向中国地方[①]大肆扩张。十月十九日，羽柴秀吉受命独领一军，率

---

① 日本的中国地方，指日本本州岛西部的山阳道、山阴道地区，包含鸟取县、岛根县、冈山县、广岛县、山口县等，北面日本海，南邻濑户内海。源于日本平安时代，以首都京都为中心，按距离将国土命名为“近国”“中国”“远国”三个地区。

领5600余人从长浜城出发，负责攻略中国地方。天正六年（1578），羽柴秀吉迫使宇喜多秀家臣服织田信长。天正七年（1579），别所长治和荒木村重起兵反对织田信长，羽柴秀吉领兵前往镇压。在三木之战中，别所长治切腹自尽；荒木村重逃离，全家被织田信长诛杀。随后，羽柴秀吉开始与毛利氏、山名氏交战，并接连攻占鸟取城、有子山城、备中高松城等重要据点。其间，羽柴秀吉采用长时间包围城池的战法——断粮（日语：干杀し），迫使敌军开城投降。羽柴秀吉通过“三木干杀”“鸟取断粮”“高松水淹”等战役，有效遏止了毛利氏的东进，并直接攻入了毛利家领地。

天正十年六月二日（1582年6月21日），本能寺之变爆发，织田家位于山阴地区的军团长明智光秀谋反，袭杀了位于京都本能寺的主君织田信长。六月三日夜至四日凌晨，位于中国地区的羽柴秀吉得知织田信长被杀，立刻封锁了消息，继续与毛利家谈判僧安国寺惠琼谈判，并逼迫高松城守将清水宗治自尽。直到和约签订后，羽柴秀吉才将织田信长死亡的消息告知全体将士，并立刻着手部署撤退计划，安排黑田官兵卫负责殿后。他又命早年收养的义子堪八郎和妻子于弥的叔父杉原家次，负责围困高松城人工湖堤坝，以防毛利氏察觉己方发生内乱而发动追袭。一切安排妥当，宇喜多秀家率第一梯队开始撤退工作，羽柴秀吉命令军士在白天要井然有序、旗帜整齐，夜间则收束旗帜，全力奔行。跟随羽柴秀吉返回的军队约有17000人，这次行动就是日本军事史上著名的强行军——中国大返还（日语：中国大返し）。

中国大返还用了8至10天，从沼城到山崎约200公里，需日行军20～25公里。抵达山崎时，秀吉军有羽柴秀长、前野长康、蜂须贺正胜、浅野长政、生驹亲正、山内一丰、堀尾吉晴等部约20000人，途中加入高槻城城主高山右近的2000余人、茨木城城主中川清秀的2500余人，池田恒兴、加藤光泰等5000余人，神户信孝的4000余人，加上原畿内忠于织田家的豪族败军，全军大约为40000人。羽柴秀吉回军迅速，而明智光秀只有约16000人仓促迎击，40000人对16000人，结局不言而喻。

明智光秀像（岸和田市本德寺藏）

羽柴秀吉在山崎之战大败明智光秀。明智光秀在逃走途中被村民杀死，羽柴秀吉乘胜吞并了明智光秀的领地。然而，在织田信长身亡后，织田氏家臣团随即分裂，织田各部军团长除了明智光秀身亡，其他主力大军编制内的士兵，成了各军团长的私兵。织田氏也因此分裂为北陆军团柴田胜家、关东军团泷川一益、山阳道军团羽柴秀吉、南海道军团神户信孝和若狭国主丹羽长秀。从属大名德川家康也趁机取得了独立。同年，在讨论织田家继承人的清州会议上，羽柴秀吉挟讨伐明智光秀之威，联合织田家重臣丹羽长秀、池田恒兴对抗北陆军团柴田胜家。羽柴秀吉拥护织田信长的嫡孙织田秀信（三法师），而柴田胜家支持不在现场，已过继给神户具盛的织田信长第三子神户信孝（织田信孝）。

按当时日本的家督继承传统，织田信长的第三子神户信孝，是要继承其养父神户具盛的领地的，在成为神户具盛养子的同时，已经丧失了织田家的继承权。柴田胜家作为织田家的头号家臣，在织田信长的既定继承人——嫡长子（实为第二子）织田信忠未死之时，支持丧失继承权的第三子（实为第四子）神户信孝，于是织田信长过继出去的几个成年儿子，纷纷加入了对织田信长遗产的瓜分行动，使织田家的内部分裂进一步加剧。如信长的第二子（实为第三子），当时已经是北畠具房的养子北畠具丰，也乘机同神户信孝一起恢复了织田姓氏，成为后来的织田信雄和织田信孝。

羽柴秀吉在会议上做出了让步，由柴田胜家支持的织田信孝作为未成年的三法师的监护人，并将自己的领地北近江三郡让给柴田胜家。二子织田信雄继承了尾张国，三子织田信孝继承了美浓国，四子羽柴秀胜（羽柴秀吉养子），则继承了明智光秀旧领丹波国。柴田胜家继续领有越前国，并得到了原属于羽柴秀吉的领地长滨城及北近江国四郡。丹羽长秀继续领有若狭国并加领近江国两郡，池田恒兴加领摄津国三郡，羽柴秀吉获封山城国。织田氏的新任继承人织田信忠获得了安土城、近江国坂田郡。日本战国时代最强大的势力织田氏，在清州会议之后四分五裂。

在日本的战国末期群雄中，织田信长是最为强大的。本能寺之变前夕，织田信长控制的土地面积约占日本国土总面积的1/4，其产出大致为760万石。“战国三英杰”中的另外两位羽此秀吉和德川家康，一位是他一手提拔的军团长，一位是他的从属大名。但织田信长在争夺天下的过程中，遭遇了三次大规模围攻，部将也不断反叛，他最后死在自己的军团长手中。最应维护织田家利益的谱代家臣之首柴田胜家，却在清州会议上带头分裂了织田家。从“第六天魔王”“佛敌”等称号，当众殴打明智光秀，暴虐处死外甥等传说，以及拿敌人头盖骨取乐等事件来看，织田信长堪称暴君。过度沉迷于暴力，让织田信长未能成为日本的统治者，倒在了统一日本的前夕。

清州会议后，柴田胜家的权威被削弱，羽柴秀吉取代其掌握了织田家的大义名分，柴田胜家与羽柴秀吉的矛盾日益激化。然而，与有政治才能的羽柴秀吉相比，柴田胜家更像一个莽夫。清州会议刚结束，柴田胜家便迫不及待地联合泷川一益和织田信孝，针对羽柴秀吉。支持过继子回归继承领地，占据羽柴秀吉领地北近江，让柴田胜家为很多原织田家臣忌讳。羽柴秀吉在山城国领地内重修主城宝寺城和登记土地，柴田胜家都要强行干涉，之后又扣留已经承认的家主，他将在会议中确立的织田家继承人织田信忠，扣留在了织田信孝所领的岐阜城，不许他回到领地安土城。

柴田胜家在政治上的短视，使羽柴秀吉迅速团结了一批反柴田胜家的势力。日本天正十年（1582）十二月，羽柴秀吉联合池田恒兴等大名，以迎回主君之名出兵岐阜城。十二月九日，五万大军从宝寺城出发，于十二日抵达北近江长浜城。长浜城守将是柴田胜家的养子柴田胜丰。柴田胜家不喜欢这个养子，偏爱以勇武闻名的养子柴田胜政，在对待这两个养子的态度上有很大差别。柴田胜丰对柴田胜家的偏心本就不满，加上羽柴秀吉来袭之际，柴田胜丰正卧病在床，在羽柴秀吉派使节劝降后，柴田胜丰便开城投降。

十二月十六日，羽柴秀吉大军攻入美浓，与织田信雄联合了起来。织田信孝被迫交出织田信忠、派遣生母去做人质，以此与羽柴秀吉和谈。天正十一年（1583）一月，泷川一益乘岩间党谋反之际，攻破羽柴秀吉所属伊势龟山城、峰城和关城。二月十日，羽柴秀吉调动大军反攻北伊势，于十二日包围泷川一益的居城桑名城。趁此良机，柴田胜家于二月二十八日出兵进攻羽柴秀吉。到达柳之赖后，柴田胜家在内中尾山设置本阵，在尾根的各处设置据点，进行持久战的准备。而羽柴秀吉在木之本设置本阵与之抗衡，当时柴田军兵力大约4万人，羽柴秀吉大约有6万人。

原本降服的织田信孝趁机再次起兵，威胁羽柴秀吉军的侧后，在三方夹击中的羽柴秀吉，选择回军前往岐阜镇压。柴田军乘机派遣佐久间盛政发动奇袭，占领了大岩山的据点。羽柴秀吉得知前线败北，立刻带兵返回，仅用5个小时就走了52公里，到达贱岳（“美浓大返还”）。在突如其来的秀吉大军面前，柴田胜家全线败退。前田利家、不破胜光、金森长近等大名接连撤离，柴田胜家向北之庄城溃走。四月二十三日，羽柴秀吉兵围北之庄城。次日，柴田胜家同妻子自尽，柴田家灭亡。得到消息，织田信孝开城投降。四月二十九日，织田信孝在织田信雄的逼迫下自尽。七月，泷川一益投降，剃发出家。

柴田胜家死后，织田信雄与曾经的盟友羽柴秀吉反目，织田信雄以串通羽柴秀吉为由，杀死重臣津川义冬、冈田重孝、浅井长时，并向德川家康、长宗我部元亲、纪伊杂贺党、佐佐成政及北条氏政等人求助，形成了反秀吉包围网。天正十二年（1584）三月至九月，双方爆发了小牧长久手之战。织田信雄与德川家康的联军，虽然在长久手之战中取得了胜利，但失去了美浓、伊贺两国及伊势南部。羽柴秀吉吸取织田信长时代三次包围战的教训，没有一味依靠军事力量解决战争，在相持半年后，羽柴秀吉与织田信雄单独议和，以割让伊贺和伊势半国换取织田信雄休兵。德川家康只得与羽柴秀吉议和，双方交换了人质。羽柴秀吉得以集中军力迫和了被孤立的长宗我部元亲、纪伊杂贺党及佐佐成政，反秀吉包围网瓦解。

足利义昭坐像（等持院灵光殿安置）

与织田信雄、德川家康和谈后，十一月二十一日，羽柴秀吉从公家获得从三位“权大纳言”的职位，进而在朝廷官位上超过了原主家织田信长，为自立提供了法理上的依据。然而，羽柴秀吉毕竟出身低下，在重视血统出身的日本，羽柴秀吉最大的问题，是怎么得到统治天下的正当名义。征夷大将军是当时展示地位和权力最直接、方便的方式，但传统上只有出身源氏的人才能担当。传说羽柴秀吉曾联络之前被织田信长放逐的足利义昭，想成为义昭的养子，以便获得征夷大将军的职位，但被义昭拒绝了。无法取得源氏名义的羽柴秀吉，只能转而争取当关白。关白是代理天皇执掌政权的官位，在源赖朝开设幕府体制之前，是国家最高行政长官（其上还有大政大臣，但只有皇亲国戚能当）。但按照惯例，关白只有藤原五摄家（近卫、鹰司、九条、二条、一条）能担任，条件更严格。而且当时的关白是二条昭实，他当上关白还不到一年。

当时近卫信辅也想当关白，于是羽柴秀吉趁机收买信辅的父亲近卫前久，让自己成为近卫家的养子，获取了近卫的姓氏，然后用领地为诱惑，收买五摄家不反对自己。天正十三年（1585）七月十一日，羽柴秀吉以藤原秀吉的名义当上了关白。但血统依旧是藤原秀吉无法绕开的问题，于是他开始宣扬自己是天皇的私生子。借着与朝廷、天皇的紧密结合，藤原秀吉从织田家的家臣，变成天皇的大臣，最后“成为”皇室亲属，从而摆脱了与织田家的主从关系，乃至凌驾于织田家、诸大名之上，获取了日本天皇及朝廷的大义名分。天皇和公卿则借秀吉的军力和财力提升了生活待遇及威望，而藤原秀吉获取了朝廷的大义名分，强化了自己的权威。进入公家体系后，藤原秀吉将原来属于公家的官位分给身为武家的下属，进而组成了“武家关白制”政府体系。天正十四年（1586）九月九日，正亲町天皇正式赐“丰臣”姓氏给藤原秀吉。十二月二十五日，丰臣秀吉就任太政大臣，丰臣政权正式成立。自此，“丰臣”成为继“藤原”“源”“平”“橘”等日本四大姓氏之后的第五大姓氏。

虽然丰臣秀吉得到了天皇赐予“丰臣”姓氏，但丰臣政权在结构上还有着致命的缺陷。丰臣秀吉正式就任城主之际已是1573年，是他37岁时的事情了。本能寺之变发生在1582年，不到10年的时间，仍不足以让丰臣秀吉培育自己的谱代家臣。1586年，丰臣秀吉政权确立，他正式成为天下第一人。丰臣秀吉之所以能取得辉煌的成就，是因为高超的军事、外交、政治才能让他吸收了原织田家中的大量实权大名、将领。这些实权大名、将领，在三四年前，地位与丰臣秀吉相同，甚至地位高于他。后来丰臣政权完全建立，“五大老”前田利家、德川家康、毛利辉元、小早川隆景（死后由上衫景胜接任）、宇喜多秀家等人的领地，加起来超过500万石。单纯以“石高”计算，德川家康的256万石，甚至超过了丰臣秀吉直辖的222万石。

综上所述，丰臣政权是靠丰臣秀吉个人卓越的政治才能、外交才能构建的，政权内部的实权派是臣服于丰臣秀吉个人，而非丰臣氏一族。仅仅依靠平定天下的功绩，并不足以支撑丰臣这个姓氏乃至这个武家关白制的政权。源氏的皇室血统以及镰仓、室町幕府将军的历代积累，关白丰臣氏无论出身和功勋，都完全无法相比。因此，摆在丰臣秀吉面前的就是这样一个迫在眉睫的问题，如何让丰臣氏的关白一系，像源氏的征夷大将军一样延续。

研究者为丰臣秀吉对朝鲜半岛的侵犯，找出了各种各样的理由。比较流行的说法是秀吉本人一统天下后过于狂妄，而且战国后期日本国内军队太多，土地不够分配。这些理由略显牵强。“唐国平定计划”的最早文字记录，是丰臣秀吉家臣一柳市介的《一柳文书》，时间是丰臣秀吉就任关白后，天正十三年（1585）九月三日。天正十四年（1586）三月，耶稣会日本教区准管区长加斯帕尔·科埃略（Gaspar Coelho）记录了丰臣秀吉的“唐国平定计划”以及造船规模，并讨论向日本提供军事支持。同年四月和六月，毛利辉元以及对马宗氏，同时记录了丰臣秀吉的高丽渡海乃至交涉事宜。对外扩张是丰臣秀吉获得关白之后透露的计划，而不是在所谓一统天下之后。至于战国时代人口、军队太多，土地不够之类的说法，可以看1598年全国检地和1604年全国检地对比。前者为18509043.74石，后者为22171689.67石，短短数年，就多出了360多万石。而1831年全国检地，石高超过3000万石。因此在战国时代末期，日本境内仍有大量未开发的土地。

考察传教士的西班牙、日本联军中国征服计划与丰臣秀吉提出的“唐国平定计划”的时间，可以得出一个假设：丰臣秀吉试图以丰臣氏为主导，带领国内大名对外扩张，获得日本历史上前所未有的殊荣，进而使丰臣氏在日本国内取得超然的政治地位，还能将新征服的土地进行再分配，用来充实旧部和丰臣直辖领，以弥补丰臣政权先天上的不足。

从文化上来说，“日本是神国”这个观念起自新罗入寇，在蒙古骑兵来袭失败之后得到强化。吉田兼俱于室町末期（1469—1487年）创建吉田神道之后，将“神国日本”的定义推到了一个新高度。吉田兼俱将日本神道定义成万物万法的根源，如此一来，中国的儒教就是神道传入中国的枝叶，而印度的佛教是枝叶上结出的花朵、果实，在文化和宗教上，日本已凌驾于已知的世界其他文明之上。吉田神道于宽永五年（1665）获取全国神社神官任免权（“神道裁许状”），即使明治维新之后，吉田神道在日本国内仍有巨大的权威。因此当时主宰神国的“天下人”丰臣秀吉，在其扩张计划中突兀地包含了天竺（印度），也就不足为奇了。

日本天正十九年七月二十五日（1591年9月12日），丰臣秀吉在给葡萄牙驻果阿总督的信中，表示准备进攻中国，因为日本是神国，神道是世界万物根源，日本便可以此为由，凌驾于世界各国之上。

> 然りと虽も一たび大明国を治めんと欲するの志有り。不日に楼船を泛べて中华に到るは，掌を指すが如し。夫れ吾朝は神国也。神は心也。森罗象一心を出ず。神に非れば其霊生ぜず。神に非れば其の道成らず。增劫の时此の神增ぜず，灭却の时此の神减ぜず。阴阳不测，之を神と谓ふ。故に神を以て万物の根源と为す。此の神，竺土に在らば之を唤んで仏法と为し，震旦に在りては之を以て儒道と为し，日域に在りては诸を神道と谓ふ。神道を知らば则ち仏法を知り，又儒道を知る。①
>
> [有欲治大明国之志，不日泛楼舩到中华者如指掌。吾朝神国也，神者心也，森罗万象，一出于心。非神不生其灵，非神不成其道，增劫之时此神不增，减劫之时此神不减，阴阳不测谓之神。故神为万物之根源，此神在竺土（印度）唤为佛法，在震旦（中国）称为儒道，在日域谓诸神道。神道知则知佛法，又知儒道。]

神国如此至高无上，但身为神国“枝叶”的中国自称是天朝上国，不但拒绝同日本开放贸易，还视神国为番邦蛮夷。嘉靖大倭乱爆发，给中国东南

① 参见日本高濑弘一郎文章《印度副王杜阿尔特·德·梅内泽斯写给丰臣秀吉的亲笔信——日本方面的考察》。

吉田兼俱《唯一神道名法要集》，宣称日本神道为世间所有文明的根本源头

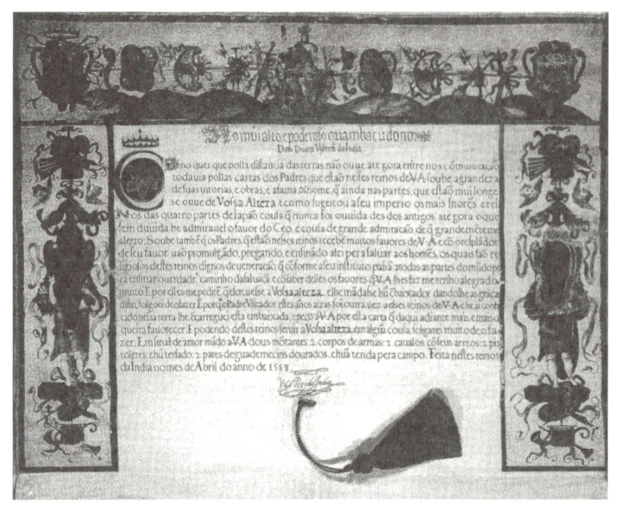

Ao mui alto e poderoso quambacudono

Dom Duarte Visorrey da India

Como quer que polla distancia das terras não ouue ate gora entre nos cõmunicação todauia pollas cartas dos Padres que estaõ nestes reinos de V.A. soube a grandeza de suas uitorias, e obras, e a fama de nome, q̃ ainda nas partes, que estaõ mui longe se ouue de Vossa Alteza e como sugeitou a seu imperio os mais snores, e reinos das quatro partes de Iapaõ cousa q̃ nunca foi ouuida dos antigos ate gora o que sem duuida he admirauel o fauor do Ceo, e cousa de grande admiracaõ de q̃ grandemẽte me alegro. Soube tambẽ q̃ os Padres q̃ estaõ nestes reinos recebẽ muitos fauores de V.A. e cõ o resplãdor de seu fauor uaõ promulgãdo, pregando, e ensinãdo a lei pera saluar aos homẽs, os quais saõ religiosos destes reinos dignos de ueneracaõ, q̃ cõforme a seu instituto passã a todas as partes do mũdo pera ensinar o uerdadro caminho da saluacã e cõ saber deles os fauores q̃ V.A. lhes faz me tenho alegrado muito. E por eles me pedirẽ q̃ escreuesse a Vossa alteza, e lhe mãdasse hũ embaixador dandolhe as graças disto, folguei de o fazer. E porq̃ o Padre Visitador estes ãnos atras foi outra uez a esses reinos de V.A. e he ia conhecido nessa terra lhe ẽcarreguei esta embaixada, e peço a V.A. por esta carta q̃ daqui adiante mais e mais o queira fauorecer. E podendo destes reinos seruir a Vossa alteza em algũa cousa folgarei muito de o fazer. Em sinal de amor mãdo a V.A. dous mõtantes; 2. corpos de armas; 2. cauallos cõ seus arreos; 2. pistoletes, e hũ tersado; 2. pares de guademecins dourados, e hũa tenda pera campo. Feita nestes reinos da India no mes de Abril do anno de 1588.

葡萄牙王国印度副王信书（妙法院藏）

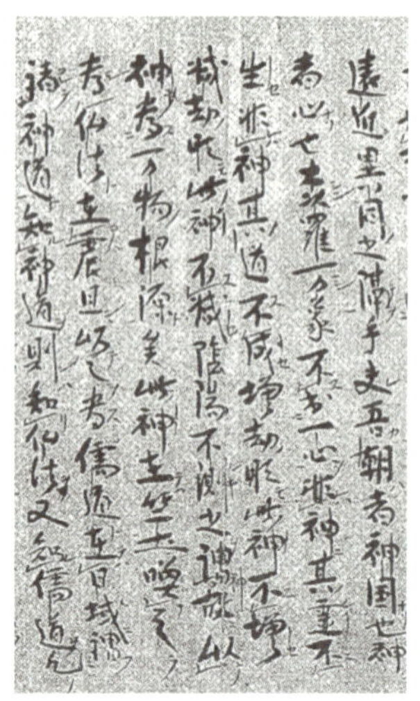

丰臣秀吉书信中神国论片段（天理图书馆藏）

沿海带来惨重损失，同时大量先进技术和唐物（中国商品）流入日本，使唐物这种原本属于上层贵族的奢侈品，逐渐被日本大众熟知。倭乱平息后，唐物的来源逐渐缩窄，深受倭乱刺激的中国水师，对拦截到的日本船只或有日本人在的船只，通常采取宁杀错不放过的态度。

日本需要中国产的陶器、瓷器、丝织品、茶器、铁锅、针、儒学经典、绘画、佛经等日用品和文化用品[①]，还需要中国所产的用于做刀剑、枪管、火药、子弹的精铁、硝石、铅乃至铜币，来维持日常经济生产、生活、文化以及军事需要。但倭乱后的中国不愿跟日本交易，也不允许势力范围内的任何国家跟日本公开贸易，封贡外系外的马尼拉西班牙人，从广东进口铁料后转手日本，还要挂个南蛮铁的名头，日本被迫承担高昂的转手费、风险附加费以及运费。

被东亚集体敌视的神国日本，无论是从国内政治和国际政治上，还是从

① 参见明代郑舜功《日本一鉴》（成书于嘉靖四十四年）。

文化和经济需要上，都迫切想打破日本在东亚地区被排斥的现实。但神国日本是至高无上的观念，又不允许日本自认中国藩属国。打破东亚地区对日本的敌视和封锁，是当年睁眼看世界的“天下人”丰臣秀吉必须做的。来自明朝的走私船数量日渐减少，来往东南亚的船只又时常受到明朝水师威胁。做转手贸易的南蛮船上，随着商品一起来到日本的天主教传教士，对日本国内的稳定又有着极大的危险性：“予以为彼等（传教士）酷似一向宗，且知识广博，并以此获取日本贵族名士之皈依，其相互间凝聚无间甚于一向宗。彼等企图以不轨之手段占居诸国（大名的领地），以至征服日本。予当惩罚其罪恶。”[①]所以日本也迫切地希望，能够打破中国长期以来对其外交上的敌视和经济上的封锁。

回头看织田—丰臣系政权与南蛮（葡萄牙、西班牙人）良好的合作关系，以及传教士10余年来一直散播的中国人不堪一击，13个日本人在两三千名中国人的围攻下反杀大半中国人而仅死亡一人的言论[②]，丰臣秀吉在就任关白后做出对中国进行军事征服的计划，就顺理成章了。在1588年3月1日传教士交到西班牙国王的书信中，丰臣秀吉的出兵规模被传教士大致确定：沐浴在上帝光辉下的超过十万名勇敢、大胆且残忍的日本士兵，将要进攻中国这个邪恶、胆小而又懦弱的异教国家。[③]

---

① ［日］海老泽有道：《切支丹的镇压与抵抗》，雄山阁，1981年，第26页。

② ［日］高濑弘一郎：《基督教时代研究》，岩波书店，1977年，第60—61页。

③ ［日］高濑弘一郎：《基督教时代研究》，岩波书店，1977年，第40页。

第三章

天堂与『神国』的决裂

天主教传教士和日本大名在16世纪中后期有一段蜜月期。但传教士对教廷汇报在东方的传教工作，一直报喜不报忧，所以双方的合作基础称得上水分十足。南蛮贸易和天主教传教士，只是日本绕开中国封贡体系的封锁，获取物资和技术的一个渠道。而天主教传教士以贸易利润和军事技术为诱饵，在获得日本金银的同时，对日本进行宗教上的渗透。

范礼安抵达日本后，考察了当地的传教情况，对以往书信记述与现实中的出入大为震惊。他在写给总会长的信中惊呼，这种差异到了“黑白颠倒”的程度。1579年12月5日，在口之津写给总会长的信件中，范礼安直截了当地指出：“基于我给阁下的报告，阁下将很容易理解已被印刷的日本报告离事实有多么遥远。导致上述情况有三四个理由。作为新参与者，（传教士）大多不了解语言、习惯以及该国国民的伪装。他们的评价只能基于日本人显示的外表。他们相信这与他们的内在是一致的，所以他们以赞美之词描述他们，称他们为单纯而信仰虔诚之人。然而他们看到的，仅仅是加以伪装的不正直之人。有些人能透视他们的内心，但他们是从所谓教化角度来叙述日本人，所以听众认为它是真实的，并伴有某种内在精神。还有一些人描述了满怀激情的改宗群体。事实上，日本人是奉

范礼安像

领主之命而改宗的，而他（领主）则是为了从葡萄牙船上获得可期待的收入才下达这一命令。但书信执笔者在报告书中将此描述成蜂拥而至，表现出巨大的灵性热情。还有人将表现在一个人身上的极小之善，描写为人人皆备，将发生于某一场合之事记录为整个日本的现象。所以欧洲（获得的印象）与我在此所见到的，完全不同。”①

与范礼安一起经马六甲、澳门抵达日本的墨西阿神父（Lourenco Mexia）也是这种感受。他在1579年12月14日于口之津发出的信中说：“日本只报告好的，所以他（范礼安）和其他人都对日本基督教会产生了误解，认为它只是缺少主教与主教座圣堂，有许多国民可述职为主教的、光辉的原始基督教会。”②然而，以提供西式军火和对外贸易等世俗利益为诱饵，换取各地大名对教会的支持，是自沙勿略以来日本教会总结出来的行之有效的传统传教策略。范礼安首次巡视日本期间，曾在1580年写给总会长的绝密报告中主张改变这一传统的传教策略。③但是虔诚的信仰并不能解决一切，范礼安很快就屈从于事实，改变了这一过于天真的想法。他亲自出马，以提供枪支弹药换取了九州岛大名有马晴信的改宗。④

因此，包括织田信长在内，强势的地方大名对天主教的宽容，主要是出于政治、军事目的，以及商业利益的需要，还能对抗当时国内异常强大的佛教寺社势力。但在日本根深蒂固，经营千年之久的佛教，不是几个传教士和几杆枪炮就能撼动的。实际上，中世日本的寺社代表了先进的社会发展方向，近世日本的城——城下町模式，最早就是由寺院的寺内町进化而来。16世纪30年代，为方便服务庞大的一向宗本山僧侣集团，一向宗在石山本愿寺建立了最早的寺内町，进而开始了有日本特色的城市化进程。随着寺内町

① ［日］松田毅一：《近世初期日本关系南蛮史料的研究》，风间书房，1967年，第104页。

② ［日］松田毅一：《近世初期日本关系南蛮史料的研究》，风间书房，1967年，第105页。

③ 参见意大利范礼安《日本巡察记》。

④ 《十六、十七世纪日本耶稣会报告集》第三期第五卷，同朋舍，1987年，第232页。

的发展，在寺内町谋生的町人，也与以土地为生的农民区别开来。为加强管理，寺内町随之出现专业分区，如交易场所、锻冶、木工、布匹、印染等职业化工匠集团。当铁炮传入日本的时候，拥有提硝技术和锻冶技术的本愿寺立刻拥有了铁炮锻冶匠，随之而来的便是职业化的铁炮集团——铁炮众。[①]

于是，以寺社为中心，聚集各种职业商人和专职技工集团的庞大寺内町开始出现，寺内町之外是土地和农民，这就是近世以来日本的城市模式。当城市发展到一定规模，为保护城市拥有的财富，寺社的武装力量即僧兵也必然规模化和职业化。僧兵不同于依附土地、庄园的侍（武士），寺内町和不断皈依宗门的农村所提供的巨额财富，已经足以支持寺院的和尚脱离土地生产。因此，日本最早的兵农分离，是由一向宗依托本山的本愿寺完成的。而作为巨大财富拥有者的寺院，在长期营建大型寺院的基础上，形成了一套先进、成熟的寺院防御体系。这也是织田信长在长达11年的时间里不断对一向宗用兵的原因之一。用石料构造防御工事的石山本愿寺，防御力在当时的日本首屈一指。在安土桃山时代，织田信长和丰臣秀吉两人，开始推广这种由石构城垣的新式城郭，最终完成了日本城郭史上的织田—丰臣系城郭，为近世城郭的出现和发展奠定了基础。[②]

因此，佛教对日本来说，不单单是一个宗教，还是文化、社会体制乃至政治体系的一部分，这不是几个传教士几十年里做做生意、买卖枪炮就能颠覆的。正如范礼安所说，织田信长等强势大名喜好南蛮、善待传教士，只是想获取贸易利润，以及压制过于强势的寺社势力的政治需要。“佛敌”织田信长，在京都身死之际的住所本能寺，是佛教法华宗本门流的大本山，其戒名是佛教的“总见院殿赠大相国一品泰严大居士”“天德院殿龙严云公大居士”“天德院殿一品前右相府泰岩净安大禅定门”，其墓地是佛教的本能寺、

---

① ［日］藤木久志：《战国大名的权力构造》，吉川弘文馆，1997年，第57页。

② ［日］笠谷和比古、黑田庆一：《丰臣大坂城》，新潮社，2013年，第15—18页。［日］平井圣：《创史社·日本城郭大系》第十二卷，新人物往来社，1981年，第148—151页。

荷兰博物馆藏16世纪大坂城屏风图

大德寺总见院、妙心寺玉凤院和阿弥陀寺。

织田信长身亡后，掌握织田家势力的丰臣秀吉，继承了织田信长的天主教政策。丰臣政权中有名的天主教大名有高山右近、小西行长、黑田长政、黑田孝高（黑田官兵卫）、蒲生氏乡等。小西行长和黑田父子是在本能寺之变前便已跟随丰臣秀吉的亲信。高山右近是讨伐明智光秀时的前锋，蒲生氏乡更是被赐予“羽柴”苗字后，于1585年在大坂城皈依天主教。丰臣政权在早期与天主教势力的关系相当融洽，天正十四年（1586）三月十六日，丰臣秀吉在大坂城接见了耶稣会传教士加斯帕尔·科埃略，而科埃略于1581年升任天主教日本教区准管区长。早在1585年，传教士与支持天主教的大名，建议菲律宾派遣舰队，确保日本全国改信天主教，并就联军进攻中国达成了一致意见，所以科埃略作为准管区长对日本教区的畿内进行巡查时，顺势与当时的关白丰臣秀吉，就天主教在日本的传教和进攻中国进行了洽谈。

前往大坂城的科埃略传教团队非常庞大，除了他本人，还有4名司祭、4名修道士以及30名神学院教士。要知道，1587年的日本，全国只有113名传教士。关白的接待非常豪华，丰臣秀吉亲自为传教士带路，介绍了大坂城，在城内设宴款待科埃略一行人。席间，丰臣秀吉向科埃略表达了进攻中国的意向，告知科埃略，日本国内平定之后，他会将关白让给弟弟，而他则建造

2000艘军舰用于进攻中国。科埃略表达了对丰臣秀吉的支持，并承诺会为丰臣秀吉提供两条盖伦船（Galleon），在日本出兵的同时从菲律宾出兵进行军事援助，换取了丰臣秀吉征服朝鲜和中国之后，天主教在中国、朝鲜以及半个日本的传教许可和教堂建设权。[①]

传教士没有把日本当作平等的合作对象，而把日本当成了廉价的雇佣兵，但丰臣秀吉不动声色，摆出一副合作愉快的态度。5月4日，丰臣秀吉给耶稣会传教士发放了传教许可。科埃略大喜过望，对丰臣秀吉进攻九州岛表达了支持，建议九州岛天主教大名向丰臣秀吉投诚。相应地，宇喜多秀家允许在冈山建立教会，黑田孝高帮助天主教在山口重新开展传教活动，毛利辉元批准神父进入毛利领传教。[②]

当时天主教在日本最大的势力范围是九州岛地区。当地有很多天主教大名和将领，最著名的是大友宗麟、大村纯忠和有马晴信。大友宗麟的洗礼名为"唐·弗朗西斯科"（Don Francisco），大村纯忠的洗礼名为"巴塞洛缪"（Bartholomew），有马晴信的洗礼名为"唐·霍安"（Don Joan）。三人共同出资，由范礼安主持了一次朝觐活动，于天正十年（1582）派一群信教的少年武士前赴罗马朝见教皇，是为"天正遣欧使节团"。使节团的正使是同为天主教大名的日向国主伊东义祐的孙子。[③]不过，在天正八年（1580）之后，九州岛天主教大名再无力抵御岛津军队，传教士干脆直接介入九州岛大名之间的战争，向天主教大名提供火药、火炮和铅弹。为保证当时无火炮操作经验的日本人更好地发挥火炮威力，范礼安甚至向有马晴信提供了黑人炮手。[④]

1585年3月3日，科埃略为防御长崎，给菲律宾耶稣会长安东尼奥·塞特纽发了一封信，请求马尼拉总督给予支持，从中可以看出当时传教士在九

① 参见柳田利夫文章《文禄庆长之役与天主教传教士》。

② 参见葡萄牙路易斯·弗洛伊斯《日本史》。

③ 参见东京大学史料编纂所《大日本史料·第11编别卷 天正少年使节关系史料》。

④ 参见葡萄牙路易斯·弗洛伊斯《日本史》。

州岛战争中的介入程度：“禀告陛下的代理人暨总督阁下，请求您即刻前来救助本地的基督教。否则，我们四十年来费尽心血培育的果实不得不落入人手。总督阁下，请您速速派遣三四艘护卫舰（Frigate），满载士兵、弹药、大炮、士兵必要的粮食，以及足够购买一两年份粮食的金钱，前来日本支持此处。因为如今这里的军力分布极不均衡，连一丝拙劣的抵抗都难以进行，对于异教徒的行径极为困扰，只能期待别的基督徒领主施以援手……这满载大炮和能够熟练操作大炮的士兵的三四艘护卫舰在日本极其珍贵。这样一来，不仅当地的基督徒领主可以获救，我们毫无疑问也可以趁机支配此处所有的海岸，威胁任何不肯服从的敌人。”①

由信件可知，此时的科埃略打算从菲律宾调集军事力量，并联合九州岛的天主教大名，以守护信徒、打开传教局面。因此，当从倾向天主教的丰臣秀吉那里获取了更大的期望之后，科埃略又把丰臣秀吉的九州岛平定，当作解放所有受岛津氏压迫的天主教大名的圣战，之后还计划挥军渡海，一起消灭“异教中国”，这无疑有着更为崇高的宗教意义。因此，科埃略开始劝告九州岛天主教领主臣服丰臣秀吉，共图消灭东亚异教徒的伟业。

天正十四年（1586）四月五日，得到科埃略通知的九州岛天主教大名代表大友宗麟，亲自来到大坂城面见丰臣秀吉以示臣服，并请求关白派遣援军抵抗岛津。丰臣秀吉命令黑田孝高（黑田官兵卫）为军监（战奉行），向中国地区臣属大名毛利辉元、吉川元春和小早川隆景，以及四国地区长宗我部元亲和十河存保发布动员令。四月十日，丰臣秀吉命令毛利辉元整备城郭和道路，从九州岛臣属大名处获取人质，在赤间关修建粮仓。丰臣政权的九州岛平定作战正式拉开序幕。

九州平定与其说是在平定九州岛，不如说是对外扩张的一场大规模预演。四月十日，毛利辉元接到九州岛平定战争准备的14条朱印状，其中第

---

①［日］高濑弘一郎：《切支丹时代研究》，岩波书店，1977年，第101页。

十二条就是“高丽御渡海事”，对马岛宗氏也在六月接到了高丽派遣的通知。当时占领大半个九州岛的岛津氏，并未理睬丰臣秀吉发出的退还大友领地的命令，并于六月十八日从鹿儿岛出兵，进攻肥前和筑后两国，两地大友家所属据点被占。七月十三日，岛津军30000人进攻筑前。七月二十七日，岩屋城（太宰府）被占。八月二十六日，毛利家3000名援军抵达九州岛。九月，四国大名援军也抵达九州岛，与大友军会合。在九州岛平定早期，丰臣政权所属大名动作不大，主要精力放在道路准备和后勤粮仓修筑上，战斗主要是由天主教诸大名，在教会的支持下，对抗占据兵力优势的岛津军队。

十二月一日，完成后勤准备的丰臣秀吉命小西隆佐等四人，将各地筹集的30万人一年所需粮食以及20000匹马一年所需饲料，运抵尼崎，特别命令小西隆佐征调船只，将其中10万石军粮用水路运至赤间关。十二月十二日，在户次川之战中，岛津军以优势兵力击败丰臣秀吉的援军，乘胜包围大友宗麟守卫所属的丹生岛城（臼杵城）。丹生岛城是天主教在九州岛的重要据点之一，城下有大片天主教建筑，城内还建有教堂。

为保卫传教果实，传教士曾向大友宗麟提供过一种大型后装炮。该炮全长290厘米，口径9厘米，威力巨大，被称为“国崩”。臼杵城之战也记录有“国崩”。从大友方记录的战场细节“火薬一贯目、大玉小玉二升ばかり诘めて三町先の岛津势めがけて”（《大友公御家觉书》）可知，发射时装填火药的重量为一贯（3.75千克），大小铅弹装填数量为2升，可在3町（约330米）的距离炮击岛津军。一磅的重量约为454克，一贯约为8.26磅，如按太阁检地用的京都10合枡，2升容积约为3.48升。装填的是大小不同的铅弹，往炮膛填入了2升，按任意球体堆积密度为51%～70%，取最低的50%和铅密度计算，则重量约为19.73千克，约为43.5磅。由此可知，臼杵城之战中的“国崩”不是这种9厘米口径的后装炮。

臼杵城是一个海港城市，西方船只在东亚出售和使用舰载炮的记录屡见不鲜。当时，欧洲舰载炮多为长管炮，长管炮在作战目的不同时，有不同的装药。例如，为了在石质工事上打开缺口，通常会采用重装药，装药量有时会达到炮弹重量的1/2。而相当于炮弹重量1/4的装药量为中等装药，如幕末兰学中的加农炮弹药，加贺藩海防要塞中12斤加农炮的火药装填重量为400匁（1匁=3.75克），近似中等装药。①

臼杵城之战中，大友方所用的弹药填装量约为8磅，如按上述比例，则火炮可能为16磅、24磅、32磅和48磅炮。当时欧洲舰载炮有双倍装填的使用方式，而2升大小铅弹重量在40磅以上，即使是以弹重双倍装填，也不太可能是16磅炮。参考当时东亚舰载长管炮的上限为24磅炮，排除32磅和48磅炮后，可以得出结论，臼杵城之战中描绘的“国崩”，实际上是当时西洋船上的24磅舰载炮，以双倍装填的方式发射霰弹，炮击了围城的岛津军队。鉴于之前和之后大友家再未记录过这种火器，说明此次是这种大型火炮第一次出现在日本战场。这批大型火炮在第一次参与实战使用中，炮击距离为3町（327米），这是当时西方标准的火炮陆战射击距离。结合之前有马晴信的黑人炮手来看，可以推测臼杵城炮击是西洋人在亲自操作，也是传教士在保卫传教成果的同时，打给未来进行武装传教、合作进攻明朝的丰臣秀吉看的。

天正十五年（1587）一月一日，丰臣秀吉向畿内和北陆道、东山道、东海道、山阴路、山阳道等37个国家的领主下达作战命令，总兵力多达25万人的各地军队，开始陆续向大坂城集结，在三月时最终兵力已至24万人。这是日本国内战争史上最大规模的一次单向出兵，其后的小田原之战只有21万余人，而在大坂之战时，德川方最大出兵规模只有冬之阵的20万人。丰臣秀吉以超过关原之战双方总兵力的军队规模，向只有50000人的九州岛岛津氏发起进攻。20万人配属30万人、20000匹马一年份的粮草，显然不仅是为了攻打岛津。兵力不到小田原之战时北条家2/3的岛津家，碰上如此规模九州岛平定军，结局可想而知。

---

① 参见日本板垣英治文章《加贺藩的火药Ⅸ．17地的炮台规模与火炮研究》。

大坂的传教士目睹了秀吉的出阵。天主教大名麾下将士佩戴十字架盛装前行，令传教士获得了极大的满足。天主教大名在出阵之际，前往教会进行忏悔（confisso），拜领圣体（communion），做好了战死的准备。丰臣军的行军路上，不论海路还是陆路，随处可见绘着十字架的旗印、指物在风中翻飞。[①]短短一个多月的时间，岛津家在九州岛的势力土崩瓦解，岛津第十六代家主岛津义久剃发降服，将家主之位转给弟弟岛津义弘。丰臣政权和天主教的关系越发亲密。因与父亲大友宗麟不合而未加入天主教的大友家第二十二代家主大友义统，在丰臣秀吉部下黑田官兵卫的劝说下，于四月与妻儿一起受洗加入了天主教，教名康斯坦丁（Constantinel）。

天主教传教士因为中国人不信教，就试图挑起战争，那些并非基督徒的日本人，在天主教势力强盛的地方自然也是处境堪忧。丰臣秀吉实地勘察作为征明基地的九州岛之时，天主教势力所及之处的状况，令这位从未见过天主教真面目的“天下人”大为震惊。以最早的天主教大名大友纯忠为例，为“纯洁”天主教领土，领地范围内禁止佛教徒居住，并强迫领民改宗，平毁寺庙和神社，杀害寺院僧侣和神社神官。大友纯忠连佛教徒养父的墓地都没放过，还把拒绝改宗的领民当作奴隶卖给上帝的牧羊人。

在岛津降服之后，丰臣秀吉在北九州岛博多湾的筥崎八幡宫停留。筥崎宫是神道教的神宫，主祭神是日本神道教战神应神天皇（八幡神），配祀神则是神功皇后。五月九日，丰臣秀吉最终透露了九州岛平定军的规模以及准备30万人和20000匹马一年份粮草的目的——九州岛平定之后，进行朝鲜平定。六月一日，丰臣秀吉给本愿寺显如的朱印状中，认为朝鲜国王应该像日本大名一样对“天下人”表达臣属之意，之后要求对马宗氏向朝鲜发出朝贡要求。日本天主教教区花费约30克鲁扎多，雇用了一条弗斯特（fusta）船，科埃略乘船从长崎出发，前往博多向丰臣秀吉表达祝贺。此时的博多，是丰

① 参见葡萄牙路易斯·弗洛伊斯《日本史》。

弗斯特船

臣秀吉最初设定的征明军事、政治基地。

弗斯特船是轻型欧式桨帆船，是主要以船桨为动力的轻快船只，科埃略所使用的弗斯特船，以十对桨来看，桨手数量大约为60人。当时日本水军主力关船桨手数量为40～80人，科埃略特意在船上装载火炮，邀请丰臣秀吉登船参观。丰臣秀吉用日本茶道招待了前来拜访的科埃略，并允许传教士在博多重建毁于战火的教堂，甚至在新的城建规划中将新建的教堂安放在博多市町中心。此时打算重建博多的小早川隆景，为了避免教会不快，打算将寺院、神社全部移出至郊外。

六月十日，丰臣秀吉登上科埃略的弗斯特船，在箱崎浜远眺在战火中被摧毁的博多，在船上品尝了传教士进献的糖果和葡萄酒，再次与传教士长谈。丰臣秀吉仔细观察了这条船的构造，对欧洲人的造船技术大加称赞，再次要求传教士提供战船，用于计划中的大陆远征。[①]然而，双方的关系此后

① 《耶稣会日本年报》下，新异国丛书第一辑，雄松堂，1984年，第138页。

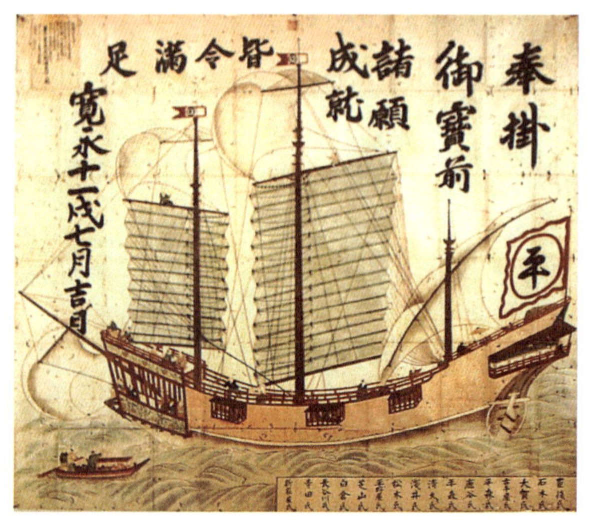

朱印船（末次船）

急转直下，丰臣秀吉要求耶稣会将驻地由长崎转移至博多，以方便联军出动以及垄断南蛮贸易。传教士以博多水浅为由，回绝了丰臣秀吉的提议。

博多是否水浅到无法停靠大船呢？江户时代英国人的《日本渡航记》记录，围绕博多市町修整过的石堂川、那珂川和大水道，水深为五寻，约为九米深。[①]而博多当时对外贸易，朱印船的吨位为500～700吨，不存在所谓博多水浅而无法使用的问题。当时大型船只可以在博多港停靠，水浅只是借口，传教士在友好氛围下反对丰臣秀吉的原因，只能是博多在传教士眼中远不如当时的长崎。长崎是大友纯忠出让给天主教的教会领，周围土地和领民都归属天主教会，而博多是丰臣秀吉的直辖领，自然不如天主教说了算的“国中国”好。传教士弗洛伊斯（Frois）等人在丰后和肥前（长崎）的传教获得了巨大成功，但在与外国人接触频繁的博多，几乎没有天主教信徒。在传教士看来，博多以祇园祭为首的“异教”的习俗根深蒂固，严重亵渎上帝的荣光。

在教会的记录里，博多完全是一个异教徒的城市，司祭在博多居住了两

① 参见日本中田胜康文章《关于博多区城市规划（博多复兴）的城市建设的考察》。

年以上，发现每年博多街道上都要进行大规模祭祀，为了拯救被“魔鬼”迷惑的人，教会要求将祭祀用的道具保管在教堂里，因而引发了宗教冲突。“异教徒”拒绝了神父的要求，双方相持长达一个月，最后“异教徒”大规模集合，将“偶像”抬起，大声呐喊着，笔直向教会前进。事态越发混乱，一些大胆的年轻“异教徒”冲入教会，用极其狂妄和傲慢的语言威胁神父，并从刀鞘中拔出刀剑在神父面前挥舞，要求神父交出“魔鬼”的道具。老人从背后冲上来抱住年轻人，人越来越多，前后拥挤在一起，教堂里一片混乱。老人在后面大声叫喊“我们来处理！我们来处理”，那些达到目的的年轻“异教徒”，兴高采烈地将“魔鬼”的道具带了回去。[①]

能够随意处死“偶像”崇拜者，把“异教徒”当奴隶卖掉的长崎教会领，自然要比博多这种信仰“魔鬼”的“异教徒”城市要好。六月十五日，丰臣秀吉对攻击长崎的深堀氏进行了惩处，从问询中看清了长崎天主教教会领这个“国中国”的真实面貌。发现情况有异的丰臣秀吉，再次要求传教士和船只集中去博多，还是遭到科埃略的拒绝。心怀疑虑的丰臣秀吉命令有大村纯忠倾向的畿内天主教大名高山右近改宗，不然就判改易。这是丰臣秀吉的一次试探。大村纯忠当年为了效忠天主，不惜掘掉自己的祖坟，而虔诚如大村纯忠的高山右近，自然也不会背弃对上帝的忠诚。本能寺之变后，高山右近效忠丰臣秀吉，是与明智光秀作战时的前锋，其封地为播磨国明石郡，居城为明石城，与丰臣秀吉的首都大坂城直线距离不到50千米。从封地方位可见他在丰臣政权中的地位，但高山右近最终选择了效忠上帝。

高山右近拒绝改宗，对丰臣秀吉是一个很大的刺激。为此，高山右近在六月十七日（公历7月22日）向科埃略表达了自己的忧虑。这进一步加剧了丰臣秀吉对天主教的不信任，天主教不给“异教徒”留活路，也把自己逼上了死路。天主教在其势力范围内，强迫居民入教，抓捕非天主教徒为奴隶，

① 参见葡萄牙路易斯·弗洛伊斯《日本史》。

毁坏寺庙、神社，杀死神官僧侣。[①]这已经不是单纯的传教行为，而是在摧毁当地文化乃至社会秩序。天主教与佛教、神道教誓不两立，也在动摇丰臣政权乃至日本政权的法理依据。日本是大日如来之本国，天皇是天照大神的后裔，丰臣秀吉正在综合佛教、神道教和儒学，采用感生帝说来加强统治法理，而天主教的所作所为，触碰了丰臣秀吉的政治底线。

儒家学说理论中，天子的母亲在怀孕或分娩之时，会出现各种灵异现象，天子是感受天上五帝之一的精气而降生的。精气就是灵魂，皇帝得到了某位天神赋予的灵魂而降生，所以皇帝是天之子。丰臣秀吉此时结合佛教中太阳代表大日如来、神道教中太阳是天照大神，加上自己之前天皇皇室后裔的宣言，制造了自己是母亲梦到日轮（太阳）入腹，有感而生的神话。[②]然而，在天主教的宗教文化中，异教徒的日轮之子只配在火狱里永远哀号。与日本传统格格不入的宗教文化体系，以极端的态度对待日本寺庙、神社，虐杀、贩卖非天主教徒，自立教会领的行为，以及近臣高山右近的背叛，让丰臣秀吉与天主教的缘分最终走到了尽头。

六月十八日，丰臣秀吉针对天主教在日本的传播现状，发布了内容为11条的朱印状，对天主教大名进行强制改宗。但强制改宗的规定，仅限于大名与大名家臣，对一般武士、民众的信仰未加限制，也容忍教士的传教活动。但丰臣秀吉在说服高山右近失败后，对待当时日本境内活动的天主教教会的态度，开始转为强硬。

“领地と领民は天下人である秀吉に属する”（领地和领民是属于“天下人”秀吉的），六月十九日夜，丰臣秀吉下达了高山右近改易处分，并对科埃略发出了措辞严厉的诘问状：

① 参见日本永积洋子文章《朱印船》。

② 参见日本内藤湖南文章《东北亚细亚诸国之感生帝说》。

一、传教士为何强制他人信教？

二、破坏神社、佛寺，迫害僧侣的理由何在？

三、为何食用有用的牛马？

四、葡萄牙人（欧洲人）将许多日本人贩作奴隶的理由何在？

科埃略发现情况不利，急忙对诘问进行辩解：

一、尽管尽力布教，但从未强制他人入教。

二、僧侣被天主教真理感动，自发捣毁神社寺庙。

三、没有食用马肉的习惯，只吃牛肉，如果不行，可以禁食。

四、关于奴隶买卖，全部是日本人所为，教会对此深感悲哀，为防止此事，最好是丰臣秀吉发布禁止人身买卖的命令。

这样的回复显然并不能让丰臣秀吉满意。六月二十日，丰臣秀吉在八幡神社张贴了《伴天连（传教士）追放令》，当众处死了两名不肯改宗的天主教马回众（大名亲卫），随后派遣两名使者造访耶稣会准管区长科埃略所在的葡萄牙船只，将追放令正文亲手交予其司令官多明戈斯·蒙泰罗：

一、日本乃神国，由天主教国所传来邪法万万不可。

二、他们令诸国人民归顺于彼，捣毁神社和佛阁，实乃前所未闻之事。诸领主乃暂时据有其领地与权力，因此必须遵守天下的法律，不得随心所欲。

三、神父们认为可用其知识自由地获得信奉者，所以才如此破坏日本的佛法，此事断乎不可。因此，神父们不能留在日本的土地上，必须在今后二十天内打点行装回国。但在此期间，如有危害神父者，亦将予以处罚。

四、葡萄牙船（欧洲船）为商业贸易而来，另当别论。今后亦可进行长年贸易。

五、今后，凡不反对佛法者，无论商人或者他者，都可于天主教国中自由往来。

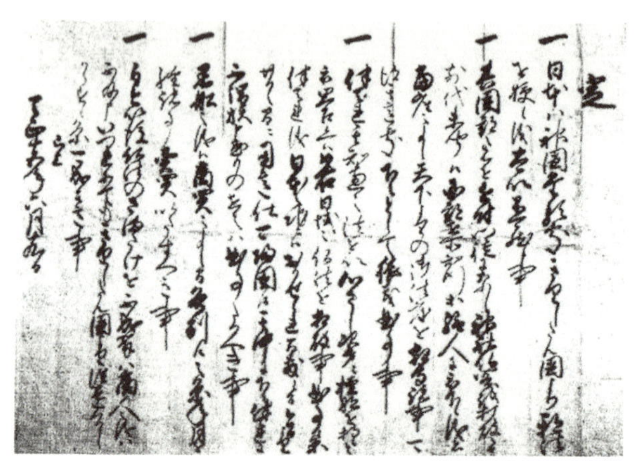

吉利支丹《伴天连追放令》

现存《伴天连追放令》仅两份，署名为丹羽郡大夫的抄件有笔误，对比各项史料，丹羽郡大夫的抄件类似原始草稿，抄写者是急急忙忙写下的，由此可见，《伴天连追放令》的发布十分仓促，更像是一份应急条文，并不像一个大规模印发或传教士诬陷的蓄谋已久的事件。丰臣透露对天主教徒的处罚，并不像德川时代那样严格，在德川时代被驱逐出境的高山右近，此时仅转移并减少了领地，在日本国内仍有大量天主教信徒。①

《伴天连追放令》主要是限制欧洲传教士入境，并非后世江户时代的“锁国”。起因是传教士的不法活动，但传教士对丰臣秀吉进行了各种污蔑，诸如丰臣秀吉一直对天主教心怀不满，强抢天主教妇女失败，自比为神等。实际即使在追放令发布之后，丰臣秀吉还惩处了借机抢掠南蛮船的九州岛海贼，保护了传教士的人身安全。而气急败坏的科埃略要求菲律宾总督给予军事援助，科埃略的信中说，此时的日本人是狂妄自大、不堪一击的异教徒，

---

① ［日］五野井隆史：《日本基督教史》，吉川弘文馆，1990年。

只需两三百名西班牙人，让所有的神父修筑一座要塞，就能与丰臣秀吉的力量相对抗并自卫，请菲律宾诸岛的总督与主教送来这样的援军，保护长崎教会领的独立地位，结果遭到了菲律宾总督的嘲笑。[①]

科埃略的联军方案就此宣告终结，但天主教还是在丰臣秀吉的默许下在继续发展。17世纪初，日本全国的天主教徒增至75万人，对传教士的限制也并不严格[②]。与此同时，西方的军事以及科技技术，依旧借着这个渠道向日本输入，如1590年，传教士瓦利尼亚诺将西式印刷机及印刷技术传入日本。科埃略的继任者范礼安在1591年拜见丰臣秀吉的时候，依旧送给他包括火枪、短剑、战马以及野战帐篷在内的礼物。[③]1596年10月，西班牙商船“圣菲利普”号（San Felipe）在太平洋遇风暴，船体受损，进土佐浦户港修复之时，丰臣秀吉的部将增田长盛询问该船船长西班牙的广阔领土是通过什么方式得到的。船长回答：“先派传教士，使其国民成为信徒，然后派遣军队与信徒里应外合，征服该国。”[④]

1587年之后，日本和西班牙没有了联合出兵的合作氛围，但传教士对日本在军事上的支持依旧不遗余力。除了地图、海图、活字印刷术等技术，直接用于战争的包括制造火药用的硝、制造子弹炮弹的铅，乃至刀剑火枪所用的铁，依旧由南蛮贸易所进行大量输入。仅铅一项，以文物考古报告里同位素测量，日本在17世纪前后造铅弹所用的原料铅，一半都是国外进口，其中有20%以上的铅弹所用铅的产地，是东南亚泰国北碧府的松多铅矿。该地出产的铅锭所熔铸的铅弹，在日本的历史甚至可以追溯到长筱之战，可见传教士在16世纪末介入东北亚战争的深度和广度。[⑤]

---

① 《耶稣会与日本》上，高濑弘一郎、岸野久译，岩波书店，1988年，第50页，第85—86页。

② 《日本史史料集成》，第一学习社，1980年，第149页。

③ 《十六、十七世纪日本耶稣会报告集》第一期第一卷，同朋舍，1987年，第223页。

④ 参见《日本大百科全书》中的“サン・フェリペ号事件”（“圣菲利普号事件”）。

⑤ 参见日本平尾良光文章《关于使用铅同位素比法的东亚地区的金属流通的历史研究》。

第四章

『朝日鲜明』之殇，『至诚事大』之谲

但是，唐国平定战略作为稳定丰臣政权的基础，并不以是否有传教士协助出兵而改变。在九州岛平定作战的同时，丰臣秀吉向朝鲜派出28艘间谍船，窥探朝鲜边防虚实，并大败朝鲜守军，因此判断打败朝鲜并不困难。最初丰臣秀吉并不清楚朝鲜和对马岛的关系，曾命对马宗氏传达朝鲜国王前来京都朝见自己的命令。对马岛和朝鲜距离很近，对马岛在经济和生活诸方面依赖于朝鲜。对马岛多山，岛上耕地面积有限，如遇天灾，就必须倚仗从朝鲜运来的大米和生活用品。在1419年己亥东征以后，对马宗氏曾向朝鲜称臣，朝鲜也把对马宗氏看作朝鲜藩臣。对马宗氏利用朝鲜藩属的身份，向朝鲜派遣贸易船，进行日本—朝鲜贸易，从中获利极丰。丰臣秀吉的这个命令，对夹在日本和朝鲜之间的对马岛来说，显然是根本不可能完成的任务。

万历十五年（1587）九月一日，对马宗氏家臣橘（柚谷）康广，以日本国王使节的身份抵达朝鲜，要求朝鲜入贡日本。朝鲜国名为明太祖亲自赐予，意为“朝日鲜明之国”。朝鲜自称“小中华”，号称开国以来“至诚事大”，以至诚之心来事奉大国（中国）。橘康广所携文书，对朝鲜言语倨傲，有“天下归朕一握”这样的话语。橘康广身为使节，却对朝鲜人多加嘲讽，一路举止傲慢，所经驿馆必须居住在上房，见朝鲜军士执枪夹道欢迎，则称朝鲜士兵枪杆太短。再加上他所携文书中对朝鲜言语倨傲，有“天下归朕一握”这样的话，朝鲜官员明显感到这次的使节与之前不同。

当时，校理柳根作为宣慰使、礼曹判书设宴款待橘康广。橘康广在宴会上将所带胡椒撒在大厅内。胡椒在朝鲜价值极高，伴宴的歌姬、乐工争相抢夺，场面大乱。橘康广得意扬扬而还，对翻译官说：“此（朝鲜）国纪纲已毁，几亡矣。”待橘康广归国，朝鲜君臣经过讨论，认为日本是化外（野蛮）之国，没有必要进行接触。朝鲜仅仅回复了书信，以水路迷昧为由，拒绝向日本派遣使节。因橘康广举止傲慢，朝鲜结合不久前的倭船入侵，认为日本不久将会进攻朝鲜，便下令在朝鲜南方沿海征召士兵，整备武器进行备战。橘康广没有完成任务，丰臣秀吉怀疑橘康广与朝鲜相通，将其全族尽诛。（《李朝实录》宣祖二十年九月癸巳、十月乙亥；《宣祖修正实录》宣祖二十年九月；《再造藩邦志》；《惩毖录》）

九州岛平定战结束后，丰臣秀吉返回大坂城，随后移驻位于京都的聚乐第。天正十六年四月十四日（1588年5月9日），后阳成天皇行幸聚乐第，以示对丰臣政权的支持。德川家康、织田信雄等大名也在此时向丰臣秀吉宣誓效忠，随后毛利辉元亲自前往京都，向丰臣秀吉表示臣服。借此机会，丰臣秀吉向全国发布“刀狩令”和“海贼停止令”，同时再次向周边国家发出通告，要求各国臣属入贡，试图建立起以日本为中心的新朝贡体系。

天正十六年（1588）十一月末，岛津义久派遣大慈寺禅僧龙云宗珠为使，前往琉球面见琉球国王，递交文书。此时琉球国是尚宁王在位，这份由丰臣秀吉近臣石田三成亲自审查的外交文书中，要求琉球向日本臣属入贡，并与岛津一起出兵15000人攻打中国，否则将派兵攻灭琉球，琉球被迫向日本派遣使节。天正十七年（1589）五月，琉球尚宁王派遣天龙寺僧侣桃庵祖昌、安谷屋亲云上宗春为使节，我那霸亲云上宗春（牛助春）为书记，陪同岛津大慈寺僧侣前往日本。八月，琉球使节团抵达鹿儿岛，换船前往大坂，于十月抵达聚乐第，向丰臣秀吉献上工艺品、烧酒、太平布等。

尚宁王在国书中赞美丰臣秀吉统一日本60余州，威名远达高丽、南蛮，天下太平、四夷臣服，然后自述琉球是小国，无法承担沉重的兵役，同时表达琉球是明朝属国，已向明朝宣誓忠诚。丰臣秀吉并未达到使琉球完全臣属的目的，但琉球与日本的外交已中断百年，此次琉球使节到来，提高了丰臣秀吉的威望。兴奋之余，丰臣秀吉取下琉球使节团里，我那霸亲云上宗春

（牛助春）的帽子试戴。琉球是明朝属国，官服与明朝官制相同，牛助春所戴官帽为明朝官员的乌纱帽。但丰臣秀吉脑袋太小，无法佩戴这顶官帽，便称呼牛助春为“大头”，牛助春因此得到“大头我那霸”的称号。丰臣秀吉的茶人千利休，仿照同样被丰臣秀吉称赞过头大的神户兰若院澄西和尚的头型，制作了茶壶献上。正式公开要求“四夷”朝贡，间接表明丰臣秀吉准备已久的征明战争即将拉开序幕。①

在岛津汇报琉球出使的消息之时，与朝鲜沟通的对马宗氏却完全没有回音。丰臣秀吉以朝鲜国王未能上京（京都）拜见为由，在三月斥责宗义智，并在夏季宗义智拜见之时再次催促。迫于无奈，宗义智任命博多圣福寺原住持景辙玄苏为正使，自己为副使，携家老柳川调信、博多商人岛井宗室等25人，在六月前往朝鲜，传达丰臣秀吉要求朝鲜遣使的要求。朝鲜国王李昖命吏曹正郎李德馨为宣慰使，将景辙玄苏和宗义智等人引入汉城东平馆。朝鲜人对丰臣秀吉的要求讨论了很久，此时朝鲜打算借这个要求通使的机会，要求日本人交出万历十五年（1587）春全罗道倭寇进攻时，作为倭寇向导的朝鲜珍岛人沙火同，借以作为通使的条件，进行所谓“以观诚否”：“朝廷使德馨谕义智等，若归还叛民，然后可以议通信。”（《惩毖录》）宗义智同意了朝鲜的要求，命柳川调信回国，将滞留对马的朝鲜人尽数捕获，送由朝鲜处置。（《再造藩邦志》）

七月，宗义智送还朝鲜的金大玑、孔大元等116人，又将沙火同及丁亥年入寇的日本人时要罗、三甫罗、望古时罗三人捉拿，交给朝鲜（《宣祖修正实录》宣祖二十二年七月丙午），还于七月十二日专程派船，向朝鲜国王李昖进献火绳枪和孔雀。日本使团自称倭寇事件是沙火同勾结五岛倭寇所为，日本朝廷并不知情，现将人员拿捕交还朝鲜，再次要求朝鲜尽快派遣使节前往日本。李昖陈兵于仁政殿，接受了宗义智进献沙火同，并封赏了日本

① ［日］上里隆史：《琉日战争一六〇九：岛津氏的琉球侵攻》，2009年，第110—120页。

李昖像

使节团。就派遣使节一事，朝鲜国王李昖召集群臣商议，前参判李山甫以为不可与日本通交，但主掌朝政的领议政李山海、左议政柳成龙，力主派通信使前往日本。

当时朝鲜本已在下三道（全罗道、庆尚道、忠清道）进行战备，甚至在宗义智送还叛逃人员之时，李昖还特意召集文武官员，问询昔日嘉靖大倭乱之时，朝鲜所受倭寇入侵的路线、规模，以及当时的备战情况。李昖询问边协："倭几何耶？"边协以"达梁倭变"的规模回答说，"七十艘云，约六千余矣"，"倭船不甚大，不及唐船，一艘不过载百名矣。百艘则万名，万外似难出来矣"。李昖问："无乃割据边地陆渎，继援之理乎？"边协说："主客不同，此则必不能矣。"这次根据历史经验的讨论，大大低估了丰臣时代日本的实力、规模和决心，给朝鲜的备战带来了负面影响。不过，鉴于之前倭寇袭扰给朝鲜带来过重大损失，朝鲜大臣建议派遣通信使前往日本，以免引

起两国争端。(《李朝实录》宣祖二十二年八月丙子)

决定派遣通信使的时候，朝鲜暂停南方沿海的备战措施。而宗氏为促成朝鲜通信使成行，私下隐瞒了丰臣秀吉对朝鲜要求入贡、朝鲜国王亲自朝见、出兵为征讨明朝向导、开放道路等要求。不过，这两次日本使节的蹊跷之处并非没人发觉，都事赵宪在听说朝廷将派遣使节时，上疏反对说“夷狄(日本)无信，有同犬豕(猪狗)”，建议将前来朝鲜的日本使节斩首，并通告中国。(《乱中杂录》)由于嘉靖大倭乱，中日断交乃至相互敌对，朝鲜身为中国藩属国，私下对日通交的行为不当。但当时自称“至诚事大”的朝鲜国王李昖，将赵宪之言斥为狂言，向日本派出了使节。

日本天正十八年(1590)四月，朝鲜通信使黄允吉、副使金诚一等一行，自釜山乘船出发，于五月抵达对马。在朝鲜通信使抵达对马之后，日本没有派人前来迎接，致使朝鲜使节在对马岛滞留了一个月。日本没有外交经验，又长期视朝鲜国王为日本之犬，宗义智回到对马后便原形毕露，对朝鲜使节轻慢起来。一日，宗义智设宴，朝鲜通信使如约赴宴就座，而宗义智乘轿入门直至堂前台阶。副使金诚一大怒，斥责对马岛主身为朝鲜藩臣，上国使臣奉命至此，还胆敢慢侮，便起身而去；正使黄允吉等人相继而出。宗义智无奈，将责任归咎抬轿之人，斩其首级，送往朝鲜使臣居所谢罪，自此才对朝鲜使节以礼相待。(《再造藩邦志》)

日本要求朝鲜派遣使节，却对使节团相当防备。朝鲜使节前往京都之时，为防止使节团获取日本国内的道路情况，日本方面却下令绕行，从对马到壹岐岛，路程不过一两日，却让使节团花了40多天。七月，通信使到达滨州之后，才有日本官员前来致礼接待，但接待书中对朝鲜通信使的称呼是“朝鲜国使臣”，由前来建立外交关系变成“来朝(贡)”。朝鲜通信使极为惊讶，认为日本将自己定义为朝贡使，对朝鲜而言是极大的侮辱，但他们已到达日本，只能继续前进。二十五日，通信使到达大坂，此时丰臣秀吉正率兵出征北条，故由小西行长等人接待，将朝鲜使团一行安排在大德寺内。

（《李朝实录》宣祖二十四年三月丁酉）

九月二十日，丰臣秀吉返回大坂，被日本人晾了5个多月的朝鲜人，终于受到了丰臣秀吉的召见。十一月七日，朝鲜使团在京都聚乐第面见了丰臣秀吉，递交了朝鲜国王李昖的国书。全文（《再造藩邦志》）如下：

朝鲜国王李昖，奉书日本国王殿下：

春候和煦，动静佳胜。远传大王一统六十余州，虽欲速讲信修睦，以敦邻好，恐道路湮晦，有淹滞之忧欤。是以多年思而止矣！今令与贵介，遣黄允吉、金诚一、许筬之三使，以致贺辞。自今以后，邻好出于他上，幸甚！仍不腆土宜，录在别幅，庶几笑留。余顺序珍啬，不宣。

万历十八年三月　日

朝鲜国王李昖

一百多字的国书里，充满“修睦”“邻好”“贺辞”等词。“邻好”二字出现了两次，所谓“邻好”，就是朝鲜对日本的基本方针，通告交好日本，以防倭寇时时侵扰，减轻朝鲜的军事负担。朝鲜的愿望是美好的，但现实是残酷的，早在天正十五年（1587）五月九日，高丽（朝鲜）平定成为丰臣秀吉的既定目标，不会因一封国书而改变。朝鲜使团受接见的待遇低下，“就席不设宴，且前置一卓（桌）子，中有熟饼一器，以瓦瓯行酒，酒亦浊，其礼极简，亦数巡而罢，无拜揖酬酢之节矣”（《李朝实录》宣祖二十四年三月丁酉）。

长期不见使节，见面不设宴席，以一块饼、瓦器盛浊酒来招待，如此还数巡而罢。之后丰臣秀吉直接起身，出去逗弄两岁的孩子鹤松，并召集朝鲜乐工给孩子奏乐。鹤松在丰臣秀吉身上小便，秀吉哈哈大笑，命侍女抱走孩子，当着朝鲜使臣的面换衣服，也不与朝鲜使臣交谈。黄允吉等人告辞而出，之后丰臣秀吉便不再召见朝鲜使臣。朝鲜使臣准备回国之际，丰臣秀吉也没回复国书。正使黄允吉直接回国，副使金诚一则要拿到日本回复国书再回国，通行使在堺町等待半月之久，丰臣秀吉才将国书送到。

这封国书由鹿苑寺长老西笑承兑[①]起草，以对待属国的态度，用命令的口吻向朝鲜回复了国书，全文如下：

> 日本国关白秀吉，奉书朝鲜国王阁下：
>
> 雁书薰读，卷舒再三。吾国六十余州，比年诸国分离，乱国纲、废世礼，而不听朝政，故予不胜感激，三四年之间，伐叛臣、讨贼徒及异域远岛，悉归掌握。窃谅余事迹，鄙陋小臣也。虽然，余当托胎之时，慈母梦日轮入怀中，相士曰："日光所及，无不照临。壮年必八表闻仁声，四海蒙威名者，何其疑乎？"依此奇异，作敌心，自然摧灭，战必胜、攻必取。既天下大治，抚育百姓，矜闵孤寡，故民富财足，土贡万倍千古矣。本朝开辟以来，朝政盛事，洛阳壮丽，莫如此日也。人生一世，不满百龄焉，郁郁久居此乎？不屑国家之远、山河之隔，欲一超直入大明国，欲易吾朝风俗于四百余州，施帝都政化于亿万斯年者，在方寸中。贵国先驱入朝，依有远虑无近忧者乎？远方小岛在海中者，后进辈不可作容许也。予入大明之日，将士卒望军营，则弥可修邻盟。余愿只愿显佳名于三国而已。方物如目录领纳。且至于管领国政之辈。向日之辈皆改其人，当召分给，余在别书。珍重保啬，不宣。
>
> 天正十八年庚寅仲冬日秀吉奉复书

---

① 西笑承兑（1548—1607），日本临济宗僧。京都人。号月浦、南阳。住相国、南禅二寺，深得足利义昭信任，受丰臣秀吉皈依。于相国寺内建丰光寺。曾任相国寺鹿苑院僧录司，其日记因之成为珍贵资料。

这封与其说是国书，不如说是恐吓信。丰臣秀吉对朝鲜的“邻好”的回答是，我是统一日本的太阳之子，所作所为是替天行道。还通知朝鲜，自己将要进攻明朝，命令朝鲜担任先锋。朝鲜使臣接到这封国书，发现其中对朝鲜国王的称呼由“殿下”变为“阁下”，以所送礼币作为朝贡方物，又有“一超直入大明国”，“贵（朝鲜）国先驱入朝”等语，大为震惊，即刻写信给景辙玄苏，要求修改“阁下”“方物”“入朝”六字，以防止侮辱朝鲜国，称“若不改此等语，使臣有死而已，义不敢还”。景辙玄苏态度强硬，只许改“阁下”“方物”四字，拒绝修改“入朝”二字。通信使反复抗议未果，于十二月悻悻而归。（《再造藩邦志》）

次年二月，朝鲜通信使返回朝鲜首都王京（汉城），向朝鲜国王李昖通报对日外交情况。但是，正使黄允吉和副使金诚一所报告的内容南辕北辙。黄允吉向国王李昖报告说，观日本事状，“万无不犯之理”。而金诚一则认为允吉所言，“张皇论奏，摇动人心，甚乖事宜”。正使说日本必定来犯，副使一口咬定正使胡说八道。李昖召见正副使，询问丰臣秀吉是什么样的人。黄允吉说“其目光烁烁，似是胆智人也”，金诚一便称“其目如鼠，不足畏也”。这种看似奇怪的现象，在当时的朝鲜政坛却很正常。正使节黄允吉为西人党，副使金诚一是东人党，东人党和西人党在朝堂上是不共戴天的仇敌。（《李朝实录》宣祖二十四年三月丁酉）

西笑承兑像（大坂城天守阁藏）

李氏朝鲜由立而亡500多年，一半时间是所谓的“朋党政治”，规模大，持续时间长。李朝第十一代国王中宗，在大臣朴元宗、成希颜、柳顺汀等人拥立下推翻哥哥燕山君（朝鲜第十代国王）得以即位。中宗是被功臣推举的国王，在行政方面依赖于朴元宗等人。以朴元宗为首的反正功臣在朝廷里组织了一个勋旧功臣派，协助国王进行政治运作。中宗本人的权力自然受到影响。前任国王被大臣发动政变废黜，就继任者而言，“功臣”能废黜前任，自然也能废黜现任。对此如鲠在喉的中宗开始培植势力。朴元宗、成希颜、柳顺汀三大反正功臣病死后，赵光祖等新进士林儒生被国王引入朝鲜政坛。

士林派仰仗君主的支持逐渐坐大，与功臣派水火不容。功臣派新的党首洪景舟、南衮、沈贞等人于1519年发动“己卯士祸”，捕杀赵光祖等士林派首脑，沉重打击了士林派。中宗在这一重大政治事件中毫无作为，既没能帮助赵光祖等人，也没能压制功臣派的气焰，这宣告了朝鲜国王的王权旁落。

“己卯士祸”是日后“朋党政治”的开端，此后各方势力拉帮结派，争权夺利。由于国王势弱，世子的势力开始兴起，还引入了外戚势力，形成了世子派。铲除了功臣派的势力之后，世子派内部发生分裂，变成了以两大国舅尹任和尹元衡（两人是叔侄关系）为首的大尹派和小尹派。中宗死后，大尹派拥立的世子继承了王位，是为朝鲜第十二代国王仁宗。但大尹派还未来得及动手，仁宗只当了一年的国王就死了。尹元衡的姐姐文定王后所生之子庆源大君继承了王位，是为朝鲜第十三代国王明宗。小尹派因此得势。1545年，小尹派发动了“乙巳士祸”，铲除了大尹派的势力，文定王后垂帘听政。

文定王后代表的外戚专权十几年，进一步弱化了国王的权威和影响力。长大后的明宗为了夺回权力，扶植仁顺王后沈氏的娘家“青松沈氏”。“青松沈氏”在各地拉拢士林的力量，对抗以文定王后和尹元衡为首的“坡平尹氏”的外戚势力。被“青松沈氏”扶植拉拢的前辈士林，逐渐转变为西人党的势力；而被“坡平尹氏”拉拢的后辈士林，逐渐转变为东人党的势力。所以，李昖继位之时，面对的就是这样一个派系互相倾轧的朝廷。①

柳成龙像

丰臣秀吉谋划对东亚大陆和朝鲜半岛进攻之时，朝鲜朝廷内斗正值高潮。1589年，东人党成员郑汝立叛乱，西人党首领尹斗寿趁机打压东人党。不久，宣祖因“宗系辩诬”事件封赏功臣，防止郑汝立叛乱后西人党独大，以平衡内部各党派，便让东人党人李山海坐上领议政的位子。西人党魁首郑澈和尹斗寿分别官居左议政和礼曹判书，比李山海低了一级。随后的诸君之争中，西人党全面落败。朝鲜使节从日本回来之后，朝堂上已是东人党一家独大。西人党黄允吉的言论，在东人党把持的朝堂上自然无足轻重。东人党也自知后果。时东人党首领柳成龙责问金诚一：“你说的固然与黄允吉不同，万一有兵祸，将要怎么办？”金诚一回答：“我怎么能确定倭寇一定不来？只是担心大家惊慌，特意这样说。”（《李朝实录》宣祖二十四年三月丁酉）

李昖本不愿同日本引发纷争，在金诚一及东人党的保证下，一度取消了已经下达的防备令。其后朝廷讨论的焦点反倒是要不要向明朝通报日本将对明朝发动进攻。明万历十九年（1591）五月一日，李昖召开廷议，讨论是否向宗主国通报日本的战争威胁。当时西人党依据黄允吉和国书内容，建议迅速通报明朝。兵判黄廷彧认为：“我国事天朝二百年，忠勤至矣。”丰臣秀吉“征明”事关重大，不可不报。东人党立刻加以反对，副提学金睟则根据金诚一的报告反对，称丰臣秀吉狂妄自大，以狂妄不实之言上奏，到时倭寇不来，不但明朝会笑话朝鲜胆小，日本也会埋怨朝鲜多事；而且据实上奏，又

① ［日］北岛万次：《丰臣秀吉的朝鲜侵略》，吉川弘文馆，1995年，第24—25页。

有朝鲜私下与明朝敌国日本通交之嫌，到时有可能会被明朝问责。

朝鲜最终采纳了东人党领袖左议政柳成龙的意见：“大义所在，虽不得不奏，秀吉狂悖，必不能称兵入犯，而我在至近之地，不可横受其祸。况闻使臣（金诚一）之言，则谓必不发动，虽发不足畏。若以无实之言，一则惊动天朝，一则致怨邻国不可也。至于通信一事，直为奏闻，万一天朝盘问，则亦必难处。如不得已，则似闻于被掳逃还人为辞。”柳成龙指出，朝鲜身为明朝藩属国，日本入寇明朝的计划被朝鲜得知，必须上奏，不然明朝问责时无所推托。而日本距离朝鲜很近，也不能因为日本要打明朝便受无妄之灾。况且使臣（金诚一）保证日本一定不会出兵，日本就算出兵也是“征明”，对朝鲜来说并无威胁。这些多有不实之言，如果全部具实奏报明朝，一则惊动明朝后泄露了朝鲜私通日本，朝鲜反而会获罪，二则与日本结怨，对朝鲜并无好处，不如假托是从日本逃归朝鲜的人处得到的消息，从轻上报，这样两国都不得罪。（《李朝实录》宣祖二十四年五月乙丑）

柳成龙的意见，建立在朝鲜明宗时期即嘉靖大倭乱时期的战例之上。当时数十万倭寇浩浩荡荡直入中国江南，仅有数千偏师袭扰朝鲜半岛。廷议之上，东人党数次直言“福建近日本，商贾通行”，“福建与日本仅隔一海，商贾通行”，其意便是朝鲜君臣认为，丰臣秀吉进攻明朝，要走老路从海上直扑江南，而非从朝鲜前往辽东，再从辽东到达北京。战争爆发之后，朝鲜方面与小西行长在平壤大同江的谈判，也证明了这点。时任大司宪的李德馨质问日本劝降使节景辙玄苏：如果日本只是想进攻明朝，为何不直接去浙江，而是先来攻打朝鲜？

基于讨论的结果，李昖以从日本逃归的金大玑等人言论为由，派遣贺节使金应南前往明朝通报。出发前，备边司还特别告诫金应南，使节团进入辽东之后，一定要先刺探消息，如果在使节团抵达之时，明朝还未收到日本将要进攻的消息，就不再将此事奏报。（《李朝实录》宣祖二十四年五月乙丑）

这便是“至诚事大”的朝鲜，得知丰臣秀吉进攻中国计划的真实态度：

日本要打中国，直接去江南就好，朝鲜一不参与日本进攻，二不提前通告中国，中日要战便去战个痛快，与朝鲜无关。而就在朝鲜讨论是否告知中国之时，中国已从各方面收到此次战争的情报。朝鲜通信使刚刚回返，明万历十九年（1591）三月，琉球中山王府长吏郑迵作为琉球尚宁王的使者，乘坐朝贡船前往中国，向明朝报告了丰臣秀吉的唐国平定计划。

琉球的报告有以下几点：

> 一、丰臣秀吉造军舰两万艘，兵力号称二百万人。
>
> 二、一路是进攻北京的，由朝鲜作为先导，另一路是前往江南的，由居住在日本的华人两千人作为先导。
>
> 三、开战时间为明万历十九年（1591）的八月、九月。
>
> 四、朝鲜已经向丰臣秀吉屈服，将作为日本的援军一起进攻明国。

陪同郑迵前往福建的，还有福建同安的海商陈申。四月，琉球贡船到达福建，福建巡抚赵参鲁接到报告，将情报送到了北京。（《全浙兵制考》第二卷附录“近报倭警”）七月二十日，大学士许国奏报：“昨（十九日）得浙江、福建抚臣共报，日本侨奴招诱琉球入犯。”当时海禁已松，浙江、福建有很多前往日本的商船，浙江情报当由海商处获得。八月初二日，赵参鲁奏请进行战备之时，唯独与日本相近的朝鲜仍未对此事进行通报。（《明神宗实录》万历十九年七月癸未）

依据海商情报及琉球贡使情报所说朝鲜已经与日本合谋，以及朝鲜在此事上长时间的沉默，明廷群臣朝议之时，均怀疑朝鲜已背叛中国。此时阁老许国力排众议，自称曾出使朝鲜，知道朝鲜国情和与日本的关系，建议暂且等待。当贺节使金应南抵达辽东之时，中国对待朝鲜使节的态度与之前有所不同，发觉情况不对的金应南，立刻声明此次为通报倭情而来，才缓和了朝鲜的信任危机。（《李朝实录》宣祖二十四年十月丙辰）

中国与日本虽然仅一水之隔，但在明代，两国之间的交通并不通畅。由于倭寇曾给中国沿海地区带来极大的破坏，日本如果联合朝鲜进攻中国，中国沿海的军事压力会非常沉重。朝鲜使臣带来日本对中国有企图的情报，让因琉球和海商情报而怀疑朝鲜背叛的明朝松了一口气，随后万历皇帝对朝鲜和琉球均进行了封赏。(《李朝实录》宣祖二十四年十月丙辰)

但是，朝鲜的情报是经过刻意隐瞒且避重就轻的，类似行为还将一直伴随整个万历朝鲜之役。这让明朝付出了很多不必要的代价，当然，朝鲜本身也因这种行径付出了更大的代价。

第五章

藩篱中的藩篱

朝鲜，通常被称为“小中华”，在4世纪以后，除唐初因高句丽而派遣军队进入东北亚，和朝鲜半岛新罗、百济有过短暂接触，中国对朝鲜半岛的影响相当有限。唐朝占领百济后建立的熊津都督府，短短16年就被新罗攻灭，安东都护府所在地也从平壤迁至辽东，所辖州府的官员皆改为高句丽人。随着渤海国的崛起，唐朝和新罗成了名义上的“邻国”，安史之乱爆发后，连名义都算不上了。

宋朝时，幽州被契丹占据，其后蒙古人灭了南宋。直到明初收复辽东，才再次与朝鲜接壤。长期以来，“中华”和所谓的“小中华”总是中间隔了一层。元代蒙古人通过军事征服和联姻制度控制了王氏高丽。蒙古人长期和高丽王室通婚，直接任命蒙古人官员，使当时的高丽王室在血统上与蒙古人并无区别，后期高丽的服饰风俗也一如蒙古人。最典型的例子，便是作战时以游牧民族的骑射弓马见长，闻名山地丘陵地区的李氏朝鲜开国君主，原元朝斡东千户所千户兼达鲁花赤“吾鲁思不花”——李成桂。

高句丽狩猎图壁画

朝鲜半岛的政权，一开始就是建立在吞并汉代所立朝鲜四郡的基础上的。李成桂是在高丽打算进攻辽东的时候，率所部兵变，最终夺取政权。明初，朝廷上有大臣将辽东称为三面受敌之地，这三面就是北元、女真和朝鲜。随着北元和女真逐渐被明朝压制，朝鲜趁机占据原元朝辽东部分领土，领土从之前未达到鸭绿江，一直拓展至豆满江。明朝为避免被北元、朝鲜夹击，被迫承认朝鲜对原元朝属地的占领。之后为争夺东北女真地区，明朝和朝鲜险些多次爆发战争。

明朝和朝鲜的宗藩关系，就是在这样的情况下建立的，朝鲜表面上对明朝朝贡，实际上两国是互相猜忌和提防的。中国对朝鲜的技术输出，确切地说是军事技术包括军事物资的输出，管控极为严格。明太祖为争取朝鲜归属，向朝鲜输出了元朝一直未给的火器制造技术。但最关键的提硝技术、火药颗粒化技术，终明一代，禁止传授，或者仅有简化版。朝鲜开始时是偷学元朝工匠提硝，后来在万历朝鲜役（朝鲜称“壬辰倭乱”，日本称“文禄庆长之役”）中俘获日本工匠，获得了火药颗粒化技术。朝鲜长期以本国步弓手善射而自豪，但朝鲜半岛并不产水牛角。水牛角是制造筋角复合弓的关键材料，明初禁止对朝鲜出口，直到成化十三年（1477）才解禁，不过，一年也只允许对朝鲜出口区区50副，成化十七年（1481）增至150副，到弘治十七年（1504）

李成桂像

200副为止。(《明实录》成化十七年二月,《李朝实录》燕山君十年十月)明朝的角弓造法概不外传，朝鲜人只能翻《周礼·考工记》造弓(《李朝实录》成宗九年八月己亥)，参考中国瓷瓶上的绘图制弩(《李朝实录》世宗十三年五月庚辰)。

朝鲜的所谓“长于射”，在明朝的封锁下迅速衰败。在世宗时期，军队还保有大量角弓的情况下，朝鲜王室就已开始寻找牛角弓的替代品。朝鲜人试验了鹿角造弓、牛角残片拼接、复合木材、竹弓等，试图找出能替代整片牛角的弓材，但这些材料制造的弓，在性能上和筋角复合弓相差甚远。[①]不过短短数十年，朝鲜的弓箭手部队迅速衰败，少量性能良好的筋角复合弓只能供给精锐。中宗十一年(1516)五月，兵曹判书高荆山献上新制竹弓，称其射矢可过80余步(128~144米)，但此弓已经是“角弓稀贵”之下的“果好矣”。(《李朝实录》中宗十一年五月戊戌)

朝鲜半岛山地高原约占总面积的70%，所以朝鲜是一个山地国家，自古军队以步兵为主。元朝征服高丽之后，在蒙古人的影响下，朝鲜开始大规模建立骑兵部队。高丽末期到李朝初期，朝鲜拥有了一支规模较大的常备骑兵部队，数量占总兵力的15%~20%。(《高丽史》志卷三十五)明朝重新进入辽东之后，朝鲜已经变成一个随时可以动员数万骑兵的国家。因为骑兵是典型的进攻性兵种，所以自明太祖朱元璋始，明朝大规模进口朝鲜的马匹和耕牛，一来充实辽东地区的明军，二来削弱朝鲜军队的进攻能力。

洪武十九年(1386)，朱元璋以缎一匹、布二匹的单价，收购朝鲜的官马和民马5000匹运往辽东。(《明太祖实录》卷一百七十九)洪武二十四年(1391)，明朝又以纻丝(丝麻混纺的一种缎)、棉布19760匹的极低价格，收购朝鲜官马10000匹。(《高丽史》)建文帝朱允炆即位之后，又向朝鲜购

---

① [日]宇田川武久:《东亚兵器交流史：15世纪至17世纪兵器的接纳和传播》，吉川弘文馆，1993年，第53—57页。

明太祖朱元璋像

买了7000匹马，朝鲜则乘朱棣起兵夺权之时，用驽马充作战马，并试图以提高马价。（《李朝实录》太宗元年八月）朱棣即位之后，对朝鲜以次充好的行为予以斥责，并勒令朝鲜补足数量和质量，还大规模购买耕牛。永乐二年（1404）四月，朱棣派遣使臣掌印司卿韩帖木儿等出使朝鲜，购买耕牛10000头，以供辽东屯田之用，每头牛定价为绢一匹、布四匹。永乐五年（1407），明朝向朝鲜购马多达9次，半年内运3200匹战马至辽东。永乐七年（1409）十月，明廷又购得朝鲜战马10000匹。永乐十九年（1421）、永乐二十一年（1423）再次向朝鲜买马20000匹。[①]

中国以丝麻、棉布等物，从朝鲜购买了大量军马，短短20年，明朝便从朝鲜购入战马三四万匹、耕牛数万头。自洪武年间大规模收购战马以来，朝鲜战马的存栏头数迅速下降。永乐之后，朝鲜下令禁止私人向明人出售牛马，但辽东的明朝官员仍然通过各种方式从朝鲜走私牛马。永乐十年（1412），辽东指挥方俊贿赂义州牧使禹博，自朝鲜购马千余匹（《李朝实录》太宗十二年四月）。永乐二十一年（1423）八月，许稠上书国王："本国之马比旧为减，又未强壮，往时，士大夫家有马不下数匹，庶民皆有实马，今世人之家不过一匹，亦皆疲弱。"朝鲜马匹数量逐年下降，明朝的索求势必影响朝鲜自己的军备。当时许稠提出军政莫急于马，如果择实马二万匹以献明朝，朝鲜便会减少20000名骑兵。（《李朝实录》太宗五年八月）

至景泰、正统年间，朝鲜已无成规模的战马可用。北方瓦剌屡犯边境，明英宗再次向朝鲜发出备马两三万匹赴京命令。此时朝鲜统计各地大小官员及有马之家的马匹数量，已无法满足明朝的需求，明朝只得作罢。相比李朝初期，朝鲜仅官方的马场就有70000匹马。（《李朝实录》宣祖三十三年一月甲戌）成宗元年（1469），朝鲜各道统计牛马数量，全国马匹仅余13383匹，而耕牛只剩487头。这时的朝鲜，大规模骑兵部队自然瓦解，耕牛匮乏更是

① 参见侯馥中文章《明代中国与朝鲜的贸易研究》。

严重打击了朝鲜的经济，重要的弓材之一牛筋几近绝迹，被迫使用马筋，这又进一步减少了朝鲜马匹的存栏数量。[①]

“上上马绢八匹，布十二匹；上马绢四匹，布六匹。”（《明太宗实录》卷四十）这是明代辽东马市的军用上上马和上马的市场收购价格。但是，明朝对朝鲜的军马收购价格非常低，不到市场价格的1/3。虽然后世朝鲜马体格矮小，但在高丽末期，因为元朝人的多年经营，朝鲜的马匹颇为高大，济州岛还成为元朝的直营马场。1276年，元朝专门运送了大宛马（阿哈尔捷金马）160匹和“牧胡”至济州（《李朝实录》英祖四年正月丙寅）。明朝购马，选马四尺以上为中马（《李朝实录》太宗元年十月戊午），就是要求马的身高在128厘米（蒙古马标准肩高）以上。此时的朝鲜甚至能提供部分四尺七寸，约140厘米（阿哈尔捷金马的标准肩高）身高的大马（《李朝实录》世宗三十二年一月庚寅）。明朝大量收购此类军用战马，朝鲜战马因种群数量不足而迅速退化，加之管理不善，至李朝中后期，济州马退化至平均身高100～110厘米，无法再继续作为优良骑乘马使用。[②]

明初在收复辽东时，为了拉拢朝鲜，给朝鲜传授过火器，除此之外，两国没有其他军事交流。为防范朝鲜，明朝仅仅传授了铜制火器，可朝鲜缺乏铜矿。朝鲜除了初期火药武器有过飞速发展，之后由于制造火器和火药的原料匮乏，火器发展陷入停滞。16世纪中期，因受五岛倭寇的偏师袭扰，朝鲜临时赶铸了一批火器，向民间收铜（铁），仅收得10万斤，之后便难以为继（《李朝实录》明宗十五年五月庚寅）。明朝通过禁运、技术封锁等方式，严格限制了朝鲜的军事能力，让朝鲜由李朝初期颇具进攻能力，变成对女真、日本自保有余，对明朝辽东则无能为力的国家。这从根本上打消了朝鲜人以

① ［日］宇田川武久：《东亚兵器交流史：15世纪至17世纪兵器的接纳和传播》，吉川弘文馆，1993年，第17页。

② 参见日本植村卷太郎文章《朝鲜济州岛马的研究》。

高句丽继承人自居，并以此为借口对辽东领土的窥视之心。

朝鲜乘元末东北亚动荡之际，将领土扩张至鸭绿江和豆满江一带，后为明朝所制止，便将视线转向南方的原耽罗国——元朝的济州岛耽罗总管府。朝鲜太宗二年（1402），朝鲜为强化对济州岛的行政权力，将耽罗国星主（国王）改为左部知管，王子改为右部知管，正式吞并耽罗国。1419年6月，李朝世宗派兵进攻对马岛，成功迫使对马岛臣服朝鲜，使之处于朝鲜、日本共管的状态之下，是谓“己亥东征”。

朝鲜攻打对马岛之后，对日本开放了通商口岸进行商贸往来，朝鲜设立了专门的倭馆，以备日本人长期居留。而对宗主国明朝，朝鲜从立国之初，便对洪武、永乐一直要求的开放两国商贸往来持反对态度。虽然朝鲜不正面与中国对抗，但对本国与中国通商之人，动辄处以绞死、流配等重刑。“唐人与我国人不得潜相往来”，“典狱囚皂隶李山寿，于上国地方交通唐人，潜相买卖，罪绞待时”，“义州人郭莫孙等二名擅入汤站地方，与唐人金保、金茂潜贸物货，各犯正身，差人押送事云”（《李朝实录》中宗五年八月辛卯、二十八年六月庚辰、三十七年十月己未）。朝鲜对中国的私人贸易被完全禁止，合法贸易只有官方的朝贡贸易这一条渠道。

朝鲜提防宗主国，除了侵占中国故土这个原因，还有一个原因是其政治体制和国家经济架构与中国迥异。明代中国采用中央集权制度，而李氏朝鲜是典型的封建制国家，以国王为首的李氏王室是朝鲜直接占有土地和奴婢最多的封建地主。朝鲜执行着森严的身份等级制度，表面学习中国的科举制，实际执行的是两班贵族世袭制度和封建社会阶级身份制度。

“十年寒窗无人问，一举成名天下知。”“朝为田舍郎，暮登天子堂。”唯才是举、不问出身，是中国古代科举制度最典型的外在表现。而朝鲜的科举制度依附于其阶级身份制度，两班作为社会身份而存在，是在文班（东班）和武班（西班）的官职定型之后。出身世袭地主/奴婢主的文、武两班官吏，把持国家重要的文、武官职，相互间通过姻亲关系组成庞大的社会网络，构成区别于门第低下的良人（平民）阶层的社会等级，两班贵族也是朝鲜古代社会的统治阶级。这是朝鲜特有的“门阀”制度，源于高丽的“族望”、大族统一新罗的“骨品”。两班贵族之下，有“中人”和“胥吏”两个等级，属于统治阶级中的不同阶层。司法、财政、医药、翻译等方面的官职，主要由中人担任。中央和地方的下级官吏，则由胥吏担任。[①]良人、身良役贱和贱民，都是被统治阶层。其中良人和身良役贱者，不能担任政府官吏。而处于社会最底层的就是贱民。

李氏朝鲜早期，李成桂借兵变而掌权，其政权是各方军政势力互相妥协的结果，其政权架构为贵族协商政治体制。“都评议使司”是李氏朝鲜最初的国家最高会议机关，其重大决定经国王裁可，再交六曹执行。[②]这跟中国的中央集权制度相差很远。李成桂是武将，但治理国家不能完全依靠军队系统，只能同当时的高丽豪族进行妥协，正因如此，原高丽体系内的文班贵族政体得到了相当程度的保留，而且丽末鲜初清算僧院势力，也让其权力有所扩大。在朝鲜政权建立之后，李成桂把神德王后所生的第八子李芳硕立为世子，把辅佐大任交给郑道传。朝鲜各大军政贵族手中，保持了一定数量的私兵，太祖七年（1398）八月，心怀不满的五子李芳远，召集府中私兵和守卫景福宫的禁军杀入宫中，乱刀砍死太子李芳硕，然后从景福宫南门杀出，又袭杀了郑道传。李成桂被迫让位给二子李芳果（朝鲜定宗）。实际掌权的李芳远引起了四子李芳干的妒忌，双方各领私兵，在京城展开了激烈的巷战，获胜的李芳远流放了李芳干，逼迫李芳果退位，自己做了国王，即朝鲜太宗。

李芳远即位后，为加强王权，没收了私田、别赐田、寺院田等私人土地。在行政上，李芳远创立了官员向国王个人负责的“六曹直启制”。明惠

① ［韩］李基白：《韩国史新论》，一潮阁，1990年，第159页。

② 金健人、安成浩：《韩国研究（第十二辑）》，浙江大学出版社，2014年。

宗建文二年（1400），为了集兵权于中央，李芳远废除高丽时期的私兵制，实行统一的府兵制，还召集京城内部大臣的子弟，设立了“别侍卫”（《李朝实录》太宗二年十二月己酉），其后又设立“鹰扬卫”（《李朝实录》太宗四年八月丁酉）。为了加强对下层的统治，李朝从1407年起实行邻保制度，后又改为五家作统法。五家作统法以五家为统，设统主，五统为里，设里正，集若干里为面，设面长。从1413年9月起又实行号牌法，16岁以上、60岁以下的全体男子，均按身份佩戴号牌。发号牌时会进行户口登记，号牌上烙有官府印记，须随身携带，有不戴号牌者或伪造、遗失、借用者，均受处罚。实行号牌法是为了控制户口，保证国家的赋税收入和兵源。（《大典会通》卷二）

在农业时代，土地所有权的支配关系，主要取决于收租权的支配关系。李芳远在全国测量土地、烧毁公私田籍，对新垦田和隐田重新登记造册等做法，是为摧毁旧土地庄园主世族赖以存在的根基，加强对新兴两班势力的经济控制，是对丽末以来土地制度改革的延续。

李氏朝鲜施行科田法的目的，是扩大国家掌控的收租土地面积。朝鲜大部分土地根据“田丁连立”的原则，以科田的方式将收租权让渡给“受田”的“居京”两班，给官衙以廪田（公廨田）、宗庙祭田、成均馆和乡校学田、寺田，以及有特殊用途的国王亲耕的籍田、诸司菜田、内需司田、惠民署药田等。给文武品官及有同等身份的“外方王室之藩”以“军田”，受田者必须进京宿卫。给官吏的科田、功臣田等“私田”限于京畿一带，以将其赖以生存的根基，置于中央政府的附近，防止地方豪强化，并限制给田面积，同时便于将租税运至首都，确保中央集权的稳固。

为确保地方财政，李氏朝鲜授予乡吏、津夫、驿吏杂色田，在其服役地近处支给，称“有役田”。这种从高丽时代延续下来的胥吏差役的世传永业田要1445年革罢，编入名为“公田”的“国用田”。科田制排除了一般的农民，使农民从大庄园主的压迫下解放出来，只隶属一个主人——封建国家，农民只需向国家提供“租”“庸”“调”，在一定时期内和一定程度上摆脱了“一亩之主过于五六,一年之租收至八九”的沉重负担。

科田法将朝鲜国内可供耕作的土地，按科给官吏、功臣、王族及各官衙署分配了收租权，也限制了田主和佃户的关系，确定了租税额，使田主的收租权与佃户的耕作权受到保护，从而使国家用以支付俸禄和军资的税收变得充足，为加强中央集权和巩固国防提供了物质基础。但科田法完全将“公私贱口、工商、贾卜、盲人、巫觋、倡伎”排除在外。①

由身份制度和科田法可以看出，官职品级高低类似爵位高低，品级高低又直接关系分田多寡。在以土地占有为核心的李氏朝鲜，无地而从事工商业者属于地位低下的阶层，商业相当于贱业。朝鲜国家经济税收的“租”是指成年男子每年向官府交纳定量的谷物，“调”是指交纳定量的绢或布，“庸”是指服徭役期限内可以通过纳绢或纳布代役。也就是说，粮食、绢或布实际上是作为货币替代品来使用的。谷物在商品交换活动中有运输不便的问题，而丝织品在朝鲜使用范围有限，唯有布是使用范围广且朝鲜自产自足的。

朝鲜长期没有货币，布作为国家税收认可的物品，从而成为实质上的货币。绢或布只是手工业产品，明朝的绢或布的生产规模巨大，对朝鲜有着压倒性的技术和产量优势，若是敞开贸易，朝鲜这种体量的国家势必不能承受。如果质量优良且廉价的中国绢布大量涌入朝鲜，将会引起朝鲜通货膨胀，动摇朝鲜政权的财政、经济基础。

朝鲜通宝（那珂川町出土）

为改变这种情况，朝鲜在太宗和世宗两朝计划发行货币，一是仿照宝钞发行了

① 金健人、安成浩:《韩国研究（第十二辑）》，浙江大学出版社，2014年。

布币——楮货，二是仿照制钱发行了朝鲜通宝。楮货是用布作为货币，政府将收上来的布匹按规定尺寸分出大小，然后三等分，在分好的布块上加盖印章，等同原有尺寸的布匹价值，政府通过这种方式可以获取三倍的利润（《李朝实录》太宗元年四月丁丑）。发行的铜币朝鲜通宝，则是按照一斤十六两、一两十钱的重量标准，等重返还缴铜者钱币。（《李朝实录》世宗五年九月甲午）但铜币实际上是青铜币，缴纳的纯铜中混合了铅和锡，以制造含铜量60%～65%的制钱[①]，也就是说，一斤纯铜可以制造246枚至266枚铜币。但缴纳一斤纯铜者，朝鲜政府仅会返还其160枚铜币。

这实际上是由政府强行摊派的不等值钱币，国家短期内从中攫取了高额的利润，其代价是这种货币难以保持价值，更不可能用于与中国通交。楮货和朝鲜通宝很快消亡了，朝鲜的货币还是回到了用布的老路上。在这种情况下，朝鲜自然不能让中国的绢或布乃至铜钱大量进入，必然会对中朝贸易进行严格的管控。相比大量开采金银矿来交换中国商品的日本，朝鲜为了保护自己落后的土地庄园制经济，主动封闭矿山，对明朝称矿脉枯竭，以防止缺乏贵金属的宗主国强行摊派，尽量减少外来商品对朝鲜经济的冲击。（《李朝实录》中宗五年八月壬午）在日本殖民时期，朝鲜从1910年至1935年产出黄金/砂金158.527吨，未分离提纯金银矿627.605吨，白银141.628吨。[②]

李氏朝鲜实行的这一系列制度，类似中国西汉至唐前期的编户齐民制度和租庸调制，虽然是借鉴而来的制度，但受到朝鲜本身政治和经济基础的制约。李氏朝鲜的社会构成从上而下，占有奴婢和土地最多的王族，占据最高统治者的地位，次级大奴婢主、大地主的两班贵族占据中央地方的上层官职，再次级的中小奴婢主、地主瓜分了中下级官职，最后是占有少量土地和奴婢的小地主和自耕农。国王依靠两班贵族治理国家和地方，两班贵族则依

---

① 参见日本堀木真美子、铃木正贵文章《丰田市冈林出土钱币的荧光X射线分析》。

② 参见日本石原舜三文章《朝鲜是一个黄金之国：朝鲜半岛的金矿及其基本背景》。

附王权，以保障家族的世袭财产和社会地位。

朝鲜立国之初，通过规定个人田产上限，来限制大奴婢主、庄园主中出现豪强，以免对王权构成威胁。而两班贵族依靠血亲、联姻、学院（座主—门生）占有官职，形成了规模庞大的政治团体，以抗衡一家独大的王权。两者互相依存，又存在竞争。在全国官职数量有限的情况下，竞争愈演愈烈的结果就是，早期是下层中人、良人阶层的上升通道日渐淤塞，他们逐渐被排斥在政权之外，上层竞争到最后便是你死我活的血腥朋党之争。

这种政权架构的稳定性自然不高，朝鲜立国之初便爆发了两次王子之乱，李芳远在两次政变中联合两班贵族，逼迫其父李成桂和哥哥李芳果退位。李成桂因篡高丽王位而无法获得明廷承认，只能以权知朝鲜国事的名义治理国家，李芳远因恭谦得到朱棣的认同，成为第一任朝鲜国王。

由权知朝鲜国事到朝鲜国王，明朝的承认加强了朝鲜王室的统治法理，但又实际上干涉了朝鲜的王位继承权。而这个王位继承的不稳定性，从之后的“癸酉靖难”可以窥见，李芳远之后，朝鲜世宗仅延续了一代，世宗次子李瑈乘兄长早死、侄子年幼之际，联合大臣篡夺了王位。随后仅仅五十年，在“中宗反正”里，朝鲜的两班贵族便组织军队击杀了忠于燕山君的外戚成员，解散了王宫卫队，通过更换国王来维护自身权力。

这样一个政权跟明朝相差甚远，从政治上来讲，国王必然不愿意两班贵族有机会与明朝交好来打破平衡，两班贵族也因明朝对王室的承认而被迫屈于李氏家族之下。但朝鲜又不能过分靠近明朝，让高丽时代因元廷插手废立君主，进而破坏王室权威的情况重演。与明朝进行外交往来，涉及军事、经济、政治等方面，朝鲜王室自然不能假手于人，在封堵操持商贾的贱民获取财富之外，通过官方特许垄断经营，从与明朝的通交中获取情报、军事技术，并获取高额的贸易利润。

朝鲜对明朝的官方贸易是由朝鲜使臣进行的。朝鲜使臣出使明朝之时，国王和政府责令其完成国家规定的贸易项目，并以法律对其约束：“赴京通事公物不用意贸来者，囚禁推考，以判书有违律论断。”朝鲜使臣在出使明朝时，会购买朝鲜有需求而明朝并不禁止出口的物品，如药材、图书、丝绸等，这被称为“官方贸易”或“公贸易”。出使的使臣捎带私有物品进行贸易，这被称为“私贸易”。“私贸易”给使臣带来了收益，因此在使臣贸易中占的比例逐渐增大，朝鲜政府为防止金银大量流入明朝，一度严禁使臣进行“私贸易”。朝鲜政府也倚仗与明朝的特殊关系，私下要求使臣走私夹带明朝禁止出口的军用物资火药、弓角等，这被称为“潜贸易”。①

中国古代对外出口的主要商品之一是丝绸，朝鲜国王在“公贸易”里，以朝贡名义用土产与中国交换丝绸，对国内获取高额的利润。轻便而高价的丝绸，自然也是“私贸易”中的主要商品，这不可避免会分薄王室的利润。使臣受高额利润的引诱，通常以明朝急需而朝鲜产出的、方便携带的金银来购买中国丝绸。②朝鲜认为明朝会因为金银对朝鲜有企图，所以使臣的行为会威胁到国家安全，“赴京之人多贵银两，万一中国知我国产银而责令入贡，则其弊不小”（《李朝实录》中宗五年八月壬午）。

“私贸易”的盛行，使大量明朝高级纺织品进入朝鲜，不少身份低下但有些财产的人开始穿着丝绸衣物。而来自明朝的高级纺织品，如纱、罗、续、缎等丝织物，原本是用于表示阶级身份的，即“以辨贵贱、异等级，乃祖宗旧法”。使节团中身份低下的中人、良贱，有的借“私贸易”一夜暴富，引起了两班贵族的不满。例如，中人出身的任君礼以译官身份屡次出使明朝，成为巨富，因未给高官以贿赂而获贪鄙罪名，于永乐十九年（1421）被车裂于市。仅仅是使臣丝绸“私贸易”，就对朝鲜的国家安全和身份等级制度构成了冲击，于是朝鲜干脆封闭了银矿。

明朝对军事物资输出法禁甚严，弓角、火药等禁止对外输出。朝鲜由国

① 参见侯馥中文章《明代中国与朝鲜的贸易研究》。

② 参见侯馥中文章《明代中国与朝鲜的贸易研究》。

家牵头，命使臣冒险私下在明朝交易军用物资，打听明朝的军事情报，曾多次受到明朝的惩治。明朝礼部不得不张榜限制：“凡朝贡夷人，不许出入市肆，与人交通，透露事情，由锦衣卫把门阻挡，不得任情出入。”朝鲜则认为明朝有事，朝鲜必捍卫之，不应将其以夷虏待之，并以“至诚事大”、世代恭谦为由，继续进行军用违禁品走私。（《李朝实录》成宗八年二月甲辰）

宣德九年（1434），朝鲜国王召大臣商议在中国贸易烟硝之事，由使臣朴信生赴北京贺千秋节，顺呈关于贸易火药咨文于礼部：“本国钦蒙太祖皇帝以不分化外，一视同仁之义，曾于洪武年间，颁降捕倭所用火桶、火药物料。缘本国工匠未识煮取烟硝之法，制造未精，今欲用价收买，未敢擅便，呈察施行。”（《李朝实录》世宗十六年九月癸未）试图将火药进口合法化。在使臣出发之前，国王与大臣计划先对礼部进行试探。如果礼部回答不用上奏，即可不必呈文直接公开采购；如果礼部回答上奏却有不肯之色，则继续进行走私贸易。“且此事宜其谨密，京城内不可潜隐贸易，通州以东，潜隐贸易以来。”（《李朝实录》世宗十六年九月壬午）此事虽发生在宣德九年，但就朝鲜对潜贸地点、方法的熟知程度推测，朝鲜走私军用违禁品的行为，应在此前很早就存在了。

明朝曾经少量开放对朝鲜军用物资贸易，而朝鲜为了扩大军备，通常无视贸易限额，使节奉国王密令进行走私。成化二十三年（1487），贺皇太子千秋节使臣柳询一行在辽东私买弓角事发，遭到都司立案审问。（《李朝实录》中宗十八年九月丁酉）嘉靖时期，违禁贸易已纳入国家贸易的计划范围之中，方法也与以往有所不同。嘉靖三十四年（1555）宪府启：“令者例贸之外，即令暗贸弓角，又使译官行到辽东，托病留住，潜贸铜锻，涉于欺诬。上之事大如是，而何以禁下人之不正乎？请勿暗贸弓角，且勿令译官落后潜贸铜锻。”朝鲜国王令大臣议此事，领议政沈连源等议：“弓角贸易，其来已久，前者译官名录差批到辽东，称病留在，有此例矣。”据此议，朝鲜国王传政院“令冬至使所带通事贸易”，公开违反明朝禁令。（《李朝实录》

明宗十年八月乙酉）

朝鲜贵族为维护其统治地位，对怀疑宗主国对其政权有不利影响的旨意、法律，各种阳奉阴违。明朝皇帝要求开放贸易，朝鲜就在国内直接处死平民商贾，处罚贸易数量较大的两班贵族，封闭银矿进行对抗。为提高本国的军事力量，朝鲜国王亲自指使外交人员违反禁令，在明朝进行大规模的违禁军用物资走私。维持表面的亲近，获取实际利益，然后同明朝保持一定距离；在条件允许的情况下，以不引发军事冲突为前提，暗中损害明朝的利益，这是朝鲜依据其政治、经济等方面做出的综合考虑。这也是丰臣秀吉要求朝鲜一同进攻明朝时，朝鲜既不支持日本，也不将真实情报通知明廷的原因。

朝鲜摆出事不关己的姿态来应对丰臣秀吉征明计划之时，明朝因情报不断传入，开始下令扩充海防军备，以防倭寇大举进犯。以明万历十九年（1591）六月浙江巡抚常居敬上疏请求扩充军备、加强海防为发端，万历十九年七月至次年二月，前后有十数名明朝官员上疏请求扩充军备、加强海防，以防范日本进犯。[①]兵法云“先发制人，后发制于人”，相对于本土防守战略，明朝也开始酝酿从根本上消除日本战争威胁的远征日本的方案。万历十九年十一月，时任两广总督刘继文在所上的“防倭条议”中，提出迫使葡萄牙人来擒斩丰臣秀吉的建议。（《明实录》万历十九年十一月壬午）

万历十九年四月，朝鲜向明朝派出汇报日本企图进犯明朝情报的使节团。使者金应南回国之际，万历皇帝向其颁发了一道谕令，用意在于动员朝鲜并联合暹罗、琉球等藩属国，采取先发制人的进攻日本的军事行动。（《李朝实录》宣祖二十五年六月甲寅）使节将消息带回朝鲜国内，这道谕令遭到朝鲜方面的强烈反对，朝鲜当年即派遣冬至使李裕仁再赴北京，目的在于拒

---

① 中国社会科学院历史研究所明史研究室：《明史研究论丛（第八辑）》，紫禁城出版社，2010年，第218页。

绝明朝提议的行动：

> 倭奴凶悖之说，小邦虽未委虚的，事系上国，不得不以时申闻。故辄付陪臣，节次陈达，钦蒙皇上不外之眷，奖谕赏赉，前后稠沓，乃至责勉以剿贼之效。顾臣驽劣，无以称副，感惧涕泣，不知所报。臣窃念，小邦与伊国，虽曰并居东瀛之堑，茫无际畔，岛屿交错，窟穴险远，此乃天地所以区别丑种也。彼以舟楫为家，寇抄为业，帆风飘忽，往来无常。而小邦之人，则短于柁橹，不习下洋，为边吏者，惟守备是图。小邦世被皇眷，视同内服，而臣又遭际圣明，沐浴殊恩，区区愿忠，固出常情。兹者幺麽小丑，敢生逆天之计，在天朝，曾不足以勤折棰之策，而臣子之愤痛，曷有其极？况以诬捏不测言，加之小邦，传播远近。臣与举国臣民，扼腕切骨，无食息之暂忘。如贼之情，得其审，则必跖穿奔达。如贼之动，在所遇，则必贾勇先登。臣将不命其承，况今重感恩谕，益当率励。苟事力所可及，敢不殚竭愚虑，以仰酬万一，而顾以贼遗父母之国乎？（《李朝实录》宣祖二十五年六月甲寅）

朝鲜的这份上疏，在自夸忠心的同时，也直接告诉明廷：朝鲜和日本隔海相望，日本岛屿众多，地形险要，朝鲜不擅长水战，而倭寇长于水战，所以朝鲜防守本土可以，进攻则无能为力。相对于明朝积极备战的举措和联合征讨日本的计划，朝鲜的对明策略就如应答日本的通交要求一样。“小邦之人，则短于柁橹，不习下洋”，这意思与“水路迷昧”“恐道路烟海，有淹滞之忧欤”一样，朝鲜不愿参与中日纷争，也不想生硬拒绝而得罪宗主国，就找了个借口搪塞、推托。

第六章

坍塌的围墙

明朝对朝鲜的小动作心知肚明，也在提防着朝鲜，对朝鲜进行战争动员的要求，除了有意向先发制人，也怀有试探朝鲜在明朝和日本之间究竟持何种立场的心思，双方关系并不像表现出来的那么融洽。从朝鲜第一次“宗系辩诬”来看，明朝一直把李成桂指认为高丽权臣李仁任之后，宣告李氏弑君自立，否定其政权合法性。朝鲜从1394年至1588年，进行了长达194年的“自辩”，为此派出了19次使节团，才最终达成目的。明朝长期对朝鲜的自辩置之不理，这个所谓的达成，也是因明廷不堪其扰而敷衍了事。

明朝和朝鲜的貌合神离，对丰臣秀吉的征明计划是有利的。朝鲜在做出能够置身事外的判断之后，将防备明廷通过宗藩关系将朝鲜拖入中日战争，作为战前准备工作的重心。因此，朝鲜只在朝鲜半岛南部进行了简单的战备，用于防范日军在南下浙江、福建之余，分出一支偏师西进朝鲜。

但是，丰臣秀吉没有按朝鲜的规划来进行。他在战前特意向参与“嘉靖倭乱”的倭寇询问了明朝的战力：“大唐执五峰（汪直）时，吾辈三百余人，自南京地方劫掠横下福建，过一年全甲而归。唐畏日本如虎，欲大唐如反掌耳。”（《全浙兵制》）这种评价和传教士长年“中国人害怕日本人胜过害怕死亡”的言论[①]，最终造成丰臣秀吉对明朝战力的误判。

日本天正十九年（万历十九年，朝鲜宣祖二十四年，公元1591年）一月二十日，丰臣秀吉对全国各大名下达水军的征召动员令：

东起常陆，经南海至四国、九州岛，北起秋田、坂田至中国，

① ［日］高濑弘一郎：《基督教时代研究》，岩波书店，1977年，第70页。

临海各国诸大名领地，每十万石准备大船两艘。各海港每百户出水手十人，乘各国诸大名所建之大船；若有多余，则集中至大坂。秀吉本军所用船只，各国大名每十万石建大船三艘、中船五艘。所需建造费用，由丰臣秀吉拨给；各国大名将所需建造费用，以预算表呈报，先拨给一半，待船建造完毕后，再行付清。水手每人给予两人俸米，其妻子食粮另外给付。军阵中所雇用之下人妻子，亦一律给予食粮。以上所述及之各船舶、水手，皆须于天正二十年（1592）春季时，集中于摄津、播磨、和泉三国各港口，其大船尺寸为长十八间（约33米）、宽六间（约11米）。①

三月十五日，丰臣秀吉决定了各国陆军部队人员的征召比例。各国诸大名每万石应征召人数为：四国、九州岛600人，中国、纪州500人，畿内400人，骏河、远江、三河、伊豆300人，由此以东200人，尾张、美浓、伊势、近江350人，若狭、越前、加贺、能登300人，越后、出羽200人。这些部队于十二月向大坂城方向集结。②不过，这个动员人数并非绝对，部分大名因情况不同而有所减免，实际动员人数为计划人数的80%左右。③

“以吾之智，行吾之兵，如大水崩沙，利刀破竹，何国不亡，吾帝大唐矣。”（《全浙兵志》）日本天正十九年（1591）八月六日，丰臣秀吉正式向五山的僧侣传达“征明”的意图，任命西笑承兑、惟杏永哲（东福寺住持）、玄圃灵三（南禅寺住持）等高级僧侣作为“征明”供奉。④五山禅僧是日本

① ［日］渡边世祐：《国民的日本史·第八编·安土桃山时代》，早稻田大学出版部，1922年，第472—473页。

② ［日］渡边世祐：《国民的日本史·第八编·安土桃山时代》，早稻田大学出版部，1922年，第472—473页。

③ ［日］中野等：《文禄庆长之役》（日本战争史.16），吉川弘文馆，2008年，第137页。

④ ［日］北岛万次：《丰臣秀吉的朝鲜侵略》，吉川弘文馆，1995年，第29—30页。

自室町幕府以来的对中外交使节，五山禅寺为日本实际上的处理对中事务的外交机构，丰臣秀吉征用五山的外交僧，标志其“征明计划”进入了正式运作阶段。

八月二十一日，丰臣秀吉发布《身分统制令》，在全国范围内彻底执行兵农分离的政策，禁止“奉公人、侍、中间、小者直至荒子”（武士、准武士，直至最低级的服军役者）转为百姓（农民）或町人（商、工），禁止百姓弃田不耕、做买卖或从事手工业，禁止武士及服军役者擅自离开主家，以此确保“征明”战争时期的兵力和粮食供应。[①]

八月二十三日，丰臣秀吉向全国大名宣告其远征计划，计划在来年三月正式出兵。“五大老”之一宇喜多秀家率先表示赞成，其他“大老”和“奉行”均表达了支持。丰臣秀吉任命宇喜多秀家为“征明”总指挥，定于第二年春季经由朝鲜进攻明朝。丰臣秀吉综合考虑日本国内的航海技术以及“嘉靖倭乱”时期远洋船队的损失状况，对之前“嘉靖倭乱”时直接进攻中国江南地区的路线做了改动，选择通过九州岛、壹岐、对马至朝鲜，之后由朝鲜半岛沿海进入辽东、河北，这是风险较小的可行的近海航行法，以规避其航海技术落后带来的军事风险。[②]

当然，丰臣秀吉的征明计划，一直到战争结束，都只是口头宣传而非实际行动。现代学者多以甲午战争为例，证明朝鲜对中国的重要性。但直到甲午战争爆发之前，中国的东北地区自1644年至1860年的200余年里，一直处于封禁状态，与明代东北的情况完全不同。在当时，如果朝鲜沦陷，明廷顾虑的只是辽镇军事压力变大，倭寇可以从朝鲜出发，进入渤海湾一带，进而扰动京畿。明末明清战争时，当时的满洲以东北地区作为基地，挟蒙古、朝鲜两地的人力、物力，与明廷交战，最终只是在明朝灭亡，山海关守将吴三

---

① ［日］北岛万次：《丰臣秀吉的朝鲜侵略》，吉川弘文馆，1995年，第30页。

② ［日］笠谷和比古，黑田庆一：《秀吉的野心与误算》，文英堂，2000年，第21—23页。

桂投降之后，才得以真正进入中原。作为证据被提出来的天皇居北京、丰臣居宁波云云，非此次渡海作战前的说法，而是直到朝鲜汉城沦陷之后，五月十八日才第一次出现。其后，六月三日，丰臣秀吉对在朝鲜的各大名军队下达的命令是就地修筑要塞，而非直扑辽东，“假途征明”的口号背后，其实是“假途灭鲜（朝鲜）”。

丰臣秀吉“讨伐大明国”的口号很狂妄，但他的军事部署在执行和规划上表现稳健。征集军队粮草之后，丰臣秀吉先在必经之路的对马、壹岐上修筑要塞。因可登陆地区众多、不利防守，丰臣秀吉放弃了一开始打算作为出发基地的博多，选择了能遥相呼应壹岐岛，并能护卫唐津和平户两个重要港口，位于狭陆半岛丘陵地区的名护屋。丰臣秀吉在日本境内及朝鲜前线步步为营，用兵作战极为谨慎，旬月之间攻灭朝鲜后，也未被大胜冲昏头脑，而是就地修筑要塞以防明朝反击，体现了其杰出的军事才能。

九月，丰臣秀吉向平户松浦隆信下达了修筑风本城的命令。风本城位于壹岐岛北部，城下为胜本港，天气晴好之时，可以看见对马岛。此城为西进朝鲜的重要兵站基地。松浦隆信在有马晴信、大村喜前、五岛纯玄的帮助下，经过4个月的昼夜抢修完成。同时，面对壹岐胜本港的南对马严原港的清水山城和北对马直面朝鲜釜山的大浦港击方山城，也在毛利高政的指挥下开始修筑。十月，丰臣秀吉任命浅野长政为总奉行、黑田孝高为绳张奉行，动员九州岛大名岛津等，在肥前国松浦郡松浦党旗头（中世地方同族武士团长）波多氏领地、渡户岬小半岛中心部位高约90米的

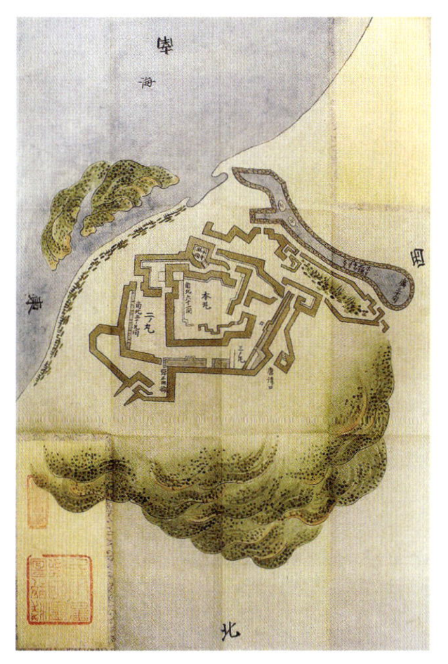

肥前名护屋城（浅野文库所藏诸国古城之图）

丘陵上，修筑“征明”的出兵据点名护屋城。[①]

当时的名护屋云集日本全国各大名的军队及人员，总指挥浅野信长的部下中，有当时日本城防石垣修筑技术最高的工匠集团——穴太众，从安土城到大坂城的石垣施工，都是这些近江坂本地区的职业石工参与构建的。这些专业的工匠，将当时日本近畿地区最先进的城防修筑技术，传授给将要出兵的各大名军队。黑田孝高在丰臣秀吉入主姬路城之时，规划了姬路城的绳张，即城池的构成和规划设计。名护屋的修建，是一次将丰臣政权最先进的城防军事技术向各大名普及的战前准备。经过8个多月的紧张施工，名护屋于天正二十年（1592）三月完工，就规模来说，在当时的日本仅次于大坂城，为日本第二大城。[②]

为筹集军费，丰臣秀吉开始大量铸造金银货币，金币因有花纹被称为“太阁花降金”，银币被叫作“花降银”和“石见银”。同时，48万人份的军粮米也在全国筹集，军马所需的干草也开始准备，整备修复各地的街道和桥梁的命令同时下达。但准备时间还是很仓促，为将精力全部放在“征明”战争之上，丰臣秀吉于十二月二十七日，将关白职位让给丰臣秀次，由他负责国内事务，自己则自称太阁，专心对外。

日本在做着集结军队、筹集粮草、修筑桥头堡等战前准备，而朝鲜以日本主力将要直扑明朝，自己防备少量偏师即可的判断，同样进行着战前准备。朝鲜获取了日本制造的铁炮后，为对抗日军长身管的火绳枪，改进了本国的火器，制造了加长的铜火铳小小胜字铳筒，其身管长度远超之前的各类火门铳。为加强火力，朝鲜人甚至在战前仿造出了日本的大筒类大型火绳枪，以期提高本国的防御能力。

---

① ［日］笠谷和比古，黑田庆一：《秀吉的野心与误算》，文英堂，2000年，第36页。

② ［日］北岛万次：《丰臣秀吉的朝鲜侵略》，吉川弘文馆，1995年，第31—32页。

铭：万历丁亥七月　小胜三斤九两　药三钱　丸三匠官

1588年　长54厘米　口径1.7厘米　小胜字铳筒

铭：万历十九年三月日别造重十七斤六两匠富己中丸一小丸二十

在向明朝派遣金应南使节团，试探明朝是否知晓日本将要“征明”的同时，朝鲜国王李昖根据备边司的讨论情况，从之前的战例判断，认为难以在海面阻截日本水军，修筑城池进行防守反击更为有利，便于明万历十九年（1591）五月一日，命金睟为庆尚道巡察使、李洸为全罗道巡察使、尹国馨为忠清道巡察使，在三道整备军械，修筑城池。庆尚道正对日本九州岛、对马岛，金睟在该道大规模增筑城墙，如永川、清道、三嘉、大邱、星州、釜山、东莱、晋州、安东、尚州左右兵营，全部增修城墙，开挖城壕。由于朝鲜判断日军是以倭寇模式入侵，其目的是劫掠财物，金睟整修城池着重在收容居民，将城池改修得更为阔大，没有加固依托地利但狭小的山城，而迁就其原有平地邑城，这些城墙修筑最高不过两三丈，城壕既浅也窄。（《再造藩邦志》；《惩毖录》；《李朝实录》宣祖修正二十四年七月甲午）

朝鲜参照明初和明中期倭寇作乱时代最多几千人的规模，来加强本国的防备，并根据之前倭寇浮海登陆之后，多分兵劫掠无防备能力的乡镇庄园，掠夺粮草、物资的经验，做出了这样的防御计划。朝鲜的本意是收容城镇周围的人口，减少可能遭受的劫掠损失，但是，丰臣秀吉的战争目的是占领朝鲜半岛，所以朝鲜的战备并无实际用处，反而白白耗费了有限的人力、物力，分散了本就不足的兵力。当金应南返程，带回明廷先发制人的谕令后，朝鲜自认不会有事，“倭必不来，寇亦不足忧”（《李朝实录》宣祖修正二十五年三月甲子），继续战备是浪费人力、物力，于秋天命令李裕仁给明朝送去丰臣秀吉政权不稳，将要灭亡的“情报”：

近据海中人回说称：至侦知有平秀吉新灭国王源氏，代有其位，自称关白，颇事战伐于诸岛中。又说：国人潜说关白猖狂，势将不久。又说：对马岛守宗义调称病不主务。又谓：知宗义调为平义智所代等因。听此怪讶间，有义智为岛主宗义调亲男，来到宗平，原自异姓，却冒认父子。想是义智，亦系秀吉姓亲，纂国夺岛，出于一家，相助为逆，诈称义调，遣来报警，实行恐动之谋，伊种阴谲无状，推此可知。

小邦自经罗季大势，倭贼充斥屠劫。先臣国祖为将，克捷剿歼，而后惩于失御，藉于余威，设备粗有条理，警急亦自衰息。至嘉靖乙卯，有倭船一百余艘，来犯全罗道达梁等镇，缘是小邦狃安之久，守边兵吏，多有被害，然贼亦败衄，殆无得还。除此前后，或因经过海道，遭风漂到，咸于岛座藏伏穷伺，或乘海暗了望，懈守备将官觉知，或抢或遁否，亦所得些少而已。近数三年来又绝少，其来犯之时，安有对战以有胜败且降乎。伐人之国，降其人众，虽在一隅，传声何限，而败者得以讳，胜者急于夸乎？伊言狂肆，欲黠反痴，岂复计人疑信？臣以小邦之得此言，不惟保琉球之不服于倭，亦意南蛮诸国之不曾服也。臣独痛念，自臣祖先有国，世笃忠顺敬畏，不负列圣奖与礼义之邦之称，不敢至于臣身而失

坚，而况世受殊恩，异数优于内服。（《再造藩邦志》）

朝鲜千方百计要把自已从战争中分离出来，不惜假造情报欺骗明朝的时候，丰臣秀吉的战前准备工作已大致完成，并做出了于日本天正二十年（1592）即文禄元年正月编组21支共计约30万人的军队，二月出发经朝鲜半岛进攻中国，以其中4支军队作为先锋的决定。作为先锋部队的小西行长与宗义智提出了反对意见：去年朝鲜通信使来日本，日本方面的宣传是朝鲜前来朝贡日本，朝鲜通信使回去之后，双方没有继续沟通，应先确认朝鲜是否已经归顺，如果朝鲜拒绝日军通过，就可以将战争发起的责任转嫁给朝鲜。

日本天正二十年（1592）一月十八日，丰臣秀吉许诺小西行长与宗义智两个月，用于再次与朝鲜沟通或者说最后通牒，如果三月底朝鲜依旧不臣服，日本将在四月直接出兵进攻朝鲜。日本宣称的“假途入明”，朝鲜虽未将情报通知明朝，但以日本是朝鲜的朋友之国，而明朝是朝鲜的君父之国为由，早在景辙玄苏来朝鲜之时便予以回绝。朝鲜使臣回国之后，五月，对马岛主宗义智亲自单舟前往绝影岛，自称有急报要求面见朝鲜国王，遭到拒绝，之后要求面见庆尚道监司，同样被拒。宗义智只好告知釜山守将郑拨，请朝鲜转告日本欲通交大明，并警告朝鲜如若拒绝，两国失和则会兵戎相见。在郑拨奏报之后，朝鲜还是拒绝了日本的要求。宗义智在绝影岛滞留10余天，怏怏离去，随后逐渐将釜山倭馆人员撤离朝鲜。丰臣秀吉的命令下达之后，小西行长与宗义智派遣景辙玄苏再次前往朝鲜，传达最后通牒，要求朝鲜国王前来向日本入朝服属，并允许“征明”军队通过朝鲜领土。（《李朝实录》宣祖二十六年十一月甲午；《再造藩邦志》；《锅岛家文书》二七）

丰臣秀吉在外交之余，同时进行战前编组。三月十三日，根据《高丽へ罢（まか）り渡る人数の事》（渡海去朝鲜之人事）军令，丰臣秀吉将渡海兵力调整为九支部队（军）。二十六日，丰臣秀吉向后阳成天皇上奏出兵朝鲜之事。三月十二日，第一军由小西行长率领，经由壹岐向对马岛移动，壹岐、平户、有马、大村领主陆续渡海，向对马岛严原港清水山城前进。至二十三日，第一军在对马北部丰崎集结完毕，等待正式出兵的命令。四月七日，景辙玄苏返回对马，带回了朝鲜无视最后通牒的消息。①

日军在对马—壹岐—名护屋云集了各大名近30万人的军队，其中包含了相当数量的后勤非战斗人员，如人夫和水主。因为各大名实力不同，所以战斗人员比例有所不同，实力较强的大名后勤人员占总人数的四成以上，中等大名如立花宗茂、宗义智的部队中约一半是后勤人员，出兵不过数百人的小大名，如伊东祐兵、五岛纯玄，其非战斗人员高达七成。(《日向记》)总体而言，当时日军战斗兵员人数，为军队总人数的四成至五成。当时日本所谓"征明/征朝"军队的具体编制如下：

军	大　名	兵　力	备　　注
第一军	宗义智 小西行长 松浦镇信 有马晴信 大村喜前 五岛纯玄	5000人 7000人 3000人 2000人 1000人 700人	宗义智所部一直在对马停留，而非由九州岛出发
	小计	18700人	
第二军	加藤清正 锅岛直茂 相良长每	10000人 12000人 800人	
	小计	22800人	
第三军	黑田长政 大友义统	5000人 6000人	
	小计	11000人	

① ［日］北岛万次：《丰臣秀吉的朝鲜侵略》，吉川弘文馆，1995年，第34—37页。

续表

<table>
<tr><th>军</th><th>大　名</th><th>兵　力</th><th>备　　注</th></tr>
<tr><td rowspan="8">第四军</td><td>毛利吉成（森吉成）</td><td>2000人</td><td></td></tr>
<tr><td>岛津义弘</td><td>10000人</td><td></td></tr>
<tr><td>高桥元种</td><td rowspan="4">2000人</td><td></td></tr>
<tr><td>秋月三郎</td><td></td></tr>
<tr><td>伊东祐兵</td><td></td></tr>
<tr><td>岛津丰久</td><td></td></tr>
<tr><td>小计</td><td>14000人</td><td></td></tr>
<tr><td colspan="3"></td></tr>
<tr><td rowspan="7">第五军</td><td>福岛正则</td><td>4800人</td><td></td></tr>
<tr><td>户田胜隆</td><td>3900人</td><td></td></tr>
<tr><td>长宗我部元亲</td><td>3000人</td><td></td></tr>
<tr><td>蜂须贺家政</td><td>7200人</td><td></td></tr>
<tr><td>生驹亲正</td><td>5500人</td><td></td></tr>
<tr><td>来岛通之、来岛通总</td><td>700人</td><td></td></tr>
<tr><td>小计</td><td>25100人</td><td>《毛利家文书》记载为25000人</td></tr>
<tr><td rowspan="6">第六军</td><td>小早川隆景</td><td>10000人</td><td></td></tr>
<tr><td>毛利秀包</td><td>1500人</td><td></td></tr>
<tr><td>立花宗茂</td><td>2500人</td><td></td></tr>
<tr><td>高桥直次</td><td>800人</td><td></td></tr>
<tr><td>筑紫广门</td><td>900人</td><td></td></tr>
<tr><td>小计</td><td>15700人</td><td></td></tr>
<tr><td>第七军</td><td>毛利辉元</td><td>30000人</td><td></td></tr>
<tr><td>第八军</td><td>宇喜多秀家</td><td>10000人</td><td></td></tr>
<tr><td rowspan="3">第九军</td><td>羽柴秀胜</td><td>8000人</td><td></td></tr>
<tr><td>细川忠兴</td><td>3500人</td><td></td></tr>
<tr><td>小计</td><td>11500人</td><td></td></tr>
<tr><td>总计</td><td colspan="2">158800人</td><td>《毛利家文书》记载为158700人；《松浦古事记》记录渡海兵力为205570人</td></tr>
</table>

日本水军（《天正记》第七卷）	船手众：9200人					
	九鬼嘉隆（船大将）	1500人	加藤嘉明	750人	桑山小藤太、桑山贞晴	1000人
	藤堂高虎	2000人	来岛通之、来岛通总	700人	堀内氏善	850人
	胁坂安治	1500人	菅平右卫门（菅达长）	250人	杉若氏宗	650人
	舟奉行（兵员物资输送监督）					
	高丽（朝鲜）	早川长政、森高政、森重政、宫城丰盛				
	对马	服部春安、九鬼嘉隆、胁坂安治				
	壹岐	一柳可游、加藤嘉明、藤堂高虎				
	名护屋	石田三成、大谷吉继、冈本重政、牧村利贞				

除了“征明/征朝”军队，用于后勤支持和防守前基地名护屋这个大本营的兵力，占到当时集结总兵力的近四成，其军队编制如下：

旗本（大名直属部队）总兵力：27695人	前备众：总兵力5740人							
	富田左近将监	650人	奥山盛昭	350人	上田重安	200人	赤松则房	200人
	金森长近金森可重	800人	池田长吉	400人	山崎家盛	800人	滝川雄利	300人
	幡谷大膳大夫	170人	小出吉政	400人	稻叶重通	470人		
	户田胜成	300人	津田信成	500人	市桥长胜	200人		
	弓铁炮众：总兵力1755人							
	大岛云八	200人	木下延重	250人	伊藤长弘	250人	桥本道一	150人
	野村直隆	250人	船越景直	175人	宫木藤左卫门尉	130人	铃木孙三郎	100人
	生熊长胜	250人						
	马回众：总兵力14900人							

续表

	后备众：总兵力5300人							
	织田信秀	300人	生驹主殿头	100人	有马丰氏	200人	川胜秀氏	70人
	长束正家	500人	沟口大炊介	100人	寺泽广高	160人	氏家行继	250人
	古田织部正	130人	河尻秀长	200人	寺西正胜	400人	氏家行广	150人
	山崎定胜	250人	池田弥右卫门	50人	福原长尧	500人	寺西直次	200人
	莳田广定	200人	大塩与一郎	120人	竹中重门	200人	服部正荣	100人
	中江直澄	170人	木下秀规	150人	长谷川守知	270人	间岛氏胜	200人
	生驹修理亮	130人	松冈右京进	100人	矢部定政	100人		
预备军	（名护屋）在阵众：总兵力73620人							
	德川家康	15000人	伊达政宗	1500人	木下胜俊	1500人	真田昌幸 真田信繁	700人
	丰臣秀保	10000人（15000人）	最上义光	500人	村上赖胜	2000人		
			森忠政	2000人	沟口秀胜	1300人	足利国朝	300人
	前田利家 前田利长	8000人（10000人）	丹羽长重	800人	木下利房	500人	石川康长	500人
			京极高次	800人	水野忠重	1000人	日根野高吉	300人
	织田信包	3000人	里见义康	150人	宇都宫国纲	500人	北条氏盛	200人
	结城秀康	1500人	堀秀治 堀亲良	6000人（7000人）	秋田实季	250人	仙石秀久	1000人
	织田信雄	1500人			津轻为信	150人	木下延俊	250人
	上杉景胜	5000人	青木一矩	1000人（1400人）	南部信直	200人	伊藤盛景	1000人
	蒲生氏乡	约3000人			本多康重	100人		
	佐竹义宣	3000人	毛利秀赖	1000人	那须资晴	250人		
	名护屋留守总兵力：101315人							

日本天正二十年（1592）四月十三日，小西行长、宗义智率领第一军18700人，于辰时（7：00—9：00）出发渡海，于申时末（17：00）登陆釜山浦。（《西征日记》）日军蔽海而来的时候，釜山镇水军佥使郑拨领军在绝影岛狩猎。发现日本船只的时候，郑拨认为是对马派遣的岁遣船只，并没有在意，等到发现船只规模高达数百艘的时候，日军已逼近釜山浦，即将登陆。绝影岛是釜山港的门户，但日军船团规模庞大，朝鲜又是毫无防备，无法抵御来袭日军。郑拨一边向主镇报告日军来袭的消息，一边渡海收拢军队，凿沉战船后返回釜山镇城，试图依托城墙工整抵御日军。（《李朝实录》宣祖二十五年四月壬寅）

日军抵达釜山镇城下的时候，随郑拨出猎的军队尚有一半人未及入城。（《李朝实录》宣祖二十五年八月甲午）随军登陆的先锋部队将领，对马守、壹岐守宗义智，向郑拨递交了一份文书，再次提出了“假途入明”的要求。（《壬辰录》壬辰四月十三日）次日清晨，未能得到答复的日军对釜山镇发动了进攻。庆尚道左水使朴泓眼看敌方兵力众多，不但未救援釜山，反而弃城而逃。釜山守军依托城墙组织抵抗，日军包围城池，自城外西面高地居高临下，用火器射击守城的朝鲜军。守将郑拨亲自登上西门城楼，与日军对射。最终日军自城北翻墙而入，郑拨在随身箭矢射尽后中弹身亡，随身姬妾拔其佩刀自尽，釜山随之沦陷。（《再造藩邦志》；《李朝实录》宣祖修正二十年四月癸卯）

东莱府使宋象贤听报日军渡海来攻，急令东莱府境内民兵及招旁县士兵入东莱府城防守。左兵使李珏也从驻防兵营进入东莱。日军占领釜山之后，分兵出击，占领了西平浦、多大浦等地。多大浦佥使尹兴信及守军兵败被杀。此后，从釜山至东莱一带，沿途朝鲜守军望风而逃。（《李朝实录》宣祖二十五年八月癸卯；《再造藩邦志》；《惩毖录》）郑拨在调至釜山之前长期与女真作战，在朝鲜军中素有勇名，他与尹兴信的阵亡严重打击了朝鲜军队的士气。釜山沦陷，郑拨战死的消息传来，李珏惊慌失措，以东莱孤城难

釜山镇殉节图

东莱府殉节图

守，当有大将在城外互为掎角为由，要求退避苏山驿，宋象贤苦劝一同留守，却被李珏拒绝。（《李朝实录》宣祖修正二十五年四月癸卯）

梁山郡守赵英圭因事来到东莱府城，眼见日军登陆，询问府使宋象贤将怎样面对。宋象贤回答“一死之外，有何他计”，并问赵英圭想做什么，赵英圭回答“吾既到此，当从公死，但老母在任所，吾将暂还永诀，且指示避乱之所而来也”（我既然来到这里，那么就跟您一起死便是，但我的母亲现在在我的任职地梁山，我现在回去与母亲永别，指示她前往避难之地，然后再回东莱）。赵英圭奔回梁山与其母诀别之后，与宋象贤一起防守东莱府城。（《再造藩邦志》；《惩毖录》）

釜山沦陷的第二天，日军兵临东莱府城。宋象贤领兵在西门外交战，战败后由北门入城据守。日军乘胜包围东莱城，在城外搭建土台工事，居高临下地射击城墙上的朝鲜士兵，将登城防守的朝鲜士兵驱散。宋象贤见大势已去，在盔甲之外披上朝服，在南门端坐不动。最先发现宋象贤的日本将领是宗氏家臣平成宽，之前曾进入东莱城，被宋象贤接待过。他发现宋象贤时，本打算让他逃走，但宋象贤不从，宋象贤向北（汉城方向）跪拜之后，在扇面题字“孤城月晕，列镇高枕，君臣义重，父子恩轻”，命家奴带归其父。日军士兵越围越多，想将宋象贤生擒，但宋象贤用脚踢踹抵抗，随即被杀。宗氏家老柳川调信得知宋象贤被杀，命人将其尸体以棺椁收殓，安葬在城外，立大木作为标识。赵英圭等人同宋象贤一起殉城。（《再造藩邦志》）

东莱沦陷后，自釜山逃走的左水使朴泓与自东莱逃走的左兵使李珏，在彦阳县合兵休整。李珏抵达彦阳后没有做防守准备，而是半夜偷送其小妾离开，并卷走城内库藏布千匹，军中人心惶惶，一夜惊营四五次。拂晓之时，李珏本人也偷逃出城。主将逃命，士兵随即四散。朴泓亦无死战之心，由彦阳退至庆州驻屯。自此，梁山郡至彦阳县的朝鲜守军全线崩溃。（《李朝实录》宣祖修正二十五年四月癸卯；《再造藩邦志》）

密阳府地图

四月十六日，登陆的日军进入蔚山、梁山等地大肆劫掠。梁山守军于十六日夜晚与宗义智前锋遭遇，梁山郡守赵英圭前日已在东莱阵亡，在遭到日军攻击后，守军乘夜弃城而逃。十七日早晨，日军进入梁山城，占据黄山栈道，进入密阳府境内。密阳府使朴晋，领密阳守军约500人，本意前往增援东莱，见势不可为，退回密阳境内，在鹊院栈道及鹊院关一线布防。鹊院栈道长约7里，以石料垒砌的道路宽度有限，部分路段只能单骑而行，不利于日军发挥兵力优势。朴晋凭借有利地形，与日军相持数日。日军只能自梁山绕行至鹊院关之后，再攀爬山岭占领制高点。小西行长将所部八代众和松浦镇信平户众分为两队，居高临下，用火绳枪轮番射击朝鲜军。眼见地利已失，朴晋下令退回密阳，此战朝鲜军阵亡300多人，部将李大树、金孝友战死。因彦阳已无朝鲜军，密阳东部侧翼已失，朴晋眼见孤军难支，焚毁军械、粮仓而退。小西行长、宗义智所部第一军乘胜北上，登陆之后依次占领左水营（釜山）→机张→梁山→密阳→大邱→仁同→善山→尚州。[①]

鹊院关旧照（1920年）

鹊院关旧照（1920年）

四月十八日，加藤清正所领第二军在釜山浦登陆，沿釜山→梁山→彦阳→庆州方向进军。同日，黑田长政所部第三军、毛利吉成所部第四军在金海登陆。金海府府使徐礼元闭守城门，日军尽割城外麦禾填塞城壕，待与城墙等高，即翻墙入城。草溪郡守李惟俭先行逃跑，徐礼元紧随其后，金海府沦陷。

鹊院关附近地形（1920年）

① ［日］参谋本部：《日本战史朝鲜役（本编·附记）》，偕行社，1924年，第156页。

鹊院栈道

巡察使金睟本在晋州城，听闻日军登陆，便赶往东莱，走到一半时听说日军近在眼前，又退回庆尚南道。惶急之下，金睟向各地发布檄文，通告百姓逃避敌军。沿途城市居民逃散一空，各地更难守御。(《惩毖录》;《再造藩邦志》;《李朝实录》宣祖修正二十五年四月癸卯)

日军登陆的第四天，四月十七日早朝，汉城方面才收到庆尚道左水使朴泓报告的日军来袭的消息。群臣及备边司堂向李昖奏请战备方案，传令下派将领就地择要害之地布防以争取时间，并抽调军队兵分三路南下支援。其方案为，三路援军以李镒为巡边使率中路军，成应吉为左防御使率东路军，赵儆为右防御使率西路军。刘克良为助防将守竹岭，边玑为助防将守鸟岭。庆州府尹尹仁涵因懦弱胆怯被就地罢职。任命前任江界府使边应星为庆州府尹，防守庆州。李昖命令这些将领自行挑选军官，率军南下庆尚道。(《李朝实录》宣祖二十五年四月丙午;《惩毖录》;《再造藩邦志》)

晡时(15：00—17：00)，釜山沦陷的消息传来。庆尚道左水使朴泓奏报："但云登高望之，赤旗满城，以此知釜山陷也。"(《再造藩邦志》)右兵使金诚一奏报："贼艘（日本军舰）不满四百，一艘不过载数十人，计其大略，约可万人。"（《李朝实录》宣祖修正二十五年四月癸卯）金诚一的奏报跟实际相差甚远——小西行长的第一军船只规模为700余艘，兵员近20000人——削减了近一半的数量，却符合之前朝鲜战前预案中的日军规模，所谓多不过六七千。

朝鲜大臣聚集在宫廷，讨论防备倭寇之策，却没有讨论出什么计策，只是围坐喧哗。有人说，倭贼擅长使用刀枪，而我无坚甲可以抵御，不能抵挡，釜山东莱之败大致如此，建议以厚铁打造全身甲，以精兵坚甲突入敌阵，日军的刀枪对此坚甲无隙可刺，朝鲜士兵便可战而胜之。大家认为此计策可行，便在军器寺聚集工匠日夜赶造盔甲。其间，柳成龙提出反对，认为与敌军交锋，应当如云彩般聚合四散，士兵装束轻便、快捷最为重要，若穿着厚重的全身甲，士兵行动不便，并不能凭借此盔甲杀敌取胜。于是，盔甲赶制工作进行了几天就停止了。（《再造藩邦志》）

其后台谏之时，群臣商讨计划，有人斥责众人无谋并提出自己的守御计划，认为可以在汉江岸边搭设防御高棚，让敌军无法直接渡河登岸，而朝鲜守军在高棚上能够居高临下，俯射敌军。但这项方案也在"贼之鸟铳，亦不能上耶"（人不能爬上高棚，日本人的火绳枪难道就射不上吗）的嘲笑中否决，提议者默然退走。（《再造藩邦志》）

但是，平心而论，精兵凭借坚甲冲阵，以破坏敌方阵形，在同时代的东方和西方都是常见的战术。现代战争亦未舍弃有良好防护能力的精锐重装突击部队。搭建工事居高临下进行防守，同样是非常正常的防御方式。如果以人不能至而弹丸可至为由，认为修筑工事没有用处，古今中外所有的工事就都毫无意义了。实际上，这样大规模的短时战具修整，在朝鲜当时的国家体制之下，需要调集两班贵族的人力、物力支持。在前线传来的情报中，日军登陆的人数只约万人，这种级别的入寇规模比预想中的要大一些，但也绝非朝鲜现有军力不能抵御的，既然国家目前可以应对，两班自然不会损害自己的利益，来支持国家的军政建设。

但是，所谓倭贼“约可万人”的情报毕竟不符合实际，日军目前登陆的第一军，朝鲜便要全力应对，更何况还有大批后续部队正陆续抵达。朝鲜本就所剩无几的战争准备时间，就在这样的吵闹声中白白浪费了。朝鲜也就失去了前期最后一次进行动员的机会。这次的应敌对策讨论，在历史上只留下了“庙堂之上，或有坐睡低头者，或有袖手冷笑者，或有哄然辩争者，或有攒眉饮泣颠倒失常者。凡事有同群儿，争辩闲谈，国事可知”的辛辣评价。为此，有人题诗以嘲讽两班的贵族大臣：“国事苍黄日，畴能借箸筹。岩廊皆袖手，儿戏不足尤。”（《再造藩邦志》）

李镒受命领兵出征之际，本想从驻守京城的士兵中选取三百名精锐作为骨干军官。但翻阅政府档案检查兵员，他发现其中平民、胥吏和儒生占了总人数的一半。李镒按册点兵的时候，在册的儒生身穿冠服、手持试卷，吏典则头戴平顶巾，站满了李镒所住的庭院，恳求免除军役。李镒因找不到足够的军官，在接受出征命令的第三天依旧无法领兵出征。李昖只好命令李镒先走，命别将俞沃凑足人数之后续进。（《惩毖录》；《再造藩邦志》）李镒率领挑选的壮骑军官60余人、4000余名上番士兵，先行出发前往庆尚道。为监督战时的将领是否用命，李昖任命左议政柳成龙为都体察使、右议政李阳元为京城都检察使、朴忠侃为都城检察使、李诚中为守御使、丁允福为东西路号召使。（《李朝实录》宣祖修正二十五年四月癸卯）

柳成龙在接任都体察使后，金应南为副体察使，又将因响应自己的政敌西人党郑澈所言，提倡练兵备战而下狱的前义州牧使金汝岉，从监狱中放出为参谋，并开始募集军官，不过，可堪任职者仅有80余人。（《惩毖录》；《再造藩邦志》）柳成龙一干人等募集军官之时，前线战报不断传来，金诚一作为通信使回归之时，保证过日本人不会进攻朝鲜，李昖在李镒出发后不久，想起金诚一的保证，便以松懈人心、延误国事为由，命令义禁府都事前往捉拿时任庆尚道右兵使的金诚一。金诚一被捕，行到稷山的时候，李昖怒气已有所缓解。同时，庆尚道巡察使金晬以金诚一在驰援金海时，命部将李宗仁射杀敌将，退敌有功为由，向李昖求情。李昖在权衡利弊之后，赦免了金诚一，改任他为右道招谕使，让他传谕庆尚右道境内军民，响应国家号召，参军杀敌，以此赎误国之罪。（《再造藩邦志》）

当时庆尚道巡察使金晬在庆尚右道，日军从中路横贯，切断了金晬与庆尚左道的联系。左道无人节制，地方守令多已弃官而逃，人心惶惶。李昖紧急提拔曾有战功的原咸安郡守柳崇仁为庆尚左道兵使。佥知金玏详知庆尚道民情，被李昖任命为庆尚左道安集使，以安抚左道民众。金晬照搬《制胜方略》用兵，向各郡县传递文书，命令地方长官部署到预定阵地。当时闻庆以下的守令，全部率领所属驻军赶赴大邱，在河边露宿，等待巡边使李镒的部队。但当时李镒因征兵困难而未能及时南下。几天之后，李镒的军队还是没到，而日军反倒逐渐逼近。朝鲜军队群龙无首，各地守令心怀疑虑。此时，天降大雨，轻装露宿的朝鲜军队营房不足，致使许多士兵暴露于大雨之中的河滩上。后勤粮饷无人统筹，各部士兵在随身粮食耗尽以后，在半夜自行离营，军队就此溃散。各地守令只能各奔东西。（《李朝实录》宣祖修正二十五年四月癸卯）

庆尚道的守军在大邱自溃之后，巡边使李镒领军抵达闻庆县，此时城中已空无一人。李镒打开闻庆县的仓库，将储存的粮食犒赏所领军队后，穿城而过，从咸昌前往尚州。尚州牧使金澥托词要前往驿站迎接巡边使，借机逃往山中，城中军民争相逃亡，只剩判官权吉一人留守。李镒抵达尚州后，以城中无兵斥责权吉，将他押往府衙中庭准备斩首。权吉哀求李镒，以出城招募士兵求免。权吉连夜搜索尚州周边村落，到早上仅抓来数百人，全是普通农民。李镒下令打开官仓，发放米谷，以利诱逃亡的零散居民，从周边山谷又陆续召回几百人。李镒将这些人统统编入军队，加上从汉城带出来的部队，共有6000多人。但是，这些农民之前从未受过军事训练，并无多少战力可言。（《李朝实录》宣祖修正二十五年四月癸卯）

日军已穿越密阳和大邱，兵锋深入朝鲜内陆。眼见形势不对，柳成龙询问金应南和申砬：倭寇深入境内，军情紧急，如何应对？申砬回答：体察使已经就任，是文官而非战将，李镒领一支孤军在前线作战，后方空虚且无援军，何不派遣一员猛将紧急南下，作为李镒的策应？柳成龙与金应南将申砬所说的策应方案，奏报给国王李昖，请求派申砬领军南下。李昖召申砬面见，申砬亦未推辞，但以自己在平安道任职之时，知道义州牧使金汝岉为人忠贞、才能勇力绝伦，要求将金汝岉归己所属。李昖同意了申砬的要求，命他为都巡边使，率军支援李镒。

申砬接受命令，出宫门之后便开始招募军官士兵，但汉城并没有人前往他那里应征。柳成龙此时也在中枢府招募军兵。申砬来到中枢府，看见院内有应（柳成龙）招募的人，不由得大怒，手指金应南跟柳成龙说："像他（金应南，非武职）这样的人，大监（柳成龙）带去有用吗？小人愿为您的副手，跟您一起走！"柳成龙见申砬恼怒无兵可用，便用"同是国事，何分彼此"的话安抚了申砬，并将应征的军官交给申砬。同时，李昖命汉城内的武士材官、三司身居闲职和城内良人身份的人，凡是能够开弓射箭的，全部拉进申砬的部队。

申砬将汉城周边地区的在（军）籍人员尽数征调，才凑出了8000人。（《惩毖录》）李昖命令朝廷官员各出战马一匹资助军队，并下发军器寺的兵器来充实这支"军队"。申砬临行前，李昖问他："现在贼军来势汹汹，你觉得这些敌人能够抵挡吗？"申砬回答说："贼人不知兵法，岂能有孤军深入而不战败的？"李昖感叹说："边境上都说日本人最难抵挡，你怎么说得如此简单？"他赐给申砬一柄剑，官职在李镒之下，不肯上阵杀敌者，他都可以不经通报处斩。拜别之后，申砬走下台阶，官帽落于阶下，看见的人都大惊失色，认为这是不祥之兆。（《李朝实录》宣祖修正二十五年四月癸卯）

李镒在尚州整顿军务的时候，小西行长所部第一军已抵达善山郡，善山距离尚州仅有45里。日落时分，有开宁县人来向李镒禀告，日军已抵近。李镒认为他假传军情，试图惑众，要将他处斩。那人大喊，请求李镒暂且将他收监，次日日军不到，再杀他也不迟。李镒将他关押。当天晚上，日军从善山前出25里，屯军长川，此地距尚州仅20里，李镒并不相信开宁县人的情报，没有向尚州南部派遣斥候，所以不知日军已抵达。

第二天清晨，日军未至，李镒将该名开宁县人推出斩首，然后率领在尚州募集的八九百名民军及部分京军军官，前往尚州北面演练战阵，打算突击训练这些临时招募的民兵，以提高其战斗力。临阵磨枪，不快也光，李镒在尚州城北沿河依山列阵，披甲立马于大旗之下，监督民兵的战前训练进度，以备随时南下。从事官弘文校理尹暹、修撰朴篪、尚州判官权吉及沙斤察访金宗武等，全部下马，站在李镒的马后，观看李镒的军事操演。

李镒专心训练民兵的时候，有几个形迹可疑的人在山间林木中徘徊眺望，然后离去。李镒部下发现后，怀疑这些人是日军斥候，但因早上李镒刚刚将通报敌情的开宁县人斩首示众，所以不敢通知李镒。待日军进攻尚州，城中三处火起，李镒远远看见城中烟柱腾空，才命一名部将回城探听消息。该将骑马领两名步兵，行至桥上之时，被埋伏在桥下的日军打死并斩去首级。于是，当地朝鲜军指挥官李镒等人与城中的联系被日军切断，李镒手里只剩下刚开始训练的一群乌合之众，自然军心大乱。

日军向朝鲜军的阵地蜂拥而上，与李镒列阵交锋，先集中10余柄大型火绳枪，在朝鲜弓箭射程之外射击李镒军，中者非死即伤，朝鲜军只能被动挨打。眼见军队士气就要崩溃，李镒下令士兵用弓箭还击，但朝鲜人的弓箭射程大多不过数十步，在射击距离和威力上，均无法同日军的火绳枪抗衡。小西行长一边压制朝鲜军，一边分兵往两翼运动，并命宗义智带领部队绕至后方，合围朝鲜军。李镒见大势已去，立刻抛弃军队，掉转马头向北逃去。敌军合围而主将逃跑，朝鲜军即刻崩溃，士兵丢弃武器争相逃命。因李镒是在城外组织训练，从事官以下的人都未骑马，民兵均为步兵，未能及时逃走，日军斩首300余级，尹暹、朴篪等人皆被杀。

城外朝鲜军有马匹的人寥寥无几，而李镒的盔甲、衣物标志明显，很多日本人追杀李镒，试图生擒或击杀这位朝鲜大将。李镒弃马而逃，丢盔卸甲，将官服、官帽全部丢弃，才得以脱身。披头散发逃到闻庆的李镒，索取纸笔，向汉城报告尚州之败，并准备收拢残兵，退守鸟岭天险。但他听说申砬所部已抵达忠州，便领残兵前往忠州与申砬会合。（《惩毖录》；《再造藩邦志》；《象村集稿》三十八卷）

申砬出兵之后，汉城及附近军兵已空。为防万一，李昖与大臣商议整顿都城防御，任命右议政李阳元为守城大将，李戬边、彦琇为京城左右卫将，商山君朴忠侃为京城巡检使防守京城，并起复金命元为都元帅，前往防守汉江。李镒战败的消息传来，京城中人心惶惶，李昖已有弃守都城之意。当时专管内侍牵马的理马（下级吏员）金应寿，进入大臣讨论事情的厅房，与领议政李山海耳语，去而复来好几次。因为当时李山海也负责司仆提调，所以看到的大臣都怀疑宫中会出现重大变化。

都承旨李恒福在手掌中写下“立马永康门外”六个字，偷偷给柳成龙看。永康门是朝鲜王宫后苑大门，与大内寝宫隔了一道门，白天关闭，晚上开启用以军士巡逻。“立马永康门外”就是李昖已有夜晚离开王宫走避之意。柳成龙集结大臣，弹劾李山海，请求将他罢职，遭到李昖的拒绝。杞城府院君俞泓上疏，请求固守京城同死社稷，李昖召见俞泓并宽慰了他。又有宗室数十人聚在宫门外痛哭，请求李昖不要弃守京城。李昖只好出面说“宗社在此，予将何适”（宗庙社稷都在这里，我能去哪里），好歹安抚了一干宗室。

两班大臣不愿弃守都城，但京城两次出兵共12000余人，此时兵曹再次征发居民及城内吏员，只拼凑了7200人。当时汉城的城墙城垛有30000多个，平均一个人需要把守四五个城垛，无力防守。可用官兵绝大多数已抽调南下，剩下的各地上番军士不愿守城，纷纷贿赂官吏，逃亡归家。拼凑的7000多人并非职业士兵，为官府强征而来，一无作战经验，二无作战技能，更不愿留下送死，他们半夜纷纷用绳子套在城垛之上，顺绳索滑下城墙而离城。

（《李朝实录》宣祖修正二十五年四月癸卯；《惩毖录》；《再造藩邦志》）

四月二十六日，申砬所部8000余人抵达忠州，列阵丹月驿（在忠州城南，距城约10里）。（《惩毖录》；《象村集稿》三十八卷）李镒弃守闻庆，与前往鸟岭查探地势的申砬相遇。忠州与闻庆之间是号称岭南第一关的鸟岭，是由鸟岭山（1026米）、神仙峰（967米）、马驿峰（927米）、主屹山（1106米）等山峰所夹的狭长山谷，道路狭窄，地形险要。副将金汝岉眼见日军来势汹汹，建议部队自忠州前出至鸟岭山谷地区，占据制高点，以伏击敌军；如若抵挡不住，则全军退回汉城，以确保首都。然而，申砬长期在北方与女真交战，所部擅长骑兵战。从现存的鸟岭关旧照可以看出，鸟岭一带地形虽有利步兵射手，但关前道路狭窄、地形崎岖、溪流乱石林立，完全不利于骑兵发挥。

鸟岭关城旧照

鸟岭关城旧照

鸟岭关城旧照

鸟岭山城

申砬根据自己擅长的骑兵战术，计划放以步兵为主的日军进入平原地区，以骑制步，歼灭来袭敌军。于是，申砬决定放弃鸟岭，命李镒和鸟岭助防将边玑与自己一起退入忠州城。

二十七日，小西行长进攻闻庆，朝鲜守军焚城而散。日军直抵鸟岭，进入忠州地界。小西行长见沿途无人，害怕前方有埋伏，便派遣斥候前往侦察，确定并无守军，便直穿鸟岭而过。黄昏时分，朝鲜军官报告说日军已越过鸟岭，鸟岭距尚州城约140里。二十五日上午，日军（步兵）尚在尚州作战，二十七日下午已穿越鸟岭，行程超过140里。申砬不信日军有如此高的行军能力，以惑乱军心为名，斩杀了报信军官，并将部队自忠州城内调往西北弹琴台前，背靠㺚川（忠州西部汉江支流）列阵训练。忠州和尚州之间约为200里，日军二十五日在尚州作战，二十八日便已开始攻打忠州，以步兵为主的军队，一个昼夜行军超过了60里，打了申砬一个措手不及。

小西行长穿越鸟岭后，杀死忠州牧使李宗张和李镒派遣的斥候，将朝鲜军的侦察体系破坏，并占领了丹月驿。此时，申砬仍然不知日军已抵达忠州附近，小西行长以本部正面进攻，命左翼宗义智所部沿㺚川北上，右翼松浦镇信沿山而行，绕至忠州城东顺汉江而下，直扑弹琴台。有马晴信、大村喜前和五岛纯玄，随同小西行长进攻忠州。在日军三路合围之后，申砬才发现敌军逼近，下令所部骑兵列成弯月阵，试图冲入忠州城内与守军会合。然而，弹琴台前道路狭窄，两边多是水稻田，限制了骑兵突击，日军借有利地形，集中火绳枪压制反击的朝鲜骑兵。申砬意图在忠州城南平原上，发挥上番军骑兵精锐以及本人骑兵将领的优势，但因轻敌及情报判断失误，被日军压制在弹琴台周围的水稻田中，最终全军覆没。

以当时日军火绳枪的装备比例，除了进攻忠州城的小西行长等人，此时有上千支火绳枪正在压制申砬部。朝鲜步弓手的劣质弓箭不足以对抗火绳枪，持有角弓的精锐数量很少，而作为主力的骑兵部队，在水稻田中难以疾驰，只能被动挨打。申砬亲自带队冲锋两次，均不能突破封锁。待小西行长攻破忠州，也加入战斗之后，朝鲜军队开始溃散，士兵争相跳入獭川逃走，淹死的人遮蔽了江面。申砬退至落月滩，与金汝岉一起射杀了数十名日军后，将试图游水逃走的外甥淹死，然后投水自尽。金汝岉随申砬一同投水，忠州牧使李宗张与其子李希立、鸟岭助防将边玑等人全部战死，日军在战斗中斩首3000余级。李镒从小路逃入山中，被三名日军士兵追杀，李镒反杀其中一人，渡过汉江，逃往汉城。(《李朝实录》宣祖修正二十五年四月癸卯；《再造藩邦志》)

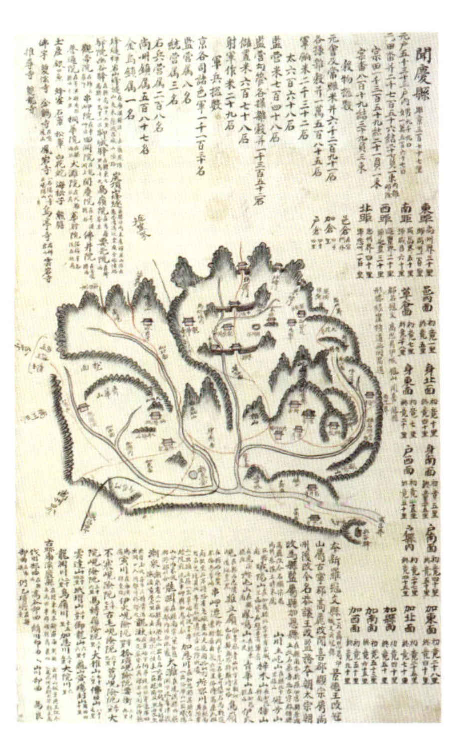

闻庆、鸟岭地图

在尚州之战的时候，日本通事景应舜在李镒军中被日军俘虏。小西行

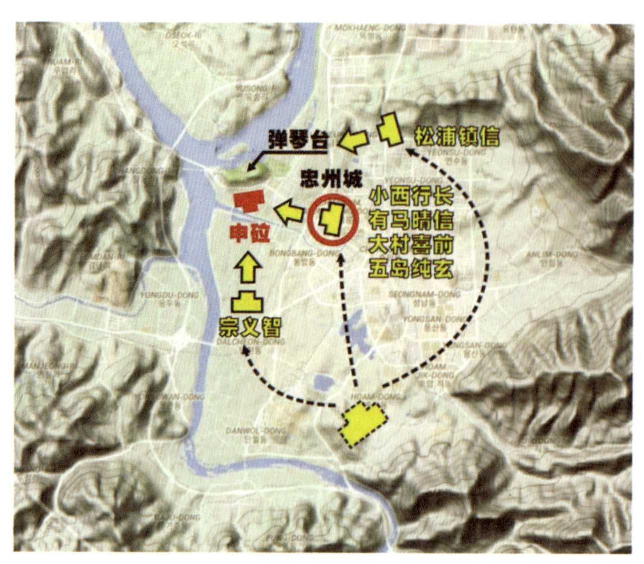

忠州之战态势图

长得知后，把丰臣秀吉的书契及给朝鲜礼曹的公文一道交给景应舜送往汉城。他告诉景应舜："在东莱的时候，我俘虏了蔚山郡守，曾经给了（丰臣秀吉）书契将他放归。但是，至今没有得到朝鲜方面的回应。如果朝鲜有意和日本讲和，可以让李德馨在二十八日的时候与我在忠州会见。"蔚山郡守是指李彦诚，他被小西行长放回后，害怕朝廷追究被俘责任，自称是从日军中逃出，没有将小西行长的文书转交，因此朝鲜上下并不知道一开始日本有和谈要求。景应舜回到汉城后，将小西行长的文书上交。李昖得知日军求和，在召集大臣商议后，决定使用缓兵之计，派李德馨前往忠州。但是，朝鲜使节出发后不久，便得知忠州已经沦陷，只好返回汉城。（《李朝实录》宣祖二十五年四月丙午，宣祖二十七年八月壬申，宣祖修正二十五年四月癸卯）

四月二十九日黄昏，有败军士卒进入崇仁门，带来了忠州战败的消息，消息传开后，全城惊恐。李昖急忙召集大臣商议出城避难之事，宗室河原君、河陵君等人陪同李昖左右。众人建议李昖暂且前往平壤避难。都承旨李恒福说："现在的态势，应该朝着中国方向撤退（平安道与明辽东接壤、咸镜道与女真接壤），借中国的力量恢复国家。"掌令权恢跪地大声呼叫，请求固守京城。持弃城西避观点的大臣同持在京城死守观点的大臣，在李昖面前争吵不休，柳成龙上前将权恢挥退。大臣建议李昖将几个王子散往诸道召集地方军队勤王，并封光海君李珲（李昖庶次子）为世子，随李昖一起前往平壤，以李诚中为统御使，负责在各道征兵，李直彦为从事官协助。（《惩毖录》；《再造藩邦志》）

决定弃守汉城之后，两班大臣退至宫门外听从分派，临海君李珒（李昖庶长子）由领府事金贵荣、漆溪君尹卓然陪同，前往咸镜道。顺和君李玒（李昖第六子）由长溪君黄廷彧、护军黄赫、同知李塈陪同，前往江原道。李昖想起之前因支持重整军队以防备日本，而被李山海、柳成龙等人排挤出朝廷的西人党人尹斗寿，派人将他召回，和自己同行。尹斗寿既回，李昖便命柳成龙为汉城留都大将，被都承旨李恒福联合重臣制止，改命李阳元留守。国王准备出逃的消息传开，京城人心涣散，宫中侍卫也开始逃散，最后城中连打更的人都没有了。（《李朝实录》宣祖二十五年四月戊午）

内医官赵英璇、承政院书吏申德麟等人得知国王准备去平壤，围堵宫门，叩求李昖不要离开。这时，李镒已逃到汉城，将忠州之战和申砬身死的情报带到，声称日军将在一两天内抵达汉城。申砬已死，朝鲜此时已无大将，李昖没有追究李镒战败的责任，将他带来的日本人首级挂在汉城南门上，命李镒与自己一起前往平壤。四更时分（1：00—3：00），李昖车驾出景福宫，时天降大雨，光线昏暗，宫中禁卫无人组织，在逃窜中互相争执。羽林卫池贵寿从车驾前跑过，被柳成龙认出来，命他护驾随行，池贵寿回头招同伴三人为李昖担任警卫。（《李朝实录》宣祖二十五年四月己未；《惩毖录》；《再造藩邦志》）

李昖车驾过景福宫前街时，街道两边的官吏纷纷大哭。承文院书员李守谦拉住柳成龙的马鞚问："院中文书要怎么办？"柳成龙令收拾紧要文书追上来。李守谦大哭而去。李昖等一行出敦义门，行至沙岘时，东方天明，回望汉城，城中火起，烟焰腾空直上。城中公私奴婢见李昖及大臣出城，人心大乱，先攻入掌隶院刑曹，将存放的公私奴婢文籍焚毁，又攻入内帑库抢掠金帛财物，然后沿景福宫、昌德宫、昌庆宫一路放火，焚烧宫室。官府及宫中存放的历代手工艺品及文武楼所藏书籍、春秋馆各朝实录、各库所藏前朝史书、承政院日记等文件，通通被毁。艺文馆检阅赵存世、朴鼎贤、任就正、金善余等人，放火烧毁了馆藏文件，出城逃走。乘乱而起的奴婢还放火烧毁了王子临海君、前兵曹判书洪汝谆等人的居所。

李昖一行从沙岘走到石桥，雨越下越大，仓促出逃的他们没有携带雨具，李昖淋着雨在泥泞里跋涉。京畿观察使权征从后方赶上，将携带的雨具让给李昖，勉强让李昖头顶有个遮挡。走到碧蹄馆的时候，一行人全都浑身湿透，疲惫不堪，无力继续前行。李昖进入驿馆稍作休息后，决定继续西行。但很多官员不愿继续追随，一些人返回了城里，如随行侍从和司惠府、司谏院的台上官等，假装体力不支落在队伍后方，就此离队。逃亡队伍抵达惠阴岭的时候，大雨如注，宫中侍女等人骑着弱马大哭而行，场景极其悲凉。走到马山驿的时候，有人在田间望见国王的逃亡队伍，痛哭说："国家已经弃我们而去，我们将要凭借什么生存？"

李昖走到临津的时候，大雨依旧没有停止，他们视野受限，无法分辨方向。临津南岸之前修建过官厅，李昖害怕追兵紧随其后，拆卸房屋木料，用来制造船筏渡河追击自己，于是下令焚毁官厅房屋。火光照到了江北，李昖借此渡河，继续西行。三更时分（24：00左右），汉城逃亡人员抵达东坡驿，坡州牧使具孝渊本来在驿站设宴等待朝鲜国王，但李昖及其随行人员出逃时并未准备路上的食物，饿了一天的侍从丢下李昖便去抢夺饭菜，吓得具孝渊大惊而逃。当晚，李昖在驿站留宿，已成惊弓之鸟的队伍夜半惊营，士兵几乎溃散殆尽，兵曹判书金应南受惊之下要逃走，被佐郎朴东亮拉住。很久之后，队伍才安定下来。（《惩毖录》；《再造藩邦志》）

五月一日拂晓，李昖召见大臣，询问究竟去往何处。都承旨李恒福建议直接前往平安道义州，若军队不能反攻，朝鲜被日本人占领，渡过鸭绿江就是辽东。尹斗寿立刻反对，认为国王不能轻易放弃国家，弃国而去再企图保全国家，这是从来没有过的事情，而咸镜道边境军队未曾南下，这些经常与女真交战的士兵都是精锐，建议李昖前往咸镜道镜城，以盖马高原为屏障，同日军抗衡。柳成龙反对李恒福的意见，并告诉李昖，一旦离开国境，朝鲜即使恢复，也不再为国王所有。李昖则告诉柳成龙，“内附”（进入中国）本来就是他的意见，柳成龙依旧严词反对。李恒福试图缓和气氛，说去咸镜道这种绝地，前有日本，后有女真，万一有事，则无路可逃，进入中国也非亡国，倚仗中国获得喘息之机，不失是一个好办法。

李恒福的意见依然被柳成龙一口回绝，双方争执不下，李山海为避免引火烧身，只是伏地不起。眼见争论不出结果，柳成龙大喝道：“东北诸道（咸镜、平安两道）完好，湖南（全罗道）的义士即将响应勤王，你怎么能说去中国的丧气话！”李恒福大为不满，冷笑离去。柳成龙则私下向李恒福转达他的意思，担心未到紧要关头就说弃国“内附”，容易造成人心离散，不可收拾。李恒福不以为意，认为国家建制已乱，日军势头已无可抵御，不如一路向西，尽快呼吁明朝救援，才能内外支撑。双方争持不下，李昖只得先去开城，但随行士兵皆已逃散，堂堂一国之主，身边护卫、口粮全无。此时，瑞兴府使南嶷领兵百余人赶到东坡驿，其中有五六十名骑兵，司钥崔彦俊向士兵求得杂粮二三斗，勉强供随行宫人充饥，方能继续前进。中午，李昖到达招贤站，黄海监司赵仁得领兵相迎，在路中设大帐布幙相迎，饿了两天的车驾随行官员才吃上了饭。傍晚，队伍抵达开城府，疲惫、惊惧之下的众人情绪崩溃，一名狱卒因噩梦叫喊，结果引起全城骚动，有宫女以为日军入城而上吊自尽，满城风声鹤唳。（《李朝实录》宣祖二十五年五月庚申；《惩毖录》；《再造藩邦志》）

次日，咸镜南道兵使申硈领手下亲兵进驻开城。午时（11：00—13：00），李昖在开城南门外官署召集群臣，讨论如何抵御日军。开城府士兵不过930余人，根本无法抵抗日军。（《李朝实录》宣祖二十五年五月庚申）李昖任命尹斗寿为御营大将统率军队。尹斗寿建议李昖招抚地方豪强，并下罪己诏稳定官员和百姓之心。日军尚未进攻汉城的消息传来，群情激愤，轻易弃（都）城而导致国王、百官狼狈出逃的东人党被推到了风口浪尖上。副提学洪履祥上疏，再三请求以误国之罪杀领议政李山海。李昖召回西人党党魁郑澈，重新录用西人党人，然后将李山海撤职，改任柳成龙为领议政、崔兴源为左议政、尹斗寿为右议政，引起官员不满，认为柳成龙当与李山海同罪。对东人党意见极大的申碏以“首相以误国被罪，则亚相安得独免”为由，要求严惩柳成龙。李昖只好将柳成龙罢职，将崔兴源升为领议政、尹斗寿升为左议政、俞泓为右议政，同时命令申碏前往汉城侦察。(《李朝实录》宣祖二十五年五月庚申)

五月三日，黄海道士兵6000余人在开城府集结之际，与宗庙守仆发生纠纷，持刀枪围堵殿门，李昖只好杀掉宗庙守仆以安定军心。这件事意味着王室权威在黄海道士兵的心中已荡然无存。见黄海道之兵不足恃，李昖只得放弃据守开城的计划，命杞城府院君俞泓、吏曹参判李恒福、奉信城君李珝、定远君李琈，先行前往平壤城，整顿城防，招募士兵，为进一步的逃亡做准备。(《李朝实录》宣祖二十五年五月壬戌)

朝鲜犹如无头苍蝇一般在折腾，日军却按计划继续向西北推进。加藤清正的第二军在占领庆州后，于四月二十一日进入永川郡，向新宁县、比安县方向前进，以竹岭为目标，渡过龙宫河、丰津，抵达龙宫县。进入闻庆时，小西行长的第一军进攻忠州的消息传来，加藤清正急忙越过鸟岭，前往忠州与之会合，商讨下一步进军路线。黑田长政的第三军在占领金海之后，攻破昌原府，斩首500级，然后沿昌宁县、玄风县，于二十四日占领星州牧，后经金山郡越过秋风岭，于二十八日即忠州之战的同一天，击破了右防御使赵儆，从事官李晬光，别将郑起龙、黄润，义兵将军张智贤的联军。张智贤战死，赵儆退往黄涧县。黑田长政紧随其后，攻入忠清道，占领青山县，于五月三日进据清州。[①]

四月二十九日早上，加藤清正抵达忠州，小西行长的第一军正在弹琴台

① ［日］参谋本部:《日本战史朝鲜役(本编·附记)》，偕行社，1924年，第160页。

进行“首实检”[1]。加藤清正落后了一天，未能赶上忠州之战，与小西行长简单商议了路线。二人向汉城行军。

当时天气恶劣，使李昖的逃亡队伍狼狈不堪的大雨，也给日军带来了极大的不便——小西行长的第一军在暴雨中迷失了方向。此时，加藤清正沿着阴城县、竹山县、阳智县、龙仁县这条路向汉城南大门前进，于五月三日正午抵达汉江南岸。朝鲜军已将附近船只全部迁往北岸，加藤清正有部下名为曾根孙六，是一名游泳高手，他凫水渡过汉江，抢回数艘船只。朝鲜守将金命元此时正在汉江北岸济川亭（木览山南汉江渡渡头上的亭子）指挥汉江防线。加藤清正的第二军有兵力20000余人，而朝鲜军队仅有1000人。见日军布满江岸，朝鲜士兵两股战战，战意全无。日军在南岸架设大型火绳枪，对济川亭进行射击，弹丸乱落在瓦片上。见军心涣散，金命元下令将火炮、军器投入汉江，自己脱下官服，离开济川亭逃往临津。申恪则骑马往杨州方向的山中逃窜，朝鲜汉江守军未战而自行溃散。留都大将李阳元在城中听说汉江守军崩溃，知汉城无法防守，也弃城前往杨州。（《李朝实录》宣祖修正二十五年五月庚申；《再造藩邦志》）

小西行长在暴雨中迷了路，五月二日才抵达骊州，本想直接渡过骊江，但暴雨导致江水暴涨，人马难以直接泅渡。江原道助防将元豪领兵数百人在骊江对岸，干扰日军渡河。当天仅有小西行长、宗义智率领先头部队以木筏渡河，经杨根疾行，前往汉城，大部队则滞留在骊江。骊州距离汉城六息十里，杨根距离汉城三息二十六里[2]，小西行长经过一天疾驰，终于在晚上8时左右赶到汉城东门，即兴仁门外。当时城门紧闭，日军在侦察后见无人防守，便破坏城墙上的水门进入，将兴仁门打开，进入汉城。加藤清正本在汉

---

① 首实检就是点验首级。前近代战场武士在战场上获取的敌方首级，是大将对其麾下的武士论功行赏的重要依据。

② 李氏朝鲜以周尺六尺一步，360步为一里，约496.8米。三十里为一息，六息十里即190里，约94.392千米。三息二十六里即116里，约57.629千米。

城南门（崇礼门）外，见小西行长已抵达汉城，随即命人向丰臣秀吉报告自己已入城，然后丢下大部队，由崇礼门进入汉城。（《李朝实录》宣祖修正二十五年五月庚申）

日本第一军和第二军为抢夺先入汉城的功劳，双方将领均丢弃主力，先行入城。加藤清正大部队经过一昼夜渡河，直到次日清晨才进入汉城。小西行长本人虽先入汉城，但加藤清正已提前向丰臣秀吉报功，而小西行长第一军大部队无船渡河，在拆卸朝鲜民居材料制作渡河工具后，才于五月四日晚渡过骊江，所以攻破朝鲜首都的功劳由加藤清正获取。此事为小西行长和加藤清正后来的不和乃至最终反目，埋下了伏笔。（《西征日记》；《惩毖录》）

五月三日晡时（15：00—17：00），李昖得到金命元带来的汉江防线崩溃的消息，立刻从开城再次逃亡，当晚抵达金郊驿。（《李朝实录》宣祖二十五年五月壬戌）四日，李昖从金郊驿出发，在义驿与平山府短暂停留后，于黄昏时分抵达宝山馆。（《李朝实录》宣祖二十五年五月癸亥）五日，李昖过安城郡龙泉剑水驿，于傍晚抵达凤山郡。（《李朝实录》宣祖二十五年五月甲子）六日，李昖逃到黄州。（《李朝实录》宣祖二十五年五月乙丑）七日，李昖过中和郡，进入平壤。（《李朝实录》宣祖二十五年五月丙寅）李昖逃到黄州的时候，小西行长在汉城找到了去过中国的朝鲜翻译官，命景辙玄苏和竹溪宗逸（博多圣福寺僧侣）详细询问关于明朝的情况。早上10时左右，双方在小西行长的大营里，以纸笔问答朝鲜前往中国的距离、河流大小及道路险阻等情况，洋洋洒洒写了十几页纸。正午时分，加藤清正也来到小西行长的大营，商讨占领汉城之后的处置事宜。（《西征日记》）

日军自四月十三日傍晚登陆釜山，五月三日进入汉城，短短二十一天势如破竹，一路打穿庆尚、忠清两道，占领了朝鲜王国的首都。从釜山到汉城，陆路里程超过1100里，日军含作战时间在内，以步兵为主的军队穿越山地、丘陵、河流地区，日行军速度超过了50里/天，行动迅速果决，打得朝鲜上下措手不及。

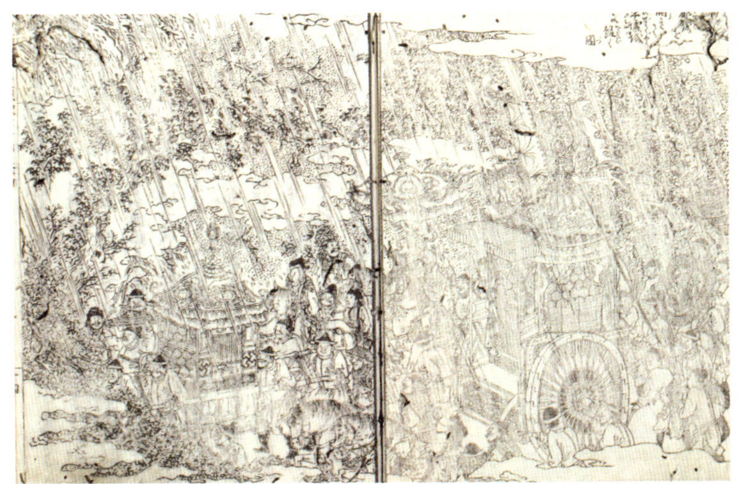

朝鲜国王李昖王京出逃图（《绘本太阁记》）

水关入城（《绘本太阁记》）

第七章

八道瓦解，三都沦丧

日本人占领汉城后，第一军和第二军进行休整，等待后续部队抵达，没有更多的军事行动。李昖出逃时，烧毁官署、宫室的奴婢趁势投到日本人麾下。都城内出逃的平民和官员回归家中，里坊和市肆不久便恢复了正常。日本人在各区内与朝鲜人杂居，进行商业交易，向回归者发放名帖，以精锐在各处城门设立关隘。朝鲜人则接受了日本人发放的名帖，并听从其劳役委派。朝鲜人如果携带了名帖，就可以出入汉城。还有礼宾寺书员朴守英这类主动投靠日本人，成为向导或间谍的。城中有人试图暗杀落单的日本人，或向朝鲜方面通风报信的，通常会被朴守英这类“附逆朝鲜人”举报。日本人将不服统治的人斩杀于钟楼前及崇礼门外，将死者的遗骸暴露堆积于门外及钟楼下。(《再造藩邦志》)

黑田长政第三军占领清州后，于五月八日抵达汉城，与第四军毛利吉成部在同一天进城。第八军宇喜多秀家于五月三日在釜山登陆，经过六七天强行军，于五月九日进入汉城。第四军毛利胜信、高桥元种、秋月种长、伊东祐兵、岛津忠丰等部，自五月十一日陆续抵达汉城。岛津义弘军一部于五月三日抵达汉城，剩余部队因“梅北一揆”推迟于六月二十八日登陆熊川。第五军在五月中旬登陆后，并未前往汉城，而是沿占据的庆尚、忠清两道展开，以确保汉城—釜山交通线。福岛正则前往竹山、蜂须贺家政前往忠州、长宗我部元亲前往开庆，立营设防，朝鲜史料记载为“自东莱至京圻，或十里，或五六十里，皆据险设营栅，留兵以守之，夜则举火相应，昼则金鼓相闻”。(《李朝实录》宣祖修正二十五年五月庚申；《再造藩邦志》)第六军在釜山东莱集结完毕，于五月十日占据玄风县，进入庆尚右道。十九日，毛利辉元抵达星州，小早川隆景占领善山，立花统虎、高桥统增、筑紫广门前往金山。之后，毛利辉元于六月十二日在开宁一带驻扎，与第五军一起牢牢地控制了庆尚、忠清两道通往京畿道的釜山—汉城一线。以下为五月中旬日本军队沿线区域兵力配置情况[①]：

位　置	驻屯兵力（人）	在番大名
龙仁	1500	胁坂安治
竹山	4800	福岛正则
忠州	7200	蜂须贺家政
闻庆	3000	长宗我部元亲
善山	10000	小早川隆景
金山	2500	立花统虎
	800	高桥统增
	900	筑紫广门
星州及附近	30000	毛利辉元
釜山	8000	羽柴秀胜

日军推进顺利，跟战前充分的准备是分不开的，仅小西行长的第一军，渡海船只便有700余艘，一次性向朝鲜投送了近20000人。日本人规模巨大的船团，让朝鲜庆尚道的水军失去了作战意志。由于仓促之间无法动员士兵，左水使朴泓弃官逃亡山中，右水使元均将战船凿沉，解散军队，带领玉浦万户李云龙、所非浦权管李英男、永登万户禹致绩所部精锐士兵，以及板屋船4艘，退往昆阳一带（现泗川市），以躲避日军锋芒。（《再造藩邦志》）

庆尚道左右水营是朝鲜王国的水军主力，拥有97艘战船（板屋船），占

① ［日］参谋本部：《日本战史朝鲜役（本编·附记）》，偕行社，1924年，第168—169页。

战船图

当时“朝鲜三道”（庆尚、全罗、忠清）水军战船总数的44%。[①]朴泓弃官而逃后，右水使元均在名义上拥有73艘战船，但重型战舰无风难以运作，操桨则事发太急，短时间内无法集结足够的士兵——“战船制，重且高大，或当浅水值大风，则不可以人力进退斡旋”（《李朝实录》英祖三十六年一月戊辰）。桨手即格军数量在当时的朝鲜水军中，占船上人员总数的一半以上，所以，在元均自沉了船只之后，朝鲜水军损失近一半。登陆期间，日军船只在海上不受任何阻扰。当加藤清正登陆之后，日本船团数量超过了1000艘，苟延残喘的庆尚道水军更加无法与之抗衡。

元均逃到昆阳后，在玉浦万户李云龙、所非浦权管李英男的建议下，向全罗道水军左水使李舜臣求援，但李舜臣以朝鲜朝廷规定了各自的防御区域，没有政府命令不得越境，以及日本水军马上要进攻全罗左道，船舶不足——全罗左水营战船共24艘——没有余力帮助他道（庆尚道）为由，拒绝了元均的请求。（《再造藩邦志》）元均求援五六次，均被李舜臣拒绝。光阳

① 金在瑾：《龟船》，樱井健郎译，文艺社，2001年，第49页。

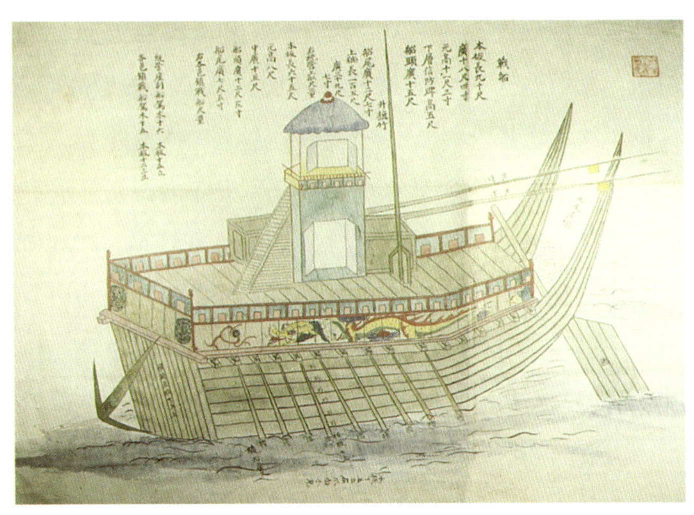

板屋船图

县监鱼泳潭、鹿岛万户郑运及军官宋希効告李舜臣，最好的防守就是进攻，挫败敌人的先锋，则能更好地防守本道（全罗左道），李舜臣终于改变了主意，下令出兵救援元均。（《李朝实录》宣祖修正二十五年五月庚申）

得知李舜臣要主动出击，全罗道巡察使李洸命全罗右水使李亿祺派兵支援。五月三日，李亿祺率领几艘战舰抵达丽水。五日，完成战前准备的李舜臣和李亿祺，命对水路熟悉的光阳县监鱼泳潭为先锋、顺天府使权俊、加里浦佥使具思稷为左右将，正式向庆尚道出兵。舰队拥有板屋船24艘，挟板船（挟船、中型战船）15艘、鲍作船（小型侦察、联络船）46艘，于第二天抵达唐浦，于五月七日在巨济岛前洋与元均的庆尚水军残兵（板屋船4艘、挟板船2艘）合兵编队，元均将永登万户禹致绩的战船，加入鱼泳潭的先锋军中。（《李朝实录》宣祖修正二十五年五月庚申；《再造藩邦志》）

五月八日拂晓，朝鲜水军联军向日本船团集结地加德岛（现釜山市江西区）进发，途中斥候船发回消息，在巨济岛东海岸的玉浦港发现日本船只，朝鲜水军随即转向玉浦港，于正午时分抵达港口外。此时在玉浦港内的是藤堂高虎、堀内氏善的纪伊、熊野水军和运输船队[1]，由30艘大小不同的船只组成。朝鲜水军舰队船只多达91艘，其中大中型战船有45艘，对日本水军占据了绝对优势。

日本水军发现朝鲜水军接近，掉头迎击，朝鲜水军先锋队中的6艘船先后逃散，李舜臣亲自鼓舞士气，驾船反击日军。在朝鲜军队的传统战术中，无论水、陆均重视远程攻击，李舜臣指挥板屋船与日军船只保持一定距离，以船上的弓箭手和舰载火炮射击。而日本水军的传统水战方式侧重于接舷战，需要与敌方船只近距离接触后登舰作战。在朝鲜水军的猛烈射击之下，试图靠近的日本船只不断中弹起火，共有13艘船被朝鲜人焚毁，日本水军只得弃船投水，向岸边逃亡，朝鲜水军则未损一舰。(《李朝实录》宣祖修正二十五年五月庚申;《再造藩邦志》)

夜晚，朝鲜水军向巨济岛永登浦前进，准备在当地泊碇过夜。中途斥候船在舰队的北方发现了5艘日本船只，朝鲜水军立刻发船，准备歼灭这一小股军队。眼见不敌，日本水军弃船登岸，向合浦方向逃走，遗弃的船只被朝鲜人烧毁。第二天，斥候船在镇海方向又发现了日本船只，李舜臣指挥船只向该方向搜索，在赤珍浦港发现有13艘日本船只停泊。遭受突袭的日军放弃水战，登岸后用火绳枪阻止朝鲜军队靠近。朝鲜水军在用火箭焚毁了日军船只后掉头返航，于次日（五月十日）回到全罗左水营。(《李朝实录》宣祖修正二十五年五月庚申;《再造藩邦志》)

玉浦之战是朝鲜人自称的大捷，是万历朝鲜役初期，朝鲜人取得的第一次战斗胜利，尽管这个胜利的含金量不高——此战日本水军的损失，相对于上千艘船只和十几万渡海军来说，极其轻微。但是，相对于前面的尚州、忠州之战，以及不久的临津江之战、龙仁之战，就朝鲜人在战争早期混乱的表现来说，也称得上大捷了，朝鲜人也确实需要一场胜利来振奋人心。

---

① ［日］参谋本部:《日本战史朝鲜役（本编·附记）》，偕行社，1924年，第412页。

五月十七日，得到日本军队攻占汉城、朝鲜国王逃亡消息的丰臣秀吉，大喜过望，当天就派遣翻译前往朝鲜，他甚至为李昖准备了“堪忍分”。堪忍分是日本古代用以维持武士、宾客以及战死家臣遗族生活的俸禄，这里的堪忍分，是丰臣秀吉特意为他认为要投降的朝鲜国王李昖，维持贵族体面生活准备的领地。与此同时，丰臣秀吉在为自己渡海前往朝鲜做准备。他命令日军尽快捉拿李昖，还特意叮嘱在朝鲜的日军善待朝鲜平民。不可否认，这是日本历史上空前的一次胜利，所谓“中、日、朝”三国分割，也是在丰臣秀吉狂喜的这一天后才真正出现的。[①]

《丰太阁三国处置太早计》第一次构想了进攻中国以及战后处置的详细计划。这个五月十九日向时任关白丰臣秀次发出的朱印状中，列出了25条进攻中国和朝鲜的规划。丰臣秀吉作为一个经过磨炼，最终获取天下的军事将领，在其中第一条就强调，军队将领切不可因当前胜利而麻痹大意，第二条预定丰臣秀次为中国的关白，随后详细规划丰臣秀次在次年（1593年）一月至二月“入唐”（进攻中国）的出兵人数——30000人，出发地点——兵库，以及京都地区对丰臣秀吉本人渡海时的后勤保障支持——军粮及长刀、肋指、长枪的调拨，并指定自己在八月渡海后，留守名护屋的大将为小早川秀秋。后面的规划是到了1594年，将后阳成天皇迁居北京，周围10余国（县）划归天皇和公家作为俸禄。天皇迁都北京之后，日本天皇将在良仁亲王和智仁亲王当中选择一个。日本关白的职位则在丰臣秀保（大和中纳言、丰臣秀吉的外甥、秀吉弟弟丰臣秀长的婿养子）和宇喜多秀家（备前宰相）当中选择，朝鲜国则交给丰臣秀保的哥哥丰臣秀胜（岐阜宰相）治理。这个非常详细的计划，是由具体的军事指示和想象混合而成的。这封信发出的前一天，丰臣秀吉在名护屋的庆功宴上喝得酩酊大醉，不知制订这份计划的时候，丰臣秀吉是否已经醒酒。

---

① ［日］北岛万次:《丰臣秀吉的朝鲜侵略》，吉川弘文馆，1995年，第48—52页。

在《组屋文书》中有另一份丰臣秀吉的三国处置规划，其中除了中国的人员配置大同小异，丰臣秀吉本人的渡海时间提前到了同月即五月当月，消灭明朝政权的时间提前到了当年即1592年。规划中，丰臣秀吉吞并中国、朝鲜两国，迎接天皇到达北京，本人居住在宁波城，之后征讨朝鲜的两员先锋大将小西行长和加藤清正继续前进，进攻天竺（印度），他们获取的印度领土可由他们随意支配。

暂且不讨论这个真假难辨的征明作战计划和世界征服计划。对朝鲜的征服战争看起来形势大好，但在当时的日本人中，有安国寺惠琼这样乐观地认为中国、朝鲜均不堪一击的将领，也有认为前途一片暗淡的大名如毛利辉元。即使在朝鲜可以获取比在日本多10多倍的领地，依旧有人对统治异国领土和人民不感兴趣。毛利氏的家臣宍户隆家（毛利元就的女婿、毛利辉元的岳父），在五月二十八日给星州的信件中，就指出了统治朝鲜的困难：

> 朝鲜土地贫瘠，而且朝鲜这么大的国家，想要单凭言语是无法统治管理的，更何况日本人和朝鲜人语言不通，还要依靠翻译，就更困难了。朝鲜的士兵弱到五十名日本兵就可以打跑十万名朝鲜人，听说中国兵比朝鲜兵更弱，但中国远比朝鲜面积广阔，统治中国的土地比统治朝鲜更加困难。很多人（朝鲜义军）听说日本大军来了，就逃向山林，看见少量日本兵就用弓箭远射，现在占领的城市里也有这样的倾向。现在日军在朝鲜掠夺农民的粮食来补充军粮，朝鲜人的饥荒开始不断蔓延，这就是我们（日本军队）不断被袭击的原因。朝鲜首都苍蝇极多（奴婢暴乱，烧毁破坏建筑，日本军队屠杀朝鲜人后在汉城堆积尸体），排水不好，牛也很多，卫生条件恶劣，对健康影响很大。（《近世日本国民史·第七卷·丰臣氏时代》）

有人并不看好朝鲜征伐，但仗还是得打下去。李昖从开城逃亡平壤的时候，免除了金命元的弃守汉江之罪，命他防守汉江北部要害临津江，并招募京畿道、黄海道的士兵防守临津，还任命咸镜北道兵使申硈为防御使、刘克良为副将，与金命元一同防守临津。金命元在临津招纳逃散士兵，驻防将李蕡、李荐、边玑领兵约1000人赶来援助，加上京畿、黄海新招的士兵，金命元所部集结了将领20余名、士兵7000余人。五月十三日，金命元向平壤报捷，自称率军在碧蹄伏击日军，斩获颇多。从杨州赶来的李阳元、李镒、申恪、金友皋等10名将领，带领5000名士兵，在大滩一带驻屯。（《李朝实录》宣祖修正二十五年五月庚申）

加藤清正替代小西行长作为先锋，于五月十一日从汉城出发，经过坡州，抵达临津镇。临津江水位较深，流速较快，人马无法涉水横渡，而朝鲜方面早在四月三十日夜，国王逃离京城的时候就点燃了临津镇，将船只全部撤往西岸。金命元在临津江的西岸分列五营，连营四五里，主阵兵力约5000人，两翼一两千人。日军在东岸缺乏船只，而对面又有数量不少的朝鲜军队防守，不得不在南岸停止前进。（《再造藩邦志》）

双方在临津江对峙，日军隔河挑战，但金命元固守不出。由于之前日军在汉城休整了一周，未有大的军事行动，于是朝鲜人中开始传言日军已疲。加藤清正从汉城出发的那天，备边司便开始弹劾金命元拥兵不战，心怀胆怯："师久不用，锐气渐挫，都元帅持重兵，坐守江上，为日已久，见朴成立等斩级，而欲为进兵。以此观之，必也城中无一倭寇后，始能行师。"（《李朝实录》宣祖二十五年五月庚午）意思就是，金命元没有胆量和日军作战，要想收复首都，需要等到日军全部撤走才敢出兵。五月十四日，京畿监司权征上奏，认为日军不足为虑："倭人远来，足茧困倒，可制挺击也。"（《李朝实录》宣祖修正二十五年五月庚申）十一日至十四日，平壤的决策者要收复京城的意见基本确定，临津江守将金命元之前弃守汉江，从无罪变成了罪大恶极。当时奏请使韩应寅从北京回国，到达平壤，李昖即命他为诸道巡察使，率领驻防于鸭绿江边、长期与女真作战的800余名精锐骑兵，于十三日出发前往临津江，指挥收复汉城之战。国王、大臣已对金命元不满，这些精兵并不归属金命元统一指挥。（《李朝实录》宣祖二十五年五月壬申）

以咸镜道精锐骑兵为核心，突击以步兵为主力的日军，可以给予其沉重打击，这个作战指导计划是朝鲜平壤方面早在五月十日就制订好的。（《李朝实录》宣祖二十五年五月己巳）加藤清正被阻临津江的时候，小西行长于十四日召集宗氏家臣柳川调信入营，商讨与朝鲜和谈事宜。十五日，柳川调信与京都妙心寺外交僧天荆，由汉城出发前往坡州，于辰时抵达坡州。在坡州的原朝鲜客舍，他们写了一封给朝鲜方面的和谈书。全文如下：

日本国差来先锋秘书少监平调信谨启

朝鲜国某大人足下

臣先是奉使于贵国于再于三，许廷下者，今日之事也。虽然贵国不容臣之言，故及今日之事，非不祥亦宜也。

今吾殿下起干戈者，不敢怨于贵国，唯为报怨于大明也。伏愿还国王之驾于洛阳，讲和于大明，则臣等所欲也。

然和之不行者，独非贵国之罪也，可谓天命矣。

亮察，皇恐不宣。

年号　月　日　　某

巳时（9：00—11：00），柳川调信与天荆到达临津江，试图与朝鲜军接触。但加藤清正所部正对朝鲜阵地方向发射箭矢并用火绳枪射击，在此“友好的协助”之下，柳川调信与天荆自然无法成功，被迫在午时（11：00—13：00）返回坡州。小西行长并不甘心，与加藤清正交涉后，让加藤清正在次日调回临津江东岸的守备军，以向朝鲜人展示诚意，并再次向朝鲜方面递交书契。全文如下：

日本国差来先锋秘书少监平调信谨启

朝鲜国执事足下

臣今日来于此退吾军者无他，为讲和也。

军士在渡口，则贵国之人疑之，故先退兵矣。先是屡使于贵国，陈以成败之事，贵国不听臣之言，今也至败亡。盖吾殿下假道于贵国，复怨于大明。去岁审告贵国通信使，臣亦达书于廷下，虽然贵国藩臣梗边，以不通吾道路。加之动干戈，于是乎吾军击破之，遂到尚州，奉书于廷下，不敢赐回教，却闻国王已出洛阳[①]矣。于是诸将之兵入洛阳，由是观之：夫灭朝鲜者朝鲜，非日本。

亮察亮察，臣窃虑之，还国王之驾于洛阳，以讲和于大明。则贵国之策莫良焉，效之则解吾军阵，待命于畿外者必矣。若疑之，出质子以为证，然则日本之与大明和亲，贵国亦复国，不然则贵国长失国亦未可知也。

伏愿足下熟计之，今日在江边以待翰回，速送之，自爱不宣。

年号　月　日　　名

日本人看起来挺有诚意，朝鲜人依旧拒绝受书，只回了一句话“纵死江边不行和，但大将来共议”。第二天，五月十七日，柳川调信与天荆于辰时从坡州出发，大约于早上9时抵达临津江，在江面上又给朝鲜方面写了一封议和书：

① 当时日本人习惯将首都称为洛阳。

再启

昨日呈愚书，以陈讲和之事，贵国不信之，亦宜哉。吾军经万里风波之难，江山之险，直入洛阳，今也无故而欲讲和，贵国不信之，亦宜哉。

臣为贵国解之！吾殿下欲假道而击大明，虽诸将奉命来于此，不欲自此经数千里入大明。是故先与贵国和亲，而后为借贵国一言，以讲和于大明也。贵国亦以一言大明讲和于日本，则三国平安，良策莫良焉。诸将免劳，万民苏苏，是吾诸将之议也。殿下亦不欲与贵国绝交，贵国失邻好之道，拒吾军，故吾军亦动干戈而已。

臣虚受贵国大职，岂忘鸿恩乎？今也倾尽肝胆陈缕缕，足下察之，尚不信之，则是亦可也，传义智行长两人一纸之书，自爱不宣。

年号　月　日　　名

两封议和书以及小西行长、宗义智两人的亲笔信，一共三封信，终于在这天交给了划着小船前来接洽的朝鲜人。未时（13：00—15：00），一名身穿盔甲的朝鲜人（朝鲜当时编制中盔甲完备者均为军官，普通士兵通常无甲）前来回复柳川调信，转达金命元对小西行长的回复，大意为自己并非可以决定议和与否的人，会将日本的请求转达给承政院，由他们来做决定。朝鲜和日本两国之前并无深仇大恨，是否和谈，等三日（朝鲜历五月二十日，日本历五月十九日）后平壤方面的答复。

认为圆满完成任务的柳川调信与天荆和尚，在第二天午时回到了汉城。入城后，柳川调信去小西行长大营汇报和谈事宜，天荆和尚则返回了宿舍。当晚，加藤清正第二军的翻译官大川和尚，前来拜访天荆和尚，打探小西行长与朝鲜方面的和谈情况。（《西征日记》）两人返回的前一晚，诸道巡察使韩应寅带领亲随，以及定州判官金毅一、田仁龙及其他人招募的骑士，率领原鸭绿江边驻防骑兵800余人，合计1000名精锐骑兵，向临津狂奔而来。

十七日，韩应寅到达临津江，带来了朝鲜国王李昖的命令——收复汉城。得到京畿道巡察使权征和防御使申硈的响应，金命元与众将约定当晚渡江作战。随韩应寅而来的鸭绿江驻防兵向韩应寅报告：“军士远来疲弊，器械未整。且贼情势犹未审，愿少休，明日观势进战。”韩应寅于十三日从平壤出兵，十七日即到临津，行程500余里，士兵平均每天要走100多里。战情并不紧急的情况下，让远道而来的士兵休息一夜是正常的请求，但韩应寅认为士兵消极应战，将提议的士兵斩首示众。助防将刘克良见主将浮躁，提议不可轻举妄动，反被防御使申硈拔剑威胁。（《李朝实录》宣祖二十五年五月壬午，宣祖二十七年九月庚子，宣祖二十八年七月乙未；《再造藩邦志》）

战前军议拔剑相向，作为突击主力的士兵狂奔500多里不得休息，立刻就要渡河作战，结局已经可以预料。刘克良对准备杀他的申硈说：“我结发[①]之时便已从军，（到老）怎么可能心里怕死而不敢作战？我提出建议，是害怕耽误了国家大事！”说完，刘克良愤愤而出，率领所部第一个渡江，将加藤清正派在临津江巡逻的骑兵斩杀。此时已是深夜，检察官朴忠侃和督元帅从事官典籍洪凤祥等人认为夜晚出其不意，必可大胜，喜好射箭的洪凤祥甚至亲自随军，前往临津江东岸参战。（《再造藩邦志》）

申硈渡江之后，朝鲜方面在东岸约有3000名士兵，占有数量优势的朝鲜军，包围了加藤清正留在临津江沿岸的小股前哨部队。得到朝鲜人渡江的消息后，在坡州的加藤清正立刻命主力部队前往江边，增援被围困的前锋。左卫将李荐在临津江上游遇到日军，战败而退。申硈随即整军向前支援。赶到的加藤清正第二军主力有8000~10000名士兵，已在山后埋伏完毕。申硈部一到，日军伏兵四起，先用火绳枪攒射，随后展开白刃突击。在绝对数量和优势火力的打击下，朝鲜军队很快崩溃。所谓的奇袭战眼见要失败，刘克良招呼申硈合兵退回西岸，但申硈并不理睬刘克良退兵的建议，在战斗中被击

① 古时男子二十岁束发而冠，以示成年。

杀。（《再造藩邦志》）

申硈部覆灭之后，长渊县监金汝㦔时任渡江军斥候部将领，拥兵800余人，见刘克良已接战，自己弃军而逃。（《李朝实录》宣祖二十五年八月庚寅）孤军在东岸的刘克良，面对紧逼而来的日军主力，自然无法安全退走。这位结发从军的老将，下马坐在地上说："这里便是我的葬身之地了。"他对着拥上来的日军士兵张弓射箭，箭尽而亡。崩溃的朝鲜兵逃到江边，或被斩杀，或投江自尽，随军渡江的洪凤祥也在乱阵中被杀。金命元、韩应寅在西岸望见日军追杀朝鲜败卒，丧失了作战的勇气，没有出兵接应渡江部队。商山君朴忠侃本来随两人在西岸观战，望见渡江部队的惨状，惊恐之下，拨马而走。防守江滩的朝鲜兵眼见元帅旗下有官员西逃，大呼"元帅走矣"，数千名士兵弃江滩而退。京畿道巡察使权征直奔加平郡，金命元、韩应寅只得随军而退，沿途收拾残卒，重整军队。（《惩毖录》；《再造藩邦志》）

刚刚得到和谈回应时间的小西行长，接到朝鲜军渡江突袭的报告，急忙领军出城支持加藤清正，刚出汉城不久，便接到了日本大获全胜的消息，又收军回城。副元帅申恪自汉江大溃之后，没有跟从金命元，而是与留都大将李阳元合兵一处。时咸镜南道兵使李浑率兵来到，申恪与李浑合兵后，在蟹踰岭遭遇400多名日本士兵。这些日军士兵从汉城出来散掠村落，搜集军粮。申恪与李浑设伏掩击，申恪所部斩首七八十级，向平壤报功。都元帅金命元恼怒申恪改投李阳元，私下向平壤报告申恪擅自归属其他军队，不听主将号令。右议政俞泓濊认为，战时当严肃军纪，请国王下令斩首申恪，以儆效尤。李昖派遣宣传官前往李阳元军中，斩杀了申恪，并将申恪的首级传示诸军。当申恪捷报传到平壤时，李昖急派使者追回前命，但申恪已被斩首并传示各军。败军之将请命斩杀胜战之将一事，导致连番战败的朝鲜军士气更加低落。（《李朝实录》宣祖二十五年五月丁丑，宣祖二十七年十二月甲子；《再造藩邦志》）

十九日，眼见和谈失败的小西行长的第一军，也出发前往临津。二十七日，第一军和第二军在临津江下游渡河。该处由助防将李蕡领兵防守。见日军开始渡河，李蕡一箭未发，率军撤退。临津江防线被突破后，金命元和李阳元率军向平壤方向撤退。日军占领开城后，在金郊驿分兵，加藤清正第二军向咸镜道方向进军，小西行长第一军向平壤方向，追捕朝鲜国王李昖。

日军在釜山上岸之后，打穿了庆尚道和忠清道，击溃了由京畿道南下的援兵，占领了汉城，随后在临津打败了黄海道集结的朝鲜兵。此时朝鲜国王已逃到平安道，下令集结平安、咸镜两道的兵力。此时还有一个仍未参与陆上作战的南方省份全罗道。当李昖逃出汉城之时，全罗道巡察使李洸、防御使郭嵘、助防将李之诗、白光彦等人，集结全罗道全道兵力约40000人，北上汉城勤王。战争爆发之初就损失惨重的庆尚道巡察使金睟，只率军官、守令等60余人而来，于十八日抵达全州。全罗、忠清、庆尚三道合兵约60000人，号称10万人，浩浩荡荡地出勤王。（《李朝实录》宣祖二十五年六月己酉、六月丙辰；《惩毖录》；《再造藩邦志》）

李洸在京城沦陷的时候才出兵勤王，与朝鲜的战略判断失误有着很大的关系。日军登陆之初，李洸认为没有必要进行战争动员，所以未做任何准备。小西行长和加藤清正一路直奔汉城的时候，李昖仓促命令各道勤王，李洸同样措手不及，急令全罗道在册府兵向全州北部砺山县（距全州路程八里）方向集结。

李洸在得到日军登陆的消息时不以为然，前任光州牧使丁允佑面见李洸，劝他提前准备，到时可以立刻调兵前往汉城勤王，李洸也未采纳。直到李昖命令下达，李洸才仓促征兵，命令全道府兵前往砺山县集结。但是，军情紧急，各县守令日夜兼程，将府兵赶往砺山，对府兵逼迫过甚，甚至不准府兵吃饭、喝水，加上连日阴雨，府兵苦不堪言，甚至自缢于道路旁。

全罗道官兵到达公州，前线却传来了汉城失守的消息，李洸命令亲卫军官手持令牌，向各州县府兵宣布军队解散。有将领劝阻李洸，但李洸不予理睬，强令军队就地解散。被强行解散的府兵只能原路返回，一路对李洸谩骂

不止。(《李朝实录》宣祖二十五年五月壬戌;《再造藩邦志》)

李洸返回全州，全罗道内文武官员对李洸的所作所为愤愤不已，武科出身的前任府使白光彦前往李洸住所，对李洸说:“君父（朝鲜国王李昖）流亡在外，你身为臣子，应当挺身而出，挽救国家于危难，但你手握重兵而退缩不前，究竟想要干什么?”说完，白光彦拔剑直视李洸。李洸见白光彦想杀他，为了保全性命，便自辩说自己没有深思熟虑，当场任命白光彦为助防将，让白光彦来指挥军队。白光彦见李洸同意出兵，自请为先锋，开始重新召集军队。(《再造藩邦志》)

全罗道各地良民子弟知道出兵勤王并非李洸本意，所以没有人响应。佥知高敬命士人朴君玉等奔走相告，仅能将各地回家的府兵重新收拢。高敬命令其子从厚、因厚分别率领这些士兵，前往全州复命。李洸亲率两万名士兵，任命罗州牧使李庆福为中卫将、助防将李之诗为先锋。郭嵘分领两万名士兵，任命光州牧使权栗为中卫将、助防将白光彦为先锋。各官到任之后，全军随李洸西上。李洸自龙安县境内渡过锦江，沿林川郡、温阳郡等路北进，郭嵘自全州由砺山县、公州等路前进，两军在稷山郡集合。忠清道尹先觉领兵约20000人，金睟领兵数百人，前来与李洸会合。(《李朝实录》宣祖修正二十五年五月庚申;《再造藩邦志》)

三道兵力集合之后，全军抵达忠清道的水原城，水原城以北42千米就是朝鲜首都汉城。忠清道巡察使尹先觉、庆尚道巡察使金睟等人以全罗道兵力最多，推李洸为盟主，共同商讨如何出兵。水原城以东13里是龙川县，为日军所占据，日本人在县城以北的北斗门山上筑城防守。李洸见守军人数很少，龙川距离水原城又很近，就在军议上提出由郭嵘带兵先收复龙川。权栗进言，认为日本人已占据险要地形，仰攻困难，现在各道集结全境兵力入援临津，国家存亡在此一举，应当慎重考虑，不宜跟龙川这类据险而守的少量敌兵纠缠，以免耽误时间，损伤士气，应当乘大军势众直渡祖江，前往临津江。朝鲜军一旦占据有利地形，既可以稳固军势，也可以直接连上临津守军原有的后勤通道，这样能一边养精蓄锐，一边等待朝廷后面的命令或就地驻守，若敌人分兵来攻，就击退敌兵再乘胜而进。（《再造藩邦志》）

李洸因为之前随意解散军队、逗留不进的事情被众人指责，但没有勇气率全军前往临津，也不想在水原留守被人议论，便想了个折中的法子，等军队到了阳川、北浦，再做前进还是后退的决定。阳川县在汉江南岸，大致是临津江和水原城的中间距离，但是靠近汉城，到这里可以显示他是有救国家于危难的打算的。阳川县以东11里是为杨花渡，从汉城乘舟顺江而下，不到半日即可到达。李洸的打算在其他将领看来相当危险，他们联名向李昖上书，报告已率三道联军60000人前往救援临津，但李洸打算先到阳川、北浦，此地距汉城敌军只有半日路程，且敌方可顺流而下，有可能会腹背受敌，要求朝廷赶紧派人接替李洸指挥。（《李朝实录》宣祖修正二十五年六月己丑；《再造藩邦志》）

当时众人主要担心李洸打算屯兵危地，但对在龙仁驻扎的少量日军并不在意。李洸想打龙仁，除了权栗，并没有其他人反对。军议结束之后，郭嵘命白光彦前往龙仁勘察道路，白光彦返回之后，说前往龙仁的道路狭窄、树林茂密，最好不要轻易出兵。李洸勃然大怒：我身为最高军政长官，退兵时，你来我家骂我，还拿剑当面威胁我，我要打，你又说打不了，你当我是什么？李洸“以违令杖光彦，重伤几危”，白光彦只得大喊“宁可死于贼”，以免被自己人当场打死。郭嵘等人无可奈何，只得准备出兵，让被打至重伤的白光彦包扎好伤口，作为先锋领军出征。（《再造藩邦志》）

当时龙仁由淡路国洲本藩主胁坂安治部将胁坂左兵卫、渡边七佑卫门，率领上兵五六百人驻守。[①]白光彦所部约1000人，仰攻驻守有利地形的日军，其实并无多少胜算。为防落下口实，李洸命李之诗所部协助白光彦进攻龙仁日军。两军合兵后约有2000人，但此时胁坂安治已得到消息，正在领兵驰

① ［日］参谋本部：《日本战史朝鲜役（本编·附记）》，偕行社，1924年，第192页。

援。(《李朝实录》宣祖修正二十五年六月己丑)军队出发前，权栗特意交代白光彦和李之诗不要轻易冒进，等后续大军抵达再跟日本人作战。

六月五日，白光彦、李之诗先锋军出动，大军本应随即而动，但李洸调度混乱，无法让各个将领互相策应。在先锋军出动之后，三道联军各部相距十里乃至几十里之遥。(《李朝实录》宣祖修正二十五年六月己丑)白光彦和李之诗并不知道自己变成了孤军，权栗所言等待后续大军抵达已无可能。自以为很快有60000人的军队支援的先锋军，一路扑上北斗门山，斩杀了出城砍柴、取水的十几名日军士兵(《李朝实录》宣祖二十五年六月己酉)，乘势进攻日军在北斗门山修建的营垒。(《惩毖录》)

先锋军同样以弓骑兵为核心，但是弓骑兵适合野战，不擅长仰攻修筑在山岭的要塞。因后续没有步兵前往策应，白光彦、李之诗等下马步战，攻至日军营垒十几步(不到30米)外射箭(《惩毖录》)，而日军坚守不出。待天色渐晚，胁坂安治率援军赶到，守军士气大振。朝鲜前锋军没有支援，孤军作战一天，锐气已泄。日军乘天色昏暗，以散兵从草丛、树林间，绕过朝鲜军队正面，潜伏至其附近，以火绳枪瞄准白光彦和李之诗狙击，同时发动白刃突击。白光彦、李之诗猝不及防，中弹而死，前锋部队随即大溃。(《李朝实录》宣祖修正二十五年六月己丑;《惩毖录》;《再造藩邦志》)

白光彦、李之诗在军中素以勇武闻名，两人阵亡的消息传到后方，朝鲜军的士气更加低落，军心动摇。忠清道兵使申翌在惊慌失措之下，一夜移动营地三四次，风声鹤唳，草木皆兵。(《李朝实录》宣祖二十五年八月癸丑)次日凌晨，一夜未眠的申翌部正在埋锅造饭，日军从山谷间突袭，有一骑白马的日军将领(胁坂安治?)，戴着金色假面，率领几十名士兵，挥刀冲杀在前。申翌在阵前远远望见，回马便逃，所部随即溃退。远在30里外的李洸等人，得知前方军队溃散，不问缘由也开始逃跑，三道联军就此全线崩溃。(《李朝实录》宣祖修正二十五年六月己丑;《再造藩邦志》)

“阴风吹折大将旗，数万雄兵似草靡。”共约60000人的三道联军，在李洸“军行如春游”的指挥下，被数百名日本士兵轻易击溃，让朝鲜军队的士气更加低迷，助涨了日军的气焰——“五十名日本兵击破十万名朝鲜兵”，那么，比朝鲜兵更弱的明兵自然不在话下。对日本人来说，战前对朝鲜战力的评估是正确的。就在一连串的大胜之下，日军逐渐靠近中国边境。

临津江之战的胜利，使日军士气高涨的同时，使“神国”思想再一次得到强化。锅岛直茂的家臣田尻鉴种在日记中便提到了所谓“神功皇后征伐三韩”：“そのかみ（昔）、神功皇后新罗を退治のため、あらゆる神达壱岐の岛に集まり给い、楫取（かとり）大明神、柁（かじ）を取り、竹取の尊（みこと）、御竿を取り、船出し给う。敌も海上に出合い、防げれども、日本の神力威を増し、新罗を従え给う。”松浦镇信的家臣吉野甚五左卫门在从军日记中记录了这样的话：“日本は神国たり、（中略）人皇十代仲哀天皇の妃神功皇后、女帝の身として三韩をきり従え给いしより已来、异国にも従わず、高丽・琉球より、毎年我朝に官物を供え奉る、是は上代の先例たり。”（《吉野甚五左卫门觉书》）

这些日记的大致内容是，日本自古是神国，在神明的伟力之下，在神功

神功皇后像

皇后的时代，周边朝鲜、琉球国就已臣服日本，向日本进行朝贡。这样的观念在当时的日军中相当普遍，加藤清正的家臣下川兵大夫的《清正高丽阵觉书》中也有类似记载。

神功皇后本身并不存在，日本臆造神功皇后的时代，朝鲜正处于新罗时代，是地方豪强进攻日本，掠夺人口的强势期，那时也不存在琉球这个国家。这种鄙视朝鲜、琉球等国，认为自己高高在上的观念，是日本刻意长期宣传并不断强化的结果，这种扭曲的神国观给日本进攻朝鲜提供了正当的理由——神功皇后时代高丽国王就臣服于日本了，现在我们不过是重现先人伟业。吉川广家从军僧宿芦俊岳在弹琴台之战后，感叹所谓昔年神功皇后伟业，在《宿芦稿》中说神功皇后以弓刻石“唐土王者は日本の犬也”（唐土王者日本犬也）。日本人传统观念中的神国观，在军事胜利的刺激下空前膨胀，直至狂妄。[①]

踌躇满志的丰臣秀吉将渡海巡视朝鲜正式列入了日程。本来在占领汉城之后，丰臣秀吉便开始做渡海计划，临津江大胜之后，六月初，太阁渡海再度提上议程，但被德川家康和前田利家以万一有事局面难以收拾为由劝阻。[②]本人不方便去，派遣代表也是可以的。六月三日，丰臣秀吉派遣增田长盛、石田三成、大谷吉继、前野长康、长谷川秀一等心腹大将，前往朝鲜，带上了西山承兑起草的书面“征明”檄文：“如汝等者，将数十万之军卒，可诛伐如处女大明国，可如山压卵者也，匪啻大明，况亦天竺、南蛮可如此。”（《毛利家文书》天正二十年六月三日 丰臣秀吉朱印状）

同时，丰臣秀吉准备按日本传统治理朝鲜，对朝鲜各道进行分配，要求在朝鲜的各将领召回逃散的朝鲜农民，收取年贡，探查前往中国的道路，修筑要塞。这段时间有三个关键词：“八道国割”“租税牒”“广义倭城”。

瓜分好“胜利的果实”，作为未来平安道（黄国）大名的小西行长，自

---

① ［日］北岛万次：《丰臣秀吉的朝鲜侵略》，吉川弘文馆，1995年，第59—61页。

② ［日］北岛万次：《丰臣秀吉的朝鲜侵略》，吉川弘文馆，1995年，第61—62页。

然要“归国”了。第一军从开城出发北上，沿途占领了黄海道平山、瑞兴、凤山、黄州，进入平安道后占领了中和郡。小西行长在中和与第三军黑田长政会合，进攻大同江北岸朝鲜三都中的最后一个——朝鲜国王李昖所在地平壤。第二军加藤清正转向东北“黑国”咸镜道，小早川隆景领军前往全罗道。[①]（《高丽日记》天正二十年五月二十九日）

六月一日，加藤清正等人从开城出发，出城18里后，发现了一座门楼高耸的庙宇，便打破庙门，洗劫了其中存放的米粟金银，在补充了一批军费军粮之后，正式出发进攻咸镜、平安两道。（《普闻集》天正二十年六月一日）第二军加藤清正与第一军小西行长、第三军黑田长政一起，抵达黄海道宝山驿。小西行长和黑田长政转向西北平壤方向，加藤清正转向西北，越过马息岭山脉[②]，进入咸镜道。（《高丽日记》天正二十年六月十日；《李朝实录》宣祖二十五年六月）

六月八日，小西行长、宗义智、黑田长政抵达平安南道中和郡（中和郡在平壤以南五里），直抵大同江边栽松亭前，分三处屯军。（《李朝实录》宣祖二十五年六月丙申）第二天，日军士兵在大同江东岸沙滩上竖起了一根木头，在上面悬挂了一封书信。李昖命火炮匠金生丽将书信取下，只见内容是小西行长、柳川调信、宗义智等人的议和事宜，要求李德馨解除武装，在大同江上谈话。李昖命令李德馨乘船，在大同江中与日本人接触，探查日本人的真实目的。李德馨奉命和日本人在江中相会。日方谈判代表为柳川调信和景澈玄苏，双方饮酒相谈。景澈玄苏说：“日本欲借道朝贡中原，而朝鲜不许，故事至此。”“日本非与贵国相战，顷于东莱、尚州、龙仁等地，皆送书契，贵国不答，以兵相接，吾等遂至此。愿判书奉国王避地，开吾向辽之

① ［日］北岛万次：《丰臣秀吉的朝鲜侵略》，吉川弘文馆，1995年，第64—65页。

② 位于黄海道、江原道，以及京畿道西南部。因翻越山脉高的马匹需要中途休息，故而得名。是连接元山和平壤等城市的通道之一。

路。”李德馨斥日本背约，要求退兵：“贵国若只欲犯中原之事，则何不向浙江，而向此乎？是实欲灭吾国之计也。天朝乃我国父母之邦，死不听从。”景澈玄苏回答：“然则不可和也。”双方谈判宣告破裂。（《李朝实录》宣祖二十五年六月丁酉；《再造藩邦志》）

从大同江和谈到临津江和谈，日方态度发生了变化，从“不欲自此经数千里入大明，是故先与贵国和亲，而后为借贵国一言，以讲和于大明也”，变成了“愿判书奉国王避地，开吾向辽之路”，由此可见，日本人对明朝的态度，在汉城—临津江之战后，从能避则避变成了能打就打。朝鲜人回答的“则何不向浙江”，则充分体现了这个所谓小中华“至诚事大”的本质。当晚，日军在大同江东岸列阵。

朝鲜被日军打得一败再败，国王一路狂逃，却一直没有向宗主国求救，是什么原因呢？早在临津江之战前，李恒福在备边司有司堂上提出建议：“今八道溃裂，无复收拾，虽有智者，亦未知为国家计。昔以孔明之智，及荆州失守，刘先主无托身用武之地，则请求救于孙将军，卒成赤壁之捷，以基鼎足之势。以我国之力，无可为之势，不如急遣一使，吁告天朝，请兵来援，以冀万一，则此策之上也。”李恒福将国势比作刘备败走荆州，要求援孙权，最终迎来赤壁大捷而得以三分天下，建议立刻向明朝求援，以防万一。（《再造藩邦志》）李恒福的建议遭到了朝鲜大臣的嘲讽：“辽、广之人，性甚顽暴，若天兵渡江，蹂躏我国，则浿江以西未陷诸郡，尽为赤地。”（《李朝实录》宣祖二十五年五月戊子）“虽奏天朝，焉肯出兵来救？假令出兵，当出辽、广兵马，辽左之人，与獭[1]无异，必有凭陵横暴侵扰之患。今七道皆为灰烬，一国之中，一片干净地，只是平安一道。复为天兵蹂躏，则更无着足之处，此策决不可用。”（《再造藩邦志》）朝鲜各大臣认为明朝会见死不救，就算救援朝鲜，也是离朝鲜最近的辽东出兵，但辽东人性情残

① 水獭仅分布在亚热带、热带地区，此处朝鲜所说的獭应为旱獭，常在农作区偷吃禾苗、茎叶。

1915年平壤府城平面图及周边地形图

暴，就跟破坏田地的旱獭一样，必然会在朝鲜横征暴敛、侵扰百姓。现在七道均遭到日本人蹂躏，仅余平安一道幸存，如果跟日本人一样的中国人到来，朝鲜人连落脚地都没有了。于是，朝鲜人以“天兵（明军）=倭寇（日军）”为由，拒绝了一切求援和消息通告。

李恒福连争两日，均告失败，连夜向李德馨求援。在说服李德馨后，第二天，李恒福与李德馨一同抵达备边司。朝鲜君臣终于同意向明朝报告战况并请求援助，李恒福写好草稿面呈国王。李昖同意后，派遣陪臣郑昆寿等人前往北京，请求明朝派兵援助。李恒福曾与李德馨商议，分别派遣三路调度使，准备好粮草军饷，以接待明朝援兵，但还没来得及实施，临津江战败消息传来，朝鲜败局已定，群臣惶恐，调度使之事便不了了之。（《再造藩邦志》）

对朝鲜心怀疑虑的明朝边境守将，时刻注意朝鲜方向的消息。得知朝鲜国王逃到平壤，辽东都司奉兵部尚书石星之命，派遣镇抚林世禄、崔世臣等人前往平壤与朝鲜接触（《李朝实录》宣祖二十五年五月戊子），同时暗中派遣“夜不收”前往朝鲜秘密勘察。（《经略复国要编》）原任副总兵杨五典、

朝鲜总督府摄平壤练光亭旧照

镇抚张奇功等明军将领也亲自渡江，探查朝鲜国内情形。(《再造藩邦志》)

六月一日，林世禄抵达平壤，李昖恢复柳成龙的官职，委派他接待林世禄。李恒福与柳成龙将林世禄等人迎入大同馆。(《李朝实录》宣祖二十五年六月己丑、癸巳）待见到李昖后，林世禄等人登上练光亭察看形势。一名日本人在江东林木中忽隐忽现，不久，又有两三个日本人出现，坐卧从容，姿态安闲。柳成龙指着这些人，告诉林世禄等人说："这些是日本的斥候探哨。"林世禄靠着柱子看着，脸上不以为然，说："日本人少到这样吗？"柳成龙说："日本人极为狡诈，大军在后，先来做探哨的只有几个人。如果看到前面人少而忽视，就会中日本人的奸计。"林世禄敷衍了一下，拿了朝方回执，掉头回国。(《惩毖录》;《再造藩邦志》)

六月一日，日军只是刚出开城，这些郊游一般的"日军探哨"，距离柳成龙所谓后方的大军，还有整整7天的路程。与其说这些人是日军探哨，不如说是朝鲜人演戏给明军看。明朝此时虽然有救援的打算，但远水解不了近渴，尹斗寿与都元帅金命元、巡察使李元翼等人，只能先筹划平壤防务，但对此并无信心。在得知日军从开城进军的消息后，李昖已有离开平壤之意。城中百姓得知消息，各自逃散，街巷为之一空。李昖命世子李珲出大同馆，召集城中父老[1]，承诺会坚守平壤。平壤父老则说："但闻东宫（王子）之令，我们并不相信，必须国王亲口告诉我们。"李昖第二天亲往大同馆门外，向父老保证不会离开。几十人拜伏痛哭之后，带着李昖的保证，回家召回百姓，外逃山谷的人全部返回了平壤城。（《李朝实录》宣祖二十五年六月庚寅；《惩毖录》；《再造藩邦志》）

六月十日，日军在大同江岸列阵，用火绳枪向平壤城中射击，以此炫耀兵威。副提学沈忠谦与两司率领幕僚联名上书，以平壤不可守为由建议北逃。尹斗寿、李幼澄等人认为继续弃守平壤，国事一发不可收拾，请求固守平壤。但李昖已决定逃走，任命李希得为北道巡检使，让他先去平安北道打点，并让卢稷等人奉庙社牌位，保护宫人先走。城中吏民突然听说国王要走，堵塞道路，持械乱打，高呼"弃我而去，是杀我也，宁死于驾前，毋饱贼刃"，以木棍将宫女打落马下，历代先王牌位也坠落路中。百姓指着随行的大臣大骂道："你们平日偷吃国禄，现在误国欺民！你们既然要弃城，为什么还要求我们入城？！"街巷之间，剑戟林立，鼓噪震地，百姓大喊"愿大驾勿得出城"。队伍逐渐拥至宫门，李昖亲持弓箭立于中庭。朴东亮说："民情汹汹，暂时不要走，先安抚一下百姓再走。"李昖下旨写"停行"二字诏示，柳成龙也招来父老，告诉他们不走了，乱民稍微退散。傍晚，李昖召平安监司宋言慎，斥责他未能镇压乱民。宋言慎将领头作乱的数人在大同门内斩首，其余百姓散走。（《李朝实录》宣祖二十五年六月戊戌、己亥；《惩毖录》；《再造藩邦志》）

六月十一日，李昖出平壤，逃往宁边，领议政崔兴源、右议政俞泓、寅城府院君郑澈等随驾。左议政尹斗寿、都元帅金命元、都巡察使李元翼留守平壤，柳成龙因要接待明兵，也留下了。当天，日军开始攻城。尹斗寿等守练光亭，监司宋言慎守大同门楼，兵使李润德守浮碧楼以上江滩，慈山郡守尹裕后等守长庆门。城中士卒民夫有三四千人，但分配到城堞的人数不均，

① 当地有威望的长者。

城上人或疏或密，或人上有人，肩背相磨，或接连数堞无一人。兵力不足的守军，散挂衣服于乙密台近处松树间，假装成士兵作为疑兵。(《李朝实录》宣祖二十五年六月己亥；《再造藩邦志》)

卯时（5：00—7：00），数百名日本骑兵持各色旗帜驻屯江边，来往穿梭。柳成龙急忙召唤留在平壤的两名明朝军官前往观看。日军人数并不多，在东大院岸上排作一字阵，有十几名骑兵从羊角岛驰入江中，水没马腹，按辔列立，表示将要渡江，其余往来江上者分一二名、三四名一组，挥舞野太刀或大太刀，向朝鲜士兵夸耀军威。同时，将六七杆大型火绳枪（大铁炮，中国俗称“抬枪”）抬往江边，向平壤城中射击，铁制弹丸过江入城，最远的直入大同馆，散落在瓦上，射程达千余步（朝鲜步，千余步约1400米）。有的击中城楼柱，深入柱中数寸。日军士兵见练光亭上有朝鲜将领，就将抬枪运至江中沙滩，瞄准练光亭射击，亭上有二人被击中，因射程太远，没有重伤。明朝军官认真观看了日本的阵营，见人数和火器都不多，便告诉柳成龙，如果日军只是这样的人员、器械，待天兵（明兵）到来，可一鼓作气而歼之。(《李朝实录》宣祖二十五年六月己亥；《惩毖录》；《再造藩邦志》)

军官姜士益以盾牌遮蔽身体，用片箭远射，箭矢越过大同江，落在沙滩上，日军稍稍后退。都元帅金命元见日军士兵不多，召集军中擅长弓箭的军官，乘坐快船，在大同江中流射击。但是，朝鲜船稍微靠近东岸，日军士兵便往后退避。朝鲜军从船上发射玄字铳，射大箭（将军箭）过江。大箭是朝鲜炮射箭形弹的一种，全长九尺二寸三分，日军士兵远远看见，大呼而散。当大箭落在地上，日本人纷纷去围观这种比人还高的大型箭矢。(《惩毖录》；《再造藩邦志》)

因为很久没有下雨，大同江水位有所降低，金命元派人往檀君箕子东明王庙求雨，同时派李润德防守江滩。柳成龙害怕平壤城守不住，托词要去接待明兵，与从事官洪宗禄辛庆晋一起离开平壤城，向宁边逃窜。(《李朝实录》宣祖修正二十五年六月己丑)

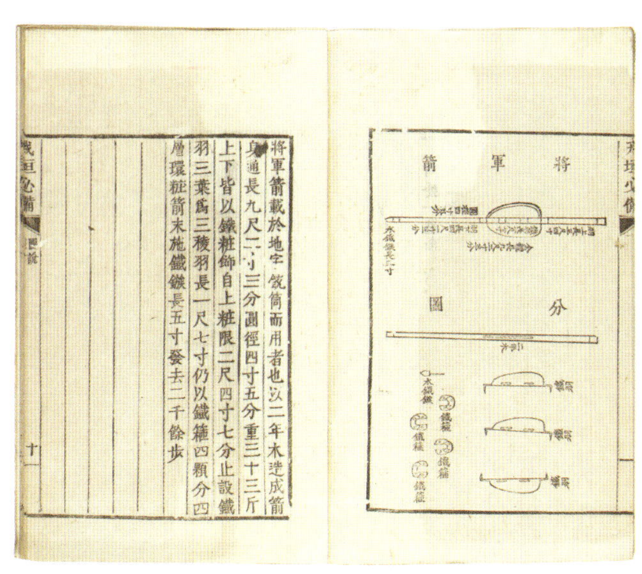

將軍箭載於地字銃筒而用者也以二年木造成箭身通長九尺二寸三分圓徑四寸五分重三十三斤上下皆以鐵粧飾自上粧限二尺四寸七分止設鐵羽三葉爲三稜羽長一尺七寸仍以鐵箍四顆分四層環粧箭末施鐵鏃長五寸發去二千餘步

将军箭（《戎垣必备》）

日军在平壤大同江东岸集结，分为十几部各自驻屯。六月十四日，金命元自城上望见日军始终未能渡江，而且因轻敌没有对江岸设防，认为可以乘夜突袭。他选出240余名精锐士兵，由宁远郡守高彦伯、碧团佥使柳璟令、出身金珍等人率领，于十五日夜晚从浮碧楼下绫罗岛，用小船运渡过江。本来约定在三更时分，虽未能准时出发，但日军警备松懈，并没有发现朝鲜兵已过河。朝鲜兵乘日军熟睡之际，攻入日军营垒，射杀了数百人，夺马133匹。朝鲜人当时攻击的是宗义智的营地，宗义智闻警，亲自与突袭的朝鲜人格斗。但参与突袭的朝鲜士兵人数太少，仅有200多人，在反应过来的日军面前逐渐落入下风，当小西行长和黑田长政率军来援后，朝鲜人腹背受敌，退往江边，李宣、任旭景等战死。驾船的人看日军迫近而不敢靠岸，30余名朝鲜士兵因此溺死江中。在死伤了五六十人后，朝鲜军余部从王城滩浅滩涉水过岸，回到平壤。（《李朝实录》宣祖二十五年六月己亥、七月辛酉，宣祖修正二十五年六月己丑；《惩毖录》；《再造藩邦志》）

朝鲜人一开始以为面对的“倭贼”有数千名，突袭过后才知实际有20000

余人，若当时只有宗义智一部，以突袭时的战况，朝鲜人可称之为大捷。宗义智部在遭遇突袭之后，其部将杉村智清、竹冈节右卫门等首先迎战，杉村智清及从士中村平次、平山将监、阿比留平右卫门全部战死。双方激烈交战之时，黑田长政率领后藤基次、吉田六郎大夫、黑田次郎兵卫等人前来支援，朝鲜人集中弓箭手反击，黑田次郎兵卫（黑田长政堂弟）中箭，伤重而亡，黑田长政本人被朝鲜军官李王理（音译，确切姓名不明）以片箭射穿手肘。但日军凭借兵力优势压制了来袭的朝鲜士兵，李王理被黑田长政和前来救主的渡边平吉合力逼入大同江，殁于水中。朝鲜这次堪称英勇的夜袭，在误判日军兵力之下，变成了无谋之举。而逃走的朝鲜人从浅滩涉水渡江，日军由此得知了大同江枯水期的浅滩通道。(《李朝实录》宣祖二十五年六月己亥，宣祖修正二十五年六月己丑;《惩毖录》;《再造藩邦志》)

第二天傍晚，日军自王城滩渡过大同江，朝鲜守滩士兵一箭未发，全部逃散。日军怀疑城中有所防备，徘徊不进。当天晚上，尹斗寿和金命元等人打开平壤西门，放城中平民逃生，并将军器沉入风月楼的水池中。尹斗寿由普通门出逃，前往顺安，从事官金信元单独从大同门出，乘船顺流向江西。第三天，日军抵达城外，占领了牡丹峰，俯视观望很久，确定城中空无一人后开门入城。朝鲜因备战而集中到平壤的北道十几万石粮食，全部落入了日军手中。此后，朝鲜三都（汉城、开城、平壤）均告失守。明朝辽东镇总兵杨绍勋派遣“夜不收”金子贵，潜入大同江口，探查朝鲜和日本的作战情况。(《李朝实录》宣祖二十五年六月己亥，宣祖修正二十五年六月己丑;《惩毖录》;《再造藩邦志》)

第二军的加藤清正所部在越过马息岭之后，不知前往咸镜道各城的确切道路，就抓了两名当地平民，强迫他们作为向导。其中一人说自幼生长在当地，不知前往咸镜道的道路，加藤清正将他斩首，另一人迫于威吓，带领加藤清正前往咸镜道。加藤清正从谷山地翻越老里岘，于六月中旬抵达咸镜南道安边都护府，其间道路险峻，悬崖峭壁如刀剑一般耸立。加藤清正在登

陆之后，进度略输小西行长，为了赶时间而没有携带多少军粮，转出山岭之后，军粮已基本耗尽。（《惩毖录》；《再造藩邦志》）

抵达安边后，加藤清正要办的第一件事就是筹集军粮。安边都护府位于安边平原，有朝鲜半岛东岸少有的平原，同时也是咸镜道的粮仓和官粮集散地。在夺取朝鲜官仓，充实了干瘪的粮袋后，加藤清正便着手治理领地“黑国”咸镜道。锅岛直茂的从军僧佐贺泰长院奉加藤清正之命，开始制作中文安民告示，大致是如下内容：丰臣秀吉对朝鲜国政进行修改，派遣军队前来朝鲜，朝鲜国王已逃走，现在日本军队正在追击；日本军队会保障朝鲜人的人身和财产安全；日本各将领分别前往治理朝鲜八道，咸镜道现在由加藤清正治理，“道理に外れる事はない”（没有不合道理的事情），逃亡的朝鲜农民应该尽快回家，恢复农业生产。

加藤清正按日本的传统将咸镜道分割给众将，安边为加藤清正本人居城，锅岛直茂拿走了咸兴府，咸镜南道的德源、文川、高原、永兴、定平、洪原归属锅岛家臣团，北青、利城、端川和咸镜北道城津、吉州归属加藤清正家臣团。[①]

<table>
<tr><th colspan="3">加藤清正部</th><th colspan="3">锅岛直茂部</th></tr>
<tr><td>安边</td><td>加藤清正本阵</td><td>3000余人</td><td>咸兴</td><td>锅岛直茂本阵</td><td rowspan="6">12000人</td></tr>
<tr><td>北青</td><td>吉村吉左卫门等在番</td><td>1300人</td><td>德源</td><td>后藤善二郎在番</td></tr>
<tr><td>利城</td><td>小代下总守在番</td><td>500人</td><td>文川</td><td>龙造寺六郎二郎在番</td></tr>
<tr><td>端川</td><td>九鬼四郎兵卫在番</td><td>500人</td><td>高原</td><td>锅岛平五郎在番</td></tr>
<tr><td>城津</td><td>近藤四郎右卫门在番</td><td>500人</td><td>永兴</td><td>龙造寺七郎左卫门在番</td></tr>
<tr><td>吉州</td><td>加藤清兵卫在番</td><td>1500人</td><td>定平</td><td>马场太郎二郎在番</td></tr>
<tr><td></td><td></td><td></td><td>洪原</td><td>成富十右卫门在番</td><td>500人</td></tr>
</table>

① ［日］北岛万次：《加藤清正：朝鲜侵略的实像》，吉川弘文馆，2007年，第24页。

分赃完毕，各将按区域开始对朝鲜领土进行治理，加藤清正与前往端川的九鬼四郎兵卫（九鬼广隆）所部10000名日军，越过磨天岭，与咸镜北道节度使韩克诚率领的六镇兵，相遇于海汀仓。咸镜道士兵长期与女真作战，善于骑射，战场所在地地势平缓。韩克诚将骑兵分列两翼，左右交替出击，从日军的阵前疾驰并射箭进攻。日军无法抵挡，退入海汀仓，依托建筑物防守。两军战至傍晚。骑射一天的朝鲜骑兵人困马乏，请求退兵休息，第二日待日军从海汀仓出来再战，韩克诚不听，命令骑兵继续围攻海汀仓。日军士兵搬出仓中的米谷袋，环绕海汀仓垒起长墙，以躲避朝鲜人的箭矢。

当朝鲜骑兵逼近长墙时，日军在工事后用轻、重火绳枪对准朝鲜军队列射击。朝鲜军队列的是密集队形，前后相接，在大型火绳枪的近距离射击下，弹丸贯穿前后人体，甚至有一弹打死三四人的。朝鲜军队之前从未受过这种强度的攻击，士气大跌，从海汀仓溃退。韩克诚只能收兵，退往附近山岭，准备第二天再战。当晚，日军潜伏在朝鲜营地四周的草丛中。天刚放亮，朝雾弥漫之时，韩克诚还以为日军依旧固守海汀仓。乘朝鲜人不备，日军举炮为号，伏兵四面而起，突入朝鲜营地。朝鲜军队大惊四散，官兵往没有敌人的地方撤退，结果陷入泥泽中，日军乘胜追击，前后斩首1000余级，而韩克诚最终逃脱。（《惩毖录》；《再造藩邦志》）

海汀仓之战后，加藤清正命家臣近藤四郎右卫门、安田善介驻守城津，沿咸镜北道海岸线，一路占领了吉州、明川、镜城、富宁，于七月二十四日抵达会宁。在临海君李珒前来咸镜道时，顺和君李玒由大岭向关东，听说有日军自庆州转向东海地方，只能继续深入北道，与临海君在会宁会合。两位王子及其随从抵达会宁后，在当地“纵豪悍奴仆，侵扰民间，逼责守令，大失人心”（《再造藩邦志》）。会宁土官镇抚鞠景仁，联合城中对王室不满的人发动叛乱，占领了会宁府城。高岭佥使柳擎天请求李瑛集中随行军官，乘叛军还在集结，突袭鞠景仁，李瑛不从。在鞠景仁将随行军官全部杀死后，柳擎天见事不可为，破西门而出。鞠景仁围住客舍，将两位王子及宰臣金贵荣、黄廷彧、黄赫会等数十人，捆绑后集中在一间屋内。李瑛解甲入鞠景仁军中，请求释放两位王子，被一并捉拿。鞠景仁控制会宁后，派人投书加藤清正献城。

加藤清正得到消息后，领兵抵达会宁，大军在城外列阵，自己单骑入城与叛军相会。鞠景仁将加藤清正引去见两位王子。加藤清正见两王子及随从被捆绑之后，如货品般叠成一堆，便斥责鞠景仁："此乃汝国王之亲子及朝廷宰臣，何困辱至此？"加藤清正给两位王子及随从解绑，迎入营中，以高规格相待。随后加藤清正命鞠景仁驻守会宁、鞠景弼守镜城，他亲自带着两位王子及被俘的朝鲜大臣，转向西北，渡过豆满江，进入位于明朝羁縻卫所区域的东海（野人）女真老土部落（瓦尔喀部）[①]。

这片区域分布着大量的女真村寨，加藤清正一行在老土部落境内四处扫荡，攻陷多个坞堡。东海女真各部四起反击，日军多有死伤，只得经由钟城、门岩渡江，退回朝鲜境内，经稳城、庆源、庆兴，从海边峡路，回到镜城。加藤清正一路行军，咸镜道各镇、堡土兵、豪强首领纷纷抓捕当地官吏献降。明川土官郑末守和镜城土官鞠世弼，将镜城判官李弘业拿下后，交给加藤清正。韩克诚在海汀仓之战后，败逃至女真部落，女真部落拒绝接纳，将他送回庆源民家，他随即被叛民拿下送给了日本人。前咸镜道观察使柳永立逃亡山中，叛民得知后，通知日军前来搜山，柳永立也因此被日军俘获。（《李朝实录》宣祖修正二十五年六月己丑）

在咸镜南道，锅岛直茂本阵咸兴府处的生员陈大猷，将女儿嫁给了日本人，向外族效忠。咸兴文官韩仁禄及文德教之父，欲起义军反抗，被陈大猷得知，密告日本人，使咸兴义军未及成事便遭屠戮。南道兵使李浑兵败，携家眷逃亡之时，被甲山府人奇春年、朴延文等叛民捉拿后杀死，父子首级被送往加藤清正军中。柳永立被抓入日本军中，日本人看他是文官，又极其顺

① ［日］稻叶君山：《满洲发达史》，奉天萃文斋书店，1940年，第266页。

从，看守比较松懈，柳永立得以趁机逃归平壤通报消息。（《李朝实录》宣祖二十五年九月壬戌，宣祖二十六年二月丁未）

咸镜道叛民四起，加藤清正一路封赏，自明川以北八镇，均以叛民为首领，分封其地，各首领有刑伯、礼伯之号。鸭绿江、图门江外女真各部趁机进入朝鲜境内，而沿边边堡土民与女真人勾结，以图自固。加藤清正命加藤清兵卫、片冈右马允、加藤传藏、永野三郎兵卫、原田五郎右卫门、天野助左卫门、山口与三右卫门这七名家臣留守吉州，自己退回安边府本镇。关南各州镇均为叛民占据，受加藤清正的节制。自此，咸镜一道全面平定，各地守军望风而逃，各地百姓杀官来降，似乎是一派朝鲜百姓壶浆箪食以迎日本王师的景象。（《李朝实录》宣祖修正二十五年七月戊午）

接下来，就是舒舒服服地治理领地了。以正式开始经营的咸镜道来说，端川在番的九鬼四郎兵卫（九鬼广隆）重开端川银矿，将熔炼的30枚大判（银大判一枚重43匁，约为161.25克）交由加藤清正家臣饭田角兵卫送往名护屋，面呈丰臣秀吉。然而，丰臣秀吉将治理日本的方式照搬到朝鲜，为后来咸镜道义兵蜂起，以及加藤清正所部遭受惨重损失，埋下了伏笔。①

日本江户时代对领地产出的收取通常是40%～60%，幕末时最高为71%，取中为标准就是缴纳50%的产出给领主，即“五公五民”（《吹尘录》;《御取个辻书付》）。为安抚朝鲜的百姓，丰臣秀吉给朝鲜制定的标准为“四公六民”，领主占有40%的领地产出。然而，原有朝鲜的税收标准大致为“十分而税其一”（《李朝实录》太宗二年二月戊午），只收取10%的产出，即“一公九民”，后世多有变化，但相对官方租税较轻。以世宗朝为例，税收标准又有所下降，最为上等的田产出为80石，“四十税一”，税收不过2石，最下等的田1结田产出20石，税7斗5升，如战前朝鲜丈量各类田额为1515500余结，折合年税米豆不过30余万石。当然，古代社会不免有各项杂税，即以

① ［日］北岛万次:《加藤清正：朝鲜侵略的实像》，吉川弘文馆，2007年，第27页。

同时代朝鲜人说的“杂役名色渐多，（一结）轻者不下二三十斗，重者七八十斗”为例，按朝鲜1石15斗为标准，1结实际征收2～5石。（《磻溪随录》卷六）也就是说，按朝鲜最下等的田1结田产出20石，收取最重的5石税收，也不过是“四税一”（45%）。大体而言，朝鲜税收各项为产出的10%。相比之下，日军占领后的税收标准，给朝鲜百姓带来了沉重的负担，从《朝鲜国租税牒》中就可见一斑。

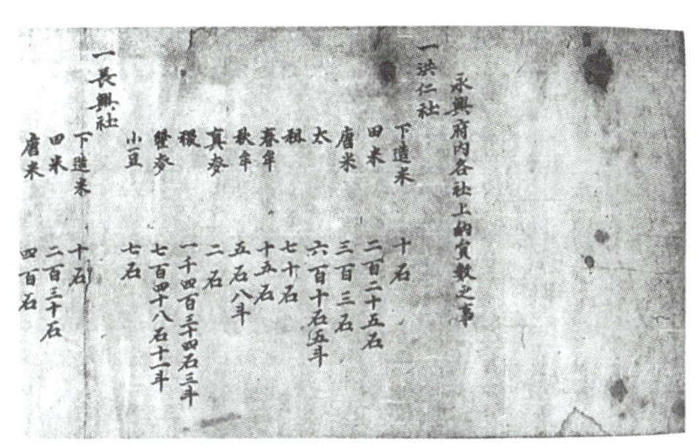
永興府内各社上納貢數之事
一洪仁社
下造米　十石
田米　二百二十五石
唐米　三百三石
太　六百十石伍斗
租　七十石
春牟　十五石
秋牟　五石八斗
真麥　二石
稷　一千四百三十四石三斗
[illegible]麥　七百四十八石十一斗
小豆　七石
一長興社
下造米　十石
田米　二百三十石
唐米　四百石

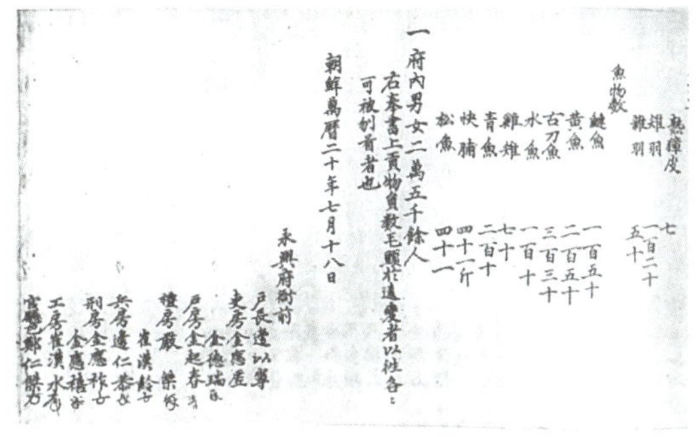
魚物數
熟獐皮　七
雉羽　一百二十
雞羽　五十
鰱魚　一百五十
黃魚　二百五十
古刀魚　三百三十
水魚　一百十
雞雉　七十
青魚　二百十
快脯　四十一斤
松魚　四十一
一府内男女二萬五千餘人
右奉書上貢物貢數[illegible]在遠處者以[illegible]各々
可被[illegible]者也
朝鮮萬曆二十年七月十八日
永興府衙前

《朝鲜国租税牒》永兴地域部分（前田育德会尊经阁文库所藏）

《朝鲜国租税牒》是咸镜道所属永兴、定平、咸兴三府各社，洪原县内各社，德源县内五村胥吏联合交给锅岛直茂的一份报告书，报告区内租税额度和人口数量的情况。上报时间是日本占领当地不久的八月三日，锅岛直茂便是以这份资料为根据来征收租税的。

以永兴府内各社列举的材料为例。《朝鲜国租税牒》中列举了对朝鲜农民的粮食、物资征收种类达15种，有下造米、田米、唐米、真麦、稷米、大麦（牟）等。如高迁社，需缴纳下造米20石、田米103石、唐米15石、太（大）豆230石、稷米380石、租82石、旧麦335石、粟10石、小豆2石、春牟（大麦）24石、木麦1石。永兴府共有23个社，需缴纳的各谷物合计88407石，其中下造米558石、田米3961石、唐米332石、太（大）豆5886石、稷米12149石、租3327石、旧麦61590石、粟39石、小豆32石、春牟（大麦）

501石、木麦32石。

咸兴全府在李氏朝鲜初期统计水旱田结为27774结（《李朝实录》世宗地理志），按朝鲜各项杂色税收的实际标准，1结田征2～5石，为55548～138870石。然而，“咸镜一道，土地瘠薄，公私所储，元是不敷”，“庆兴土地瘠薄，沙石居半”（《李朝实录》中宗三十五年四月丙寅，光海君十一年八月戊寅），倭乱之后，朝鲜统计全国195200余石正税，平安、咸镜两道合计税不过40000余石，而按咸镜道赋税大约为12000石，不足全国税入的7%。1729年7月16日，朝鲜人评论咸镜道农耕，德源（宜川）、高原等地依旧是“火加耕之属”（《李朝实录》英祖五年七月戊子），即刀耕火种。这种沙石具半、刀耕火种的田地产出低下，朝鲜官员当时视咸镜道为流放地，可见其条件恶劣，以其田地质量而言，朝鲜当时的征税额度对咸镜道本就负担过重。查朝鲜各道征收比例，咸镜道田结征收标准曾高达一结百斗，即一结征收6.67石，近乎20石结田产出的30%，属苛政无疑。所以，加藤清正抵达咸镜道时，道内叛乱四起，各地土官、平民纷纷捆拿官员来投奔，就不奇怪了。

然而，即便以一结产出20石为准，咸兴全府年产出为555480石，若收取40%，应为222192石，实际远高于朝鲜苛捐杂税之下的55548～138870石。只收取40%在当年的日本堪称仁政，但对朝鲜人来说，相较于李氏朝鲜的苛捐杂税“十税一”乃至“三税一”，负担翻了1.2～4倍。除了米谷，各类鱼干、鸟类翎毛、兽皮等都要作为贡物缴纳给日本人。《朝鲜国租税牒》按上述标准，大致为1结田征收3.2石左右，征收标准为16%（20石结田）～32%（10石结田），这份文书的标准，实际上是咸兴府官员照搬了原朝鲜政府的标准。咸兴府户籍人口为25000余人，人均负担约为3.5石。1日本石约合朝鲜4石5斗（65斗），以当时的军粮标准，相当于两个朝鲜人要养活一名日军士兵，仅从咸兴府一地要求朝鲜人上缴的物资，就可以供应锅岛直茂军全军一年口粮。这个标准是朝鲜政府的原有标准，日军会按朝鲜苛政下的16%～32%的标准征收吗？不会。日军出城四散在各要路，抓捕路上行人，索取所谓年贡，稍有不从，直接杀死。锅岛直茂家臣日记记载了日本人是如何收取年贡的：先将各村负责人叫出来，记录各人年贡多少，随后扣押人质，要求家属足额缴纳。这种以武力强迫的征收，不可能是原有朝鲜行政模式下的“两公八民”或“三公七民”。本以为赶走了抽筋剥皮的两班，结果换来的是敲骨吸髓的武士，咸镜道各地百姓眼中的日军，从改天换地的王师，转变成了穷凶极恶的倭寇。[①]

① ［日］北岛万次：《加藤清正：朝鲜侵略的实像》，吉川弘文馆，2007年，第26页。

第八章

蚁穴与朽木

朝鲜在战争中迅速溃败，也让明朝极为诧异，辽镇一度认为朝鲜已与日本合谋攻明，而国王李昖则被日本人替换，现在正作为向导，率领日军西进，威胁辽东。因此，明朝再三派人确认现在的朝鲜国王是否是李昖本人。总兵佟养正问朝廷如何处理朝鲜国王的问题，同样对朝鲜的迅速溃败表示惊讶："朝鲜号称大国，世作东藩，一遇倭贼，至望风而逃。"研究者给出的理由大多是朝鲜国力较差、国家承平日久，200年不知兵事、朝政腐败等。

朝鲜国力相比日本，是否有明显差异呢？根据"八道国割"，朝鲜国力仅为日本一半左右。但是，"八道国割"中的朝鲜1091.6186万石是不确切的，日本当时并未占领朝鲜全境，不可能对田地进行测量。根据朝鲜方面的数据，咸镜道产出占全国1/30，不可能高达200余万石，所以"八道国割"中的数据不能作为对比依据。

此处取朝鲜自己测量的耕地数据——战前全国田地有1515591结。朝鲜将田地分为一至六等，取中上三等田，一结产出56石，全国产出为84873069石，折日本石为1958.6099万石。取中下四等田，一结产出44石，全国产出为66686004石，折日本石为1538.9078万石。哪怕全国田地用五等田一结产出32石，全国产出也有48498912石，折日本石为1119.2057万石，依旧高于"八道国割"的1091.6186万石。对比丰臣时代的1850.9044万石，朝鲜以平均四等田的产出也无明显劣势，若取均三等田产出值，在以石高为标准的情况下，朝鲜反而略强于日本。若折中一等田的80石和六等田20石的产出，取50石来计算，全国产出为75779550石，折日本石为1748.7588万石，与丰臣时代的日本相差无几。当然，若全部按"常田中岁"，"夫一结之地，可种稻三四十斗，土沃年丰则可出谷四五十石，常田中岁则可出二三十石，土瘠年凶则或不满一二十石”，则与“八道国割”的数据接近，相当于全国按最低的五至六等田算。（《磻溪随录》卷六；《浦渚先生集》卷之二）

朝鲜是否200年没有战事？当然不是，朝鲜在北方边境长期与女真交战，所以，在日军登陆之后，朝鲜君臣曾寄希望于战斗力强的精锐北道骑兵。在海汀仓之战中，朝鲜弓骑兵在平原上驰骋，将人数远超自己的日军迫入海汀仓，说明朝鲜人并非完全没有战斗力。朝鲜军队海汀仓先胜后败，直接原因是在武器装备上被日军压制。

朝鲜的军队究竟因何而败？需要从朝鲜兵制说起。

朝鲜在立国之初是参考中国制度的，军制也不例外。但朝鲜受制于国家发展水平和私兵传统，军制是仿唐初的府兵制度。府兵制下，兵农不分，平时在家务农，服役期自备武器进入军队。府兵日常务农时，盔甲、火器等敏感装备收入武库，进入军队时，下发或自带装备。府兵节省了军队开支，但在役时间较短，军队组织度较低，自备粮食和购买兵器对个人负担较重。以下表格（据《韩国军事史·近世朝鲜前期编》《磻溪随录》数据整理）整理了李氏朝鲜军制的府兵及战前军队情况。

兵种	身份	军事职能	兵额	服役期限	上番兵额
甲士	两班、良人上层	中央军主力	14800	5番/6月	2960
别侍卫	两班	卫兵	1500	5番/6月	300
亲军卫	咸镜道两班	亲兵	40	2番/12月	20
破敌卫	良人	步军	2500	5番/4月	500
壮勇卫	贱人	奴军	600	5番/6月	120
彭排	身良役贱	役军	5000	5番/4月	1000
队卒	身良役贱	使令军	3000	5番/4月	600
正兵	两班下层、良人	义务兵	无定额	8番/2月（上番） 4番/1月（驻防）	无定额

续表

兵 种	身 份	军事职能	兵 额	服役期限	上番兵额
忠顺卫	两班	义务兵/勋卫	无定额	7番/12月	无定额
族亲卫	王室远亲	勋位	无定额	长期服役	无定额
忠义卫	三功臣子孙	勋位	无定额	长期服役	无定额
忠赞卫	原从功臣子孙	勋位	无定额	5番/4月	无定额
补充队	贱妾子孙	使令军	无定额	4番/4月	无定额

兵种 地区	宣祖十五年在籍可动员人数（陆军）				实在兵员（正兵）	
	三 卫	骑步正兵	奉 足（合计）	在（军）籍人员合计	上 番	留 防
汉城府	222	540	1341	2103		135
京畿道（含开城府）	1083	4700	12724	18507	587	1175
江原道	384	3087	9025	12496	385	771
忠清道	847	7103	18101	26051	887	1775
全罗道	482	11207	26816	38505	1400	2801
济州岛三邑	47	820	1160	2027		205
庆尚道	5122	9721	21415	36258	1215	2430
黄海道	499	6675	16399	23573	834	1668
咸镜道	1600	7079	15188	23867		1769
平安道	832	5243	10280	16355		1310
（全国）合计	11118	56175	132449	199742	5308	14039

由此可知，李氏朝鲜府兵的核心成员，是军队中长期在番的甲士、卫士阶层，每次服役期是半年到一年。这些人员是朝鲜军队的骨干军官，一般情况下，驻军的军官人数比正兵多，即比普通士兵多。反过来看正兵，李氏朝鲜早期在良民户籍较少的情况下，还能保证以一户六结田为标准出一兵。这是府兵制度决定的，府兵挑选士兵有一个标准："拣点之法，财均

者取强，力均者取富，财力又均，先取多丁。”（《唐律疏议》）财产被放在首位，因为府兵要自备粮食和兵器等物资。

府兵要承担自己的军械物资，家庭财力雄厚者，装备就好，战斗力就高。军官阶层不用说，两班贵族和良人上层，财力是有保证的，正兵以六结田为最低，是为了避免士兵无法自备武器或器械过于低劣。随着人口增长，良人阶层人数也在增加。一方面，在田地面积无法大规模扩张的情况下，人丁自然增生，则人均或户均面积相应减少；另一方面，这些增加的人口也需要政府管控，15世纪后期，李氏朝鲜的正兵标准一降再降，变成了以一户二结田为最低，三户合出一兵来充军役。

这种办法造成了府兵数量急剧膨胀而质量下降，15世纪后期，朝鲜有508504名在籍军役人员。这是一个非常可怕的数字，几乎是明朝军队巅峰时期的1/4了，但朝鲜并没有达到中国1/4的财力。普通府兵难以占有良田，两结田以中等以下四至六等田产出计算，为40～88石，除去4～10石的正税和杂税，还剩余30～84石，等于7～20日本石。收入相当于日本的下级武士，这显然不可能给正兵提供多好的防具和器械。又由于是轮流服役，一年正兵一人只服役一个月，训练时间不过两天，而盔甲、枪剑、弓箭的购买和部分武器的日常维护，是一笔巨大的开销，如果一年只摆弄两次，自然就没有增购额外武备从而增加家庭负担的必要。如自备且自行保养的弓箭，良好的筋角复合弓需进口中国水牛角制作，遇到日常天气变化，还要专门准备燃料用以维护弓体，这是普通士兵所无法负担的。

在这种情况下，正兵的盔甲器械要么是买不起，要么是买得起也用不起，要么是用得起但用不上。与朝鲜长期作战的女真人，其战争目的不是占领朝鲜土地，而是抢掠所需物资。女真人为了在短时间内抢到更多的物资，多以小股骑兵入境后四散劫掠，朝鲜则集中骑兵予以反击，双方的战争模式是掠袭和反掠袭，因此骑兵是朝鲜军队的核心。但是，骑兵装备更加昂贵，中下层良人根本无力承担，如此一来，军队中大多数的步兵（正兵），实际上就此退出了战争一线。当丰臣秀吉进攻朝鲜的时候，朝鲜真正有战斗力的，主要就是家产富裕的贵族军官以及少部分良人。而诸如三道六万联军之类的征召府兵，在没有提前整备和训练的情况下，只能说是一群拿着劣质武器的民兵罢了。

所以，在战争爆发之时，朝鲜军队的主体正兵，从训练到装备都无法与战乱百年的日本军队相比，战力较高的两班贵族子弟及富裕的良人上层能提供的精锐骑、步兵，作为快速反应部队，小股分散于北道边境地区，长期在番的南方中下级军官，也是一座城内几十名这样分散开来。在日军数万人大规模登陆之后，分散在南方各地的军官被瞬间淹没，仓促集结的数百名或千余名精锐，在朝鲜的糟糕指挥下，都被“添油战术”消耗了。整个战争早期，朝鲜都是“百余”“数百”“千余”地消耗着可以依靠的精锐，来面对上万名战争经验丰富的敌军。在大同江夜袭中，“船中士兵孔秀等终始血战，秀手斩数十人，剑折而止。倭争前欲生擒，秀即挟两贼投江，见者壮之”（《李朝实录》宣祖修正二十五年六月己丑），然而，即使士兵作战堪称壮烈，面对绝对数量优势的敌军，也只能黯然收场。

当时大部分朝鲜士兵不可用，那么朝鲜百姓是否能发动呢？当然更不可能了，这要从朝鲜的身份等级制度说起。在身份等级制度森严的朝鲜，只有两班出身的官吏才能毫无限制地从九品升至正一品，而技术官、两班庶孽出身者，最高只能升任到正三品，土官、乡吏出身者限品于正五品，胥吏以下者限品于正七品。[①]堂上官是两班独占的官职，他们控制着军政衙门，握有京、外两班官吏的荐举权、褒贬权和战时军事指挥权。（《大典会通》卷一）堂下官是两班的主要部分，也是技术官和两班庶孽可以占据的最高位阶。为突出两班的地位，1430年，世宗“乞減西班官职，别设杂职，以尊文武官”，改变初期“工商贱隶、皂隶、所由、螺匠、杖首之类，若得受职，则并齿朝

---

① 金健人、安成浩：《韩国研究（第十二辑）》，浙江大学出版社，2014年。

班”的状况。杂职属“贱人”，从事贱职，良人（两班与中人）接受杂职者也很多，但良人可授东西班散官阶，而贱人仅能授杂职阶，从而将大量身份不高的从事经济、技术等行业的人员踢出了朝堂之外。(《李朝实录》世宗十二年九月乙巳）

李氏朝鲜在身份血统上限定了官职的任命，而官职任命本身意味着科田法之下的土地占有，血统世袭的官僚制度又不可避免会带来公田私有。在法律上，李氏朝鲜的公田，主要有王室直属田、禄俸田、各司位田、军资田等。李氏朝鲜早期，这些土地与有役田统一为“国用田”(《李朝实录》世宗二十七年七月乙酉），从这个意义上来说，李氏朝鲜的国家架构建立在土地财政之上。之前，朝鲜将官员田地的上限定为150结(《高丽史》卷七十八）来限制大地主的出现，再以各类不同用途的田地产出来支付国家开支。但是，随着科田作为“世禄”“世业”的世袭化，“国用田”实际上变成了私田，私田的发展又反过来刺激了官僚觊觎公田，极力兼并公田或取得公田的收租权。(《星湖僿说》卷四）公田的私化和农庄的成长，使科田难以为继。1466年，世祖不得不“革科田，置职田”(《李朝实录》世祖十二年八月甲子），职田只给现任官，不给前任官，限额100结，国家统一征收田租，而后转交官吏，以防蚕食公田。此制一出台便遭反对，1556年，职田法因无以为继而被废止，改为只发俸禄。(《李朝实录》明宗十一年六月丙申）

就两班的财产占有而言，大体可分作三类。其一，“有业”官僚一般拥有大农庄，役使大量奴婢为其耕种土地，收取实物地租。他们不直接管理生产，而由在乡地主代为经营，是两班阶层中最有势力的部分。其二，为数不少的“无业”官僚，多为丢官的“失职者”及其后代，虽有国家官僚制度及祖辈仕宦经历的“保护”，但生活较为困苦。其三，没有官职的“有业”两班，祖上或许做过官吏，但已隔多代，成分比较“复杂”，多属地方中小地主或在乡地主，包括部分“良人上层”和称作“士林”的知识层两班。

在乡中小地主，主要是以父系家长制大家族为背景，亲自参加耕作、管理与经营的两班地主，称闲良或品官，一般拥有10结左右的土地和15名左右的奴婢，同时雇用若干雇工、婢夫。他们或作为骑兵参加朝廷的五卫护卫王室，构成国家的军事支柱，或充当地方的劝农官和里正，成为地方权力机构的基础。他们之中有的亦称土豪，是乡村中的强大势力。在乡地主倚仗其经济、政治实力，或开垦土地，或买进、夺取土地，不断扩大领地，收罗逃亡的公私奴婢和没落的一般良人，进行“并作半收制”的地主经营。①

良人负担国家税役，其上层进入地主阶级，下层接近奴婢，被称作雇工或婢夫。雇工或婢夫居住在富农或两班地主家，身良业贱。一般良人多为小农家庭经济，大致有五结以下的土地，多为自耕农，亦有租种地主的土地和拥有雇工者。良人有交纳田税、赋役、纳贡的义务，其中赋役和纳贡最重，也是军役的主要承担者。良人虽不被视为主人的财产，但也受国家压榨。上层两班往往依据特权加大对良人的奴役，国家虽严格禁止在乡地主私自统治良人，但在乡地主通常无视这种禁令。②据太宗初年的各道户口报告，1404年，总户数为153404户，16岁以上、60岁以下的男子即丁口数为322746人（《李朝实录》太宗四年四月乙未）。1406年，总户数为180246户，丁口为370365人（《李朝实录》太宗六年十一月丙辰），其中有1/10的户和人并不在册。

良人之下便是奴婢，奴婢对李氏朝鲜有特殊意义，所谓“士族所以异于庶人者，以其有仆隶也”。对于两班贵族，拥有奴婢与占有土地一样重要。“夫奴婢代主之劳，使之如手足，士家之盛衰，实土田苍赤之有无，关系匪

① ［韩］金锡亨：《历史论文集》第三集，朝鲜科学院出版社，1959年，第22—23页。

② 金健人、安成浩：《韩国研究（第十二辑）》，浙江大学出版社，2014年。

轻”，“士大夫倚以为生者也……夫田地，人之命脉；奴婢，士之手足，轻重相等，不可偏废”，“前朝事元之初，国几不守，以其权溥、李齐贤等诸家，相与维持，卒安其社。近日，咸吉道列郡，有世臣数十家如他道，则吉州之贼安能尽歼境内朝臣，而无一人为之勤王者乎！此无他，无奴婢，因无世臣故也”。在朝鲜，奴婢不仅是两班家产，更是维系两班政权乃至国家存亡的手段。（《李朝实录》成宗十四年十二月丁丑，世宗十四年六月丙午，世祖十三年八月己亥）

奴婢亦称“从”“下人”“藏获”“苍赤”，并有公奴婢（官奴婢，又称“公贱”）和私奴婢（又称“私贱”）之分，前者为国家机关所有，后者为两班、寺院、上层良人所有。奴婢分为京居奴婢、外居奴婢、地方官衙奴婢等。京居奴婢，轮番在中央官署从事杂役；外居奴婢于京外从事农耕；地方官衙奴婢，从事地方官衙的杂役或在直属的土地上干活。李氏朝鲜之法，“公私奴婢从母役，而奴娶良女所生则又为从父”，这种“唯贱是从”的驱良入贱之法，使奴婢占朝鲜人口的比例越来越大。在李氏朝鲜初期，公奴婢有二三十万人，占朝鲜总人口的四至五成，而到了17世纪初，奴婢占朝鲜总人口的八成以上。（《磻溪随录》卷二十六）

奴婢在法律上被视为主人的财产，主人可以买卖，还握有生杀之权。奴婢不问公私，均属于“贱民”，遭受残酷的统治和剥削，处境悲惨。柳馨远指出，“国俗待奴婢，绝无恩义，饥寒困苦以为其分，而不之恤，唯御以刑法，驱驿笞杖，生杀有同牛马”。在贱民队伍里，最遭歧视的是出身异族战俘的“白丁”。白丁，高丽时代称“杨禾尺”（禾尺）、“才人”、“鞑靼”，其种类非一，大多从事屠宰业等被鄙视的行业。对于白丁，朝鲜的解释为“国家悯其不齿于齐民也，称白丁，以变旧号……然而至今……遗俗不变，自相屯聚，自相婚姻，或杀牛，或诉乞行盗”。（《磻溪随录》卷二十六；《李朝实录》世祖二年三月丁酉）

朝鲜各级贵族和地主之间壁垒分明、矛盾重重。在朝鲜，只有血统高贵且出身文官的两班上层贵族能担任高级军事统帅。如正二品五卫都总府官员、从二品的各道兵马节度使、正三品的水军节度使等，必须由同级文官的观察使或其他官员来兼任。就算武官要做到堂上官，也就是列堂议政，也必须拿到文职散官阶，而兵曹这种纯军事机构则全由文官担任，武官不得干预。（《大典会通》卷四）成宗时代为平衡文武失衡做出过调整，但文职指挥武事的情况依旧未得改善，典型如龙仁之战中的指挥混乱和决策失误。而良人阶层原本是作为朝鲜军队主要的士兵（正兵）来源，在士兵或者说良人大部分不堪用之后，也就没有可发动的对象了。日军到来之后，饱受上层歧视压迫的中下层良人及所谓孽庶中有不少人干脆投敌，而占据全国人口半数以上的奴婢，干脆直接发动了叛乱。

朝鲜自发而起的“义军”，实际上就是地方豪强地主，向其拥有的私奴婢及庶出的亲属成员，也就是有亲缘关系的庶孽，发放武器而组织起来的，因为朝鲜身份等级上的依附关系，这种“义军”带有浓厚的私兵性质，反倒会被朝鲜官方猜忌，无法也不能替代朝廷军，更难以获得支持。

军队如此，武器装备同样存在很大的问题。李氏朝鲜的军队装备和与之匹配的战术，脱胎于元末明初的蒙古军队和明朝军队。李成桂本人是蒙古军人出身，弓骑兵成为其骑兵军队建设里的核心组成部分，步兵受中国传统军队影响，使用弓箭的士兵比例极高，而火器又偏好使用明朝早期的箭形弹。李氏朝鲜初期，牛角富余，待明朝对朝鲜进行牛角限制之后，朝鲜军队的远射能力因财力变得两极分化，好的弓手器械精良、技艺娴熟，如在平壤城防御和随明军反击战中，名金珍者御前演射，射二十五矢全中，差的就矢出数十步而坠，聊胜于无而已。（《李朝实录》宣祖二十五年六月庚寅；《惩毖录》）

军队战术核心为追求远射伤敌，武器装备也跟随这个目标来设计。依托远射战术建立的军队，针对元末明初的倭寇或女真骑兵，没有什么问题。前者骑兵水平不高，以近身肉搏战为主，弓箭技术水平较低，用近距发射重箭方式来弥补弓的不足，在射程上不足以和朝鲜抗衡；后者以弓骑兵为主，弓箭水平大致相当，但士兵的盔甲防护弱于朝鲜，在对射中，朝鲜占据优势，且朝鲜擅长的片箭筒射，在射程上要远超女真弓骑兵。

万历朝鲜役爆发之后，被火绳枪武装起来的日军士兵，就不是朝鲜的弓箭手可以压制的了，朝鲜士兵反被日军用火绳枪压制。那些动辄贯穿人体，一枪杀伤数人，射程上千米的大型火绳枪，被日军集中起来，用于狙击朝鲜的军官和精兵。其他诸如朝鲜正兵弓箭手，装备的弓箭射程有限，护甲较弱或者只有布衣，用口径较小的火枪便可有效杀伤。日军在朝鲜使用的轻、重火绳枪，类似百年后中国清代汉军绿营火器配置——大口径长身管的抬枪（庆长大铁炮），1.5钱小口径的兵丁鸟枪（2.5匁筒，日本战国中后期织丰时代的主流口径）。

弓箭不能起到应有的作用，火器又如何呢？朝鲜在高丽末期至李成桂时代引进了中国的火器制造和使用技术，也就是早期身管较短的火门枪和火炮。弹种是仿造中国的各种神枪类箭形弹和石弹，比较典型的就是发射复数箭矢的四箭铳筒、八箭铳筒等。射石炮则是臼炮型的碗口铳和将军火炮之类。使用火器的朝鲜士兵专设为铳筒卫，一开始为2400名，分为6番（《李朝实录》世宗二十七年七月庚寅），正统十三年（1448）一月二十八日，朝鲜世宗加强了火器军队，将铳筒卫增至4000人，分为5番。（《李朝实录》世宗三十年一月乙卯）铳筒军同样要自备盔甲、武器，平常装备收于武库。然而，早期火器的效能并不能完全替代弓箭，在国家转入反骑兵劫掠模式之后，昂贵且机动性不高的铳筒，以守城兵和水军使用为主，管理训练也松懈下来。1457年，朝鲜遣散了步兵中号称最精强的铳筒卫（《李朝实录》世祖三年七月乙丑、十月壬子），火器的管理也变得混乱，例如，天顺七年（1463）五月二十八日，朝鲜武库就被盗走了铳筒638柄。（《李朝实录》世祖九年五月丁巳）

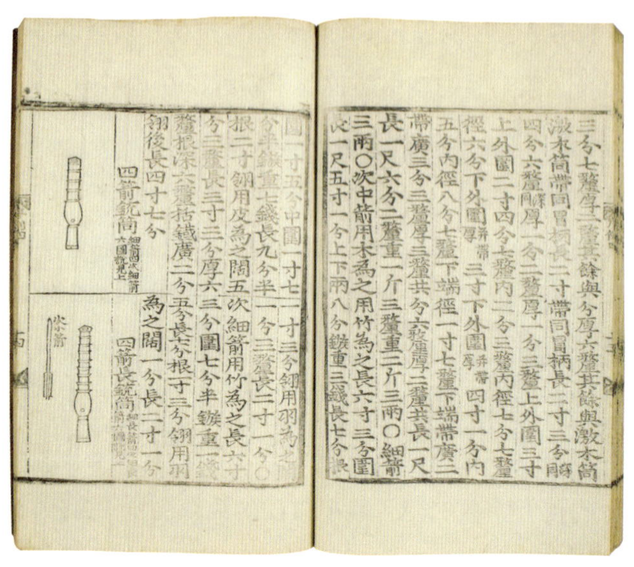

四箭铳筒

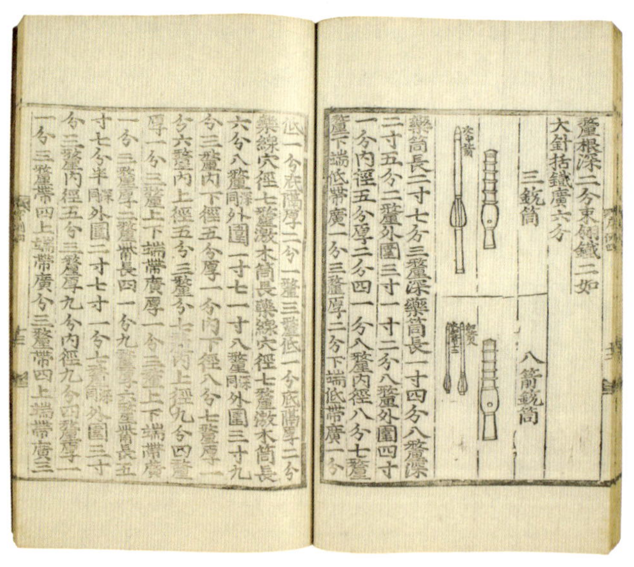

八箭铳筒

朝鲜在射箭铳和射石炮上，大致处于14世纪末中国的水平，以用霰弹方式发射的短管单兵火门枪如四箭铳筒、八箭铳筒等为主，在射程上对弓箭并没有太大优势。而朝鲜偏好使用的这种集束箭形弹，箭体细长，断面比能高，飞行时空气阻力小，但是对弹体加工精度有着极高的要求。即便在现代，以滑膛枪发射的集束箭形弹的散布仍然不乐观。

16世纪中期，李氏朝鲜在“嘉靖倭乱”的压力下引进了铅、铁球形弹，新型将军炮以及后装速射炮佛郎机铳。1575年至1578年，兵使金墀才改进了较长身管的单兵火门枪，而技术真正成熟并引入军中使用，要到万历十一年（1583）以后。而同时代的日本已开始普及火绳枪，两者在性能上有着较大差距。当然，李氏朝鲜在战争爆发前夕，并不像通常所说的毫无防备。1587年，橘（柚谷）康广作为日本使节要求朝鲜入贡的那段时间，朝鲜便开始改进胜字铳筒，也就是仿造火绳枪的枪管样式，加长火门枪身管长度，并加装瞄准具和火绳枪式枪托，来提高单兵火器威力，这就是小胜字铳筒、小小胜字铳筒，还参考中国的多管连发火器制造了双字铳筒。最迟明万历十九年（1591）三月，战争爆发前的一个月，朝鲜制造出了与大铁炮枪管无区别的火器——万历十九年铭别铳筒。

少量的新制火器并不能改变双方的投射火力强度，而且朝鲜长期以来饱受火药匮乏之苦。朝鲜火药所用的硝提纯方法偷学自蒙古工匠，工艺不完善、提硝效率低下。宣德六年（1431）十二月二十四日，赞成许稠向朝鲜国王这样描述：“煮取焰硝，其功不细，一岁所煮，不过千余斤……以示火药稀贵。”“焰硝除外方所煮，则一年不满千斤，为至贵矣。”（《李朝实录》世宗十三年十二月乙卯）由此可见，朝鲜的火药年产量很低，战争结束之后，朝鲜火药的产量依旧没有改善——万历三十七年（1609）十月十三日，备边司上奏中这样抱怨火药不足：“乱后我国御敌之具，无过于铳炮。而虽有其器，若无其药，是为无用之器。平时备边司所煮火药，功价极多，而所出极少，岁不备千斤。壬辰以后，此规又废，而训练及军器寺私煮者，数甚零星，不足以应一时之用。”（《李朝实录》燕山君元年十月辛酉）战前朝鲜火药年产量只有区区半吨左右，而本就很少的火药，平时储藏于汉城火药库中，战时使用要上报朝廷。若以千斤产量为准，不过16000两，即使配发中央直属的4000铳筒卫，人均不过4两。这只是朝廷直属的单兵火器，若算上火炮、地方军队，人均更是少得可怜。相比之下，朝鲜的火器数量已过万——“军器监火熥虽已至万余柄”（《李朝实录》太宗十五年七月辛亥），火药极端匮乏，严重制约了朝鲜火器部队的训练和使用。

在格斗类兵器方面，以投射火力为战术核心的朝鲜，追求拔剑迅速、灵活轻便。李氏朝鲜初期讨论过自卫兵器的长短问题：“环刀体制，其刃直而短者，急遽之间，用之为便。”“柄长，马兵则一拳三指，步兵则二拳为便。”“马兵所用环刀长一尺六寸，广七分；步卒则长一尺七寸三分，广七分为便。”最终讨论结果是“自今军器监造环刀，长一尺七寸三分，广七分，又长一尺六寸，广七分，以为恒式……但柄长，马兵则一拳三指；步兵则二拳为便”（《李朝实录》文宗元年二月甲午）。也就是说，朝鲜当时的单兵自卫兵器以刃长是51.2～55.4厘米。以现存实物来看，单手刀剑类自卫武器，柄长多为14～18厘米，全长为65～73厘米。

这种刀刃不长、重量较轻的单手刀剑，是在弓箭手能与敌方投射兵种互相抗衡乃至压制对方的情况下，配属给弓骑兵、步弓手自卫的。在远程攻击占优的情况下，使用这种思路设计制造的武器，自然没什么问题。然而，万历朝鲜役爆发之后，朝鲜人反被敌方的远程兵器压制，而远程占优的日军，并未放弃冷兵器突击肉搏的战术。日军所装备的太刀、打刀类武器，刃长已超过大部分朝鲜环刀的全长，更不用提大太刀、野太刀、中卷、长卷之类的长兵器。日军士兵握持的三四尺长剑，从长度和力量上全面压制了单手持握、追求轻便的朝鲜刀。当时见惯日本人使用二间半至三间（4.5～5.4米）长枪的橘（柚谷）康广，前往朝鲜之时，嘲笑过朝鲜士兵所装备长枪太短。“一寸长一寸强”，朝鲜军队在投射武器被日本军队压制的情况下，在近身冷兵器上同样处于劣势地位。

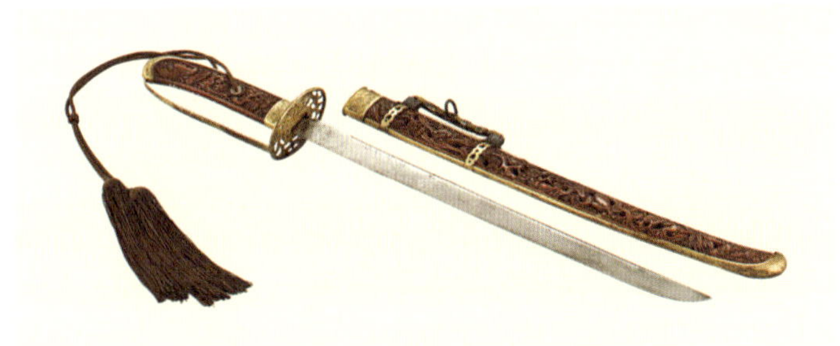

朝鲜环刀，全长53厘米，含鞘56.2厘米

正面作战在人员和装备上处于劣势，在防御作战方面又如何呢？通常来说，防御方可以凭借良好的工事抵消掉一部分进攻方在人员和装备上的优势。朝鲜在高句丽时代，抵御过隋唐的大军，其防御作战方式在一段时间内是颇为有效的。但是，日军登陆后直抵平壤，一路攻城拔寨，朝鲜没有一座城可以抵挡，这与隋唐时代构成了鲜明的对比。究竟是日军的攻城能力极强，还是那些朝鲜所谓“中式城防”不适应火器时代的城市攻防战了呢？

其实都不是。古代日本铸造技术水平不高，连合格的铜钱都要依赖中国进口。日本在室町时代中期至江户初期，仿造永乐通宝铸造的铜币，质量低劣，磨损极快，在货币史上被称为“鐚銭”。连铸钱都不合格，铸炮自然就更困难，因此，日本人用放大火绳枪口径、加长身管，以锻造方式制造了大型火绳枪（大铁炮），以此弥补火力上的不足。但是，火绳枪就算加大了口径，威力依然有限，所以日军的攻坚火力实际上并不强大。

在防御工事方面，朝鲜实际并没有真正的中式城防。隋唐时代，朝鲜的城防体系是山城模式——日常耕种居住在城外平坦地区，战时转入山区丘陵地带的山城。然而，这种防御方法只能应对短时间的战争，如果持续时间太长，周边屋舍、田地会被敌方破坏，即使守住一两次，最终还是会因为财力衰竭而灭亡。在高丽初期，朝鲜人学习中国，在平地上修筑城墙，以保卫定居点，这便是相对于山城的邑城的由来，不过当时仅修了10座。元末明初，南方倭寇兴起，给朝鲜南部地区带来了极大的破坏。倭寇以劫掠粮食物资为主要目的，山城虽然防御力高，但空间有限、交通不便，不便及时收容大量人口、物资，所以朝鲜开始尝试修筑平地邑城，用以保境安民。

整备城防耗资巨大，而朝鲜财力有限，本着勉强够用就行的原则，城墙修筑多集中在南部地区、沿海地区和北方边境地区，非边境一线的郡县地区依旧是有城而无墙。经过近200年的整修加筑，到嘉靖年间，朝鲜有城墙防卫的邑城，仅占全国郡县总数的37%（见下表）。

	《世宗实录地理志》（1454年）	《新增东国舆地胜览》（1530年）	《舆地图书》（1757—1765年）	《增补文献备考》（1908年）
京畿道	2	1	4	5
忠清道	13	16	13	13
庆尚道	21	30	35	29
全罗道	17	30	26	26
黄海道	5	5	4	4
江原道	6	9	0	1
平安道	14	16	13	13
咸镜道	6	15	16	16
合计	84	122	110	103
郡县总数	335	330	334	337
邑城比例	25.1%	37%	33.3%	30.6%

朝鲜这种节省开支的做法，相当于在边境线附近围了一圈由设防邑城组成的防线，日军只要打穿这道防线，内地的城市是不设防的。设防邑城的城墙并不坚固，名义上是学习中式城墙，但实际效果大打折扣。朝鲜邑城城墙低矮，规划落后，大部分没有与城墙配套的壕沟和城垛，雉城敌台或马面等附属城防建筑更加少见。中式城墙为保证高耸城墙的结构稳定，其城墙横截面设计为稳定性较高的梯形结构，下宽上窄，而朝鲜人只是简单堆砌一面近乎垂直的、低矮且狭窄的石墙，然后在石墙后用泥土堆出土坡，用来上下城墙。

庆尚道邑城规制《新增东国舆地胜览》　　单位：尺								
城名	周长	城高	城名	周长	城高	城名	周长	城高
庆州	4075	12	蔚山	3732	10	梁山	3710	13
兴海	1493	13	东莱	3090	13	清河	1350	9.2
迎日	2940	12	长鬐	2980	10	机张	3197	12
彦阳	3060	13	安东	2947	8	宁海	1278	13
盈德	1397	12	密阳	4670	9	尚州	1549	9
星州	4052	9	善山	2740		咸阳	735	
昆阳	3765	12	南海	2876	13	泗川	5015	15
河东	1019	13	昌原	4920		咸安	5160	13
巨济	3038	13	固城	3524	13	漆原	595	11
镇海	446	9	熊川	3514	15	金海	4683	15
咸镜道邑城规制《新增东国舆地胜览》　　单位：尺								
城名	周长	城高	城名	周长	城高	城名	周长	城高
咸兴	4633	6	定平	5924		北青	6000	12
端川	3968	8	甲山	1281	9	三水	1821	8
镜城	5381	9	吉城	4562	8	明川	3300	10
庆源	5080	9	会宁	6312	6	钟城	4881	8
稳城	5560	8	庆兴	5026	9	富宁	3139	9

从以上表格可见，朝鲜城墙极其低矮，高度大部分不过二三米，与其说是城墙，不如说是院墙。这种模式修筑方便快捷，成本极低，同样防御力也极低。垂直的石墙高度有限，城墙顶部很多地段没有城垛（女墙），有城垛的地方也往往不足一米。“庆州府女墙高一尺四寸，金海府邑城女墙高二尺，昌原府内厢城女墙高一尺八寸，昆阳郡邑城女墙高二尺，机张县邑城女墙高二尺，东莱县邑城女墙高二尺，固城县邑城女墙高二尺，南海县邑城女墙高三尺，河东县邑城女墙高三尺，蔚山郡内厢城女墙高三尺，镇海县邑城女

墙高三尺，庇仁县邑城女墙高三尺，蓝浦县邑城女墙高三尺，保宁县邑城女墙高二尺，海美县内厢城女墙高三尺，唐津县邑城女墙高二尺，沔川郡邑城女墙高三尺，洪州牧邑城女墙高二尺，舒川郡邑城女墙高三尺。”（《李朝实录》文宗元年九月庚子）

朝鲜城墙所筑城垛，高仅二三尺，只能勉强防护腰部以下的位置，战时要临时增加栅栏、防牌。这种女墙的城墙也不完备。例如，沔川郡城周3225尺，城垛只有58个，城垛长度也无具体规制，是四尺一垛乃至八尺一垛（据《李朝实录》文宗元年九月庚子条计算）。而以斜坡堆土修筑城墙内侧，虽说几乎没有成本，还不用整备登城通道，但敌方一旦登上城头，就可顺势直入城内，并不需要与守军争夺城墙。这种城墙，在敌方以冷兵器肉搏为主，而且远程投射武器弱于朝鲜的时候，尚可一用，便在敌军装备了各型火绳枪之后，裸露于这种低矮城墙上的朝鲜守兵，与活靶子无异。

“我国城子，垛堞低浅，贼之矢石，雨集于城上，则守城之人，不得出头。贼必直进于城下，或梯城以上，或以长锹毁城，顷刻之间，我军失于堤防，而城不可守。中国之人，为此于城垛，必为悬眼，以见城下之贼。我国城则无此制，且曲城不多，御此极难。”（《李朝实录》宣祖二十八年十月辛酉）朝鲜城墙上缺乏牢固的附属掩体，仅一光秃秃的墙体，到了1797年，依旧是“我国城制固陋，勿论京外，元无雉堞之制”（《李朝实录》正祖二十一年一月庚午）。朝鲜这种“中式城防”，在明朝人的眼里，犹如儿戏，“南原城子修筑事，总兵言之，而我国城子，有同儿戏”（《李朝实录》宣祖三十年五月戊戌），其防御功能更差，“吾侪壬辰年从军，往观贵国形势，以言其城子也，则筑以拳石于平地，状如燕垒，阔大无制，殆不可形容，老脚病足，一超而登”（《李朝实录》宣祖三十九年十一月甲戌）。

战争爆发之时，朝鲜相对于日军，在主要军事技术上基本处于劣势。朝鲜若能提前准备，或集中使用全国的精锐军队，或在日军登陆之后就向明朝求援，不遥控指挥，起用有才能的将领，也不至于短短两个月就全境沦陷。

水原华城城墙。水原华城，作为朝鲜国王陪都、行在而精心修建的要塞都市，但其城垣内侧为可直接登城的斜坡，城墙高度有限

即便如此，若李昖决策坚定，不是朝令夕改，也断不会到如此境地。例如，平壤守城时，李昖亲自召谕百姓要坚守，扭头却弃城而走，摧毁了朝鲜政府的威信。他又不愿坚壁清野，白白将十几万石粮食留给日军，对明军却一直大喊缺粮。在这种情况下，朝鲜迅速溃败，也是必然的。倭寇袭来之后，朝鲜人仓皇失措，在吵吵闹闹中失去了一个又一个机会。大臣为免被问责，拒绝向明朝通告战况，反对求援，直至几乎亡国。

朝鲜君臣在责问日军若是“征明”，“何不去浙江”，想向中国求援，则若“天兵渡江，蹂躏我国”的纠结里，到了亡国的边缘，后来又将这种纠结化作所谓“朝鲜替上国受兵”。日本进攻朝鲜，朝鲜不怪自己荒废武备、麻痹大意，胡乱指挥且隐瞒战况，反说是因为日本要打中国，朝鲜才被日本进攻，这种诡异的心态，是万历朝鲜役之中两国合作的主要障碍。朝鲜君臣对中国的扭曲心理，拖长了整个战争进程，也给朝鲜人民带来了沉重的灾难。

第九章

明军入援下的闹剧

明朝对日本进攻朝鲜的第一个反应，记录在《明神宗实录》万历二十年五月己巳（十日）条：“朝鲜国王咨称，倭船数百直犯釜山焚烧房屋，势甚猖獗，兵部以闻，诏辽东、山东沿海省直督抚道镇等官，严加整练防御，无致疏虞。”这是明朝对朝鲜国王五月三日从开城向辽东报告日本袭击釜山后的反应。也就是说，明朝在朝鲜发出通告的第七天便开始下令进行战备动员，以行程来看，刚收到消息就着手备战了。

六月十三日，李昖冒雨进入宁边，官民早已逃散一空，仅剩五六名官人，朝鲜君臣对下一步前往义州还是镜城，一直犹豫不决。李恒福再次提出前往义州：“吾尝闻之，咸镜一道，只有一条路，更无高山远野为之重阻，贼若直冲，无容足之地，将束手就缚，此危道也。且方今乞兵天朝，万一得请，天朝大兵，一朝出来，则平安一路，已为空虚，无人迎接，天子闻之，谓我为何如？不如直抵义州，迎接天兵，以图万一，不幸窘迫，则君臣上下，归死天朝，求为内附，徐观事势，以为再举，未晚也。”（《再造藩邦志》）

朝鲜在这个时候还想着避开中国，前往已成绝地的咸镜道，不知当时加藤清正已入咸镜道。朝鲜一边向中国请求援军，一边要躲开援军。李恒福质问：明军若来，朝鲜无人接待，如何自处？朝鲜上下只是“左右相视，莫有应者”。六月七日，援朝军队史儒部已经出发；十日，王守官军出发；十一日，宽奠堡副总兵都指挥佟养正，已开始布置从义州到平壤的军情传递工作。明军入朝前夕，朝鲜人依旧举棋不定，当晚，倾向李恒福建议的李昖，问大臣，若去义州，万一势不可为，内附中国，可有愿意跟随的，结果“问大臣，大臣不对，且以入辽为难。以次问群臣，群臣亦莫有应者”。（《李朝

实录》宣祖二十五年六月甲辰、己亥；《再造藩邦志》）

李昖做出了前往义州的决定，群臣皆退而不应，宁可去咸镜道，也不愿随国王去鸭绿江畔。待到准备随行名单时，自愿随驾的只有李恒福、李山甫和李洪进三人。（《再造藩邦志》）李硐甚至提出停止往义州方向的准备：“遣侍从措备事，姑为停止何如？”朝鲜大臣对明朝的顾虑比对日本更甚，“到此，无可为，但前日有通信之事，恐中原不甚信也”，“前有通信之事，天朝今虽包容，其必受与否，未可必也。若贼兵蹑后，则必不受之”。李诚中也认为明朝不会接受，“恐不得入也”。领议政崔兴源直截了当地说：“辽东人心极险。”在这些朝鲜人心中，中国比日本更加可怕。（《李朝实录》宣祖二十五年六月辛丑）

与此形成鲜明对比的是，李昖还在平壤之时，明朝兵部尚书石星就让辽东做好了派遣援军和接纳朝鲜君臣的准备：

> 请令该镇差人，宣谕朝廷旨意，使知来奔，则复国无期，倭遂占据固守，则援兵可待，倭自败回，令之住扎彼界，险阨以待天兵之援。仍谕本国，多遣陪臣，号召勤王之师，以为恢复旧疆之策，不得甘心败没。万一该国危急来奔，请难尽拒，宜敕令容纳，亦须量名数，毋过百人。

万历皇帝朱翊钧也对辽镇下达了救援的圣旨：

> 倭贼陷没朝鲜，国王逃避，朕甚悯恻。援兵既遣，差人宣谕彼国大臣，着他尽忠护国，督集各处兵马，固守城池，控扼险隘，力图恢复。岂得坐视丧亡？

中国为朝鲜做了各种准备，朝鲜两班贵族却在拼命扯后腿。李昖当晚在备忘中写道："内禅（退避辽东）之意，言之非一再，而为大臣所拘执，欲死不得。"堂堂朝鲜国王在国家灭亡前夕，想靠中国活命，被大臣阻拦到"欲死不得"的程度。十四日，李昖再议前往义州以依托中国之事，崔兴源、李碅等人为阻止国王，伪造辽东咨文恐吓，"见辽东咨文，则似有疑讶之言矣"，"其言无救焚拯溺之意矣"。然而，李昖西进之意已决，"予死于天子之国可也，不可死于贼手"，"与其死于贼手，毋宁死于父母之国"。绝望之下的李昖写信给世子，以示永诀。信交由赵挺转达，此时李昖与儿子之间路程不过半日，而赵挺行至半路，自称寻母，不回禀国王，也不去找世子，径直回家了。（《李朝实录》宣祖二十五年六月辛丑、壬寅、己酉）

国王出发前往义州，却无大臣陪伴，李恒福不得已，拿出官员名单点名，强迫被点到的官员随驾。即便如此，各大臣犹以老弱为由声明不渡鸭绿江。十四日傍晚，国王车驾抵达博川，尹根寿的飞报传来，在朝鲜大臣嘴里"人心极险""与獭无异""无救焚拯溺之意"的明辽东镇，已经出兵救援朝鲜："宽奠堡差人刘魁，持宽奠参将佟养正牌文，到义顺馆，有'镇守总兵杨绍勋，会同两院，已发兵，前往义州策应'等语。刘魁言：'天兵明日日夕到江上，明明当渡，祖副总承训，亦于今日，当到江沿堡。'"（《李朝实录》宣祖二十五年六月壬寅）除此之外，还带来了万历皇帝朱翊钧发给朝鲜的恩赐犒军银两二万两。

> 命辽东抚镇发精兵二枝，应援朝鲜，仍发银二万，解赴彼国犒军，赐国王大红纻丝二表里慰劳之，仍发年例银二十万，给辽镇备用，从兵部奏也。（《明神宗实录》万历二十年六月庚寅二日）

在朝鲜大臣对明朝的辱骂和猜忌之中，明朝做好了出兵救援的准备，并向朝鲜发放了军费饷银，并准备白银20万两以充军费。李昖停驻博川后，准备接待明军前往平壤。六月十五日，从平壤脱走的柳成龙带来了大同江江滩

明神宗万历皇帝朱翊钧像

失守的消息。不久，从事官佐郎李好闵带来了平壤守军溃散的消息。当晚，李昖被迫从博川继续西逃，前往嘉山，以避日军锋芒。右议政俞泓以年老体衰为由，拒绝随驾西行，要求跟随世子，拜别后自行离去。当晚，天降大雨，天黑如漆，不愿随行的大臣刻意落后以便离队。左议政尹斗寿准备迎接援军，领议政崔兴源奉命跟随世子，右议政俞泓离队，李昖身边连一个在职的高级官员都没有，只剩被罢职的郑澈、柳成龙二人，文武不满十人，而所谓从世子者亦多为托词逃避，世子身边一共也不过十几人而已。(《李朝实录》宣祖二十五年六月己酉;《再造藩邦志》)

平壤失守的消息传开，平安道各地叛乱四起，抢劫官厅仓库，顺安、肃川、安州、宁边、博川的守军相继溃散。李昖只得继续西走，于十六日抵达定州，但定州粮仓已空，无以驻屯。请援使李德馨得知平壤失守，奉李昖之命，从定州南门出发前往辽东，请求援军尽快出发。临行前，李德馨没有快马，送行的李恒福将自己的坐骑赠予李德馨。在随从离散的情况下，李德馨昼夜奔驰200余里，在次日即十七日巳时抵达义州。当时，明朝援军广宁游击史儒、督战参将戴朝弁所率兵1029名、马1093匹，正在渡过鸭绿江，前往朝鲜义州。(《李朝实录》宣祖二十五年六月乙巳;《再造藩邦志》)

最迟在十五日夜，朝鲜就已得知平壤守军溃散的消息。但在十七日，李德馨拜见明朝援军的时候，让翻译洪秀彦告诉明军的最新军情里，隐瞒了平壤失守的消息，仅告知明军将领，日军抵达大同江已有七八日，催促明军尽快前进，最好在三天内即二十日前抵达平壤。史儒以为平壤未曾失守，答应二十日前赶到，便不在义州停留，直接领军南下。明军军纪严明，“天将号令严明，虽一草一粒，不许士卒滥取侵扰”。李德馨认为朝鲜不用防备明军，“我军万无所虞”，但三天前在朝鲜高级官员的认知里，明朝是见死不救的，而且此时官民逃散，他对能否为明军提供后勤保障表示了极大的担忧。(《李朝实录》宣祖二十五年六月乙巳)

六月十八日，困扰于缺粮和担心日军衔尾追击的李昖，离开定州，经过郭山，抵达宣州。郑澈、柳成龙、郑昆寿、辛庆晋请求面见国王。李昖召见并询问："卿等有何言？"得到的回答是："国事至此，无非臣等之罪，言之无及。"李昖又问："天兵将近，接济无策，何以处之？"柳成龙回答："列邑空虚，所在焚怯，此实痛骇。"言毕即与郑澈等人退走。李昖莫名其妙，后来才知道郑澈与柳成龙在面君之前商议过，如果李昖决定退避辽东则为弃国，国王弃国便应退位，由世子李珲继位。这几人面君，是要李昖即刻退位，但没人愿意率先开口。（《李朝实录》宣祖二十五年六月丙午）

李昖此时称得上是众叛亲离了，中国着手救援朝鲜的时候，朝鲜大臣却纷纷弃国王而去。跟随国王抵达鸭绿江附近的郑澈、柳成龙等东人党重臣，不自我检讨战争爆发前后的重大决策失误，反而企图另立国王。如果明军未曾迅速渡江，在郑澈、柳成龙等人"世子付庙社之托……非早定大位，则不可也"（《李朝实录》宣祖二十五年六月丙午）的谋划之下，李昖不一定能以国王身份见到赶来救援的明军：

> 先是，上在博川，世子在宁边，遣辅德赵挺问安。上封一书以授之，乃与世子永诀之辞也。辞意悲惨，闻者莫不痛哭。挺还到宁边，世子已向鱼川，其间相距几半日程，而挺既不复命，又不传封书，托言寻母，径往江原道。以此侍讲院阙员，初上之出京都也，不但士庶皆言国势必不复振，有识缙绅辈，亦以为终必灭亡，朝臣扈从者，百无一二。人心已去，不可尽责，而修撰任蒙正，先一日避匿，正言郑士信绕到盘松亭而走。持平南瑾到延曙而走，其余郎署、百司小官，任意散去。及驾到平壤，大司成任国老托言母病，上疏不待命而去，户曹佐郎许筬嘱其所亲厚者，求为召募官，留在家属所在之地，了无所为，翰林赵存世、金善余，注书任就正、朴鼎贤，诱胁宣传官成佑吉未到安州而走，献纳李廷臣在平壤，上疏乞觐，不得请而走，判书韩准托称落伤，亡至阳德，扬言大驾已渡

辽边，事无可为。巡察使洪汝谆，兵曹佐郎金义元，自北道将赴行在所，闻准言，一时痛哭而散，持平李庆祺奉命括军，仍亡去，承旨闵濬，参判尹又新，自定州散去。是时扈从，通文武不满数十人，从世子者，亦不满十余人云。(《李朝实录》宣祖二十五年六月己酉)

以为平壤仍在朝鲜人手里的明朝援军1000余人，在李德馨的催促之下，一路疾驰，在游击史儒及参将郭梦徵的率领下，于渡江次日即六月十八日，抵达义州牧宣川郡，与同时抵达宣川的朝鲜国王李昖在林畔馆相见。得知平壤早已沦陷，史儒和郭梦徵打算退回义州，等待后续抵达的副总兵祖承训，以便集结兵力，商议下一步行动。史儒与李昖交谈之际，随行大臣纷纷要求史儒继续前进，与朝鲜军合势，或要求明军指挥朝鲜军。国王和大臣争相发言，吵闹不堪。参将郭梦徵不堪其扰，斥责“贵国君臣，有同聚讼，极无礼也”，随后与史儒领军退回义州。当晚，辽东巡按御史李时孳派遣指挥宋国臣，前来确认朝鲜国王李昖真假。后续援军祖承训部在尹根寿、沈喜寿的催促下，准备渡过鸭绿江，但要求朝鲜提前准备军队粮草，“总兵曰：‘今明日，军马当渡江，只备粮草以待’”。(《李朝实录》宣祖二十五年六月丙午)

六月十九日，副总兵祖承训领军1319名、马1529匹渡江。前一天，前往辽东的尹根寿已向李昖转达了祖承训的要求——义州方面“备粮草以待”。李昖早在平壤之时，便命柳成龙前往接待明军，交代过柳成龙“独为应接一事，凡唐兵馈饷策应调度之事，亦皆察为”。然而，在朝鲜心急火燎的催促之下，丢弃辎重，一路疾渡，抵达朝鲜的祖承训发现，求他前来救命的朝鲜人，在义州连口饭都没有给他们准备。大怒之下，祖承训纵兵掠夺了义州。二十日，抵达龙川的李昖责问柳成龙，自称为接待明兵率先从平壤出逃的柳成龙回答：“臣则当如上教，但一路无可使之人。”(《李朝实录》宣祖二十五年六月戊申、己酉)

真的如柳成龙所言，朝鲜此时“一路无可使之人”吗？非无可使之人，只是柳成龙不使罢了。“朝廷闻祖总兵将至，以柳成龙为接伴使、兼管粮饷。以从事官吏曹正郎辛庆晋、济用监正洪宗禄，点阅一路粮饷。又连遣商山君朴忠侃、礼曹参判成守益、同知中枢府事李辂、全城君李准等，各在管领驿站，董草催粮。又命宣沙浦佥使张佑成，造大定江浮桥。老江佥使闵继中，造晴川江浮桥。巡察使李元翼节度使李蕡、驻顺安，都元帅金命元、住肃川以待。”（《再造藩邦志》）朝鲜一路安排各有司职，柳成龙身为主管，为何出现如此重大的失误呢？

柳成龙在《惩毖录》中对这次失误特意做了自辩，给出的解决方式是“若兵（中国军队）至平壤，即日收复，则城中粟多，可以接济”，沿途定州、嘉山储备粮食“一二日可食”，安州、肃州、顺安“荡然无备”。从柳成龙的自辩里可知，所谓存粮地点里面并不包括义州，而且即便是就食的平壤，也要“即日收复”后，方“可以接济”。也就是说，柳成龙一开始就没打算让明军在义州吃饭，沿途也只准备一两天军粮，以此来逼迫明军渡江之后一路东行，争分夺秒，在抵达当天打下平壤，否则就断粮。朝鲜长期重文轻武，蔑视武人，出现这种儿戏一般的外交举措，其实并不奇怪。

如前文所述，朝鲜征召士兵之时，士兵需要自备军粮，国家并不承担役期口粮。柳成龙以朝鲜出兵的模式，要求明朝援军按朝鲜传统习惯自行备粮，不带粮就别吃饭，想吃饭去打平壤，祖承训当时的暴怒可想而知。那么，是否祖承训给义州带来了很大损失，又是否真如柳成龙在《惩毖录》里所说各地均无粮呢？查朝鲜史料，义州并未在这件事里出现人员伤亡。而柳成龙在跟随国王进驻义州的时候，六月二十五日朝议讨论去向时，说义州官仓有粮，“天将若来，则本州仓谷，可支万军一月粮”（《李朝实录》宣祖二十五年六月癸丑）。也就是说，朝鲜人记录中的祖承训所谓劫掠义州，并无人员伤亡，府衙仓库完整，在义州粮仓里存有足以供给10000名军队一个月的军粮，按当时的支给标准，当有4000石左右的存粮。朝鲜是真的无粮，还是明军真的将义州洗劫一空，真相自明。

柳成龙在《惩毖录》里说此时自己病入膏肓，“匍匐已入启”，但明军不领情，不愿忍着饥饿，去他说的平壤好好吃饭，祖承训就只能“纪律不严”，“入城抢掠”了。柳成龙的确在生病，不过，是六月二十九日生病请辞的，与其说是得病不能提供后勤保障，不如说是要给明军一个交代，最终他被迫让位西人党尹斗寿。东人党魁首柳成龙在纸上报国，称“倭贼必不来此”，东人党的金诚一有样学样，向国王奏报下三道情况之时，一边称官军溃散无人，一边称起兵击倭的郭再祐是大言不惭、有勇无谋的狂贼。被日本人尊称“红衣将军”的郭再祐，在东人党嘴里是“狂贼”，只是因为郭再祐曾怒骂守臣弃城奔逃当斩，且曾对金诚一出言不逊。所以，即使“贼之不敢越鼎岩而向湖南，乃再祐之功也”，在他们嘴里，依旧是“再祐之事，有若逆贼”。“岭南无晋，终为贼薮”的武将朴晋，因擅杀以学问闻名而投降日军的詹阳士子，又对投敌逃走的文官士人多有嘲讽，金诚一剥夺他的军权无果，在奏报中对他的功劳就只有一句：“梁山假将密阳府使朴晋，焚仓库兵器而遁。”（《李朝实录》宣祖二十五年六月丙辰）

大敌当前，柳成龙、金诚一这类东人党精英的精力，并未真正用在国事、军事之上。暴怒之下的祖承训在义州抢掠，有损中国形象，但此事主要责任在朝鲜一方。朝鲜一开始隐瞒日本军队情报，亡国之际心急火燎，要求宗主国出兵。在明朝军队抛弃辎重，紧急救援之际，朝鲜非但在后勤上一塌糊涂，还私下算计。发生如此重大的外交事件，李昖对柳成龙连一句斥责都没有。到底是政府法度和国王威信无存，还是这就是朝鲜传统对武人的方式，抑或是如此对待明朝军队也得到了国王的默许？

朝鲜方面糟糕的行政能力和官僚体制，让中朝双方的军事合作从一开始就蒙上了一层阴影。祖承训的粗暴应对进一步落实了朝鲜大臣之前对中国的栽赃。六月二十二日，抵达义州的李昖开始商讨明军撤离的应对方针。义州因祖承训所为，城内居民逃散一空。明军为避免朝鲜人涌入中国境内，将鸭绿江上的船只集中在北岸。李昖此时仍未放弃渡辽打算，本想通知明朝预备，被大臣劝阻，他要求大臣给出方案。然而，朝鲜群臣只是反对依附中国，并未给出任何解决方案，讨论的结果仅仅是“相与涕泣失声”。（《李朝实录》宣祖二十五年六月庚戌、辛亥）

朝鲜君臣对国家前途束手无策，涕泣失声之时，明军参将郭梦徵于二十四日渡过鸭绿江，抵达义州，与李昖在义州西门外龙湾馆相见，带来了万历皇帝为支援朝鲜紧急调拨的二万两白银。郭梦徵以“朝廷法度至严”，拒绝了李昖不点验的要求，与李昖当面将白银数量一一清点对数之后交割。交割毕，郭梦徵通报了明军正在集结的消息，要求朝鲜方面“粮料备而待之”，并询问李昖打算在什么地方驻留，两天都没商量出结果的李昖只能说：“事迫然后当决去留，予亦未知定向何处。”（《李朝实录》宣祖二十五年六月壬子）

郭梦徵谢绝了李昖的挽留，渡江回国。郭梦徵前脚刚走，后脚李昖便召集大臣分发了这批白银。“随驾宰相及侍从，各一锭，其下朝官宣传官及内官及禁军二人，各一锭赐给。军士及公私贱杂类一人，各五两赐给，其余分置于水上镇堡，译官及内人、陪行下人，亦为分给。”（《李朝实录》宣祖二十五年六月壬子）本来明朝发给朝鲜的这二万两白银，是让朝鲜“粮料备而待之”，也就是说，明朝派遣援军进入朝鲜，要求朝鲜方面提供军粮，提前以赏银的形式向朝鲜支付二万两白银，“犒军银二万两，解赴我国买刍粮”（《考事撮要》）。二万两白银，即便是辽东边镇处于粮价高昂的时期，也可购入20000石大米。万历三年（1575）至万历二十九年（1601），辽东米价是每石三四钱至二两（《明代辽东的米价、军粮与时局》表一），以最高粮价计算，可以购买10000石大米，足以支付一万名士兵两个半月口粮，以五钱一石粮价计算，可支粮10个月。

但是，李昖并未充作军费或用于购置军粮，而是当场将其中一部分白银分赏，有大臣质疑“银两之颁给，至于臣等，至为未安。姑留置，以赏战士。南兵若成功，亦颁给可也”，要求将这笔钱转入军事用途。李昖却并不在意，“扈从之人，虽给之，亦有余矣”。国王格局如此，臣下自然有样学样。中国诚意十足，军队、军资均已送到朝鲜人的面前，朝鲜大臣依旧在诋毁宗主国，甚至说辽镇人会来调戏侮辱李昖后宫："一行之际，妃嫔亦不得落后，则辽人率多无识，服色即殊，语音顿异，笑侮无礼，其何以止之。"在这种情况下，李昖打消了在义州停留的念头，准备换个更安全的地方：中国人与日本人无异，还是自己的地方好。大臣给他的建议是离开中朝边境，前往下三道。(《李朝实录》宣祖二十五年六月壬子)

在日军一路从釜山打到平壤后，朝鲜君臣满怀恶意，揣测中国即将毁灭朝鲜，然后开始认真计划从水陆前往下三道（全罗道、庆尚道、忠清道)。二十六日，路线商议完毕，尹斗寿向国王报告："若去，则当由水路以往，今不更由宣川、郭山以往。自此州以往何如？往泊于忠清、全罗道，则亦可以召募，以图兴复……由于龙川，急泊于安岳，登陆路，过海州，到牙山可也。"而李昖回答："知道。如是为之，为不为间，速为措置。"李昖征集水手船只的时候，其请求内附的咨文得到了明朝的批复。辽镇地方官员向请援使李德馨表态："诚知国王事势危道，何遽至此？即当转报上司，回报未来之前，事势若急，则渡江避兵，自当任意。常时，视同一家，到此宁有阻拦之理？"如若朝鲜国王内附，将安置于辽东宽奠堡内官署内，宽奠堡与朝鲜义州隔江而对，距离仅20里。眼见宗主国各项措施均已完备，李昖即刻撤回前往下三道的命令，计划长期留驻义州。(《李朝实录》宣祖二十五年六月乙卯、甲寅)

明朝第一次入援朝鲜的行动，就是在这种君臣的配合之下，磕磕绊绊地进行的。二十六日，礼曹判书尹根寿前往面见祖承训，通报已另行选择负责人，给明军提供军粮。七月一日，明朝兵部尚书石星再次派遣指挥徐一贯、参政黄应阳、游击夏时三人，前往义州，要求朝鲜派人陪同前往平壤与日本将领相见。其文如下：

尔国坚持臣节，严拒逆谋，构怨速祸，破国亡家。尔既以尽忠而遭衂，我焉忍坐视而忘情？是以远勤圣虑，特遣侦询，务俾得其虚实，必欲救其生灵。矧流离播弃，仁君之所深悯，而毒痡暴戾，天讨之所必诛。亟遣陪臣，即时东向。（《李朝实录》宣祖二十五年七月戊午）

在朝鲜人看来，中日双方此时不适合见面，“恐倭贼或有不测之言也”。所谓不测之言，当是所谓“贵国若只欲犯中原之事，则何不向浙江，而向此乎”。尹根寿在面见明朝使臣时，将战争爆发的原因归为“倭奴欲犯大明，借兵粮，我国严辞峻责，因被兵祸”，并将双方通信内容有选择地拿出了两份，转交给明朝官员。

日本国差来先锋丰臣行长及义智，谨白汉阴大人阁下李德馨

行长虽未有半面之素，义智常说阁下夸人，故知名久矣。今于此地，通一书，夙因所感乎！日本于贵国，无纤芥之恨。只要犯中国者也。去岁吾殿下，送还三使之日，粗陈此事，其报曰：“贵国者，中国藩镇云云。”今岁又吾殿下裁书，觅党于日本，其书釜山人不受之。是以插串，立营门，连京师耶，又混兵尘耶。途中遂觅其报，如何如何，釜山、东莱遮路。因兹瞬息之间，陷其营者何也？先毁其藩，以言入中国者，是诸将之意也。贵国若借路，则何及此祸乎？釜山、密（良）阳（字）之间，以伏兵三四万遮路，吾辈先驱，开其路，无一士当锋。尔来尚州、忠州、奉安，亦虽有伏兵，皆不当锋，故无由通一语说所思，以谓到京城，必说所思。而到京城，则大王已逃京城。而交河，河边之阵，亦溃矣。遂不能说所思，空到此营。阁下在此营，通一语，希有希有。盖是圣躬，万世起本也。幸甚以贤计虑，和亲如何？贵国若要和亲，王族及当权之辈，为质子，遣日本可也。然则镇护龙驾回城中，不然，则驻龙

驾于平安，是亦在阁下贤虑。虽然日本诸将，直入中国，则城中及平安，共匆忙乎？八道之中，请择其地，安龙驾如何？是亦在阁下贤虑。若枉党日本，只遣质子而已。吾诸将分遣八道者，粗录其姓名，以备台览。丰臣辉完遣庆尚道，隆景遣全罗道，家政遣忠清道。胜隆及元亲遣京畿道，镇护城中者，丰臣家秀也。丰臣吉成遣江原道，丰臣家政遣黄海道，清正遣永安道，行长、义智请赴平安道者，先书说尽，故不能再说。虽诸将弥沦于八道。阁下择地安龙驾，则摩回遣其地之将，以驻龙驾者，是行长、义智之意也。安龙驾于海边，则如何？是亦恐匆忙乎？所以者何？兵船数万只，浮海中，今日不到此西南之边，必在来日乎！又历数十日乎！难暗指其期，贤察。余在调信、仙巢、竹溪口布。恐惶不宣。顿首。

日本　天正壬辰六月十一日

丰臣行长、丰臣义智

日本国差来先锋丰臣行长及义智，启朝鲜三台大人阁下

日本所命尚州之日，付生擒译官呈短简，是以不重说焉。犹不获止，自城中至河边之阵，虽呈一书，不赐其报。阵中士卒，却夸说曰："斗战决雌雄，必在此河云云。"故瞬息之间，虽超河，无一士当锋者，而酉尾到开城府。以此视之，阖国人勠力，亦岂决胜乎？庶几枉党于日本，相议犯大明乎？又运和亲之筹，然则回龙驾于城中耶？抑亦留龙驾于平安道耶？只在龙襟而已。仆再三启此意者，是无他，庚寅遣三使之日，应宣慰之撰，因兹于三使于译官，面亦熟情亦亲。加之辛卯送还漂民之次，辱赐图书，欲奉谢其恩者，仆之意也。义智亦祖先以来，东藩于朝鲜，而倾忠诚，是故粗受其赏，今于朝鲜，岂存疎阔乎？此时不谢朝恩，而又何时乎？于此于彼党日本，则除行长、义智之外，别以谁为良媒乎？今分八道

之诸将，无受知于朝鲜之徒，故云尔、行长、义智请赴平安道者，偏为陈此事者也。越于阁下，若有狐疑，则为质子，遣一将者必矣。急赐报可也，无怠好矣。恐惶顿首。

日本　天正壬辰六月朔

丰臣行长、丰臣义智

第一封信当是大同江和谈时约见李德馨的信，第二封信应该是临津江战后，第一军前往平安道之前，小西发给朝鲜方面的。朝鲜有选择地将连连大败之下，日本方面的态度变化后的信，交给中国，自然是为自己洗脱通敌嫌疑。“贵国，若只欲犯中原之事，则何不向浙江，而向此乎”不会提，临津江之战前日本数次投书中的“为借贵国一言，以讲和于大明也”当然更不会提。倭书既然是真的，就没必要前往平壤跟日本人面谈了。而这些所谓倭书，朝鲜人都知道是什么性质的。尹根寿递交书信，回报国王之时，“上曰：‘倭国往来之言，何谓乎？’根寿曰：‘夸张之言也’”。(《李朝实录》宣祖二十五年七月戊午、己未)

参政黄应阳在嘉靖年间，曾经作为参谋，在谭纶、戚继光军中效力。在朝鲜人的刻意引导下，黄应阳确认朝鲜没有投倭，就不再与日本人战前见面，“不赴平壤，而欲直还中原云”。在确认倭书真伪之后，黄应阳直接将书信放入袖中。次日，黄应阳等三人与李昖于龙湾馆相见。黄应阳一边与李昖应答，一边暗中命令随行画师画下李昖样貌，以备回国核对。李昖借此要求中国自备军粮，“小邦本来残，薄兵祸之余粮饷不继。天朝欲救小邦，则粮饷亦欲仰请，而惶恐不敢”，朝鲜因为中国而被日本进攻，所以明朝援军还是自带干粮吧。(《李朝实录》宣祖二十五年七月己未)

朝鲜当时真的没粮吗？当然不是，从李昖入住平壤短短数日就积米粟十余万石来看，朝鲜当时并不缺粮。但是，朝鲜也是缺粮的。朝鲜作为土地财政下的庄园制国家，这些粮食是所谓国用公田或私田作为赋税征集的。朝鲜政府迅速崩溃之后，经营公田的官奴婢大量逃亡，支撑国用的财政基础此时已瓦解。短时间内再次征集，只能主要征用私田，抽取赋税之外的额外调拨，几近众叛亲离的国王不能也不敢对两班的田产下手。朝鲜国力与日本相差无几，却无力将国力有效转化为战力，原因就在这里。

朝鲜在平壤征集的十几万石粮食，不舍得用，也不愿烧，全留给了敌人。仅仅义州一城仓储，就“可支万军一月粮”，却一毛不拔，给明朝援军的态度是打下平壤当日可食。朝鲜当时各县各城，储备粮食少则数千石，多则数万石，但战争爆发之后，明军和朝鲜军队都很难使用这些储备。哪怕明朝已出银二万两购粮，私分了购粮款的朝鲜君臣依旧要求明军自备军粮。

在派遣通信使之时，上疏强烈反对的赵宪，因政治斗争失败，被贬谪沃川，并冠以人妖、奸鬼之名。日军登陆之后，赵宪募集义军1000人。当时日军刚刚占领清州，防御使李沃溃逃，赵宪打听到清州驻军仅有330人，便领军进攻清州。赵宪抵达公州时，得知清州日军已增至400余人，再次召集义军1600人，前往清州，在清州城西门外与僧将灵圭800名僧军联兵。赵宪在阵前督战，日军见义军势大，半夜撤离清州。赵宪等人收复清州后，向逃离清州的防御使请求，将官仓中存储的数万石米粟和牛马数百头，分赈贫民乡里，以备耕种，却遭到李沃拒绝，“不可留此为贼再据之资”。李沃在赵宪部收复清州之后，特意赶回来，将“贼资”付诸一炬，只给赵宪、灵圭全军2000余人留下粝米数斛。而赵宪之“贼”无“再据之资”后，只得全军解散。(《李朝实录》宣祖二十五年八月甲午、辛亥、癸丑;《再造藩邦志》)

第十章

第一次平壤之战

朝鲜君臣在与宗主国争论是否由朝鲜提供援军粮草之时，日本人却在认真地准备，以应对明朝可能的军事援助。日本天正二十年（1592）六月三日，丰臣秀吉向朝鲜各大名发布修筑“つなぎの城”（御仕置之城）的命令。在确保釜山—汉城一线交通通畅的情况下，向“大明国境”方向一路修筑工事，这是丰臣秀吉在日本国内战争中经常使用的阵城作战模式，以此加强对釜山—鸭绿江一线的控制能力及军事防御能力。小西行长在攻占平壤后，得知明军已做好出兵救援朝鲜战争的准备，便不再继续追赶李昖，而在平壤城就地修筑工事。[①]

“贼初入平壤，兵约六七千。平行长、平义智、平调信等，分领作土窟于五处，以备藏兵，招诱乱民，作兵为守城，更不出问西路，我人莫知其故。盖因列屯兵分，所领不多，畏为汉兵所薄也。”（《李朝实录》宣祖修正二十五年七月戊午）朝鲜的金命元、李元翼等人借此机会，慢慢集结残兵，以做好反攻准备。当明朝使臣黄应阳等三人返回，在朝鲜人的再三请求之下向祖承训、史儒部明军下达“相机进止”的命令之时，日本已在平壤—汉城一线紧急抢修工事近一个月。自此，平壤与名护屋要塞星罗密布。

日军准备充分。而当时的朝鲜，向明军如此通报日军的情况：“尔国初言，倭奴只用铁九长剑，无他技也，厥数亦不过一二千云。”（《李朝实录》宣祖二十五年七月丁丑）对祖承训、史儒等明军，朝鲜隐瞒了日军的武器装

① ［日］太田秀春：《朝鲜战争中的日朝城郭史研究：异文化的相遇、接受、改变》，清文堂，2006年，第89—91页。

备和人员数量，试图把这支明朝援军骗往平壤。

七月十日，副总兵祖承训率兵马1000名，游击王守官率兵马1000名，游击史儒率兵马1000名，总兵杨元麾下千总所率家丁500名，合计3500名士兵，陆续渡江。（《李朝实录》宣祖二十五年丙寅）斥候将顺安郡守黄瑗，骑马赶往义州，向祖承训通报占领平壤的日军绝大多数已撤往汉城，乘此良机，平壤一鼓作气可复。祖承训信以为真，冒雨赶往平壤。十四日，明军遇敌，把总佟大纲等二人战死。（《李朝实录》宣祖二十五年辛未、壬申、乙亥）

祖承训抵达嘉山，询问当地人，平壤的日军是否已全部撤离，朝鲜人答未走。祖承训大喜："贼犹在，必天使我成大功也。"他赶往顺安，在水泠川斩杀毛利辉元部骑兵一名，将其首级和马匹送往广宁。顺安距离平壤只剩31里，祖承训及史儒两军连夜直扑平壤。（《李朝实录》宣祖二十五年乙亥；《惩毖录》；《再造藩邦志》）

小西行长第一军只抽调了一部分人前往中和筑城，在平壤尚有上万人。祖承训根据朝鲜提供的情报，以日军守城兵力为一两千人的规模，策划了平壤作战。祖承训在清扫了顺安毛利辉元的先手藩所即交通前沿的警备机构后，以骑兵飞速前往平壤，乘雨夜在黎明之前，对平壤日军发动突袭。明军行动迅速，轻松突破日军防线，从七星门攻入平壤城内，直扑日军的据点大同馆。当时驻守大同馆据点的是松浦镇信父子，父子二人率近卫持刀与明军肉搏，松浦镇信脚部中箭。如果真如朝鲜人所说只有一两千人或仅有松浦镇信部3000人，祖承训此次突袭平壤当可大获全胜。然而，平壤城中的其他日军得知明军入城消息，迅速向大同馆集结，军监小野木重盛领兵700人，率先赶到战场，用火绳枪向拥堵在大同馆街道上的明军骑兵攒射。史儒冲锋在前，于城上高处指挥射箭，被火绳枪射中阵亡，戴朝弁及千总张国忠亦中弹身亡。祖承训及马世隆受伤，在引军后撤途中，马世隆落马而死，殿后明军陷入泥泞中，未能快速离城的，被赶来包围的小西行长和宗义智部包围杀害。（《李朝实录》宣祖二十五年七月丁丑；《惩毖录》；《再造藩邦志》）

祖承训自平壤败退，一路自顺安县经肃川都护府，抵达安州城。祖承训在马上对翻译官朴义俭说："吾今日多杀贼矣，不幸史游击伤死。天时不利，大雨泥泞，不能歼贼，当添兵更进耳，语汝宰相无动，浮桥亦不可撤。"祖承训率军渡过清川江、大定江，进驻博川郡控江亭，在控江亭清点战损，"天将点兵于控江亭，则马失千匹，人亡三百，而追来者亦多"，"史儒分军为四哨，每哨各使我军百名为前导，冒夜破城，一时突入。贼惊出大同门，我军一哨导入，余三哨不入，贼还战史儒死之，丧唐马五千匹，天兵四百余名，其余尽还"。（《再造藩邦志》；《李朝实录》宣祖二十五年十二月己酉；《乱中杂录》卷二）

祖承训在控江亭留驻两天，日夜警戒，军队露宿于野外，衣甲器械尽湿，士兵大为不满。祖承训不得已，退兵返回辽东。二十日，兵曹参知沈喜寿奉命前往九连城，面见杨元，请求不准祖承训退兵。（《再造藩邦志》）

祖承训在平壤战后向杨元报告朝鲜通敌，"朝鲜之兵，一小营投顺"（《李朝实录》宣祖二十五年七月丁丑），日本军中并非朝鲜所谓"倭奴只用铁丸长剑，无他技也"，也绝非人数"一二千"，而是"贼中多有善射者""其数过万"，而且朝鲜不配合明军作战，士兵畏惧不前。

朝鲜辩称"平壤射者或令我人被抢者发射也"，同时拒绝承认有朝鲜人投敌。朝鲜在战前便仿制火绳枪，到此时依旧称不知道。日军在釜山登陆的第一批部队，前线奏报是万人，但朝鲜对杨元仍推说不知日军兵力。前军后退之时，祖承训在平壤西门列阵，看见李蕡部士兵与日军士兵互相对话，日军士兵也因此稍稍撤退。祖承训认为朝鲜军队与日本军队相通，事不可为，因而退兵。（《李朝实录》宣祖二十五年七月己卯）

朝鲜自然不会承认，言必称"我国人与贼不共戴天"。六月二十八日，对李朝政府心怀不满之人，在肃州的官府门柱上书写了"大驾不向江界，而向义州"十个大字，向日军通报朝鲜政府机构的动向。日军在平壤向朝鲜百姓发放名帖，以示长居之后，朝鲜各地平民大量投倭。"近来赋役烦重，民

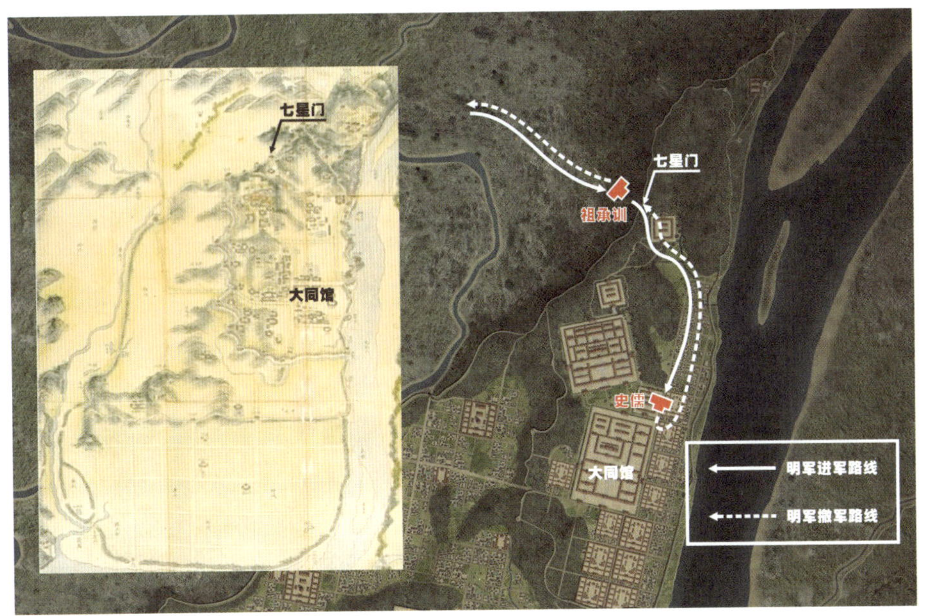

第一次平壤之战态势图

不聊生，刑罚又从而大酷，军民怨气满腹，无路可诉，其心离散已久”，“沿海顽民，皆剃发易眼而从之，处处作贼者，倭奴无几，半是叛民，极可寒心”。就在明军进攻平壤的前一天，朝鲜还收到“平壤贼窟近处村氓，或有往来受章标，听其教唆者。金德福、刘希之者，远居昌城，往受章标”的报告。(《李朝实录》宣祖二十五年七月己卯、丙辰、癸酉)

但为何朝鲜要用各种方法让明军进城呢？七月四日，当咸镜道沦陷的消息传来，李昖与大臣讨论后，担心咸镜、平安两道日军合兵西进，“必于在平壤时，乘其（小西行长所部）未备而攻之可也”。出兵突袭平壤，连李昖都知道“大概入城中则不便于驰马”。朝鲜大臣的建议是“乘夜放火，使贼惊乱，然后攻之则可矣”。这是几近送死之事，于是李昖拍板议定“举事必待天兵而可为”，然后不停催促明军急进平壤，甚至不惜使用假情报来诱导祖承训，本意只是“恐此贼（加藤清正）聚集，然后与西贼合势也”。(《李

朝实录》宣祖二十五年七月辛酉）

也就是说，祖承训渡江之前，朝鲜已制订了夜袭平壤的军事计划，但突袭难度太大，“城中不便驰马”，便哄骗祖承训的骑兵部队来做。朝鲜人的如意算盘是将风险大的任务留给宗主国。夜袭平壤之战，若明军成功，则顺势追击，若明军战败，则如李昖所说：“既奉圣旨而来，若因一败，撤兵送去，则我国之事，固不足恤，而皇威亏损，不可使闻于四夷也。”（《李朝实录》宣祖二十五年七月己丑）朝鲜人刻意误导，导致明朝前往救援朝鲜的军队付出了巨大的代价。而且，平壤战败后的明朝，为了维护自己的政治、外交地位，被朝鲜拖入了与日本的大规模军事冲突之中。

第十一章

名不副实的义军与水军

祖承训在控制平壤城门的时候，看见朝鲜人与日军士兵搭话，认为势不可为，最终退兵。虽然朝鲜方面矢口否认，但是朝鲜史料中有大量朝鲜人掠夺官仓、投敌带路的内容。“朝鲜则赋役甚苦，大小全餕，无限征出，不胜支当”（《李朝实录》宣祖二十一年十一月丙寅），这是战争爆发前，投五岛倭寇的朝鲜珍岛人沙火同跟朝鲜官员的答话。朝鲜人自己非常清楚，在等级森严的社会结构之下，朝鲜政府的轻赋政策，针对的仅仅是户籍人口，即全国大大小小的几十万名庄园主，而对占人口绝大多数的奴婢来说，几乎没有任何属于他们的权利。

“公私奴婢为之贱人”，而且是用从母法来规定是否贱籍，母亲是贱人，其孩子也是贱人，按朝鲜人的说法，这是为了区分人跟牲畜——“知母而不知父，禽兽之道也”，贱人“无异牛马鸡犬”。朝鲜的奴婢实际上是主人的财产，“我国以奴婢为财”（《磻溪随录》卷二十六）。因此，日本登陆之后，朝鲜的奴婢在主人逃跑或失去保护之后，第一件事便是报复曾经的主人。李昖身为国王，在离开汉城的当天，就被奴婢焚毁宫殿和官府，其他庄园主的结局可想而知。

再举一例。前文提及的跟随李昖出逃，不离不弃，勤勤恳恳打理车驾的理马金应寿，李昖想要奖赏他：“理马金应寿、吴致云，东班叙用。”两班大臣的回答是这样的：“岂可使杂人混于东班？虽在抢攘，不可先污名器。”李昖的这种做法，遭到了两班大臣的疯狂反扑，“军资监判官吴致云，司仆寺判官金应寿，俱以马医，得授六品正职。此固出于国家酬劳之意，而其为猥滥极矣”，“司仆寺佥正金应寿、判官吴致云，以扈从微劳，起贱类、通仕籍，超授五、六品之职，恩赏已僭。岂可又升其秩，以致名器之耻乎？请金应寿、吴致云新除职名，并命改正”，“兼内乘金应寿，本以厮隶下贱，幸因服御之劳，滥升四品之秩，酬劳之典已极，名器之辱甚矣。今者复授堂上重加，恩赏再谬，物议非之。请亟命改正”（《李朝实录》宣祖三十年十二月癸亥、辛卯、丙寅、戊午）。

两班大臣反对的原因，并非金应寿的功劳或能力，而是他出身低贱。他的升职在两班贵族看来，属于僭越。在朝鲜这个血统出身决定一切的世界，突然，一个外力打破了平衡，对原有体制绝望的那一部分人便趁机报复。“时奴仆多乘时杀主，或恣横肆，或相淫秽”。一些因战乱失去生活来源的下层良人或奴婢，在秩序大乱之际选择盗取官仓，但此举通常会被守令当作叛乱而遭处决或擒拿，“县令知机、设伏伪遁，叛民争先入城，偷取官库，设伏掩击，擒斩五十余人”（《李朝实录》宣祖二十五年六月丙辰）。

日本人给朝鲜底层百姓带来了打破现状的前景，但对中上层庄园主而言，则是一个破坏者。为了保护自己的地位与财产，一些深感威胁的地方豪族在官军溃散后，凭借在当地的人脉和威望，自行起兵抵抗日军。如郭再祐起兵之时，对响应的地方豪族说，“贼已迫，吾父母妻子，将为贼得矣”，如此方有“吾里中少年可战者，不下数百，若齐心处鼎津以为守，可保乡曲，恶可束手以待死乎”（《寄斋史草》壬辰日录九月）。以自保乡里而起义军的郭再祐，不可避免地带有浓厚的私兵和地方性质。这支义军的核心兵员，是郭再祐的同族及家奴60余人，其高级指挥官18人中，与郭再祐同为宜宁郡出身的有10人，临县三嘉有5人，草溪、晋州、荣川各1人，宜宁及附近人员占八成。[①]

除了郭再祐这类无官职的地方豪族，还有去职的中央高级官员以义军名义起兵，这些人深受中国传统儒家忠君爱国思想的熏陶。例如，大司谏高孟英之子高敬命，离职之前最高官职为从三品东莱府使，以“全罗道义兵将、

① ［日］贯井正之：《丰臣政权的海外侵略与朝鲜义军研究》，青木书店，1996年，第78—80页。

折冲将军（正三品）、行副护军”之名，向整个全罗道以半官方名义征调各级官吏、士子、良人、军人等充义军，募兵多达六七千人（《李朝实录》宣祖修正二十八年七月戊午）。这是全罗道最大的一股义军。然而，高敬命义军、赵宪部义军等，都是被当政势力排挤的在野方，这种半官方的义军是最早被朝鲜政府抛弃的。北上勤王被阻之后，高敬命和赵宪先后出战，却终究败亡在自己人之手。高敬命与朝鲜官军合攻锦山城，朝鲜官军一触即溃，弃高敬命父子于不顾，父子二人死于乱军中。赵宪在遍求官军出兵不得后，领所部700人与僧兵将灵圭独攻锦山，与嫡子一同死于将旗下，其身边幕僚、士子拒不逃离，赤手空拳与日军肉搏，最后全军覆没，其部700余人环死将旗周边。（《李朝实录》宣祖修正二十八年八月戊子）而周边的朝鲜官军，对此的态度竟是“至于高敬命之战死也，约会而不赴，赵宪之战死也，闻急而不援”（《李朝实录》宣祖二十五年十二月戊子）。

高敬命、赵宪战死之后，家人极为窘迫。赵宪与嫡子死后，官员请求将其庶子免除贱籍，李昖的回答是：“不可轻许，徐为之。”（《李朝实录》宣祖二十五年十一月戊辰）“徐为之”到什么程度呢？“赵宪二子，流离于此，乞食闾里”（《李朝实录》宣祖二十六年十二月丙子），“赵宪战死后，其母将至饥死”（《李朝实录》宣祖二十八年一月乙未）。高敬命家里略好于赵宪，也是“高敬命妻子，几至饿死”（《李朝实录》宣祖二十七年七月壬辰）。此等首义赴死之人，遗属竟凄凉至此。儒生李公济要求为高敬命等人立祠，柳成龙一干人等百般阻挠，认为高敬命等人待遇极厚，立忠义祠太过，战后再商议。“待事定后，采众议处之为当。”“既已赠爵褒奖，则立庙之事，恐不可轻易为之。”“立庙重事，岂可因一儒生之疏，轻易为之？”直到万历二十九年（1601）七月二十三日，首义之人立祠才最终通过。然而，日军小早川景隆部居然曾为熊峙阵亡的朝鲜兵修墓立碑，以“吊朝鲜国忠肝义胆”（《李朝实录》宣祖修正二十五年七月戊午），着实令人唏嘘。

此处借用朝鲜史臣对此事的评价：

史臣曰："我国于忠臣烈士，报之甚薄。千镒等，其功如彼，而一度赠秩之后，无一实惠可及于遗孤。立祠之议，仅出于南人之私论，将何以劝人臣之尚忠义哉？"（《李朝实录》宣祖三十四年七月戊午）

除了高敬命、赵宪这类听闻朝廷应敌失利而逆势而上的义军，还有郑文孚这种听闻明朝开始援朝，借势而起的义军。郑文孚在战争爆发之时，为咸镜北道评事（正六品），加藤清正攻入咸镜道之时，对李氏政权不满的百姓争相捕拿地方军政长官以投敌，咸镜道朝廷官员之中，"逃出者十无一二"（《李朝实录》宣祖修正二十五年九月丁巳）。郑文孚无事不用刑杖殴打下属，又常将书籍赠送给学生，因此在被叛乱者围捕，几乎饿死荒野之时，被学生池达源藏匿于家中。池达源居住在镜城最偏远的地方，郑文孚未被叛军搜到，所以当明朝援朝的消息传到镜城时，只有六品官职的郑文孚成了镜城当地官职和声望最高的人。

"天兵将至，朝廷已判北界为逆窟，平倭后当首见讨伐。"（《李朝实录》宣祖修正二十五年九月丁巳）西北堡万户高敬民向该地百姓传达了明朝援朝的消息，以及李朝对咸镜道叛乱四起的态度。咸镜道离明朝辽东镇不远，知道明军的真正实力，得知明军援朝的消息后，道内人心惶惶，唯恐遭到朝鲜政府的报复。借此机会，池达源与崔配天等人，私下串联校友和相识的军官，推举郑文孚为义兵将，集结原咸镜道士兵和壮丁数百人，以前任万户姜文佑为先锋，于九月十六日进攻镜城。

此时镜城守军是之前捉捕朝鲜王子，有献城献俘的功劳，被加藤清正任命为礼伯的鞠世弼。郑文孚军突然抵达，鞠世弼来不及通知日军，亲自带人登城据守。池达源、崔配天及姜文佑等人，本是镜城当地豪族，义军士兵也多为镜城中上层良人地主，镜城叛军对日军信心不足，鞠世弼也开始犹豫不定。在郑文孚对鞠世弼晓以利害之后，曾亲手将镜城献给日军的鞠世弼，又亲手为朝鲜人打开了镜城城门，并将兵使印交还给了郑文孚。

郑文孚进城之后，下令“大小兵民，勿问旧犯”，包括鞠世弼的罪责都未追究，仍命他官居原职，指挥原有军队，并开始向周边传檄征兵。金嗣朱、吴璞等观望中的镜城各地豪强随即起兵响应。藏匿于山中的钟城府使郑见龙、庆源府使吴应台、庆兴府使罗廷彦、高岭佥使柳擎天、军官吴大男等，陆续赶来投奔郑文孚。郑见龙为三品官职，郑文孚要将义军权转交给他，但郑见龙惧不敢受，镜城地方豪族也并不服郑见龙。郑文孚只得继续以六品官职率领3000名义军，任命高岭佥使柳擎天为先锋，率领义军骑兵部队。吉州日军得到镜城被义军占据的消息，派遣100余名士兵前来探查，在城西被姜文佑等人击退。（《李朝实录》宣祖修正二十五年九月丁巳）

这是咸镜道第一次有组织的大规模义军活动，以低级文官郑文孚为首，由逃亡的各地在职、离职官员，地方豪族，前叛军组成。在《朝鲜国租税牒》这等“仁政”之下，过得比在李朝苛政之下还惨的咸镜道百姓纷纷响应起兵。

十月中，咸兴武官柳应秀、李惟一乘势而起，在咸兴以北高迁社起兵。会宁儒生申世俊起兵，斩杀鞠景仁，咸镜道随即大乱，给兵力本就不足，只能屯驻于城镇的日军带来不小的困扰。“国中之庶民，初虽随日本之号令，纳产贡勤，后归朝鲜之旧令，辞恒居，串山野，横干戈，事弓箭。”（《李朝实录》宣祖修正二十五年十月丁亥；《是琢日记》）

咸镜北道除了安边加藤清正本部，以吉州驻军最多。十月三十日，郑文孚领3000余名义军进攻吉州，临行前，以国贼尚在阵中为由，擒斩鞠世弼等13人，掌握了原叛军的兵权。当时屯居吉州的加藤清兵卫，正在扫荡吉州周边村社，其中一股在劫掠明川海仓。

十一月十五日，郑文孚占据吉州城东五里的长德山，在山西预设伏兵，待回城日军围山放枪之际，以骑兵击散日军阵形，将其赶入涧谷中。谷口伏兵乘势开炮射击，将这股日军阻截于谷内，随后大军云集，将其包围。

当晚大雪，气温骤降，御寒被服不足的日军不能再战，次日被斩杀600余人，吉州日军8名守将之一山口与三右卫门战死。而驻扎在吉州的日军不过1500人，此战损失的兵员已超过1/3，只得闭城死守，以火绳枪抵御朝鲜人。不过，朝鲜军队火力处于劣势，也只能四面围困城池。(《李朝实录》宣祖修正二十五年十月丁亥)

从加藤清正的《高丽国出阵武者备定》来看，实际动员达12604人的加藤清正部，有武士728人，铁炮1820门，弓256张[①]。如按此比例，驻扎在吉州的日军中，有武士87人，火绳枪216杆，弓5张。长德山之战后，人员损失超过1/3的守军，火绳枪的实际数量应该在130杆左右，却让兵力多达3000人的义军无可奈何。由此可见，即便是在以精兵闻名的北道，朝鲜人的攻坚作战能力也并不强大。在野战方面，朝鲜以能随意出动200名以上骑兵的优势，压制了不过几十名骑马武士。咸镜道义军凭借骑兵优势，给在野外征粮的日军小股部队带来极大的威胁，迫其只能困居于各大城寨，严重打击了需要就地征粮的第二军在咸镜道地区的后勤，令其“炊饭以大豆，汁亦煮大豆”(《是琢日记》)。

朝鲜的义军活动此起彼伏，但除了在南方首义而亡的高敬命等人，义军开始频繁活动，是在明军进行军事干预之后。人数众多的南道早期义军组织，在日军的剿杀和朝鲜地方政府的背叛下迅速败亡，残存的小股义军如郭再祐，被朝鲜视为叛逆。明军入朝之后才兴起的咸镜道义军，在朝鲜人的长期宣传里给加藤清正带来过惨重的损失，实际上，加藤清正占据咸镜道之时虽然活动大为受限，却未失一城。吉州只有不满千人的日军驻守，朝鲜义军久围不下，在加藤清正出动1500人前往救援之后，失去人员优势的郑文孚部5000名义军，在同日军交战中三战三败，退守镜城。(《李朝实录》宣祖二十六年一月丙寅，宣祖修正二十六年一月丙辰)

---

① 参见日本八木书店出版发行的《续群书类丛》第二十三辑，第449—454页。

朝鲜的义军运动给日军在占领区的后勤和管理带来了不小的麻烦，但大部分作用有限。战绩最好的咸镜道义军，其前身主要是当地叛变的朝鲜军队，是因惧怕明朝出兵后遭到报复才成为“义军”的。明军入朝的消息传至咸镜道之前，在喜迎“王师”的气氛下陶醉不已的加藤清正，特意在九月二十日写信给在平壤的小西行长，夸耀他治下的咸镜道平安祥和。①郑文孚确认加藤清正撤离咸镜道之后，回到镜城的第一件事，就是遣散所有义军（《李朝实录》宣祖修正二十六年一月丙辰）。义军最大的战果，是朝鲜宣祖二十五年（1592）十月，一小股不知名的义军伏杀了在水原城附近“鹰狩”的三木城主中川秀政。这是整个朝鲜役中被杀死的日军级别最高的领主。

以庆尚道为例，在朝鲜宣祖二十六年（1593）正月，全道有义军12000人，官军65000人，合计77000人（《李朝实录》宣祖二十六年一月丙寅），分布于洛东江一带，但对战局的影响微乎其微。②义军兵力占庆尚道全军不足16%，但没能给日军在当地的军事行动带来太大影响。祖承训进攻平壤之后，八月，在宇喜多秀家、黑田孝高的召集下，诸将集结于汉城③，当时道内的交通线上日军各地驻军人数并不多，多不过100余人，少不过三四十人（《征蛮录》卷三），但朝鲜义军和朝鲜官军都没有取得什么战果。日军再次南下之后，在庆尚道内的总兵力依旧不多，但一路反攻直至晋州城，出动兵力为20000余人，仅占登陆总兵力的约1/8。

下表为朝鲜宣祖二十六年（1593）一月十一日朝鲜军队总数。（《李朝实录》宣祖二十六年一月丙寅）

---

① ［日］贯井正之：《丰臣政权的海外侵略与朝鲜义军研究》，青木书店，1996年，第197—198页。

② ［日］贯井正之：《丰臣政权的海外侵略与朝鲜义军研究》，青木书店，1996年，第108页。

③ ［日］贯井正之：《丰臣政权的海外侵略与朝鲜义军研究》，青木书店，1996年，第105页。

京畿道（兵力：19300人，内义军5600人）							
身　份	姓　名	所在地	兵　力	身　份	姓　名	所在地	兵　力
全罗道节度使	崔　远	江华府	4000人	京畿道巡察使	权　徽	江华府	400人
京畿道倡义使	金千镒	江华府	3000人	义兵将	禹性传	江华府	2000人
全罗道巡察使	权　栗	水原府	4000人	驻扎防御使	高彦伯	扬州	2000人
驻扎义兵将	李　轶	杨根郡	600人	驻扎京畿巡察使	成　泳	骊州	3000人
驻扎助防将	洪集男	安城郡	300人				
忠清道（兵力：约10800人，内义军约5000人）							
身　份	姓　名	所在地	兵　力	身　份	姓　名	所在地	兵　力
忠清道节度使	李　沃	稷山县	2800人	官军		平泽县	约3000人
义军		各地	约5000人				
庆尚道（兵力：77000人，内义军12000人）							
庆尚左道				庆尚右道			
身　份	姓　名	所在地	兵　力	身　份	姓　名	所在地	兵　力
庆尚左道巡查使	韩孝纯	安东府	10000人	庆尚右道巡查使	金诚一	晋州	15000人
庆尚左道节度使	朴　晋	蔚山郡	25000人	庆尚右道节度使	金时敏	昌原府	15000人
义兵将	成安义	昌宁县	1000人	义兵将	郑仁弘	陕川郡	3000人
义兵将	辛　碑	灵山县	1000人	义兵将	郭再祐	宜宁县	2000人
				义兵将	金　沔	居昌县	5000人
全罗道（兵力：25000人，内水军15000人）							
身　份	姓　名	所在地	兵　力	身　份	姓　名	所在地	兵　力
全罗道左水使	李舜臣	顺天府	5000人	全罗道右水使	李亿祺	顺天府	10000人
措备军		各地	10000人				
咸镜道（兵力：10200人）							
身　份	姓　名	所在地	兵　力	身　份	姓　名	所在地	兵　力
咸镜道节度使	成允文	咸兴府	5000人	镜城府驻扎评事	郑文孚	镜城府	5000人
驻扎别将	金友皋	安边府	100人	助防将	金信元	安边府	100人

续表

江原道（兵力：2000人）							
身 份	姓 名	所在地	兵 力	身 份	姓 名	所在地	兵 力
江原道巡察使	姜 绅	麟蹄县	2000人				
平安道（兵力：15300人，内义军300人、水军300人、射手1553人、炮手50人）							
身 份	姓 名	所在地	兵 力	身 份	姓 名	所在地	兵 力
平安道节度使	李 镒	顺安县	4400人	平安道左防御使	郑希云	法兴寺	2000人
义兵将	李 柱	平壤东	300人	招募官	曹好益	平壤东	300人
平安道右防御使	金应瑞	龙岗县	7000人	驻防将	李思命	龙岗县	1000人
舟师将	金亿秋	大同江	300人				
黄海道（兵力：8800人）							
身 份	姓 名	所在地	兵 力	身 份	姓 名	所在地	兵 力
黄海道左防御使	李时言	黄州	1800人	黄海道右防御使	金敬老	载宁郡	3000人
黄海道左巡察使	李廷馣	延安府	4000人				
以上八道兵员合计：168400人（原文合计172400人，内有4000人未说明将领及驻屯地，疑为义州）							

照搬初唐兵制的朝鲜，对中唐府兵瓦解之后，各地将领自立藩镇的历史清清楚楚，日军是头号大敌，那么次要敌人就是各路义军。绝大多数义军将领的出身，是持不同政见的官员、乡吏、庶子、僧侣、商人、工匠等贱民，在朝鲜森严的身份等级制度以及疯狂的党争倾轧之下，他们并没有太大的空间发挥才能。据朝鲜在1593年初统计的军额，即便将咸镜道内兵力全划为义军，全国也仅有33100名义军，尚不足全国兵额的1/3。兵力有限且处处受制的义军，能否如后世朝鲜历史研究者所说，即便明朝援军不来，也可将日军赶下海，便是“智者见智”了。

万历朝鲜役中，李氏朝鲜的所谓亮点，除了名不副实的义军，还有一个代表性的军种朝鲜水军，以及水军将领李舜臣。说起李舜臣，一般第一反应是朝鲜龟船，但龟船并非李舜臣首创，“上过临津渡，观龟船、倭船相战之状”，“龟船之法，冲突众敌，而敌不能害，可谓决胜之良策”。（《李朝实录》太宗十三年二月甲寅，太宗十七年七月辛亥）朝鲜龟船是针对倭船设立的。龟船所依托的朝鲜水军，在编制、技术、武备乃至规模上，均远远超过当时的日本水军。（《磻溪随录》卷二十一、卷六十四至卷六十六）

宣祖十五年水军兵额（在册束伍诸色）			
地　区	兵　　员	地　区	兵　　员
汉城府	无	京畿道	26812人
江原道	5866人	忠清道	20142人
全罗道	27082人（水军2288人）	庆尚道	35232人
黄海道	14182人	咸镜道	14712人
平安道	14501人	济州岛	3400人（水军372人、保704人）
总兵额：161929人			

战争爆发前，朝鲜水军在册兵员高达16万人，规模十分庞大，但朝鲜水军大致是一兵三保制，在职军人只有1/4，即40000人。水军施行的也是府兵制度，人数上又要分二运，每运再分三番，日常兵员就更少了。16世纪末，朝鲜军舰为近海平底桨帆船，需要大量的桨手，因此，在和平年代，一个编制600人的水军万户镇，要分出300名桨手以备临时征调，剩下300人作为常备人员，细分为二运，每运150人，分为三番，每番不过50人。在十一月至次年正月，600人编制的在营兵员仅维持在30人，除了水操（三日至六日），其他日子只有60人。也就是说，兵额600人的一个水军营地，除了水操时动员一半和战时全额动员，平常只有总兵额的5%～10%。（《磻溪随录》卷二十一）

朝鲜水军若要发挥实力，仅仅依靠日常在番人员是完全不够的。以庆尚道为例，遭遇突袭的庆尚道水军，在这种府兵轮番编制之下，全道在番兵员不过两三千人。当时庆尚道水军将领元均在仓促之下，只得将港内的大部分军舰凿沉，仅带几条船逃走。败退原因并非胆怯畏战。在整体战略判断失误之下，元均部以日常战备维护中10%兵员的朝鲜水军、七八艘战船，直面汹涌而来的有700余艘舰船的日本大型船队，显然无异于以卵击石。

日本职业水军的弱小，给了朝鲜水军宝贵的动员时间，这也是几十天后李舜臣、元均部取得玉浦之战胜利的原因。李舜臣、元均部出兵时的舰队规模——板屋船28艘、挟板船17艘，鲍作船46艘，非常庞大。以板屋船为例，一艘板屋船有沙工橹格80人、炮手射手77人（《磻溪随录》卷二十一），合计157人。那么，舰队仅板屋船的人员就多达4396人。挟板船、鲍作船共63艘，以“大猛船一只之材，可作小船（鲍作船）三四”“大猛船一只八十人”（《李朝实录》燕山君三年八月丙戌，中宗二十四年五月乙卯）来看，此类小型军舰也有20人左右，那么共有1000余人。日本水军总共才9200人，朝鲜水军一次出动超5000人，且攻击的是日方后勤运输船，焉有不胜之理？

李舜臣像

玉浦之战后，日本水军开始向巨济岛以西迫近。朝鲜宣祖二十五年（1592）五月二十七日，10余艘日本战船出现在泗川、昆阳等地。元均一面退往露梁，一面与李舜臣相约。五月二十九日，李舜臣率战船23艘、龟船1艘，与元均的3艘战船会合，合击在泗川的日军。这是李舜臣的龟船第一次正式登场作战。此时的龟船，是嘉靖年间朝鲜人以通倭唐船学习引进的板屋船为基础，在楼船顶层加装顶盖而成。顶盖密布铁钉，以防敌军接舷跳帮，其作战思路是冲击敌方阵形，以舰炮尽可能扰乱敌舰，给后续的己方战船创造作战机会，其作用类似突击队。朝鲜水军抵达泗川郡邑南面船津里外洋面时，占领此地的日军士兵有400余人，在岸边山顶列长蛇阵（一字横队），山下泊列楼阁状日船12艘，与朝鲜水军对峙。

状如楼阁的船，就是在舱面起楼的军舰，主要是日本“战国”末期船型中的大型安宅船和中型关船。安宅船与朝鲜板屋船大小相当，如果是12艘安宅船，不可能只有兵员400余人。后来李舜臣描述冲击日舰时，说“汐水将至，渐司容船”，可见日舰吃水明显低于朝鲜船，所以，这十二艘军舰应该是关船或小早船。12艘中小型船只，自然无法与27艘安宅级的朝鲜大型军舰进行水战。日军弃舰登山，以陆制海，此时为落潮期，朝鲜板屋船不能靠近日舰，弓箭射程不够，只得佯装撤退，以引诱日本水军出击。

朝鲜军舰在涨潮前夕开始后退，退不及一里，山顶的日军便分出一半，前往船泊地，以一半人登船，一半人据守海岸。朝鲜水军乘涨潮之际，攻击日本舰船的泊地，与山顶、岸边、军舰上的三部日军对射。日军兵力才400多人，拥有火绳枪不过几十杆，还要分成三部分，而登舰百余人还要再分为12组，一船最多两三杆火绳枪。这种火力自然不敌拥有各型舰载炮的朝鲜水军。在船只大小和舰载火力全面劣势的情况下，日军船只被尽数击毁。但李舜臣在战斗中被火绳枪击中，弹丸自左肩贯穿后背。击败日本水军之后，朝鲜水军撤离战场，停泊于毛自郎浦。（《忠武公全书》卷二）

龟船

六月一日，朝鲜水军在蛇梁洋面休整，次日辰时听闻有日舰在唐浦停泊，就发船前往唐浦，于巳时抵达。唐浦的日军士兵有300余人，为龟井真矩（龟井兹矩）部，一半在城中，一半在城外的岸上居险防守。日舰有21艘，其中有“大船一只，大如板屋船”（《乱中日记》），从大小和船型来看，显然是一艘安宅船，可能为龟井真矩座舰。朝鲜先以龟船舰首玄字铳筒炮击安宅船，然后以天字铳筒射大将军箭，击穿日舰船体。随后而来的朝鲜战船用片箭和大中型胜字铳筒集中射击，日军则以火绳枪还击。

交战中，安宅船上的日军指挥官额头中箭，面不改色，仍带伤指挥，其后被一箭贯胸，落海毙命，日军随即士气崩溃，残兵弃船登陆。大获全胜的朝鲜人搜索日舰，李舜臣部将李梦龟在安宅船上搜到丰臣秀吉赐给龟井真矩的团扇一柄。在朝鲜人放火焚毁日舰之时，有从釜山方向来的20余艘日舰，远远望见朝鲜舰队，退往介岛方向。（《忠武公全书》卷二）

六月三日，朝鲜水军向介岛前进，而日军船队早已连夜离开。李舜臣想前往固城，但认为目前只有26艘板屋船，兵力单薄，于是停留一天等待援军。四日中午，全罗道右水使李亿祺率战船25艘，前来与李舜臣会合，朝鲜水军战船增至51艘，士气大振。五日，朝鲜水军自凿梁浦出发，往巨济岛西南方向搜索日军，听闻巨济岛的日舰已退往固城唐项浦，随即前往堵截。

因当日海上起雾，朝鲜船队抵达海口10里之处时，日军船队还未发觉朝鲜人已至。朝鲜军舰鱼贯入浦口，将日本水军堵截在唐项浦内。这支日本船队有33艘船，内有安宅船1艘、关船12艘、小早船20艘（《乱中日记》）。船上旗帜为黑色，上面有“南无妙法莲华经”七个白字，这是加藤清正的旗帜，所以唐项浦内的应是加藤清正所属的运输船。李舜臣下令以龟船为前导，直抵安宅船附近，以天字、地字铳筒炮击日舰，而后板屋船逼近，用火箭焚毁安宅船。辎重队碰上正规军，且实力悬殊，日军溃散登陆，船只大多数被焚毁。（《忠武公全书》卷二）

六日拂晓，100多名日军士兵登上朝鲜水军故意留下的一条船，驶出唐项浦，被埋伏已久的防踏佥使李纯信突袭，李纯信先以地字、玄字铳筒炮击，然后以弓箭和蒺藜炮等轮番射击。为防日军士兵跳海登岸，李纯信用铁钩将日舰拖向外海，途中有半数日军士兵跳海。朝鲜士兵登舰之后，日军将领拒不投降，持刀与其同党8人，和李纯信部死战。李纯信弯弓接连射中该名日军将领10余箭，对方失声坠海，余党被尽数歼灭。（《忠武公全书》卷二）

七日午时，朝鲜水军开至永登浦前洋，日本来岛通久率大船5艘、中船2艘，自栗浦出，退往釜山方向。当时朝鲜船与日船相距5里，风向又为逆风，双方均划桨前行。日舰适航性不如朝鲜船，眼看要被朝鲜船追上，迅速将重要文件物品投入水中。日舰随后被朝鲜人焚毁。栗浦之战后，朝鲜水军四处搜寻日舰，直抵加德岛。加德岛以西日船为之一空。李舜臣与李亿祺商议后，以兵粮已尽，士卒困怠，亦多战伤为由，于六月十日解散联军，各归泊地。

朝鲜水军以绝对的兵力和船只优势，首次确立了李舜臣的“不败”名望。从这几次水上作战可见，李舜臣用兵谨慎：泗川、唐浦之战，李舜臣均是以四五千人攻击日方三四百人，且避免登岸；泗川水战时，朝鲜不算船型和火力的绝对优势，作战人员也是日方的50倍以上，在不能确定绝对优势的情况下，李舜臣宁可放弃攻击相距不过5里，仓促退往介岛的日军20余艘船，也要等李亿祺的战船到来，使日船得以逃脱。虽然李舜臣用兵过度谨慎，但还是给日军带来了不小损失。《高丽船战记》记录，日本水军将领来岛通之，大约是在唐浦、唐项浦或栗浦之战中身亡的。[①]不过，10天便已粮尽的李舜臣、李亿祺、元均，并不能挟胜东进，进一步扩大战果。

朝鲜水军的活跃引起了日军的注意。日方水军将领胁坂安治，不久前在龙仁之战中对朝鲜军取得了胜利，听闻朝鲜水军在庆尚道表现活跃，立即南下回归水军，于六月十九日抵达熊川。六月二十三日，丰臣秀吉听闻水军战

---

① ［日］宇田川武久：《日本的海贼》，诚文堂新光社，1983年，第230页。

败，也向“船手众”发布命令，下令九鬼嘉隆、加藤嘉明、胁坂安治组建联军，进攻朝鲜水军。（《胁坂记》）这支船队人数达3750人，是一支专门用于水上作战的部队，这支部队联合陆军水陆并进，向全罗道进发。[①]

李舜臣探知日本水军自加德、巨济岛发船，或10余艘船，或30余艘船一个编队，出没于全罗道锦山境试探朝鲜水军，就与李亿祺、元均相约于七月六日在昆阳境南海露梁会合。此次出兵，李舜臣部板屋船23艘（24艘）、李亿祺部板屋船25艘、元均7艘，合计55艘（56艘）板屋船，仅板屋船兵力已近9000人。七日，海面刮起东风，风大不能行船，在固城境唐浦停泊。傍晚之时，水军士兵登岸砍柴取水，在山中避乱的弥勒岛牧人金千孙见登岸士兵为朝鲜人，就向李舜臣紧急报告：日军大小军舰70余艘，已于未时抵达固城半岛和巨济岛中间的见乃梁海峡。

七月八日清晨，朝鲜水军准备进攻在见乃梁的日军，李舜臣以见乃梁地形狭窄，暗礁众多，板屋大船运转不便，且方便日军水兵登陆为由，将作战场地预设在水面宽阔的闲山岛洋面。李舜臣先派出五六艘板屋船作为前锋，佯攻见乃梁的日军泊地，引诱其驶出见乃梁海峡。日军探哨发现大船一艘、中船一艘，知是朝鲜水军前锋，掉头返回见乃梁泊地报告。朝鲜水军前锋逼近见乃梁泊地，日本以大船36艘、中船24艘、小船13艘列阵迎战。战斗开始不久，朝鲜水军前锋佯装败退，向闲山岛洋面撤退。

见乃梁日军为胁坂安治部。胁坂安治在龙仁之战后轻视朝鲜军，撇开九鬼嘉隆、加藤嘉明单独出兵，眼见朝鲜军船逃离，不疑有他，下令全军追击至见乃梁以南3里处的闲山岛洋面。等候多时的朝鲜水军主力列鹤翼阵，将胁坂安治部包围，并以地字、玄字铳筒，击沉3艘日舰，乘日军士气大跌，集中火力突击其指挥船，共击沉、俘获日军大船35艘、中船17艘、小船7艘，未陷入重围的日军大船1艘、中船7艘、小船6艘败退金海。胁坂左兵卫、

① ［日］宇田川武久：《日本的海贼》，诚文堂新光社，1983年，第235页。

渡边七右卫门战死。真锅左马允率200余人逃至闲山岛后，在岛上切腹自尽，真锅氏为濑户内海淡路岛的豪族，是中世以来日本海贼的代表性人物。

九鬼嘉隆、加藤嘉明部日军自七月七日率领大小军舰40余艘，从釜山出发，于八日抵达加德岛，听闻胁坂安治惨败，于九日转移至安骨浦。日军舰队动向被朝鲜探哨船得知，回报闲山岛朝鲜军，此时天色已晚，且风向不利，全军暂停于巨济岛。十日，李舜臣部列鹤翼阵行进，元均部水军列其后，抵达安骨浦外海。日本船队有大船21艘、中船15艘、小船6艘，在安骨浦泊碇，其中有三层楼阁者一艘、二层楼阁者两艘。其中三层楼阁之船，应为大名九鬼嘉隆所造"日本丸"，为日本水军旗舰。

李舜臣以日军舰队列阵之地洋面狭窄，退潮则露出陆地，板屋船不便驰骋，再三引诱日军前出。之前李舜臣多次引诱日军前出泊地，引军包抄，所以此次作战中，九鬼嘉隆下令坚守不动。朝鲜水军只得轮番冲击日舰，并以天、地、玄字铳筒炮击日军船只，而后李亿祺部伏兵赶来助战。双方从8时战至18时，皆有损伤，日军旗舰"日本丸"多处受损，帆柱被炮弹击断。李舜臣见不能轻易取胜，暂退。当晚，九鬼嘉隆及加藤嘉明退往釜山，朝鲜水军四处搜寻，得知梁山、金海仍有日舰百余艘。十一日晚，李舜臣、李亿祺及元均泊碇天城堡，以示久驻，然后连夜退兵至闲山岛。

失去船只的胁坂安治部200余人，被困闲山岛，以松针、海藻为食，李舜臣以他道客兵军粮已尽，向元均建议饿死闲山岛日军后，与李亿祺一起回归全罗道。七月十四日，丰臣秀吉得知闲山岛大败，下令胁坂安治在巨济岛筑城，与九鬼嘉隆、加藤嘉明共同守卫。十六日，又命藤堂高虎携带大型火绳枪300杆及相应弹药，分布沿海各地，并派羽柴秀胜部前往与水军策应，集中水军布防在巨济岛至釜山一带沿海要冲。兵力单薄的元均部水军，听闻日本水军再次前出，只得撤离闲山岛。被困孤岛13天的真锅左马允残部，伐木做筏逃离闲山岛，经巨济岛返回金海。(《忠武公全书》卷二;《胁坂记》)

朝鲜水军以近万人的绝对兵力优势，对在沿海活动的日本水军取得了一

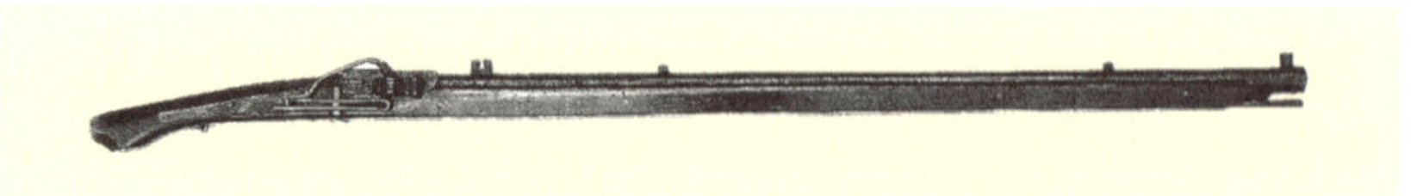

庆长时期大铁炮　无铭　全长177厘米　口径2.1厘米

毛利高政大铁炮“阎魔王”　28匁5分玉　全长277.9厘米
铳身长201厘米　口径2.5厘米（个人藏品　佐伯市教育委员会保管）

连串胜利。但值得注意的是，朝鲜水军对日本水军的碾压态势，多是日军士兵只有三四百人的状态下取得的，即便是闲山岛大捷，胁坂安治部也仅有1500人，且过半突围而出，第二年五月进攻晋州城之时，胁坂安治部仍有兵员900人。因此，就算胁坂安治部人员伤亡均集中于闲山岛一役，朝鲜水军以超过8600人的兵力，围歼1500人，在船只、火力、人员的绝对优势下，只消灭了600名日军士兵。待到安骨浦之战，共2250人的九鬼嘉隆、加藤嘉明部，与为其4倍兵力的朝鲜水军交战达10个小时，最后全身而退。在这一系列战斗中，朝鲜水军作战周期不过10天左右，动辄便是粮尽退兵，在武器装备全面占优，兵力是日方的四五倍乃至数十倍的情况下，战果仍不大。

连番胜利的李舜臣，与李亿祺一起整顿全罗道水军，将兵力扩至战船74艘、挟船92艘。八月一日，庆尚道巡察使金睟，称日军在连番战败后，在梁山、金海等地搬运物资，准备逃离。李舜臣之前也上报了水战战绩，急需胜利战果来冲刷连败耻辱的李昖大喜过望，于八月十六日褒奖了朝鲜水军

（《李朝实录》宣祖二十五年八月癸卯）。朝鲜水军认为日军准备逃遁，打算进一步扩大战果，与元均部相约一同进攻。

八月二十四日，全罗道水军集结出发，经南海观音浦，在二十五日抵达蛇梁，与元均部会合，一同抵达唐浦。二十六日夜，风雨大作，朝鲜水军避开日军的岗哨，潜渡巨济岛，于二十七日抵达熊川。二十八日，朝鲜探哨回报，固城等地的日军已撤离，为防军情泄露，朝鲜水军直奔梁山、金海，在探明洛东江外海有大量日舰出没且有逃离迹象后，于二十九日清晨前往追堵。朝鲜水军抵达长林浦之时，30余名日军士兵正分乘大船四艘、小船两艘，从梁山出海，望见朝鲜水军之后弃船登岸回城。李舜臣不愿冒险进入洛东江，便退回加德岛北部，当晚与李亿祺、元均商定于九月一日进攻日本水军大本营釜山浦。

经过一天休整，朝鲜水军于九月一日出发，前往釜山，中途发现花樽龟尾处有日军大舰5艘，多大浦前洋有日军大舰8艘，西平浦前洋有日军大舰9艘，绝影岛有日军大舰2艘。三道（全罗左、右道，庆尚右道）水军仅全罗两道便有板屋船74艘，兵员11618人。而据李舜臣描述的长林浦日舰，大船4艘、小船2艘的人员总共才30余人。此处日舰总共24艘，即使以30人一船为标准，日军水兵总共才720人，自然不是朝鲜水军的对手。

朝鲜水军一边围剿这24艘“大船”，一边派出小船前往釜山浦侦察日本水军动向，探知日军大小船共有500余艘，在釜山岸边泊列。李舜臣召集李亿祺、元均商议，“以我兵威，今若不讨还师，则贼必生轻侮之心”，给这场战斗定下了基调。意思就是现在日军兵力集中，难以全盛，但不打又怕被日军轻视，所以决定先打一仗，展现实力之后见好就收。于是，李舜臣以鹿岛万户郑运龟船为先导，与李彦良、李纯信、权俊、申浩等船作为前锋，其余各部军舰随后跟进，全军齐出，进攻釜山浦。

朝鲜水军先撞沉了在釜山外海的日本4艘警备船，乘胜击鼓扬帆，列长蛇阵直抵港口。日军在釜山镇城东5里海边的一座山下，分三部停泊大小船只470余艘。朝鲜水军进逼阵前，日军持火炮、火绳枪及弓箭登山，居高临下，分列为6个阵地，将这座山作为主要火力点，与釜山镇城内的日本守军及沿岸的泊碇战船一起发起反击。日军大量使用片箭、轻型火炮、中型射石炮，多次命中朝鲜军舰。朝鲜军舰以天字、地字铳筒等火器，以及铁弹、将军箭、皮翎箭等进攻。朝鲜水军在击毁、撞沉了100余艘日本船后，试图靠岸登陆，日军自釜山镇内外出动骑兵列阵以待。以当时日军骑兵的比例来看，应有四五百骑。

朝鲜水军缺乏骑兵，不愿冒被日军骑兵冲击的危险登岸。天色渐晚，朝鲜水军以全军直抵釜山，为防背后金海等地的日军前来支援，遭到前后夹击，就收兵回程，于三更抵达加德岛。釜山浦之战，朝鲜方战报击沉日舰100余艘。若以150艘船，一船30人计，日军损失4500人。若以100艘船计，也损失了3000人。但对比第二年“船手众”的战损（见221页“船手众”战损表），这个数字并不准确。若以泗川、长林浦等日军水陆作战态势来看，日本水军在依托海岸作战时，部分兵员会登陆，留船作战人员为10人左右，而相当部分日军在沉船之时游泳登岸逃离，所以，此战日军的损失在数百人较为合理。

此次釜山之战，给日军带来的伤亡，实际上超过闲山岛等战斗，但未见朝鲜大肆宣传，原因大概是未曾以压倒性优势击败日军，而朝鲜水军本身的损失也难以忽略。在战斗之中，日军方面出现了片箭如雨，射击朝鲜军船的现象，意味着有成建制的朝鲜兵投效日军。而缴获军械中，有朝鲜地字铳筒两门、玄字铳筒两门、大碗口铳一门。战斗中多次命中朝鲜军舰的弹丸，李舜臣亲述其“大铁丸大者如木果者，或放水磨石大如钵块者”，“木果”尺寸多在2.5～3厘米，“钵块”尺寸多在5～20厘米，现存朝鲜时代的常用钵尺寸多在14～18厘米。结合庆长年大铁炮口径数据，16世纪末至17世纪初，日军装备的大口径火绳枪口径，即为李舜臣所谓日军弹丸如“木果”大小。大铁丸可以说是日军原有大型火绳枪或小型火炮射击，

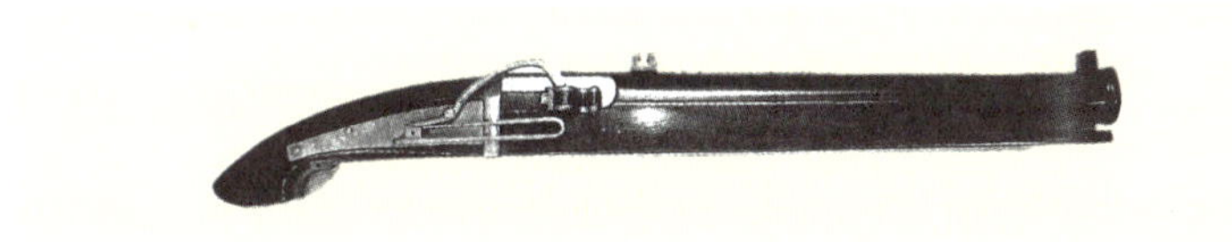

宽永年50匁玉大铁炮　铭：江州國友甚兵衛有政　全长135厘米　口径3.2厘米

但中口径的射石炮明显为朝鲜的原有装备火器。龟船在此战中也受到较大的损害，前锋龟船将鹿岛万户郑运在作战中被大铁丸击中头部阵亡。因此，相较优势明显的闲山岛海战，釜山海战确实不适合大肆宣扬。（《忠武公全书》）

下表为日本天正二十年（1592）卯（四）月廿六日秀吉朱印状中，负责维护壹岐—对马航线上部分日本“船手众”的船只数量，以及结合“船手众”兵力计算出的船均载员数。（《秀吉与桃山文化·大坂城天守阁名品展》图录）当时日本水军一船载员二三十人，远比不上朝鲜板屋船一船载员157人。两者实际战斗力相差甚远。

官　职	姓　名	兵力（人）	船数（艘）	比　例（人/船）
九鬼大隅守	九鬼嘉隆	1500	70	≈21.43
胁坂中务少辅	胁坂安治	1500	80	18.75
加藤佐马助	加藤嘉明	750	25	30
	来岛通之 来岛通总	700	5	140

下表出自《浅野家文书》。即便日本“船手众”战死、伤病全是朝鲜水军所为，在长达一年的作战中，减员人数也只有3740人。

大　名	出阵人数	三月十日	损　兵	折损率	五月二十日	损　兵	折损率
九鬼嘉隆（船大将）	1500人	1000人	500人	33.33%	834人	666人	44.4%
藤堂高虎	2000人	1400人	600人	30%	1473人	527人	26.35%
胁坂安治	1500人	1000人	500人	33.33%	900人	600人	40%
加藤嘉明	750人	500人	250人	33.33%	314人	436人	58.13%
来岛通之、来岛通总	700人	450人	250人	35.7%	570人	242人	34.57%
菅平右卫门（菅达长）	250人	160人	90人	36%	106人	144人	57.6%
桑山小藤太、桑山贞晴	1000人	700人	300人	30%	504人	496人	49.6%
堀内氏善	850人	600人	250人	29.41%	574人	276人	32.47%
杉若氏宗	650人	430人	220人	33.85%	185人	465人	71.54%
“船手众”总兵力	9200人	6240人	2960人	32.17%	5460人	3740人	40.65%

朝鲜水军在战争中的作用被明显夸大了。虽然朝鲜水军抑制了日军在南部沿海的小规模活动，但“不败”的朝鲜水军和“不灭”的李舜臣将军，在兵力、武备全面占优势的情况下，没能封锁侵朝日军的核心生命线釜山—对马—名护屋航线哪怕一天。

第十二章

大明辩士沈惟敬

明军援朝给日军带来了极大的压力，也鼓舞了士气低落的朝鲜人。突袭平壤的明军虽然战败，但少量明军就能轻易突破平壤的城防工事，直抵日军在城内的驻屯营地。在作战中，明军一直保持对战场进出通道的有效控制，能在战况不利时迅速撤离，随后挑选有利地形，建立防御据点，以收容掉队士兵，败退后犹能冒风雨露宿两日。相比大同江朝鲜军夜袭作战，朝鲜兵勇则勇矣，但进退无措，虽在短时间内建立滩头阵地，但无后续军队支援以扩大战果。当战况不利，渡江部队无船只接应撤离，最后只得各自哄散，反而暴露了大同江上的浅滩通道。明军先胜后败，但人员损失不大，败而不乱，撤退井然有序，明军的战斗力和组织能力明显远高于朝鲜军。

"七月天兵败归后，贼曰：'孰云天兵无勇？胜负在天。今虽败归，其实甚勇难当云。'"（《李朝实录》宣祖二十六年二月丙午）在明朝的军事压力下，日军被迫暂停消灭朝鲜王室的计划，开始加强占领地域内大城市的防御及保持主要交通线的畅通。日军闪击朝鲜，战果辉煌，但速胜也导致战线太长，为了保证进攻的突然性，日军在战争前期放弃了对前进路线侧翼的压制。当日军被迫在平壤停止西进后，因明军参战而开始活跃的原朝鲜官军和两班私军，给日军的侧翼、后方带来了不小的压力，使后续日军之后无法再以少量兵员轻易占领城市及维持占领区治安。

平壤的日军不再前出，原本被放弃的城池陆续回到朝鲜人手中，朝鲜借此机会开始重建军队，李元翼等人在顺安召集了千余名精锐士兵，防御使金应瑞、别将朴命贤等召集龙冈、三和、甑山、江西沿海都邑府兵10000余人，沿路建立了20多个军营，逼近平壤城西。朝鲜人还在平壤城外屡屡击杀出城的日军小股部队，而日军一直未出城反击。别将金亿秋率领平安道水军，占领大同江口，别将林仲梁也率领2000名士兵，筑垒屯居以示固守望。（《李朝实录》宣祖二十五年八月戊子）

朝鲜军重组初见成效，但府兵制下的征兵和军粮有时效期限，加上朝鲜在一系列反击作战中的小规模胜利，刺激着朝鲜政府想要取得更大的胜利——收复平壤。收复平壤，一来可以拿回平壤官仓的10余万石粮食以补充国库，二来可以在平安道府兵免费征召期限内节省开支，三来可以改变不利的战争态势，顺便向明朝展示军队战斗力。但朝鲜府兵的战斗力毕竟有限，在都元帅金命元、巡察使李元翼、巡边使李蘋的指挥下，10000余名朝鲜兵于七月二十九日，兵分三路进攻平壤，遭到日军反击，只得怏怏退回原地。（《李朝实录》宣祖二十五年八月戊子）

刚开始以为可以速胜、力主出兵援朝的明朝兵部尚书石星，在第一次平壤之战失败后，迅速调整了对日战略。日军扬言西进，表现出不弱的战力，直面威胁的辽东沿海长达700余里，而驻军不满3000人。在宁夏之变尚未平定的前提下，石星权衡利弊，派遣沈惟敬前往朝鲜，一边安抚朝鲜，一边迷惑日军，以谈判为名拖延时间，加强登莱、天津、旅顺、淮扬等地沿海的战备，防止日军如元末明初、明中期一样从海上进攻，以免在朝鲜、中国宁夏、沿海三个地方同时作战。（《两朝平攘录》；《经略复国要编》）

明廷此时的观念，大致视朝鲜为渤海屏障，“二百年来，福、浙常遭倭患，而不及于辽阳、天津者，岂不以朝鲜为之屏蔽乎”，为了避免渤海湾一带成为前线而扰动京畿，故要借朝鲜之力共抗日本。“该国亦多发人马，在于江边，其国臣民，亦幸我兵，为其父母、兄弟报仇，乐输粟饷，自可随地资粮，况有倭奴所积者乎”，明朝希望借此时机与朝鲜联合，鸭绿江以西明朝自备粮饷，鸭绿江以东由朝鲜负责补给，共同出兵与日军作战。这样，可以节省明朝对日作战的人力、物力，也可以防止朝鲜叛明投日。

沈惟敬是浙江省嘉兴县人，浙江自古与日本相通，是嘉靖年间倭寇兴起的地方。沈惟敬对日本情况比较了解，朝廷向全国征召了解倭情之人时，沈惟敬向石星自荐，以“京营添住游击”的名义前往宣慰朝鲜。八月十七日，沈惟敬等三人携带皇赐银渡江抵达义州。李昖出义州西门，迎沈惟敬于龙湾馆大厅。沈惟敬告知李昖，明朝已发兵70万人帮朝鲜复国，还将反攻日本本土。他还告知朝鲜提学吴意龄，他要亲自去平壤向日军问责，“朝鲜礼仪之邦，本无罪过，汝何敢无名出兵，伐人之国，杀戮无辜之生灵”，“朝鲜、中国唇齿之国，汝若不为退兵，非但尽出山东（辽镇归属山东承宣布政使司）之兵，将尽发天下之兵，尽灭无遗类，期于退兵”。（《李朝实录》宣祖二十五年六月丁巳、八月甲辰）

沈惟敬安抚了朝鲜之后，自义州出发，抵达顺安，派遣一名家丁前往平壤，问责小西行长：“朝鲜有何亏负于日本，日本如何擅兴师旅？”小西行长见到文书之后，邀请沈惟敬前来面谈。沈惟敬带三四名随从前往平壤，与小西行长会面于平壤城北的降福山上。小西行长特意调集精锐士兵，陈兵于谈判场地以炫耀军力，向沈惟敬要求封贡。沈惟敬并未理睬，对小西行长称“此乃天朝地方，尔等可退屯，以待天朝后命”。小西行长向沈惟敬出示朝鲜地图，称这里是朝鲜的国土，遭到沈惟敬驳斥，“常时迎诏于此，故有许多宫室。虽是朝鲜地，乃上国界，不可留此”。沈惟敬诈许以大同江为界，并需要通报皇帝批准为由，约定50日后再谈，并以此要求日军不得出平壤以西10里，并立标志位划分日、朝两国停战界限。（《李朝实录》宣祖修正二十五年九月丁巳；《两朝平攘录》）

次日，小西行长特意派人慰问沈惟敬：“昨日，大人在白刃丛中，颜色不变，虽日本人无以加也。”沈惟敬回答：“尔不闻唐朝郭令公单骑入回纥万军中乎？我何畏尔也？”沈惟敬虽被称为市井无赖，但在万余敌军的白刃之中从容而谈，呵斥日军主帅面不改色，最终使小西行长的耀兵行为反而衬托了明使的胆色。朝鲜在外交上较为灵活，擅长选择性使用文书和传递假情报，相比之下，日本的外交行为略显幼稚。日本长期与外国断交，缺乏外交经验，在对朝鲜的一系列和谈中，贪图眼前利益，接连推翻自己的承诺，显得诚信不足。万历皇帝的使节薛藩对日军言行颇有微词：

> 职到之日，闻声言西向，观兵鸭绿，朝鲜君，彷徨罔极。幸得游击沈惟敬奋不顾身，单骑通言，约五十日缓其侵犯。然而我以此术愚彼，亦安知彼非以此术愚我乎？其人狙诈狡猾，方陷没平壤之日，则曰："欲假道复仇。"今则曰："欲假道朝贡矣。"方以不得与中国抗衡，为千古恨，又以得沈惟敬可通朝贡为幸。其倏然而为谩骂之辞，倏然而为恭逊之语，其狙诈难凭。（《李朝实录》宣祖修正二十五年九月丁巳）

明朝一边派人和谈，一边加紧进行战备，在派遣沈惟敬出使朝鲜的同时，任命兵部右侍郎宋应昌为备倭军务经略。历史上，日本对中国称臣之后，日本虽不承认，但主管丰臣秀吉外交的五山禅僧，自足利义满始，一直对中华文化十分崇拜和仰慕，他为丰臣政权起草的外交国书，便是以天朝为君、四夷称臣的华夷观，改"天朝"为"神国"而来。此时日本自称文明发源地的"神国"，但其"小日本"对"大明国"的心理弱势依旧存在。千年来根植于文化中的观念，不以丰臣秀吉企图重新确立日本国地位、将明朝蔑称"长袖之国"而转移，因此，日本一面对朝鲜出尔反尔，一面对沈惟敬之言抱有侥幸心理。

小西行长自登陆以来，在东莱、尚州、临津江、大同江，屡次试图与朝鲜和谈。其所部对马宗氏、平户松浦氏、宇久岛（五岛列岛）宇久氏（五岛氏）均为长期与中国通交的地方豪强，所在地为嘉靖倭乱时期倭寇的出发基地，其中宇久岛宇久氏领地更曾是汪直部驻地，因此，他们比其他地区的日本大名更了解中国的实力。第一次平壤之战中与明军作战过的小西行长，已了解到明军战力远胜朝鲜，更不是所谓畏惧日本人甚于畏惧死亡。沈惟敬在白刃丛中侃侃而谈，严词呵斥，加深了他对明朝的畏惧，所以他在约见沈惟敬之后长久未曾做出大的军事行动，也就不难理解了。

丰臣秀吉在朝鲜的“代理人”增田长盛、石田三成、大谷吉继，在李元翼反攻平壤之后，向丰臣秀吉报告，前往辽东的军粮征调困难，且天气日渐转冷，釜山—辽东土地辽阔，山谷众多，现在防守交通要害尚且兵力不足，占领地内叛乱四起，故请求第二年春天再讨论“入唐”之事。（《神田文书》）日军速胜之下的弊端，在其进攻势头被遏制之后逐渐显露。

朝鲜府兵制度严重败坏，但是，规模庞大的在册府兵是进行过军事组织和训练的。朝鲜虽未做到明制之下儒生也强制军事训练，但其在册的30余万府兵，大部分至少拥有一件必备武器，这件必备武器通常是弓箭。仓促应战而被打散的朝鲜军队，只是兵籍征召中的很少一部分，再加上日军对朝鲜军队多为击溃战而非歼灭战，因此，大量持有武器的朝鲜士兵散落在全国各地。日军想要维持占领区统治，面对的就是这些持有武器、身在兵籍的良人阶层中小地主。他们大部分战斗力不高，却散布在各地的田间、草丛、山谷之中，以弓箭远程攻击零散出行的日军士兵。朝鲜看重射程较远的片箭，强调日常训练，虽然为追求射程而箭矢较轻，但对盔甲质量不高、防护较弱的日军来说，已有足够的杀伤力。在这种打完就跑的骚扰战中，射程较远、发射无声无息的片箭更是得心应手。他们配合朝鲜水军反攻，迫使日军为确保交通线的安全，将庆尚道日军主力集中在釜山周边，对其他地区的控制力有所减弱。朝鲜虽然战败，但就国力而言，也是与当时的日本同等体量的国家。日军在军事上遇挫，后勤也出现困难，加上跨国远征作战导致士兵水土不服，疫病流行，甚至出现思乡厌战情绪，所以急需整顿自身以消化战果，这也在客观上促进了明、日和谈。（《黑田家谱》；《加藤光泰贞泰军功记》）

第十三章 第二次平壤之战

沈惟敬与小西行长谈判之时，以索要礼物为名，将日军现役装备如盔甲、刀剑以及火绳枪带回国内，检验其作战性能。经过对比，日军的步兵用刀要长于中国的马兵腰刀，“我兵在马上，倭兵在步下，我兵之刀短，倭兵之刀长”（《经略复国要编》），而日本称善的火绳枪，又多以小口径为主，且受限于弹药进口，发射药重量较低，射程不如中国火绳枪，“倭丸只到百余步，中原之丸可至二百步”（《李朝实录》宣祖二十五年十二月己亥）。宋应昌亲自测试了遮蔽弹丸的柔性防牌的性能，“人又谓鸟铳能击二层，尝试之矣，八十步之外，能击湿毡被二层，五十步之外，能击三层四层”（《经略复国要编》）。以明军现役的移动防御工事，搭设三层湿毡被，便可直面日军现有的远程火力，无伤抵近至50步（明制1步为1.6米，50步就是80米）的白刃冲锋距离。

“朕受天明命，君主华夷，方今万国咸宁，四溟安静。小丑，辄敢横行！”（《李朝实录》宣祖修正二十五年九月丁巳）这是明朝万历皇帝派使者薛潘发往朝鲜的敕书，天朝的天子与“神国”的日轮之子之间的战争，至此正式拉开序幕。明朝一面征调入朝军队，一面按原定计划向朝鲜下达征集粮草的命令。按明军传统标准，士兵一人每日1升5合、马一匹每日豆3升，折合朝鲜枡为粮2升7合、豆5升4合。明军向朝鲜通报的数量为士兵48585人、马26700匹，则一日所需粮为72877.5升，折131179.5朝鲜枡，合874.5朝鲜石，一日所需豆为80100升，折合144180朝鲜枡，合961.2朝鲜石。如果按朝鲜度量衡计算，入朝明军一个月需粮26235石、豆28836石。（《朝鲜实录》宣祖二十五年十月壬子）

“朝鲜王促我进兵，使者络绎于道”，在朝鲜人的不断催促下，明军正式渡江进入朝鲜，同时朝鲜国王李昖也认同了由朝鲜筹措明军粮饷，“江以西则我给饷，江以东则尔给饷，饷必给五万人，必支三月，国王许诺”（《两朝平攘录》）。但是，李昖的许诺是一张空头支票，义州至平壤直路十官（地方官仓），平壤附近三县六邑，仓储是粮51488石、豆33127石（《朝鲜实录》宣祖二十五年十月壬子），粮仅够供应入朝援军约两个月，马豆仅够月余。朝鲜一年中央岁入不过30余万石米、豆，而明军所需三个月的军粮、马豆合计165213石。朝鲜在短期内筹措军粮、米豆合计80000余石，表面上看物资准备较第一次明军入援时稍好，但是，这些物资仅仅是账本上的数字，实际上并不能满足明朝援军所需，遑论平安道内还有10000余名朝鲜府兵同样需要粮食供给。

李昖是这样对宋应昌说的：“义州以及平壤一带，见在本色米六万五千七百余石，荳六万八千四百余石，㸃草十万四千二百余石。其报，平壤以及王京一带，粮料数目亦略相同。”而明军此时已在辽阳所属各仓蓄米达122778石。朝鲜的报告，宋应昌并未轻易相信，派遣爱州管粮都司张三畏前往核准，李昖呈报的数量立刻又改为“本国自义州至平壤一带，存储粮料大小米共计四万五千五百余石，可够五万军兵四十余日支用，黄荳三万五千五百六十余石，草八万八千九十余束”。而认为朝鲜国粮仓储备齐备，可以出兵的宋应昌，于明万历二十年（1592）十二月三日，在朝鲜人的不断催促下，命吴惟忠部3000人先行渡江。十二月四日，王问、钱世桢部2000人渡江，抵达朝鲜奉报台左，并大张声势，以安抚急不可耐的朝鲜君臣并保卫粮道安全。（《经略复国要编》卷四、卷六）

明军这次援朝，本计划出兵70000人，但各地军镇并不愿将所属精锐调出，实际征调时仅以40000人为准。但这40000人仍是打了折扣的。以辽镇为例，堪称精锐的仅有李宁、张应种所属正兵1189人，此外，较有战斗力的为广前营339人、选锋右营1300人、辽阳营及开原营1534人，共3173人。

而蓟镇则“强弱相半”，渡江时蓟镇兵仅有4500人，后续到来2800人，按一半算，堪用之兵仅为3650人。其他“真保宣大皆庸贩之徒”，如赵文明部2100名马兵，为自备马匹应征的民兵。南兵中吴惟忠部为临时招募的义乌等处新兵，虽兵源地较好，有一定战斗力，但并不能称为精锐，真正的精兵仅有骆尚志的600人。在宋应昌看来，这支四处拼凑的军队中，训练有素、战斗力较强的马兵、步兵只有8612人，其余20000多人是新兵和民兵，战斗力弱于精锐战兵。(《经略复国要编》卷四)

下表为渡江时明军（不含将领及亲卫家丁）的编成：

所属	官职	姓名	部队原籍	兵种	人数
中阵（10639人）	副将	杨元			
	参将	杨绍先	辽镇广前等营	马兵	339
	都司	王承恩	蓟镇	马兵	500
	游击	葛逢夏	辽镇选锋右营	马兵	1300
	游击	梁心	真保镇保定	马兵	2500
	副总兵	任自强	大同镇	马兵	5000
	游击	高异、高策			
	游击	戚金	蓟镇	车兵	1000
左翼（10632人）	副将	李如柏			
	副总兵	李宁	辽镇正兵	亲兵	1189
	游击	张应种			
	游击	章接	宣府	马兵	2500
	参将	李如梅	辽镇义州等	营军	843
	参将	李芳春		马兵	1000
	参将	骆尚志	南兵	步兵	600
	都司	方时辉	蓟镇	马兵	1000
	都司	王问	蓟镇	车兵	1000
	游击	周弘谟	宣府镇	马兵	2500

续表

所　属	官　职	姓　名	部队原籍	兵　种	人　数
右翼（10626人）	副将	张世爵			
	游击	刘崇正	辽镇辽阳营、开原参将营	马兵	1534
	副总兵	祖承训	辽镇海州等地	马兵	700
	副总兵	孙守廉	辽镇沈阳	马军	702
	副总兵	查大受	辽镇宽甸等处	马军	590
	参将	吴惟忠	南兵	步兵	3000
	都司	钱世桢	蓟镇	马兵	1000
	游击	赵文明	真保镇真定	马兵	2100
	游击	谷　燧	大同镇	马兵	1000
合计	31897人（平壤之战前后，续到蓟镇兵2800余人）				

驻屯辽东时，明军各部将领及亲卫家丁1316人，编制如下表。结合各部构成来看，明军以各部精锐分列于左、中、右三翼，率领各镇发往辽东部队中的新兵和民兵，即平壤之战前，入朝明军全部兵力大致为36013人。其中精锐及较有战斗力的人员，包含各将领、家丁在内，总数为9928人。

官　职	姓　名	兵　额	官　职	姓　名	兵　额	官　职	姓　名	兵　额
副将	杨元	682人	游击	陈邦哲	30人	知县	赵如梅	80人
游击	戚金		游击	沈惟敬	32人	游击	赵之牧	
副将	李如柏	245人	都司	方时辉	12人	指挥	赵汝瑚	
副总兵	祖承训	123人	同知	郑文斌	50人	千户	赵如琏	
都司	钱世桢	40人	都司	娄大有	12人	指挥	宿应	10人
另，旗鼓千总一员左扬，都司一员吴梦豹，领兵千总四员戴杜、高可仰、李库、戴禾，教操把总一员段胡，南兵教师十员金文盛、何文星、柳子贵、金忠、龚子义、丁言、娄虎、何元贵、社其、张子龙。								

截至十二月八日，宋应昌发给李如松的檄文中，谈及辽东等地库存、制造，以及各镇援朝军队所携带，存入辽东各库的武备。如下表（入朝军队后勤物资中的一部分）：

	辽东都司存	辽海道造完	宣府镇	
轻车		88辆		
滚车	20辆			
盾牌		麻廉488个、毡牌336面、麻牌2300面		
连楷棍、铁鞭		3000杆（各1500杆）		
铅弹	1000斤			大小铁弹203657个
铁弹		35656个		
炮弹 一斤弹（1.3磅）		铁弹3868个、铅弹1000个		
炮弹 三斤弹（4磅）		铁弹542个、铅弹1000个		
炮弹 七斤弹（9磅）		铁弹62个、铅弹1000个	铅弹40个	
铁蒺藜	27000个	40000个		
镗钯		200杆		
狼筅		236根		
长枪		250竹、250木		
火箭		7250支		
弩				
箭		128700支		
弓		1237张		
火药		33656斤		
硝	16000斤			
铜神枪				
快枪	500杆			
三眼铳	100杆			
百子铳		168架		
一字小炮		531个		
小炮	300个			
虎蹲炮	20位	9位		
小信炮	1196个	330个		
灭虏炮	210位	58位		
大将军炮	80位			

续表

	大将军炮	灭虏炮	小信炮	虎蹲炮	小炮	一字小炮	百子铳	三眼铳	快枪	铜神枪	硝	火药	弓	箭	弩	火箭	长枪	狼筅	镋钯	铁蒺藜	炮弹			铁弹	铅弹	连楷棍、铁鞭	盾牌	滚车	轻车
																					七斤弹（9磅）	三斤弹（4磅）	一斤弹（1.3磅）						
真保镇																					大小铁弹41886个 大小铅弹27029个 石弹159个								
大同镇																					大小铁弹13284个 大小铅弹22290个								
蓟镇										1000杆					1000张												竹牌560面		
刘应祺造																53000支													

十二月八日，李如松与宋应昌在辽阳会面，以“倭奴畏寒”对明军有利，约定尽快出兵。日本西部纬度较低，相当于从长江口一带北上至北京南部地区。以小西行长领地熊本县为例，据日本气象厅1981年至2010年的气象资料，一月最低气温为1.2℃，而据平壤1971年至2000年气象资料，一月平均最低温度为-10.7℃。平壤日军很难适应当地气候，而明军多为北方人，主力部队又多出自辽东，辽东与朝鲜北部的气候、地形相似，明军应较日军更适应当地作战环境。参考明军兵种构成，渡江时骑兵（马兵）为25454人，占全军总兵力约八成，以骑制步的作战思路非常明显。

明万历二十年（1592）十二月十三日，援朝明军中军部队率先出发。十六日，左军跟进。十九日，右军开拔。二十五日，李昖迎李如松等人于义州南门，迎入龙湾馆。李昖向李如松请茶礼，又请酒礼，并请介绍三军指挥官。李如松告诉李昖，以礼当之后再见，并约于次日接见各部五十余员将领。李昖同意，然后向李如松进礼单，为李如松所拒：“奉圣天子之命，来救属国，安用礼物为乎？只领诚心而已。”李昖见送礼不成，改赠环刀一对，李如松受刀，送国王出馆。之后，李昖接见左协大将李如柏、中协大将杨元、右协大将张世爵，行茶礼、酒礼后，再赠礼单，三将均辞礼而受刀。李昖见三将后，欲见其余将官，遭都承旨柳根反对，认为“只见大将足以”，尹斗寿屡次进言，其余诸将不可不见。李昖以“力气甚疲”为由，拒绝了尹斗寿，次日便称病不出。但李昖称病并未提前通知明军，直到二十六日，明军将领聚集在聚胜亭和迎春堂等待，方知朝鲜国王不来，诸将皆大怒，李如松得知后极为惊讶。（《经略复国要编》卷四；《李朝实录》宣祖二十五年十二月辛亥、癸丑；《寄齐杂记》）

李如松渡江次日，二十六日，粮草供应就出现了问题。李如松为此杖责都司张三畏。李昖派遣副承旨沈喜寿前往慰问，张三畏以不能提前发现朝鲜粮草供应问题，失职应该受罚为由，拒绝了李昖的慰问。“以俺之不能察任而受责，非贵国之失也。别遣近臣慰问，多谢！”当日点兵之际，辽镇先锋右营葛逢夏部1300人中，有称疲弱者400人私自回归辽镇。李如松欲行军法，葛逢夏以捕倭赎罪得免。李德馨借明军计划进攻平壤的机会，进言李昖，请派遣大将至汉城附近统率各军，乘各部日军抵挡明军之机，包围汉城，与明军遥相呼应。而李昖认为各部自便就好，不用专门通知或下派军官统筹军队，“彼处诸将，若详知贼势，则必不待朝廷命令而为之矣”（《李朝实录》宣祖二十五年十二月壬子、癸丑）。无论是在生死存亡之时，还是在明军出兵之后，李昖一直视军国大事如儿戏。

十一月十一日，日军阵营中明军袭来的消息传开，但小西行长仍犹豫不决。小西行长派出的40余名朝鲜籍情报人员，江西人金顺良等，在肃州、安州、义州等处刺探军情时，于十二月上旬被朝鲜人擒获。金顺良未能保守机密，交代了间谍人员名单，小西行长谍报网因此被一扫而空。当明军绵延400余里，前锋距平壤仅120里之际，小西行长仍一无所知。（《征东宝录》）

二十八日，李如松南下平壤，李昖欲依礼前往送行，车驾停在宫门处，派人专程告知李如松，李如松客气推辞。朝鲜群臣以为，明将虽然请辞，但毕竟是在为朝鲜作战，国王依礼当前往馆舍送行。但李昖不愿前往，大臣再三请驾，均被李昖拒绝。李昖回宫后，司谏院、司宪府联名以接待明将仓皇无措、约时久置、国王送行来回往复不成礼仪等，弹劾都承旨柳根。李昖以柳根并无所失，驳回两院弹劾。最终，当明军援朝军队出发为朝鲜收复失地之时，不但朝鲜国王未前往送行，朝鲜正一品、从一品衙门也无人前往，送行者仅为二品兵曹判书李恒福、同知李蕡二人。唯一值得称道的，大概就是兵曹主要负责兵籍、训练、驿站、兵器等后勤事宜，勉强算是贴合明军所需。（《李朝实录》宣祖二十五年十二月甲寅；《大典会通》卷一）

明万历二十一年（1593）一月一日，备御王玠领火器手2700人渡江，前往平壤，原任参将周易领家丁二十五六人于二更渡江，并于次日南下。三日，明使刘黄裳前来慰问，于龙湾馆与李昖相见，谈及可否派人前往平壤城，请城中父老、豪杰相约为明军内应。李昖以“平壤城中，愚民畏死，姑为投附，岂有豪杰也”为由拒绝。国王懈怠，官员自然消极，给明军通报的所谓粮草，只是“兵粮输运事，非不申饬，而州官犹置寻常，略不举行”，下层不负责，上层不监督，“该（户）曹任其自为，亦不检督”。明军渡江后便时时粮草不继，朝鲜明言肃州粮草不足，而明军所载火炮辎重过半落后，戚金部抵安州时，战车全未运到。（《李朝实录》宣祖二十六年一月丙辰、丁巳、戊午、辛酉、癸亥）

六日，兵部主事袁黄渡江，与刘黄裳在龙湾馆和朝鲜君臣会面。袁黄责问朝鲜后勤一塌糊涂，并以粮尽退兵威胁“天朝为贵国发大兵，若到安定绝粮退军则奈何”，“炮车无牛，尚滞途中，大军虽进，将何为乎”，并反问与刘黄裳交谈时以替上国受兵自居的李昖，“倭奴要犯上国，浙江、宁波府等处，亦可来犯，何必由贵国乎”。李昖迁怒于刘黄裳，命大臣不准与他和诗。（《李朝实录》宣祖二十六年一月辛酉）

一月二日，明军抵达安州，在城南宿营。柳成龙以平壤地图示李如松，向明军通报各处地形道路情报，李如松以朱笔在地图上标记，并告知柳成龙，明军计划以火炮压制日本火绳枪。待柳成龙返回，李如松于扇面题诗，诗云：

提兵星夜渡江干，为说三韩国未安。
明主日悬旌节报，微臣夜释酒杯欢。
春来杀气心犹壮，此去妖氛骨已寒。
谈笑敢言非胜算，梦中常忆跨征鞍。

一月四日，李如松抵达肃川，命金子贵前往顺安通知小西行长，明朝已许和，沈游击（沈惟敬）已到，小西行长闻言大喜。此时日军仍不知明军已到，景澈玄苏为此赋诗一首：

扶桑息战服中华，四海九州同一家。

喜气忽消寰外雪，乾坤春早太平花。

跟明廷私自议和的小西行长，立刻把得到明朝许和的消息传递给了丰臣秀吉。直到二月十一日，伊达政宗等人还在记录，当时名护屋一派祥和地准备着，小西行长携大明敕使自朝鲜渡海前来的接待工作："高丽之仪、自大明国勅使被相立、御无事御取刷に候、依之小西摄津守毕敕使同道、近日此方へ被参之由候。"（《伊达文书》）

小西行长以接坠马伤足的沈惟敬为由，派马回众竹内吉兵卫、通事（翻译）张大膳等23人，前往明军李如松部。李如松命竹内吉兵卫、张大膳等三人入内宴，其余20人在外宴。李如柏的家丁李宁、雷应坤不知主将之意，将内宴的三人生擒，杀外宴日军士兵13人，余下7人逃走。李如松欲将李宁、雷应坤二人斩首示众，被李如柏哭求请止，改为重责李宁15棍、雷应坤30棍，并传令李如柏全军，再有不听军令擅动者，枭首示众。（《李朝实录》宣祖二十六年一月壬戌；《经略复国要编》卷七；《惩毖录》卷三）

日本不知明军前来，乍一看，似乎是朝鲜保密工作做得好，真实情况则是，明军渡江的消息朝鲜上层并未向下通，而明军再三强调的后勤事宜，朝鲜官员也没有放在心上，负责人并未核实仓储。李昖本人亲口承认："百司皆不亲执，专委下吏，以致凡事解弛。天将薄待事，皆由于不为亲执故也。天兵为我国出来，而放粮一事，亦不肯亲执。非但此人，一路差遣之人，皆卧而不知。"（《李朝实录》宣祖二十六年十一月壬午）朝鲜负责后勤的官员，并不亲临一线督促，事情无论大小均丢给下属，或干脆置之不理。失去内线谍报人员的日军，难以深入朝鲜控制区，自然难以察觉已有大批明军抵达朝鲜。

强调军纪之后，李如松命全军向平壤开进，但就作战准备而言，这次进攻仓促且迫不得已。仓促是因为大半辎重、火炮并未运抵前线，迫不得已是因为除了情报泄露，粮草也严重匮乏。以李昖对明朝的奏报，其粮草分为10个储存点。其分储模式导致声称的能供应三四十日所需，平均下来，各仓仅能供应明军三四天。处于作战前线的肃州，韩应庚、李德馨在初八日回报义州时自诉“闻肃川所储米太（少），甚为不敷”（《李朝实录》宣祖二十六年一月癸亥）。而朝鲜提供的运输工具，以宋应昌在八日所言，张三畏向其回报，朝鲜提供牛马“仅五百匹”，瘦弱不堪，运送能力“不足兵马一日所需”（《经略复国要编》卷五）。义州到平壤有近600里，即使使用中国的粮储，以日行30里计，以朝鲜这种运力，运送一日所需粮食，也要20日才能抵达平壤前线。李如松只能尽快攻下平壤，以减轻巨大的后勤压力，毕竟据朝鲜人自述，平壤储粮10余万石。

六日早上，30000多名明军近抵平壤城西，与日军相距约一里，以南兵在前，由东向西，开始伐木修造鹿角，构筑营地，并在城下竖立“朝鲜军民，自投旗下者免死”的大旗。李镒、郑义贤及金应瑞带领约8000名朝鲜军一起抵达。李如松率领诸将及沈惟敬，绕平壤城视察地形。平壤城东、南两面临江，西面沿山势修筑的城墙，地形险要，城北牡丹峰为整个平壤防御体系最高处，山势俯压整个平壤城。日军占领平壤后，为防备明军进攻，第一军的六个大名按一将一城的战国模式修筑了六座日式城郭：在牡丹峰上修

日本占领时代平壤府旧照。为城内拍摄大同门方向，图中江边建筑左侧凸出部单层建筑为练光亭，右侧双层门楼式建筑为大同门

筑了日式松山城，并在平壤城墙上埋设木栅，在城内风月楼、密德台、练光亭三处及大同门、普通门附近，一共修筑了五座内城。明军抵达城外之后，小西部小西末乡、小西镇信及松浦源次郎，率领2000名士兵，防守牡丹峰松山城，10000余人防守平壤城墙木栅，剩余四五千人在城内机动。

午时，明军南兵与朝鲜兵一起，举铁质盾牌，佯攻牡丹峰，守军居高临下，用火绳枪射击。明军诈败，丢弃了几十面铁盾后撤离。松山城守军出城准备收缴战利品时，明军乘机反攻，日军撤入城中，两军对峙至晡时（15：00—17：00），明军鸣金收兵。当晚日军出动3000余人夜袭明军营地，明军扑灭营地灯火旗号，在营内拒马之后齐射明火箭，在营地外制造出一条照明带。

平壤牡丹峰外城

牡丹峰方向内城西北角乙密台

平壤倭城分布图。日军放弃平壤西南外郭及罗城，在平壤内城修筑独立工事，练光亭、大同门相隔极近，疑为同一处或为连郭，或为大同馆建筑改修。普通门倭城为土垣工事，位于普通门内和大阙（行宫）之间，规模应较大

眼见明军防备森严，日军只得收兵回营。七日清晨，大雾弥漫，李如松派俘虏的通使张大膳进入平壤，向日军宣谕，要求小西行长投降。午时，张大膳返回，告知李如松，小西行长请明军退兵30里，以便写降书投降。李如松知道是缓兵之计，下令三营齐出，进攻普通门，而后佯攻诈退，日军开门出城，试图扩大战果，被明军反杀30余人，直抵普通门而退。当晚，800余名日军士兵夜袭李如柏营，被击退后再攻南兵营，又被明军击退。

试探完日军虚实，八日黎明，李如松下令全军进攻平壤，吴惟忠、查大受攻牡丹峰松山城，杨元、张世爵攻七星门，李如柏、李芳春攻普通门，祖承训、骆尚志与朝鲜李镒、金应瑞等攻含毬门，李如松领亲兵200名来回指挥督战。当时，李如松约以军法，先登者赏银万两，并世袭指挥使，有争割首级者斩。辰时，明军列阵依次前行，日军登上城墙依托木栅据守。平壤城

第二次平壤之战时态图

墙高三四米，日军自木栅后以长枪、薙刀后下刺，并用火绳枪射击攻城明军。明军则以各类火炮炮击城墙工事，并以明、毒火箭压制守城日军，掩护步兵抵近城下，持长枪上刺墙头，架云梯攻城。

战斗开始不久，明军越过城墙的明火箭引燃了城中的林木、房屋，烧至密德子城，日军以轻、重火绳枪对外乱射，明军与平壤日军的战斗刚开始便进入了白热化。李如松手刃一名胆怯退后的明兵并枭首示众，直抵城墙附近督战。明军各部将领亲自带队冲锋，吴惟忠胸部中弹，血流不止，仍在前线督战。攻含毬门的明军，在盔甲外穿上朝鲜军装，平壤日军因轻视朝鲜军队，将主力安排在西北各门以抵抗明军。骆尚志部明军接近城墙后，脱下朝鲜军装，露出明军盔甲，守军大惊，但已来不及调兵。骆尚志夹持大火铳一门，至城下对城上射击，然后掷尸城上，随其后攀城而上。攀缘中，城石颓

七星门外侧。可见外墙外缘凸出城门，与内墙平行，七星门段城墙构建于40°～50°的斜坡之上

七星门内侧。可见城门内侧两旁为制高点，即便七星门城门毁坏，防守方仍在城门内侧有居高临下的地形优势，其内侧城墙平行于外城城墙，有延长工事

落，骆尚志被压在砖石之下，足部受伤，但他坚持再次登城，在城墙立旗以示夺取城墙。

提督李如松在七星门亲自督战。日军凭借七星门城楼工事据守，严密封锁了城门通道，并用火绳枪打死了李如松的坐骑。李如松换马继续督战，调用大将军炮炮击七星门城楼，在两炮击毁七星门城楼后，坍塌的木制城楼烧至城门。当工事被毁之后，防守七星门的日军无力继续压制明军。中军大将杨元所属家丁六人乘势登城，上城时遭到日军士兵拼命抵抗，家丁

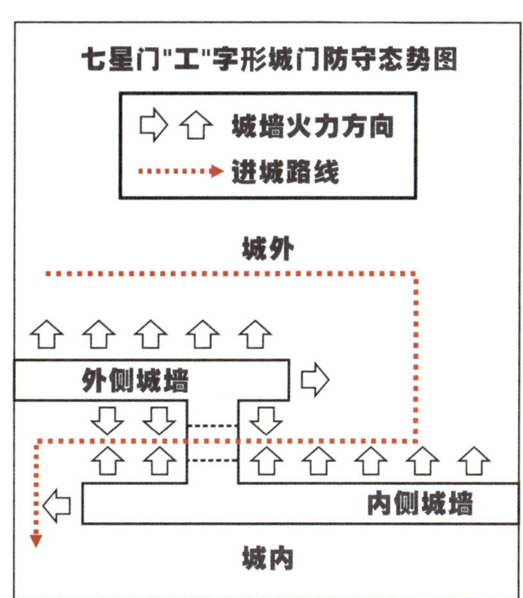

七星门“工”字形城门防守火力模式图

丁景禄当场阵亡，其余家丁被逼退。杨元亲自持藤牌登城，戚金、钱世桢紧随杨元之后，率所属家丁登城，并命家丁把总张世隆砍开七星门城门，明军主力一拥而入，攻入平壤城内。

在城墙失守之后，残存日军退入城内的阵城中继续抵抗。明军沿七星门突入，自密德西至长庆门南下。李如松吸取祖承训进入平壤时，在狭窄道路中被屋内、房顶伏兵夹击而败的教训，沿路焚毁房屋，将平壤城北至密德长庆门，南至大同馆、永崇殿一带夷为平地。散入屋中以备巷战的日军士兵或被烧死，或被迫进入风月楼阵城中。李如松命士兵搬运柴草，堆积城下，以火箭焚毁风月楼阵城，日军残部被迫退入练光亭阵城。在密德、风月楼被毁后，残余日军在牡丹峰松山城、七星门阵城、大同门阵城、练光亭阵城继续顽抗。李如松不愿强攻地势险要的阵城，以终日鏖战，士卒疲惫为由，收兵回营，战斗在巳时暂告中止。

第二次平壤之战，用时不足三个小时。

普通门

大同门

此次作战，明军阵斩日军首级1285颗，缴获马2985匹、各类兵器455件，救出朝鲜人1015名。日军士兵预备巷战，藏身房屋里、阵城中的，被明军焚烧而死，积尸万余。明军在攻城作战中，各营阵亡士兵796名，伤1492名，马被打死576匹。明军此时在朝鲜的兵力是36000人，其中16000人为不堪大用的老弱，可用战兵连民兵、新兵在内，大致有20000人。此次攻城作战，伤亡2000余人，以战兵数量计损失不小，杨元家丁丁景禄在登城中被火绳枪打死，各军将领有五人负伤。吴惟忠胸部中弹；骆尚志从城头落下，足部受伤；李芳春咽喉、右臂中箭；李如梧左臂中弹击穿；方时春误中毒火；李如松被击中坐骑，毒火熏灼以至鼻孔流血；李如柏头部中弹，所幸头盔坚固、棉衬厚实，未曾重伤。(《经略复国要编》卷七；《征东宝记》；《李朝实录》

宣祖二十六年一月丙寅、己巳、二月乙未，宣祖修正二十六年一月丙辰，正宗十六年八月壬申；《惩毖录》卷三；《再造藩邦志》；《药圃龙蛇日记》癸巳年正月初八、初九）

李如松命令张大膳向小西行长宣谕，“以我兵力，足以一举歼灭，而不忍尽伤人命。开尔生路，尔可速领诸酋，来诣辕门，听吾约束”，要求小西行长投降。小西行长与部下商议，以粮库、兵营皆已被焚毁，后援又未到，死守平壤毫无意义，不如退往汉城，以图再举。随军传教士也记录了小西行长部经过三日战斗，士兵过半负伤，兵器、粮食匮乏。议定之后，小西行长回复李如松，日军会弃城南退，请求明军不要阻拦。（《李朝实录》宣祖修正二十六年一月丙辰；《再造藩邦志》）

李如松为免日军陷入绝地后狗急跳墙，给兵力不足的明军造成更多损失，于是答应小西行长，将东路大同江一线让开，给他们留出撤离通道。随后，李如松命李宁、张应种、查大受、祖承训、孙守廉、葛逢夏等领精兵3000人，在大同江以东的小路埋伏。当晚，日军乘夜色从平壤各阵城撤出，李如松率领李如柏、杨元、张世爵等从大路追赶，斩首359级，生擒日军士兵3人。当时李镒与金应瑞在平壤城南驻屯，但没有配合明军出兵，李时彦、金敬老领军一旁观望，待日军再次败退后，才出兵追杀因饥病落后的60余名日军士兵，仅有郑晔连续截击两次，击杀120余人。（《李朝实录》宣祖二十六年一月乙未，宣祖修正二十六年一月丙辰；《再造藩邦志》；《经略复国要编》卷七）

据《黑田纪略》，当时汉城至平壤之间，日军驻屯的朝鲜城及阵城有13座，小西部驻屯的平壤、中和（小西行长、毛利辉元部）之后，为大友义统部所在黄州、凤山（《宍户纪》），中和距平壤5日本里（1日本里≈3927米）、距黄州7日本里。日军本意是各地驻屯部队互相照应，所以主力部队之间相距不超过一日路程。但平壤被围之时，本应前来救援的大友义统等人并未出现，其在凤山以北驻屯的家臣志贺小左卫遇到从平壤逃亡的败军，风传小西行长战死，大友义统大惊之下弃城而逃。小西行长败退至凤山时，见大友部守军已逃离，只得撤往黄海道黑田长政部方向。[①]十日夜，小西行长抵达龙泉山城，黑田长政家臣小川传右卫门在此地驻守。十一日，小西行长残部自龙泉出发，抵达平川，第二日抵达白川，与黑田长政部会合。平壤败报传至汉城，日军大为惶恐，宇喜多秀家等议定，平壤以西的日军先撤至开城，再退回汉城防守，并派安国寺惠琼通知驻屯开城的小早川隆景。安国寺惠琼于十三日出发，十四日早抵达开城，向小早川隆景传达军议决定。但是，小早川隆景以开城地势险要，欲与明军在开城决战，命白川等地的黑田长政部及在平山、牛峰驻屯的小早川秀包、立花宗茂部，向开城府集中。十五日，大谷吉继自汉城出发，次日抵达开城，再次劝说小早川隆景，将主力集中在汉城，并指出汉城至开城之间的临津江如果天暖解冻，日军会隔河分屯两处，进退均十分困难。小早川隆景只好答应退回汉城。十八日，大谷吉继返回汉城。次日，驻守开城的日军退往坡州，于二十二日抵达汉城。[②]

日军担心明军乘胜追击，弃守了汉城至平壤的13处城寨，集兵于汉城以待明军。但大胜的明军已无力南下。“前日，闻四十日储粮之言，入于平壤，则翌日粮尽。前言四十日粮之言，果安在也？”（《李朝实录》宣祖二十六年二月壬子）李如松称明军进入平壤的第二天就断粮了，这是对朝鲜后勤不满的夸张之言。但是，一月十日，李如松派遣“夜不收”王真向李昖报告战况时，就警告军中当前极度缺粮，“军粮只余三千余石”（《李朝实录》宣祖二十六年一月乙丑）。3000石军粮勉强可供明军五六日所需，也就是说，朝鲜所说的可供应明军40天的粮食储备，根本不存在。朝鲜人糟糕的后勤配合，让明军在平壤大捷之后就陷入敌前断粮的窘境。忍无可忍的李如松于十三日发文给朝鲜国王李昖，要求朝鲜认真对待后勤问题：

---

① ［日］北岛万次：《丰臣秀吉的朝鲜侵略》，吉川弘文馆，1995年，第126—127页。

② ［日］参谋本部：《日本战史朝鲜役（本编·附记）》，偕行社，1924年，第237—238页。

恭蒙灵命，念汝小邦，被倭所陷，君臣播迁，人民逃徙。特命大将皷帅各镇官兵，远涉海山，极援危溺。迨迫十二月二十五日渡江以来，体察朝鲜国首臣柳成龙、尹斗寿等，不以卧薪尝胆为心，雪耻除凶注念，宴安私家，恣酒自乐。非惟藐慢天朝，抑且自欺国王，悖乱蔑教，殆有甚焉。且官兵，野屯露宿，舍命捐躯，得克平壤，可谓汝等无国而有国，无家而有家。若以责备，罪咎过失，粮匮草无，坐视观望，违慢军机，疏闻当宁，掣兵旋辽，目汝就毙，使有国者复至无国，有家者仍悲无家。本府赋禀忠贞，寸衷为主，不以小过介心，坚持朝纲大体，兵屯平壤，抚绥运筹，随时进发，揆机制胜，奠安汝等家国，直待事妥民宁。请旨复命，仰朝鲜国大小臣僚，传知首臣，火速赴府，听议进剿机宜，料理粮草。若再慢违，定行题参正法，从重示戒，断不姑息。（《李朝实录》宣祖二十六年一月戊辰）

明军收复平壤之后，濒临断粮，且身无遮蔽之处，伤兵“呼饥流血，相继于道”（《李朝实录》宣祖二十六年一月丙寅）。李如松的贴文送到后，李昖问尹斗寿明军是什么意思，尹斗寿回答：“意者粮草不备，贼酋脱走，故致此怒也。牌文有恣酒自乐等语。”朝鲜大臣声言粮食准备妥当，后又称筹集困难，实际自己在家中饮酒作乐。尹斗寿将责任推给随军前行的李延庆，称之前林世禄告之他“大军前进时，有婢子随行”，说李延庆带婢女随军，遭明将厌恶。而对李镒延误军机，且平壤战后不向义州行在[①]报告，尹斗寿是这样替辩解的：“李镒文短矣。”

李如松招柳成龙、尹斗寿前往平壤，备边司知道是“欲议处刍粮机务而然也”，却以“行朝无他大臣”为由，反对负责后勤的大臣前去。但真正

① 行在，不在法定首都的天子所在地。

的理由，是当时李昖对尹斗寿说："我国之人，不躬执其劳，至以分给粮草为辱而不亲。"本质上，朝鲜官员视粮草后勤工作低贱，作为两班贵族的高级官员，自然不愿自甘堕落操持贱业。所谓负责，通常只是指派下属，自己则不屑过问，明将要求两班贵族去亲自落实，这对于他们而言，是一件耻辱的事情。明军士兵饥肠辘辘之时，朝鲜大臣却在家饮酒作乐，"士夫之间，或有宴安淫泆，有同平日"，"兵曹正郎柳熙绪，素无行检，顷自元帅军中来诣时，公然宿娼，未久驮去"（《李朝实录》宣祖二十六年一月壬申）。"史臣曰：'是时，诸臣之不恣酒自乐，宴安私家者无几。'"（《李朝实录》宣祖二十六年一月己巳）

朝鲜君臣对粮草短缺的情况十分清楚，在李如松被迫亲自问责朝鲜后勤的前一天，李昖亲口对尹斗寿说："京城粮饷若不足，收复亦不可期。"朝鲜传统产粮区为全罗道，虽然未遭兵祸，但"人心已离"，作为后勤基地的平安道"虽令储峙，恐难给馈大军矣"，江原道粮仓则是"全无矣"。军事上更大的隐患，朝鲜君臣更是清清楚楚。按朝鲜当时所掌握的情报，仅咸镜道的日军便有"二万余兵云"，而明军渡江者仅30000余人。对此十分忧虑的李昖说："贼势甚盛，安得不忧？天兵向京畿，北贼无乃掩袭其后乎？"朝鲜人给出的解决方案就是明兵直接南下，占领汉城，大军不在平壤，便不会担心被南下的咸镜道日军袭击侧后，"若破京城，则无复忧矣"。

朝鲜的计划巧妙，怂恿明军不顾侧翼南下，全然不顾万一明军被困汉城，将要如何维持后勤。而自知汉城周边官仓已尽的朝鲜，打算完全由明朝运粮，自辽东渡海运抵江华岛，以供可能被南北包围的明军，而为救被困孤军，明朝必然增兵。这样就从救朝鲜变成救明军自己，在粮饷问题上朝鲜便得以借此抽身。"上曰：'天兵又来云，然耶？已来之军，尚难支供，奈何？'恒福曰：'必待候于境上，以为添兵之计耳。'"朝鲜从未信任过明朝，"谓唇亡齿寒而救之，则似出于自救；谓恤小邦之急而救之，则皇恩罔极，故为此权变之辞。外虽大言，而心实不然也”，他们认为明朝出兵仅为自救，说救朝鲜只是出于政治原因，用于彰显宗主国的恩威，潜在的意思就是不必对“自私”的中国感恩。对朝鲜人来说，是他们高超的谋算让明朝参战，“既奉圣旨而来，若因一败，撤兵送去，则我国之事，固不足恤，而皇威亏损，不可使闻于四夷也”。

因此，朝鲜试图让明朝更深地陷入战争，借明军之力报复日本，同时避免本国作为和谈筹码，也就不足为奇了。沈惟敬作为明朝兵部尚书石星的代言人，其言论带有石星的立场，石星本人不便说出的言论，借沈惟敬之口讲出。沈惟敬地位虽低，但其言论代表的是明廷重臣的态度，必然要被重视，“惟敬虽自谓兵家之权术，而实欲讲和也”。对朝鲜来说，为维护其本国利益，对宗主国各方的观点自然要区别对待，以加强舆论，主战则赞，主和则贬。在朝鲜，对李如松等人的态度，是进则可为其立碑、设祠堂祭祀，退则可言其畏敌怯战、拥军不前。而对沈惟敬，则认为他既能是奸人，也可为勇者，褒贬随朝鲜所需随时进行变换。(《李朝实录》宣祖二十六年一月丁卯)

第十四章

碧蹄馆之战

因朝鲜在后勤上的问题，明朝决定由自己亲自监管。对朝鲜粮草准备不满的户部主事艾维新，因运粮逾期，杖责朝鲜检察金应南、户曹参判闵汝庆。明军不再由朝鲜供应粮草，转而筹划从国内调运。十六日，张三畏前往龙湾馆与李昖相见，商谈粮草供应事宜，言中国已先发80000（石）粮，现再发60000（石）粮，仅让朝鲜负责运输，为确保不会再敷衍，要求朝鲜国王将行在从义州迁往平壤。朝鲜君臣坐镇朝鲜西京，一则稳定朝鲜人心，二则避免明军孤军在前，朝鲜军随时离开，出现祖承训第一次平壤作战时的情景，避免“提督冒死苦战，而自上远驻，天朝将士，恐有不满之意也”（《李朝实录》宣祖二十六年二月丙辰、辛未、戊戌）。

明军在平壤因断粮而驻留不进，在后方饮酒自乐的柳成龙，被迫渡过大同江南下，筹备明军南下所需物资。没想过明军打下平壤还需要吃饭的柳成龙，只能连夜在各地筹措粮食，以供明军果腹。但“事非预办，临时猝急”（《惩毖录》），直到十九日，李如松才派遣李如柏领精兵8000人先行南下，抵达开城府青石洞。青石洞号“一夫当关”之地，“左右绝壁参天，中通一路”，日军在此驻屯数百人，见明军前来，便弃守而去。明军在追击中当场斩首30余级。（《再造藩邦志》）

开城的日军见明军已至附近，将城中居民屠戮一空后焚城撤离。二十日，李如柏抵达开城。明军追击日军，至临津江东坡滩，三四千名日军在滩头驻屯，与明军前锋对峙。日军士兵从营中放出两名朝鲜妇女和一名儿童至明军营中带话，称因明军追击太紧，才在滩头设营防守，请求明军暂缓追击，自己自当退走。在明军拒绝之后，日军营地中出来20余人，前往明军营地探查，被明军斩12人，生擒一人。当晚，明军夜袭日军营地，斩首165级，日军大溃，从结冰的江面逃往临津江东岸。李如柏顾虑所部多为骑兵，冰面难以承受，在探知对岸20里处有14000名日军在山坡驻屯后，下令暂缓追击，沿江边驻屯，等待李如松后续大军。（《经略复国要编》卷七；《李朝实录》宣祖二十六年一月辛巳；《惩毖录》；《再造藩邦志》）

通过审问俘虏和多方探查，二十五日经略宋应昌向石星汇报的日军情报中，称日军在平壤以北咸镜道有两三万人，约有10万人驻守在汉城周边，而日军在朝鲜的总兵力共有20余万人，还有为数不少投降日本的朝鲜府兵，“倭军中，多发片箭，中者甚多，天将曰：‘尔国之人甚恶’”（《李朝实录》宣祖二十六年一月甲子）。当时明军渡江的兵力仅36000人，因平壤之战阵亡、受伤3000余人（《经略复国要编》卷五）。李如松在发觉中、日兵力悬殊后，要求宋应昌增派援军。此时，驻屯开城—平壤一线的明军堪战兵马，不足20000人（《经略复国要编》卷五），粮草严重短缺，而大同江、临津江冰解，导致后勤运输和军队调动更困难。朝鲜令人诟病的官僚体系，让本就糟糕的后勤雪上加霜。李如松再次斥责朝鲜人：“病伤军人，沿路不得口粮，勺水不得添唇，死者相继，未死者倒卧路傍。”（《李朝实录》宣祖二十六年一月壬午）

日军已弃守平壤至汉城的各处营垒，若明军不乘大胜之势南下，反会暴露虚实。明朝虽然紧急从国内调运粮草，但朝鲜道路条件、人力、畜力乃至车辆及组织能力有限，补给只能运至平壤，无法再运到开城、汉城，“爱州去王京相隔千里，前者刍粮豫备平壤则有余，转给王京则不足”（《经略复国要编》卷五）。只能有一城之粮，方能进一日之兵，待粮草稍济，二十五日，李如松部陆续进入开城府。而朝鲜的筹粮举措，“不过取私储而已”，但柳成龙等人依旧按朝鲜传统，将此等“贱业”指派给下层官吏，因此“而括出之际，守令委于吏胥，吏胥受赂而舞术，贫者独劳，富者优游于其家”。在朝鲜的等级制度之下，哪怕此时报国有功，也会因身份被忽视，在两班贵族眼中，其名下私有的贱民奴婢，不能因救国而立功，从而脱出贱籍，这有损其自身利益。“私贱亦有愿纳者，而不得擅许”，“有私贱捕倭，而不为论赏”（《李朝实录》宣祖二十六年二月戊戌）。

朝鲜的贵族庄园主作为大土地占有者，可以动用各种手段免除战时纳粮，这种政策导致贫者更贫、贱者更贱。右参赞成浑因艾维新杖责渎职的金应南而喜，称可以借机整顿这种现象：“宰相受罚，虽是不幸之事，而臣窃喜焉者，他员必惩此，而尽力故也。”而朝鲜的差异化征粮举措，将沿途下层百姓逼入了绝地。“京畿士民大饥，僵死满路。查大受行见小儿匍匐饮已死母乳。”为此，查大受质问柳成龙，日军尚未退兵，而百姓大批饿死，“将奈何”。柳成龙只好奏请散粮救济。李如松将本就不多的随军口粮拨出赈济朝鲜饥民，“提督亦哀之，自分所食军粮赈给，百不能及一二，而饥民相继就食，弥漫于开城三门外数里间，嗷嗷仰哺”，但是，这些在兵灾中留得残命的朝鲜百姓终亡于人祸。当明军南下之后，这些朝鲜饥民在开城门外“皆枕藉而死”（《李朝实录》宣祖二十六年二月戊戌、丙戌）。

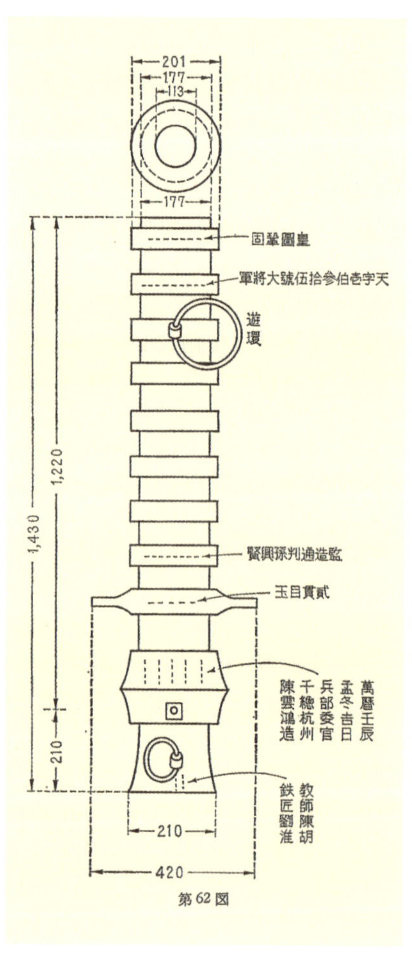

柳成龙督运过临津江，用于碧蹄馆之战的天字135号大将军炮，万历二十年冬杭州陈云鸿造（有马成甫《火炮的起源及流传》）

“吾兵虽云乘胜，实远来疲罢。倭奴集各道之兵于王京，且有以虎视石之戒，正未可轻敌也。”（《征东宝记》）。明军前出至临津江一线，距辽东已超过千里，面对的在汉城的日军，据其后出兵碧蹄馆及留守汉城的人数，兵力应在50000人左右，“贼数，则平壤贼合阵后，几至五万云”（《李朝实录》宣祖二十六年二月丙午），为明军此时可用之兵的两倍有余，而且加藤清正部尚有数千人在咸镜道境内（《李朝实录》宣祖二十六年一月己巳），对明军来说，主力南下后，位于咸镜道的日军随时可以威胁明军的侧后方，除非能够一鼓作气拿下汉城，彻底孤立咸镜道的加藤清正部，否则便需要退守平壤，以防遭到前后夹击。

平壤的日本俘虏称汉城的日军有10万人，而朝鲜君臣为尽快收复失地，在明知日军主力云集汉城的情况下，仍催促明军立刻进军。柳成龙不惜以两班贵族之身，行吏员贱民之事，亲临一线在临津江面监督架设浮桥，以便明军的炮车、军械尽快渡江（《李朝实录》宣祖修正二十六年一月丙辰），并向明军通报“倭贼之在城（汉城）中者，多不过万余”（《李朝实录》宣祖二十六年二月乙未）。如果日军兵力真的不过万余，以明军现有兵力，自然可以一战。但是，如果是俘虏所言有十万之众，明军就要考虑如何退保平壤，以待援军。在收复开城之后，因没有敌方确切情报，李如松一面命高策、梁心率3000人抢修平壤城防（《李朝实录》宣祖二十六年一月己卯），一面亲自前出临津江。

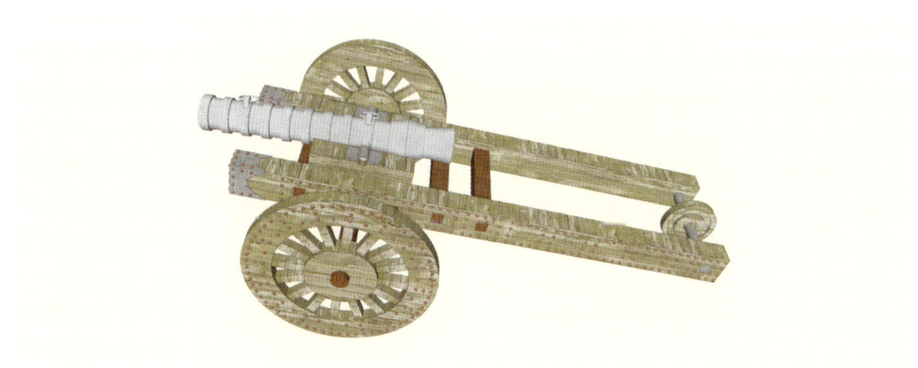

碧蹄馆之战明军所用火炮及炮车复原。万历二十年冬，杭州陈云鸿造天字将军炮，制造工艺为熟铁锻造火炮，在炮身未氧化前实际为银色金属光泽，炮车为《登坛必究》所载同类锻造火炮所用大神铳滚车式

李如松于二十六日抵达坡州，派遣副总兵孙守廉、祖承训、游击李宁等率所部3000人前出，查大受部与防御使高彦伯为先锋，探汉城敌情和道路形势，遭遇宇喜多秀家所部前哨。当时驻扎在汉城西大门前沿的是立花宗茂部，其部素有勇名，号称所部3000人可抵他部10000人。明军抵达汉城近郊的消息传来，日本将主力约41000人编为前、后两军，小西行长、大友吉统部等10000余人留守汉城，前军前锋立花宗茂当晚枕戈待旦，积极备战。[①]

<table>
<tr><td rowspan="4">前军
小早川隆景
约2万人</td><td>第一队</td><td>立花宗茂
高桥统增</td><td>3000人</td><td rowspan="4">后军
宇喜多秀家
约2.1万人</td><td>第一队</td><td>黑田长政</td><td>5000人</td></tr>
<tr><td>第二队</td><td>小早川隆景</td><td>8000人</td><td>第二队</td><td>石田三成
增田长盛
大谷吉继</td><td>5000人</td></tr>
<tr><td>第三队</td><td>小早川秀包
毛利元康
筑紫广门</td><td>5000人</td><td>第三队</td><td>加藤光泰
前野长康</td><td>3000人</td></tr>
<tr><td>第四队</td><td>吉川广家</td><td>4000人</td><td>第四队</td><td>宇喜多秀家</td><td>8000人</td></tr>
</table>

二十七日清晨，大雾弥漫，明军越过惠阴岭，抵达碧蹄馆，惠阴岭距离汉城约21.5千米。当时立花部分为三部，先锋为小野和泉（小野镇幸）、立花三左卫门，中军为十时传右卫门（十时连久）、内田忠兵卫，后军为立花宗茂与其弟高桥统增。明军和日军的斥候，于凌晨2时左右在汉城附近短暂交锋。立花宗茂得知消息，领兵从汉城西大门驻地前出，于6时左右抵达距汉城约12千米的砺石岘。朝鲜人心急火燎地在次日中午向明军通报“倭贼已退，京畿（王京）已空”（《李朝实录》宣祖二十六年二月庚寅）。碧蹄馆之战就此拉开序幕。

① ［日］参谋本部：《日本战史朝鲜役（本编·附记）》，偕行社，1924年，第241—242页。

碧蹄馆在汉城和坡州中间，是汉城官员迎送明使的驿站馆舍，距砺石岘1.5日本里（约5890.5米），而砺石岘距离汉城3日本里（约11781米），即碧蹄馆馆舍距汉城4.5日本里（约17671.5米）。碧蹄馆所处峡谷为上窄下宽的喇叭形，南北长约1日本里（约3927米），宽3～8町（1町=109.09米），北方为164米标高（山坳路口标高）的惠阴岭，峡谷两旁是起伏的丘陵，谷中有一条溪流，自北流向西南，道路两旁为朝鲜人的水稻田。碧蹄馆馆舍在望客岘山梁的西南端，山梁尾部突起的小山丘下。馆舍北方偏西的丘陵为高阳城，高阳没有城墙，官舍、房屋、仓库在山谷中零散分布。碧蹄馆馆舍东部往汉城方向，是望客岘山梁处的一处山坳，进京路线自此偏向东南方向，越过洪朴山源水（望客岘和砺石岘夹谷中的河流，夹谷宽600～2200米）夹谷，大约在2000米处，砺石岘山梁前有两个孤立的小山丘，道路从山丘之间穿过，山丘和砺石岘之间为新院店，道路在山丘、新院店两处分为两条，折向南方的一条，穿过砺石岘后通向汉城方向。

碧蹄馆旧照。高阳郡位于碧蹄馆西北山谷之中，名为城，但无任何防御工事，碧蹄馆作为当时自西（坡州）向东前往王京的必经驿站，规模较大，设施完善，被选作物资储备仓库

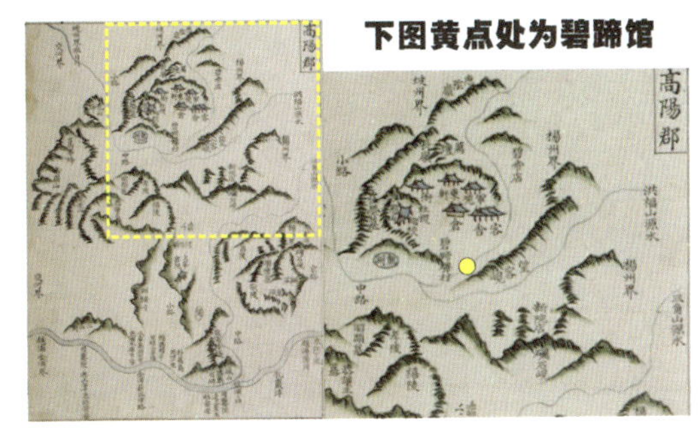

碧蹄馆位于碧蹄驿村望客岘隘口附近

明军南下，是前出汉城进行侦察，“前锋探哨王京道路”，“吾当前往探路”（《经略复国要编》卷七；《征东宝鉴》）。全军分为前后两部，前锋为孙

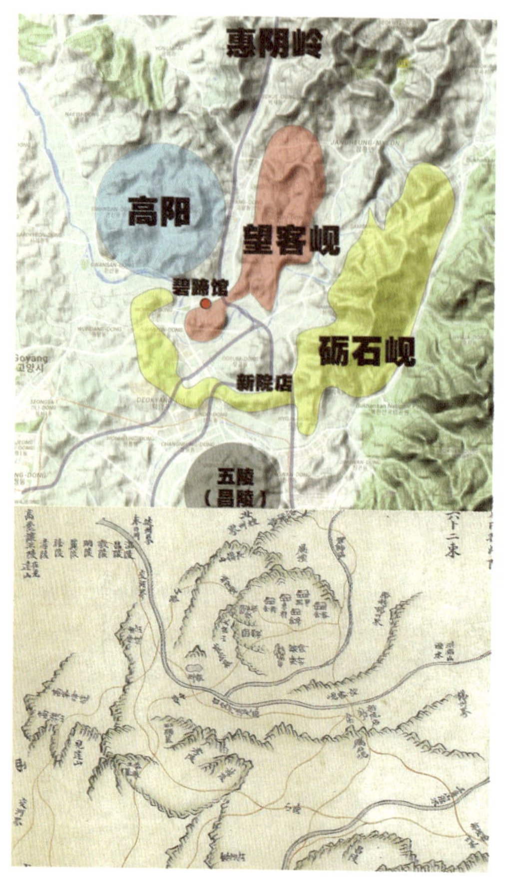

根据《海东地图》绘制的惠阴岭—望客岘—砺石岘道路情况，在现代地形图上展示当时主要战场位置，标注出了明、朝联军与日本军队争夺的道路、城镇、驿站、隘口位置

守廉、祖承训、李宁部精兵3000人，后军为李如松亲率杨元、李如柏、张世爵部2000人。此处兵力应当是约数，从前文表格所录点兵籍贯及数量可知，孙守廉部沈阳籍马军原额702人，祖承训部海州籍马军原额700人，李宁（张应种）部辽镇正兵营马军原额1189人，三人所部合计原有兵额2591人，如算上前锋查大受部宽甸籍马军原额590人，前锋各部原额为3181人。此战中的前锋主力为辽镇精选骑兵。（《经略复国要编》卷七）

通常认为李如松因南北不和而不带南兵。其实，南军大部分为新募步兵，并不适合这种高速机动的侦察作战——坡州距汉城10日本里（约39.27千米），一个来回近80千米，让南军跟随骑兵执行侦察任务并不现实。朝鲜无力保障后勤，为催促明军尽快南下，将沿线各地仓储零散分布，也使明军难以集中驻屯。李如松被迫调集部分军队渡江，“先是，提督以粮不敷，中分，其一半留镇东坡，一半渡江”（《李朝实录》宣祖二十六年二月庚寅）。

明军处于最前列的应为查大受、高彦伯部，查大受部平壤战前原额590人，高彦伯部为百余人，兵力应为六七百人。碧蹄馆此时有朝鲜官吏负责囤

积军粮，立花部北上抵达砺石岘时，望客岘山梁应为查大受、高彦伯部所控制。十时传右卫门（十时连久）部500人前出新院店丘陵之时，明军占据望客岘山坳与之相对。

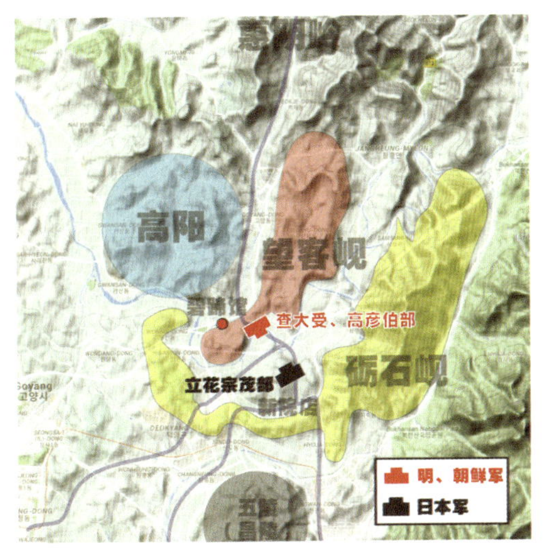

查大受、高彦伯部与立花宗茂部，分据望客岘、砺石岘对峙，中间为洪朴山源水冲刷出来的狭长谷地

清晨7时左右，明军骑兵前出，进入夹谷平原，与立花宗茂军十时连久部接触。战斗一开始，十时连久率先集中骑兵攻击明军，明军随即退往望客岘方向。从地形中可以看出，此时日军的前进方向为西北，在距望客岘数百米的时候，日军的右方即东北方向出现明军伏兵，以骑兵突袭和火炮协同的方式，试图切断十时连久与紧随其后的小野镇幸部（700人）之间的联系。根据地形和记录，明军应该是从望客岘山坳西部山丘处南下。该地似碗形，十时连久部若突进山坳口，则右翼完全暴露在明军左翼的冲锋下。这是战斗中的第一次交锋，十时连久部在此次冲锋中损失严重，查大受部斩首130级。查大受随后向驻屯坡州的李如松告捷。接到捷报的李如松领部分亲军前往碧蹄馆查探实际情况。

十时连久部前方和右翼陷入明军的夹击，向新院店方向的小野镇幸部撤退。立花宗茂本部2000余人自新院店左侧前出，进攻明军右翼，双方在夹谷之间展开了鏖战。明军皆为骑兵，立花部骑兵仅有212人，其余均为步兵，在骑兵战中处于绝对劣势。在前锋失利后，立花部退入新院店的山坳中，依托狭长山谷，在隘口集中了200余挺火绳枪，对抗明军骑兵的冲击。

10时左右，小早川隆景部前锋粟屋景雄、井上景贞各领3000人抵达战场，接替损失惨重的立花宗茂部，并将部队沿砺石岘山梁左右两翼展开。此

明军诱敌部队与立花宗茂部前锋十时连久部接触

明军诱敌部队诈败，诱十时连久部进入伏击圈

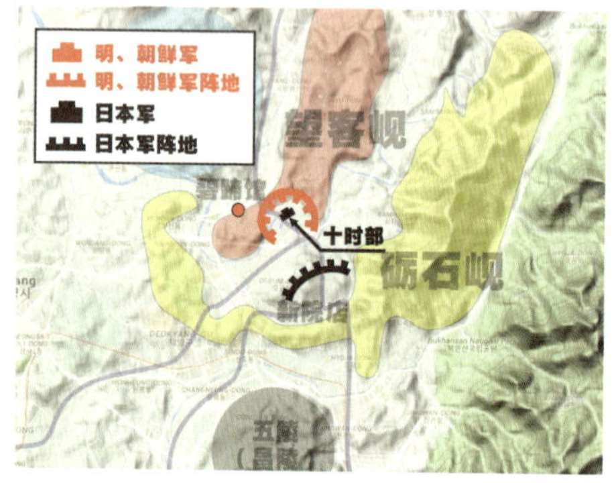

十时连久部在望客岘隘口遭明军伏击，十时连久战死

十时连久残部逃回新院店，明军乘胜进攻新院店立花宗茂部

时日军兵力为12000人至15000人，而明军兵力不过3000人，只好退向碧蹄馆方向，依托望客岘与之对峙。

与此同时，接到前方战报的李如松抵达惠阴岭，途中遇到退后的高彦伯部，得知交战情况，随即急奔碧蹄馆，途中落马受伤，随后换马抵达前线。由望客岘向南，穿过砺石岘的道路一共有三条，其中东部和中部两条处于新院店丘陵及砺石岘峡谷中，最窄处宽度仅有20米，长度最短的一条也超过2000米，中间的丘陵及山谷已被日军占据，还有一条穿越砺石岘的道路从新院店丘陵西部绕过，直达砺石岘的一处山坳。如利用这条道路，只需通过长

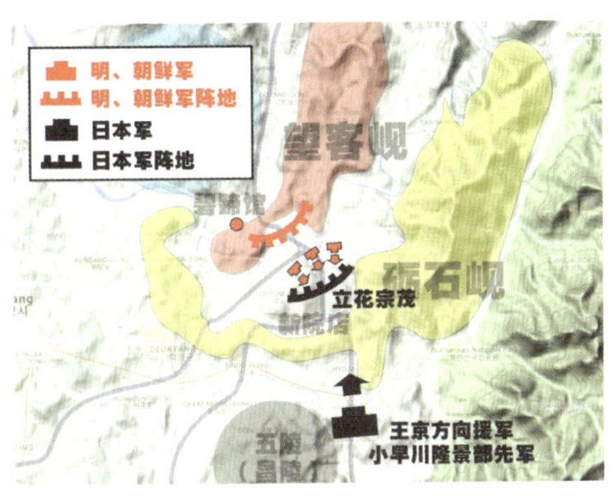

日本援军抵达

约500米的隘口，便可穿越砺石岘山梁。以双方战前所处区域及兵种态势、地形空间来看，李如松抵达之后兵分两翼的主攻方向和作战目的，应是直接打通西路隘口，避开日军占据有利地形的中部和东部丘陵地带，将部队投放至日军占据的砺石岘阵地后方。

砺石岘后方至昌陵所处的丘陵地带，为东西长3.5～4千米，南北宽0.8～1.8千米的小块平原，不久前查大受部在此进行过侦察活动，此处地形明军较为了解，适合骑兵发挥。若明军突破西路隘口成功，则日军会被前后夹击，受困于砺石岘山梁，即便及时退避，就其据守砺石岘所部位置，其侧翼方向依旧会被明军以西击东。

日本援军抵达后双方对峙的态势

李如松的这次作战计划，明显对日军投入的兵力估计不足。在日本俘虏口中的十万日军和朝鲜人通报的万余人之间，他实际上倾向后者。即便日本实际兵力超出万余人，除却汉城必要的守备力量，能在砺石岘投入的兵力必然有限，而且之前日军在平壤和汉城一路闻风而逃，

李如松作战规划示意图

也导致明军将领更偏向朝鲜人提供的情报。但是，日军大规模收缩，更多是因为在平壤战败之后，溃败过快导致防线崩溃，而明军威吓敌军的手段之一是夸大军队规模，使日军对援朝明军的兵力高估了。

砺石岘之战，汉城的日本守军倾巢出动，在占据有利地形的同时，对明军形成了绝对的兵力优势。当李如松决定对西部隘口进行突破的时候，仅该地布防的粟屋景雄、井上景贞两部便有6000人。除了损失较大的立花宗茂部，新到日方援军各部约17000人。而明军只有4000名骑兵，新锐仅有李如松部的1000名亲兵家丁，其余各部3000名骑兵之前与立花宗茂部交战长达两三个小时，体力已有相当损耗。

战斗开始，李如松本部多为将领亲随，战斗力最强。李如松亲自领兵突击在砺石岘西部布防的粟屋景雄部。明军先以神机箭覆盖射击，日军以火绳枪前出对射，明军乘势以骑兵冲锋，粟屋景雄部抵挡不住，退往砺石岘山上。然而，该处隘口两侧山丘形成的地势同样为碗状，明军前行之际，左翼暴露在新院店山丘及砺石岘突出部，在此隘口右侧布防的井上景贞部乘势从山上发起冲锋，袭击李如松部左翼。借此机会，败退至砺石岘山上的粟屋景雄部反扑。李如松部陷入数倍于己的日军的夹击之中。

为牵制后方明军，小早川隆景命小早川秀包、毛利元康、筑紫广门部5000人由新院店山丘右侧绕出，顶着明军的火炮射击，突向望客岘。其本队则接替粟屋景雄部，立花宗茂部接替井上景贞部，保持对李如松的压制，粟屋景雄、井上景贞两部乘势北上，逼近高阳近郊约900米处，绕行至碧蹄馆西部隘口，试图包抄至明军侧后。李如松亲自殿后，退往望客岘，此时杨元部赶到碧蹄馆与李如松部会合，封堵望客岘与高阳之间的隘口。与此同时，宇喜多秀家部前锋户川达安也率军赶到砺石岘。日方援军不断赶到，无法阻挡日军向两翼迂回的李如松，用辎重填塞道路，放弃碧蹄馆，退往坡州，结束了这次仓促进行的遭遇战。(《经略复国要编》卷七；《李朝实录》宣祖二十六年二月庚寅、辛卯、乙未、甲辰，宣祖修正二十六年一月丙辰；《象

李如松部冲击粟屋景雄部

李如松在砺石岘西侧隘口遭到粟屋景雄、井上景贞两部夹击

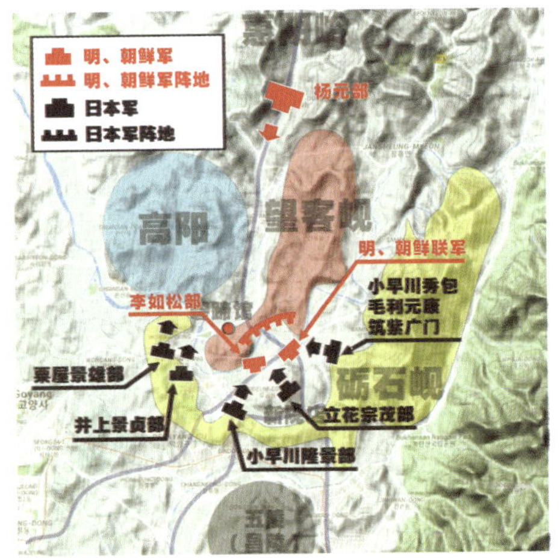

李如松退至望客岘隘口后的明、日双方军事态势图，日本军队对碧蹄馆近郊明军形成包围态势

明军在日军完成包围之前撤离战场，日军后军抵达时，明军已撤离

村稿》卷之三十八；《西厓先生文集》卷十；《燃藜室记述》；《惩毖录》；《征东宝鉴》；《再造藩邦志》；《两朝平攘录》卷四；《高丽物语》；《天野源右卫门朝鲜军物语》；《吉见家朝鲜阵日记》；《户川记》；《太阁记》）

此次战斗中，明军阵亡264人，伤49人，马死276匹，李如松亲随家丁中素有勇名的李有升也牺牲了。（《经略复国要编》卷七）日军没有记录此战损失多少，但在其后退往南部沿海的统计中，碧蹄馆参战日方各部除了毛利

元康、吉川广家部，其余各部剩余兵力为：小早川隆景部6600人（战前兵额8000人），小早川秀包部400人（名护屋出阵兵额1500人），立花宗茂部1133人，高桥统增部290人（战前两部兵额3000人），筑紫广门部330人（名护屋出阵兵额900人）。(《佐贺县近世史料》;《枫轩文书纂》)碧蹄馆之战后，未参与其他战斗的立花部实际减员过半，损失远大于明军。

明军在碧蹄馆看似从容的进退，是以援朝可用之兵的1/4和将领家丁及老兵精锐的一半来完成的，而日军的阻击成功也是建立在汉城兵力倾巢出动的基础之上的。明军暴露了大胜之下兵力捉襟见肘的弱点，在保证后勤沿线守备，防御咸镜道加藤部的同时，已无法将足够兵力投送到重兵把守的汉城方向。日军则因误判明军兵力，在平壤战败后放弃前沿修筑已久的要塞工事，一路龟缩至汉城。日军大败之余不战而逃，带来士气大跌之后，又在汉城对朝鲜人进行了一场大屠杀，导致日占区人心浮动。

由此可知，日军即便在兵力占优势的情况下，也很难在野战中与明军抗衡。从战后日军没有试图北上反击可以看出，此战加深了日本集中兵力确保汉城的倾向。不过，从明军后续脱离接触，以及前文统计的明军自诉精锐士兵及家丁数量不过9000余人也可以看出，明军也拿不出第二支与碧蹄馆同等规模的精锐了。

碧蹄馆之战后，双方指挥官开始对作战计划进行调整，双方短暂停火。朝鲜对战前对日军兵力的恶意瞒报抵死不认，李如松在亲临一线后，转而倾向日军俘虏供述的兵力数量，因此明军决定暂时放弃在汉城方向进行较大的军事行动。本意为尽快结束朝鲜战争的李如松，在现有兵力无法速胜，而前线粮草、辎重严重匮乏的情况下，改变了之前的作战计划。

碧蹄馆战后，明军通过审问日本俘虏，截获朝鲜文书，认为日军渡海兵力实际约为20万人，此外还有相当数量的朝鲜伪军：“拒战之时，射伤我之家丁及马匹，俱是尔国之箭。”李如松与参战将领讨论之后，于二十八日早上以截获的朝鲜文书中日方的兵力情况向兵部上报，斥退继续瞒报日军兵力的柳成龙，率军返回临津江西岸重新布防，而明廷内部对于朝鲜的疑虑又一次兴起。因为在战斗过程中发现了大量朝鲜伪军，在勘察了汉城地形城防之后，明朝在碧蹄馆战后不久，再次向朝鲜国王李昖质问朝鲜人通敌情况："闻王京大险云，当初国王，何遽出来？必尔国之人，诱引倭贼而来。"（《李朝实录》宣祖二十六年二月辛丑、乙未、庚子）

汉城前哨战就出现超过20000名日军士兵，明军以现有兵力攻下汉城已无可能，"大军到临津，不食二日，马死者不知其数云矣"，明军前线粮草已经断绝，而朝鲜又无力提供作战军需，明军被迫将骑兵后撤至平壤以减轻后勤压力，把不需草料及马豆的步兵调换驻防开城—临津江一线。为此，尹根寿替朝鲜国王向宋应昌谢罪："开城府粮草不句，天朝兵马饥困，国王闻此言，不胜惶恐，别差陪臣，谢罪老爷。"在朝鲜低劣的后勤保障下，入朝月余的明军"战马死者至一万二千余匹"，占援朝明军骑兵总数一半。（《李朝实录》宣祖二十六年二月壬寅、庚子、庚寅）

粮草不足，天暖解冻，骑兵难以运作，一开始的以骑制步战略也需要进行调整，"顷者连日下雨，道路泥泞，其深没膝，马不得驰突"。天时地利不存，明军在确保现有战果的情况下开始存储物资，加强战备，"待粮草积峙，道路亦干，又待后头兵马，方可进剿"。为应对开始南下的咸镜道加藤清正部对侧翼的威胁，兵力匮乏的明军向国内要求紧急增派步兵援军，以适应朝鲜的战场环境变化，"叆阳、青河、广宁、辽东等处步兵，一万二千当来。尔国无草料，马军不可调来。刘綎之军，亦是步兵"。朝鲜君臣也十分清楚此时明军战线过长，侧后有被攻击的危险，并以此为理由之一反对明军提出的让李昖前往平壤或开城，"北贼未灭，如在人背上，万一踰越向西，与京城之贼，相为掎角，截天兵之后，天兵前后受敌，此危道也。而我乃轻入其中，二不可也"。（《李朝实录》宣祖二十六年二月庚子、戊戌）

明军以情报中数量被夸大的日军为假想敌，紧锣密鼓地重整战备，日军同样以高估战力的明军为准，重整战术以确保对现有控制区的占领。鉴于明军火力上的绝对优势，日军直接放弃了汉城内部的平城工事，将兵力集中在汉城南部的南山一带驻屯，并加紧修筑山城。根据平壤之战的经验，日军修正了在国内战争时的筑城经验，为避免在野战绝对劣势的情况下，城寨与城寨之间相距较远，如平壤之战时被明军分割成无法依托、互相孤立的据点，这次筑城缩短了城与城之间的距离，改变了大名各自筑城的传统，在规划选址之后一同修筑并协同据守，以加强据点守军的兵力和火力密度。[①]与此同时，为防止汉城内的朝鲜人响应明军或提供情报，日军加强了对朝鲜居民的人身控制。

在明、日两方转变战略方针之后，唯一对双方均有了解的便是朝鲜人。眼见明军倾向保守，心急火燎的朝鲜为澄清自己，派遣人员进入汉城，在没有相关军事计划的情况下，鼓动汉城居民准备兵器，并派遣小规模军队在汉城外围进行象征性的军事活动，一则保存己方军队实力，二则向明军证明自己未曾通敌。朝鲜人在汉城外的活动，导致了日军对汉城平民进行屠戮，也引发了幸州山城之战。“‘……前闻，国王差人入城中，为内应之计云，然乎？’对曰：‘然。已差人入送，城中之人，亦自思奋，自备兵器，以待大军之至矣。’曰：‘然则何为不应？’对曰：‘闻城中人家尽烧，民人亦皆被烧，或拘执不放，又大军远屯，必以此不得应耳。’”（《李朝实录》宣祖二十六年二月庚子）

明军退往开城后，柳成龙一面称明军战败后不思进取，一面又借着明军“失利”的声威，号令朝鲜军借明军之势往汉城集结，“而都体察使柳成龙等议，欲倚仗天威，合此诸将，先攻京城”。实际上对收复汉城最上心的，只有正在囤积物资、要求国内增派援军的李如松，朝鲜人则“使讨贼恢疆之

① ［日］太田秀春：《朝鲜战争中的日朝城郭史研究：异文化的相遇、接受、改变》，清文堂，2006年，第81—115页。

事，委诸天将，而敛兵退屯，无一人奋戟先登者”，所谓收复王京，只是战前口称日本必不会来的柳成龙等人，用于推诿追责以及搪塞对明军谎报军情、筹备粮草不力的借口。（《李朝实录》宣祖二十六年二月壬寅）

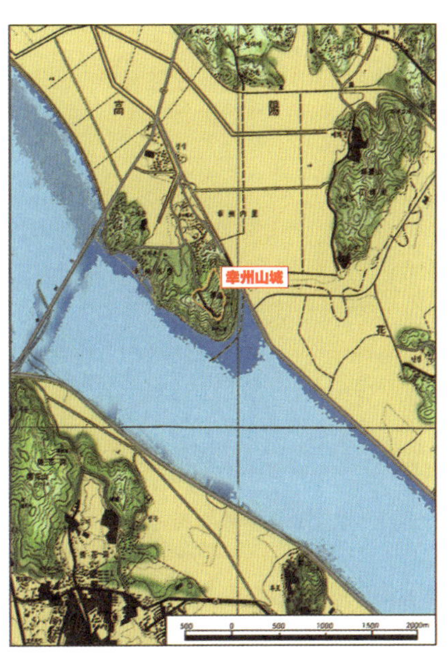

幸州山城等高线图及方位图

幸州山城位于汉城西南部，在距汉城3日本里（约11781米）的汉江边一座海拔124.6米的山丘之上。此山三面高峻，东南、西南临水，仅在西南有一条道路上山，地形险要，山上有一处井泉。全罗道巡察使权栗率军4000人，北上勤王，路过阳川江岸时，令节度使宣居怡领1700人防守江岸，自领精兵2300人，乘着日军加固汉城城防之际，从水原秃城转移到高阳的幸州山城。又命驻防将赵敬抢修营垒，将原有旧城整备为一丈高的石垣，在城前增筑鹿角城栅。得到朝鲜军抵达幸州的消息，汉城附近的僧兵1000人在处英和尚的带领下，前来协防。（《李朝实录》宣祖二十六年二月己酉，仁祖六年十二月己亥；《西厓先生文集》卷七）

权栗这次进驻是毫无后续配合的军事冒险行动，幸州山城“四面周回三百余步，不可置大兵”（《李朝实录》仁祖六年十二月己亥），空间狭小，无法驻屯重兵。而权栗部才2300人，无论是对朝鲜还是对汉城日军而言，幸州山城守军存在的象征意义都要远大于其军事意义。此时，与周边明、朝联军脱节的权栗一部孤军，无力对汉城日军构成实质上的威胁。狭小的幸州山城不能囤积物资，也无法集结重兵守卫，对收复汉城没有太大帮助。

二月十一日，权栗部探哨前往汉城近郊毋岳岘，遭遇日军巡逻队，朝鲜探哨八九人被杀。日军出动1200人，封锁幸州山城周边的陆路交通。次日

幸州山城复原示意图。从图中建筑大小和大致工事走向可知城内可用面积有限，“周回三百余步”，周长在420～600米，无法大量驻屯兵员及物资

凌晨，日军自汉城向幸州山城发动进攻，全军约3万人，分为7队——第一队小西行长，第二队石田三成、增田长盛、大谷吉继、前野长康，第三队黑田长政，第四队宇喜多秀家，第五队吉川广家，第六队毛利元康、小早川秀包，第七队小早川隆景，全军于凌晨抵达幸州山城西北，距离朝鲜守军约5日本里处的平原上。

早上6时左右，日军以幸州山城必经道路狭窄，约以各部次序轮番进攻，朝鲜军以处英部僧军专守外栅用枪剑近战戳刺，正规军依托石垣协防，居高临下，以弓箭、石块反击攻城日军士兵，并杂以大小胜字铳筒、震天雷、纸神炮、大中发火等火器。日军顶着守军火力轮番进攻，佐以火攻，试图烧毁木栅，被守军用水扑灭，日方战死者“相继曳出，而犹进不退”，一日之内反复冲锋达八九次。中途吉川广家、毛利元康及宇喜多秀家部将户川达安三队，一度突破外城僧兵防守区域，抵达权栗部防守的石垣内城。眼见日军势大，僧军开始向内城退却。

权栗见情况紧急，亲自拔剑，斩杀后退僧军数人，逼迫僧军反击，最终

幸州山城鸟瞰图，中间柱形建筑物为1963年重建幸州大捷碑

击退日军，再立外围城栅。战斗从6时持续到17时，日军伤亡较大，宇喜多秀家、吉川广家、石田三成、前野长康等均已负伤，而朝鲜军火药箭矢已用尽，忠清兵使丁杰运来两船箭矢，从水路入城，全罗道也有漕船40余只，在阳川浦口活动，日军为防明军援兵前来夹击，当晚退回汉城。然而，周边不远处的朝鲜将领，战时、战后均未派一兵一卒前来，反而攻城的日军中有大量的原朝鲜府兵。“上曰：贼所射，有我国箭乎？景禧曰：多中片箭者，贼中必有我国之人，投入助战也。”为防止日军次日报复，自知无力抵御的权栗将幸州山城焚毁，肢解了日军遗弃的尸体以泄愤，下令全军退向坡州。（《李朝实录》宣祖二十六年二月丙戌、己酉；《惩毖录》；《乱中杂录》；《再造藩邦志》；《吉见家朝鲜阵日记》）

幸州山城之战，与碧蹄馆之战一样，为计划中收复汉城的前期准备作战，两次作战的战场距汉城均为3日本里。明军在断粮前夕最后一次进攻失败，未能穿越砺石岘，而朝鲜军弃城而走，两军均未能在汉城近郊建立稳固的前哨阵地。日军在此战中暴露出攻坚能力的缺乏及重火力的贫弱等

问题，朝鲜军在焚城而退的所谓大捷中再次暴露组织混乱的问题。朝鲜军队各部坐视观望，不愿配合幸州守军，而权栗特意将僧军放置在最危险的外城，凸显了朝鲜义军的尴尬地位。

幸州之战虽称大捷，但朝鲜人十分清楚这场胜利的真正因由："大概今日之事，天幸也。诸将不相救，而亦有诸将声势相倚，故天兵已退，而贼不能知其有无。其翌日贼不复来，此亦天幸也。"（《李朝实录》宣祖二十六年二月己酉）日军不知幸州守军是孤军作战，朝鲜人在日军撤军之后立刻弃城，让所谓幸州大捷大打折扣，这种侥幸性的"大捷"无法推广复制，难以改变朝鲜军队战力低下的现状。对比碧蹄馆与幸州山城，可知碧蹄馆一带更适合囤积物资、集结兵力。但当时明军已达后勤极限，碧蹄馆战后即便退屯开城就粮，依旧处于严重缺粮状态，只能被迫将主力退回平壤。而从朝鲜军在幸州山城之战中的表现来看，让朝鲜军队自己单独收复汉城，完全就是天方夜谭。

第十五章

明朝与日本议和

平壤之战后，日军一路弃船，丧失了对平安道及黄海道的控制权。而朝鲜军队也在明军的逼迫之下，再次活跃，表现出对汉城日军的反攻意图和相应的军事行动。日军虽然在碧蹄馆之战和幸州山城之战中遏制了明军及朝鲜军的进攻意图，但在汉城一带军事颓势已现，只有集中兵力以绝对数量优势才能在野战中与明军抗衡。在幸州山城之战中，日军未能速胜以往一触即溃的朝鲜军队，使汉城日军活动越发受限。而明军、朝鲜军开始进行配合作战，给侵朝日军带来了极大的军事压力。

平壤战败后，奉行石田三成等向丰臣秀吉汇报当时的两军形势，主要内容为临津江以北的开城日军因粮草不足和天暖临津江解冻而撤离，为应对朝鲜陆军和水军，加强汉城—釜山交通线安全，要在釜山周边抢修工事，而前线军粮仅供两个月之用，所以需要迅速平定忠清道和全罗道，以保证交通安全（忠清道），占领朝鲜粮食主产区（全罗道）。（文禄二年一月二三日，长束正家、山中橘内、木下半介宛、增田长盛、大谷吉继、石田三成、加藤光泰、前野长康联署著进状《金井文书》）

石田三成像（东京大学史料编纂所藏）

平壤之战和日军惨败的消息，打破了丰臣秀吉关于明朝与日本许和的美梦，在惊怒之余，丰臣秀吉迅速下达指令，意图重整战备。其计划以开城为前沿据点，由小西行长、黑田长政两军驻守，加藤清正部在临津江两岸驻屯，锅岛直茂部确保汉城—釜山的交通线，小早川隆景、增田长盛守卫汉城，宇喜多秀家为总大将，前野、加藤（光泰）、石田、大谷等部为机动部队随时应援。日本本土尽快出动援军，平定“赤国”（庆尚道）、“白国”（全罗道），并用船运粮米至釜山浦。（文禄二年二月一六日，毛利辉元宛、丰臣秀吉朱印状《毛利家文书》；文禄二年二月一八日，高丽国在阵众中宛、丰臣秀吉朱印状《浅野家文书》）

但丰臣秀吉下达军令的时候，已是碧蹄馆之战、幸州山城之战以后，日军已退出开城、临津江一带，大部分龟缩于汉城之中，抢修工事、囤积粮草。加藤清正部和锅岛直茂部，此时尚未从咸镜道撤出，不可能按计划去防守临津江两岸，保障汉城的后勤粮道。明军则放出和谈的风声，开始打算用军事之外的手段来解决朝鲜问题。“提督李如松还住平壤，提督久留开城，粮运垂乏，无意进取。数使人经略宋应昌，盖寻前日和议也。适有讹言，贼将清正将自安边西犯平壤，提督因此声言，欲还救平壤，遂举军西还，留王必迪于开城。”（《宣庙宝鉴》）

“清正等贼在北方，闻平壤之败，即收三十余阵之兵，昼夜退来，所过皆赤地。”（《日月录》）明军南下汉城时最大的威胁，便是加藤清正部可能袭击兵力空虚的平壤一带。因此，在平壤之战后，为确保侧翼安全，以便集中力量南下，宋应昌、袁黄等与朝鲜君臣商议，派遣参奉冯

提督李如松像

仲缨为使节前往咸镜道，挟平壤大胜之威，伺机而动。

按出发之时的计划，冯仲缨一行人前往咸镜道朝鲜军营中，为明军消灭咸镜道的日军进行前期准备。“今咸镜之贼，不畏朝鲜，而畏弊国，故欲以数十人，入营中设奇，出不意攻之。”“咸镜道倭奴未退，吾等欲率数十人，星驰入贵国营中，助成形势，以剿众倭。”（《李朝实录》宣祖二十六年一月庚辰）此时明军打算用军事手段，解决侧翼咸镜道方向日军对己方的威胁。

二月初，明军主力东移南下开城，平安道一带骤然空虚。“目今大兵乘胜长驱，直捣京城，平安、黄海两道精锐赴军前，只将老弱军民，遗下本道各处。贼若闻知，乘虚闯入，抄绝大军之后，天兵深入，腹背受敌，诚非细虑。”为此，朝鲜方面开始讨论如何配合明军进攻咸镜道。“天兵征北炮手定为出来云，若然，则其前进之路，不可不预定，以备刍粮供亿之事。”“北路险阻，骑兵难以行军，愿得炮手数千，与我军剿击之意，更请何如？”“目今天兵炮手，将踰北征进，天将策士冯仲缨，亦在其处，今宜令我军和天兵前进。”（《李朝实录》宣祖二十六年二月癸巳、乙未）

二月十二日，明将杨五典、王汝徵面见朝鲜国王李昖，“本国移咨经略，请发兵剿北贼，故已调三千兵马，先使俺率家丁百余名，往探贼势。贼若如前屯聚不退，则俺当往击耳”。十四日，明将祖廉、张汝翼、陈文彦、叶伯明、赵应爵等人再次面见李昖，要求朝鲜人配合明军，准备进攻咸镜道的日军。“祖廉曰：然则行文书，使听俺节制可也。俺当为贵国，收复咸镜道耳。”十五日，副总兵任自强问询平安监司李元翼，要求朝鲜提供咸镜道地形道路及当地日军驻屯情况：“我为北贼声息而来，北边各邑道里几许？各处倭贼几许？开书以来。”（《李朝实录》宣祖二十六年二月丁酉、己亥、庚子）

十七日，李如松告诉柳成龙，开城的明军即将回师平壤，以休整军队并应对可能的咸镜道日军来袭。“北贼尚留巢穴，若绕出军后，则势必狼狈，选精兵把守开城，大将则退屯平壤，以图万全。”（《李朝实录》宣祖二十六年二月壬寅）此时明军因兵力分散，粮草断绝，打算重新调整作战计划，以图再次进攻。(《经略复国要编》卷六)此时明军的战略重心，转向维持现有控制范围，准备调兵北上解决咸镜道日军，以消除侧后方的威胁，同时从国内请求增派援军和输送粮草，为收复汉城做准备。

明军进攻咸镜道的军事准备，建立在碧蹄馆战后获知日军兵力有20万人，双方兵力悬殊的基础上。"倭以二十万众而我兵不满三万"，"初五日移书提督君，令其亲驻开城，一面遣兵沿(临津)江把守，以防王京之袭，一面遣兵平壤把守，以防咸镜之袭"(《经略复国要编》卷六)。李如松一面向国内求援，一面在临津、开城一线采取守势。"俺等闻北贼炽盛，国王在此处，似为虚踈，故分军于开城、平壤以待之。且杨、刘之兵，不久当来，待其来，一举剿灭，幸为勿虑。"(《李朝实录》宣祖二十六年二月丙午)

朝鲜派遣前往咸镜道方向，为明军先导的是平安道节度使李镒、平安左道防御使郑希玄等。朝鲜君臣自称无人可派，不得已才任命李镒为主将，李镒在平壤之战时并未积极配合明军作战，与日军作战时多次掩败为胜，并屡屡违犯军规。郑希玄比李镒更为不堪，平壤之战时退屯十几里外观望，受命前往咸镜道防备日军之时，故意走远路拖延时间，中途停留三日，甚至携带妓女随军同行。"及送北道，又从枉道，十七日始到成川，留连三日，驮妓而去。"(《李朝实录》宣祖二十六年二月己亥)李镒、郑希玄两人直属有6400名士兵，由这两人防堵咸镜道的日军，成功的可能性非常低。

但当时汉城日军的战意不高，并无反攻明军的计划，加藤清正也并非听闻平壤败报才撤军的。早在日本文禄元年(1592)十二月二十日，驻屯咸兴的锅岛直茂派家臣下村生运前往汉城，汇报咸镜道境内伴随义军蜂起而流传的明军援朝的消息。增田长盛、大谷吉继、石田三成三位奉行向加藤清正发出书状，命加藤清正部、锅岛直茂部第二军撤往釜山一带，镇压当地义军。[1]

三位奉行的书状，由驻屯江原道金化的岛津义弘的家臣敷根仲兵卫、猿

① [日]北岛万次:《加藤清正：朝鲜侵略的实像》，吉川弘文馆，2007年，第44—45页。

加藤清正像（原本京都府劝持院所藏复制画）

渡扫部兵卫二人送往咸镜道，大致在文禄二年（1593）一月初送至咸兴。此时咸镜道在“尽天尽地冰寒世界”中（《是琢日记》），烽烟四起，日军龟缩在几个大型据点之中，位于咸镜道最前沿的1500名吉州守军伤亡过半，被朝鲜义军围困了两个多月。试图救援吉州的城津日本守军400余人，已在文禄元年十二月十日于吉州双浦、临溟一带，被郑文孚所辖金国信部击退。（《农圃集》卷一）

接到撤退指令之后，锅岛直茂建议优先执行，放弃吉州、端川被围的守军。但加藤清正不愿舍弃部将，执意派出援军。文禄二年一月十五日，第二军所部佐佐平左卫门、庄林隼人佐、松下小右卫门、小代下总守、龙造寺七郎左卫门家晴、成富十右卫门茂安、龙造寺又八郎、本告左马助、藤井久兵卫、叶次郎右卫门、水町弥太右卫门率领所属援军约3000人，前往救援吉州、端川被围的日军。[①]

当时端川驻屯日军为九鬼广隆、加藤与左卫门、出田宫内、井上大九郎四将所属约500人，因缺乏燃料和军粮，长期在端川周边劫掠物资。与之对峙的是端川郡守姜灿，所属皆为老弱步卒，正月十三日，他亲自前往吉州向郑文孚部请求援军。郑文孚于二十日派遣精锐骑兵200人，分为四队，一队将训练正具滉，二队将训练佥正朴银柱，三队将训练判官郑元忱，四队将训练判官高敬民，各率50名骑兵自吉州多信里出发，于二十二日抵达端川。

二十三日清晨，郑文孚四队骑兵在城外20里埋伏，先以姜灿部30名士兵在端川城外5里向日军挑战。端川城中的日军因多次击败姜灿部，对其相

① ［日］北岛万次：《加藤清正：朝鲜侵略的实像》，吉川弘文馆，2007年，第46页。

端川地图

当轻视，200余名日军士兵出城直扑姜灿部。姜灿部诈败逃走，其中有两名士兵骑的是劣马，未能逃脱而被击杀，日军一路追杀，直至伏击圈中。郑文孚部骑兵趁势包围，以骑弓轮番射击，箭矢如雨。日军长途追击20余里，遭遇骑兵突袭，阵形不整，仓皇之下发射火绳枪均未命中，没能压制朝鲜骑兵的突袭，被一路驱赶至端川城下，残兵仅剩30余人。姜灿部步兵在骑兵之后斩61个耳级。（《农圃集》卷一；《李朝实录》宣祖二十六年二月己酉）

如果当时加藤清正没有派出援军，朝鲜军不久便可收复端川。二十七日，郑文孚派往端川的骑兵退还吉州，称千余日军已越过摩天岭，逼近吉州。郑文孚接到消息，亲率三卫进驻临溟，并派骑兵600人分段设伏。二十八日辰时，日军开始进攻朝鲜军驻地，双方在吉州城和临溟驿之间的白塔发生激战。战至酉时（17：00—19：00），双方沿进城道路互射箭矢弹丸，转战60余里。朝鲜军不敢与大股日军短兵相接，仅以远程武器袭扰，未能阻拦日本援军进入吉州城。万户李希唐在黄昏时阵亡，郑文孚起义军时便为其出生入死的镜城前训导李鹏寿，也在冲锋时阵亡。两人均死于火绳枪射击。这场一日转战60余里的吉州—临溟阻击战，由郑文孚亲自坐镇，投入3000

镜城鸟瞰图。图中可见镜城整体为长方形，城墙拐角有方形角台，呈45° 伸出，城墙内侧明显可见朝鲜式土筑斜坡

余人，四面设伏，却在面对日军的冲击时一触即走，士卒仅损25人。战后端川郡守汇报有2000余名日军到达利城，郑文孚大惊，急令全军退往镜城。日军趁机在吉州收容伤兵，连夜焚城撤离。（《农圃集》卷一）

增田长盛和大谷吉继，分别于一月十三日和十四日向咸镜道第二军下达撤退命令。冬季从汉城至安边需要10～15日，一月二十四日前后，加藤清正第二次接到撤退命令，通知平壤之战小西行长战败的情况，以及诘问在咸镜北道战败及未能参加军议等情况。

平壤之战日军败退之事，已在一月十五日由驻屯江原道金化的岛津义弘通知了第二军，建议咸镜道驻军早做撤退打算。加藤清正接到多次催促后，于一月二十八日派出了一支1000人左右的先遣队。（《吉见家朝鲜阵日记》）其本人则在二月四日前往咸镜南道北青。北青是其家臣吉村吉左卫门驻地，端川、吉州被围的日军及援军正在北青休整，加藤清正此举是为亲自犒劳被长期围困的伤兵败卒，但违反了三位奉行下达的撤退指令。[①]

明军进攻目标转向咸镜道后，加藤清正部、锅岛直茂部形势严峻，三位奉行要求第二军尽快撤离咸镜道是合理的。虽然咸镜道日军与汉城日军相距较远，不便及时支援，但当时明军兵力不足，要消灭咸镜道的日军，就需要时间来集结兵力。前往咸镜道朝鲜军见机行事的冯仲缨，见咸镜道日军集结，“永兴迤南各处驻贼，俱各率领徒众，向往咸兴府，有合势向西之计”

---

① ［日］北岛万次：《加藤清正：朝鲜侵略的实像》，吉川弘文馆，2007年，第48—49页。

（《李朝实录》宣祖二十六年二月癸巳），便以明军使节名义，前往安边府与日军接触。

一月下旬，咸镜道日军中出现“贼闻天兵，荡灭平壤后，十万余兵踰越安边”（《李朝实录》宣祖二十六年二月乙未）的传言。日军惊恐之下，将大部分在各地擒获的朝鲜官员及家眷杀死，携朝鲜两位王子往咸兴府方向集结。听说“明军使节”冯仲缨前来，日军一边打扫沿途馆舍，一边通知加藤清正。冯仲缨抵达安边府之后，日军迎出安边城外5里。“倭贼等出迎于五里程外，则多有喜幸之态。”（《李朝实录》宣祖二十六年二月乙巳）

冯仲缨的目的是稳住日军，并以讲和朝鲜、日本为名，劝说加藤清正释放朝鲜的两位王子。冯仲缨与加藤清正密谈至深夜，中途加藤清正派人询问朝鲜向导崔遇朝鲜是否打算割地许和，崔遇断然否决，但告知朝鲜作为明朝藩属，在谈判方面以明方意见为准。明、日双方约定在汉城再次谈判，加藤清正在此次会谈中，得知明军短期不会进攻咸镜道，允许日军撤离至汉城的消息。但冯仲缨的和谈只是权宜之计，因此，这次谈判的内容日后被全部否定，以至于加藤清正次年与朝鲜僧将松云惟政笔谈之时，以此为由抱怨受到欺骗：“在安边与京城，唐使冯淑纮（冯仲缨）、兵部袁老爷持牒求和，一来一往，后无黑白，日本被欺。”（《奋忠纾杂录》）

摆在日本第二军面前的，是十万明军进攻咸镜道的传言、日军从平壤溃退至汉城的战报，冰天雪地粮草断绝、朝鲜义军蜂起的现实，以及三位奉行数次要求回军的指令。因此冯仲缨的割地许和，被加藤清正判断为缓兵之计，用来给明军集结争取时间，所以加藤清正选择尽快南下，并带走了朝鲜王子。当时从安边到汉城需10～15日，二月十五日加藤清正与明使详谈至深夜，而锅岛直茂和加藤清正分别在二十八日和二十九日抵达汉城，说明加藤清正在与明使谈判之后，很快就随大军撤离了咸镜道。[①]明军此时尚在策划

① ［日］北岛万次：《加藤清正：朝鲜侵略的实像》，吉川弘文馆，2007年，第50—51页。

对咸镜道用兵，而位于前沿堵截的朝鲜军自二月四日便已撤军，日军得以安全自安边越过铁岭，沿铁原方向抵达汉城。

泰长院的住职是琢（明琳）和尚，是锅岛直茂的外交幕僚，他在《是琢日记》中记载了当时从咸镜道至汉城的天气、道路交通乃至后勤情况，例如：

> 十一日（文禄二年二月）出咸兴府赴京，雪齐膝而人不能步，马亦不前。然则洛夷之间，有金刚山，此是江原道高山第一也。山耶雪耶，更无知其深浅，人马悉被冻杀……雪月晦日（二月廿九）入京矣，是日也，消雪之大雨如倾盆，而甚凄冷也，无可进前步后步。剩无蓑笠，或以油纸为绿笠，或以腐席为青笠。渐虽入京，无阵屋，徘徊南大门之畔及薄暮，寄人之檐下，卸笠解鞋。犹更男女牛马，虽同处曝死骸，收之无人，而臭气掩天塞地。

由此可见，当时咸镜道到汉城的交通相当不便，行程为19天，沿途翻山越岭。当时天寒地冻，雪深及膝，第二军抵达汉城，没有驻地，只能冒雨驻屯在南大门外，与之前被屠杀的朝鲜平民尸体相伴。旬月之间，日军从胜利者变成了失败者，前有强敌，后无援军，各大名在汉城惶惶不可终日，称汉江为“三途川”，称汉城为“地狱”。

在小西行长平壤之战败退汉城，于龙山驻屯时，朝鲜人金德浍看到日本士兵口粮，“贼之所食至少，以一升（朝鲜枡）米，可供三时之用”（《李朝实录》宣祖二十六年二月丙午）。当时明军军粮的标准以朝鲜枡计是日供米2升7合，日军口粮只有明军标准的1/3略多。但即便是按较低的口粮标准来计算，汉城驻屯日军的储粮依旧紧张。在碧蹄馆之战前，汉城的诸大名召开军议，当时统计的军粮存量为14000石（日本石），仅供全军2个月之需。[①]

---

① ［日］北岛万次:《丰臣秀吉的朝鲜侵略》，吉川弘文馆，1995年，第127—134页。

南大门（崇礼门）旧照

南大门外街市旧照，加藤清正部当时在汉城南民舍驻屯

加藤清正抵达汉城，增加了汉城守备兵力的同时，也加重了日军的后勤负担。汉城日军被迫连日出兵收集粮食，因京郊朝鲜人大多逃散，他们在周边挖掘朝鲜人的地窖，试图找到朝鲜人窖藏的粮食。（《再造藩邦志》）丰臣秀吉欲从釜山运粮至汉城，因道路问题无法实现，只得下令日军撤离汉城，退至朝鲜南部沿海地区。

二月十八日，查大受派遣家丁查庆宋、金子贵及6名朝鲜通事，前往查探汉城形势，在东门外遭遇4名收集柴草的日军士兵，擒获日军士兵慎入罗。查大受与方时春一起审问，终于获得了日军兵力的确切情报：由于死伤过多，汉城内的日军有三四万人，共分为八营，龙泉馆为小西行长驻地，分为三营，关白斥责了轻易放弃平壤、开城的行为，要求死守汉城至三月，到时日本会派出援军20万人，其中10万人前出汉城，10万人进攻中国沿海。

二月三十日，李如松及宋应昌又对慎入罗进行了审问，对汉城的日军兵力再次做了评估，调整为城内外11营共六七万人、咸镜道日军两三万人，汉城附近兵力约为11万人。（《经略复国要编》卷六）加藤清正及锅岛直茂抵达汉城前后，明军正在要求国内紧急发送援军，并建议境内沿海部署兵力防备丰臣秀吉的渡海部队。

此时明军没有进攻汉城的能力。二月十六日，宋应昌核查朝鲜明军在册数量，不算平壤—碧蹄馆之战的兵员折损，渡过鸭绿江的兵员实数为38537人，除却老弱病残，战兵约为20000人。明军在平壤之战中阵亡796人，伤1492人，伤亡合计2288人；在开城之战中阵亡6人，伤67人，伤亡合计73人；在碧蹄馆之战中阵亡264人，伤49人，伤亡合计313人。明军在这三战中合计伤亡2674人。（《经略复国要编》卷六）如按渡鸭绿江时所述精锐战兵含家丁在内约万人，伤亡已达26%，按可战之兵约20000人计算，伤亡比例也有13%。当时辽镇明军的战术偏好抵近前沿作战，所以兵员损失更多的是将领亲随家丁、正兵选锋等精锐，明军此时战力已大为损耗。相比之下，仅在汉城的日军兵力便远超明军。三月二十日，日本三位奉行点算的汉城内外日军兵力①如下表：

① ［日］参谋本部：《日本战史朝鲜役（本编·附记）》，偕行社，1924年，第251—252页。

姓　名	三月二十日人数	损　兵	姓　名	三月二十日人数	损　兵
小西行长等	6629 人	12071 人	加藤清正	5492 人	4508 人
锅岛直茂	7644 人	4356 人	黑田长政	5269 人	+269 人
大友吉统	2052 人	3948 人	毛利吉成	1425 人	575 人
高桥元种	288 人	453 人	秋月种长	252 人	136 人
伊东祐兵	597 人	133 人	岛津忠丰	293 人	183 人
小早川隆景、毛利秀包、吉川广家等	9552 人	5948 人	立花统英、高桥统增	1132 人	2168 人
筑紫广门	327 人	573 人	宇喜多秀家	5352 人	4648 人
大谷吉继	1505 人	320 人	前野长康	717 人	883 人
石田三成	1546 人		加藤光泰	1400 人	
增田长盛	1629 人		合计	53101 人	40634 人

从上表可知，明军自慎入罗口中获得的情报，选择采纳日军汉城驻屯各大名在出阵时兵力，共约 10 万人，登陆朝鲜后损失大约 40000 人，此时仍有 53000 多人。而明军可出动的可战之兵，理论上仅有 17000 人，而且朝鲜开战前谎报粮储导致明军后勤断绝，兵营数量不足，士兵冒雨露宿，马匹在三月初倒毙达 16000 匹。（《经略复国要编》卷七）李如松回军休整，从军事上和后勤上来说，都是正确的应对，绝非柳成龙之流所污蔑的因战败胆怯，畏敌不进。

当时朝鲜可投入汉城方向作战的兵力，含义军在内，京畿道有 19300 人，咸镜道有 10200 人，江原道有 2000 人，平安道有 15300 人，黄海道有 8800 人，总兵力 55600 人。即便不算咸镜道方向义军和义州行在的 4000 人，朝鲜依旧有 45400 人可投入汉城前线。按宋应昌、李如松等人的计划，明军中的约 18000 名老弱用于搬运辽东存粮，确保临津一带后勤。若朝鲜这 45000 余名士兵堪用，加上 17000 名明军，有 62000 余名士兵投入汉城作战中，待忠清、全罗等道朝鲜军与明、朝联军会合，南北夹击汉城日军。然而，朝鲜上下多

从首善全图可以看出，王京（汉城）地形险要，南北皆山，沿山修筑城墙，仅东西两侧为平地筑墙，但均有山脉遮蔽，为汉江及支流、山脉环抱的城市

为滥竽充数、蝇营狗苟之辈，明军哪怕追究朝鲜谎报仓储，自行为军队准备的军粮，也要亲自参与监督、搬运才能维持补给。所以无法指望这些朝鲜人配合明军，来执行收复汉城的作战计划。

明军在出兵前未料到朝鲜会谎报仓储及敌军数量，也未想到朝鲜人会坐视明军孤军作战。宋应昌在二月十二日，便将战线过长导致前线敌强我弱，需要暂缓攻势，等待国内援军抵达朝鲜，然后整军再战的消息，告知朝鲜礼曹判书尹根寿："'……且不攻城，待后精锐兵马之来，一齐进攻京城。'又告曰：'后头兵马，何时当来？'经略曰：'二月半当到，而时方搬运火器，以为战用。'"由于援军来朝需要两个半月，他宽慰了害怕明军会因粮草断绝撤军的朝鲜君臣。"今日贼未尽平，岂有退兵之理？我意与石尚书意同。"向朝鲜保证明军不会轻易撤军，以督促畏缩不前的李昖前往平壤。（《李朝实

录》宣祖二十六年二月庚子）

李如松等人以20000名战兵，面对数倍于己的日军，一举收复临津江以北，朝鲜人不思感激，反以明军未能一鼓作气收复汉城，对明军百般埋怨诋毁。李昖在二月二十日，担心粮草断绝，明军可能撤军，问询大臣有何对策。平安道监司李元翼，在明知明军兵力不足且“军粮已尽”的情况下，依旧诋毁李如松回师平壤乃“弃阵忘后”，碧蹄馆战败之后“畏缩如是”，收复平壤“不过贪功也”。

上曰：“平壤粮饷，何以为之？”元翼曰：“为日已久，刍粮遽绝，则亦必有向辽之言。此为悯虑。”上曰：“提督处，其意亦言之。”德馨曰：“北贼之事，臣在开城累言之，必曰：‘汝书生，不足与议。’”元翼曰：“弃阵忘后，而遽退其师，臣意极为痛悯。”上曰：“其说然矣。予以是为未稳。”上曰：“攻拔平壤，智耶？勇耶？”元翼曰：“不过贪功也。”

（《李朝实录》宣祖二十六年二月乙巳）

元翼曰：“碧蹄一败之后，畏缩如是。”上曰：“自古，兵家胜败，不可常也。岂以一跌而如是也？”……元翼曰：“军粮已尽，诚为闷迫。”上曰：“天朝粮饷，不用故耶？”元翼曰：“天朝粮饷亦用，亦留兵耗食者，几一万六七千，往来之数不在此中，所以难继也。”上曰：“予意提督虽进，似无可为，其军不满三万，虽进何能为也？”

（《李朝实录》宣祖二十六年三月戊寅）

明廷上层则对朝鲜越发不满，时任钦差经略赞画，蓟辽、保定、山东等处防海御倭事务加四品服兵部武库清吏司员外郎刘黄裳，以及职方清吏司主事袁黄，言辞激烈地质问朝鲜人：

> 夫天兵之东也，出皇帝仁慈，怜尔小国被倭凶残，乃圣心之独加，故兵之进，孰敢请之？兵之退，孰敢留之……人不得喘，马不得息，寒苦冰雪，瘃瘴堕指，不亦劳乎？劝宾以酒，犹欲宾憩而饮，恐之急而涌也，今为人杀贼，转战数千里，而不欲人息而喘乎，岂人情也耶？今将士之力战功高也，不思敬戴以劳之，军卒之裹疮疾病也，不思惜而饱怀之，马瘦而死者半也，不思饲而医药之，怡然高卧，若倩人斗者，尤怪胜者之拳，不加疾也。率尔咨来，促其进战，此何心哉？尔国君臣，独不见天时乎？二月雨不休，冰解雪淖，泥深数尺，上没马腹。想尔国兵不能战，而能泥行哉，请以尔马先之，吾兵即继于后。且焉王京道隘，非平壤比，必相其出入山迳，避湿就燥，夺险占夷，何由设伏，何由出奇，又地利之秘计也，胡可闭目而步于潦乎……尔国粮既不足，草又短小，不思勉力丰办以待兵至，径咨来催战，何为其然也……尔国忠清、全罗二道未破，兵有数万，虽声言在江之南，无一过江而抵王京者，无一至开城与天兵合者，咸镜之北，与靺鞨、建威之胡，其劲似也，倭已去高原，何不撤万骑至平壤，而会战于马山？顷取兵三千，教为车战，但曰三百，良可大笑。是不促其兵以自卫，必欲天兵之卫己，不摧其兵而出战，急欲中国之前征。是何厚于望人，而宽于自退也如此？窃以天兵者，天子之兵也，进退之令，经略之权也；而机之所发，兵家之微也；兵之威，不得辄干之；权之归，不得旁挠之，机之发，不得阳动之。（《李朝实录》宣祖二十六年三月乙亥）

明朝出兵救援朝鲜是出于皇帝仁慈，军队进退由明天子做主，跟朝鲜人并无关系。明兵转战千里，未曾休息，而朝鲜人不体恤明军劳苦，作战胜利后不去犒劳，明兵病伤毫不关心，军马大批饿毙置若罔闻，只是一味催促明军作战，不知是什么用心。道路泥泞，天时不利，朝鲜人自己都无法蹚泥而行，却让远道而来、对汉城地形并不熟悉的明军邀战。不顾粮草不足，只管催促明军作战，而朝鲜南道数万军队游离战场之外，北道精兵不发一兵一卒，在不予配合的情况下，朝鲜人还妄图干涉明将指挥军队。

刘黄裳等人原本对朝鲜谎报粮储有所不满，在平壤之战前曾告知李昖，若明军粮尽便会退兵。明军收复平壤、开城后，刘黄裳计划使用明军因道路泥泞而弃用的战车，为朝鲜训练一支军队用于自卫，要求朝鲜提供几千名兵员。朝鲜以练兵则无人运粮为由敷衍搪塞，只提供了沿江屯堡兵四五百人。次日，李昖又以朝鲜缺粮需几百人耕田种地为由，将这些兵员尽数裁撤。“伏见刘员外移咨，使我国拨送壮士数千名，学习战车之法……但即今兵革不解，运粮方急，调遣军士，百计无策……约四五百名率领，前去刘员外前，使之传习其法”，“备边司欲抄出江边军士，传习车战之法于刘员外，此亦大事。当此时，农作尤大，一人有关，姑停此事”。（《李朝实录》宣祖二十六年二月丁未、戊申）

也就是说，刘黄裳威胁过李昖，当他想为朝鲜练兵时，李昖以拒绝提供训练人员作为报复。明军屯兵不进，李昖着手训练朝鲜军，二月底，李昖猜到明军计划逐渐退出朝鲜，然后帮朝鲜训练军队，其后朝鲜的防御便由朝鲜人自行负责。“上曰：‘贼若雄据平壤，则中国危矣。故先取平壤，以观事势。且欲使我国，依天兵声势，以灭此贼。此虽予私虑过计，恐或如是。’”（《李朝实录》宣祖二十六年二月壬子）

朝鲜的现实状况出乎明朝意料，导致援朝明军的军费开支加大。因朝鲜中途违约，军饷物资改由明廷全额承担，需从国内运输至朝鲜，来回报备运输耗时日久。王必迪曾当面斥责李如松没有及时发放平壤之战前许诺的赏银。为节省朝廷开支，提高效率，宋应昌在了解过朝鲜的物产之后，向兵部报告，在朝鲜开发银矿可就地解决明军军饷问题。“访得本邦（朝鲜）银矿甚多，似可开做，且其国银钱绝不使用，虽产此利，民不知行……某今议行，求一善策，令朝鲜辅臣主其事，所得之利，散给新军作为粮饷，则上不烦国课，中不累小邦，下可鼓士卒，况藉此厚其价值，招致辽阳诸处客商往彼生理，乘便进剿，亦一策也。”（《经略复国要编》卷七）

宋应昌向明廷汇报的日期是三月五日，朝鲜银矿的资料大致出自主事袁黄当时取阅的朝鲜政府文档。朝鲜部分机密文件被明人获知，因朝鲜在文档中多有对宗主国的心怀叵测之处，在部分机密文件被明人获知后，三月三日，朝鲜君臣紧急商议档案外泄问题，以应对即将到来的明廷的责问。

“倘问曰：‘庙号乃天子事，非诸侯所敢称。天朝既赐赠谥，而尔国又自上尊号，是何礼义？日本乃天朝逆虏，高皇所痛绝，通信交聘于日本，是何意？货贝通行天下，有无相资，理之常也。尔国隐讳金银，俾不得相通，至于立法而禁之，是何意？’何以答之？此条件对答之意，措辞以启。”朝鲜君臣提前对口供中的最后一个，就是朝鲜隐匿金银矿的出产问题。早在宋应昌获知朝鲜银矿，向兵部汇报的前两天，朝鲜就准备好用谎话进行搪塞了。“而我国全不产黄金与珠玉，系非土宜，在所当禁，白金虽云有产出之处，而我国不解吹炼之法。且我国之人执之而货贸者，唯五谷、布帛而已，至于钱文，皆不行用，故金银珠玉，皆有禁，岂有他意哉？”三月八日，宋应昌向朝鲜建议开采银矿充为军费，并派遣工匠教授银矿提炼方法，“朝廷为尔国，费用既多，何能更请？今日之事，在于吹炼银铜，以为粮赏之资……佟养正已带银匠出来云，令义州之人，传习其术，使之吹炼于本道及黄海道各官产银之处，以继国用”。（《李朝实录》宣祖二十六年三月戊午、癸亥）

朝鲜人要求明廷全额承担军费，甚至朝鲜作战的功赏也出自明廷，“天朝发送银三千两，依给本国有功将领及死事员役”（《李朝实录》宣祖二十六年三月甲子）。李昖以远超搬运粮饷和配合作战的热情，将银矿改称铅矿作假，封堵了明人试图在朝鲜筹措资金之路，“上曰：予尝令唐人见之，铅也，非银也”（《李朝实录》宣祖二十七年二月癸丑）。非但如此，明廷出高价购粮，紧急输送前线之际，朝鲜官员依旧玩忽职守，“尔国守令等，恬不动念，不即输运，瞒报于我，皆曰毕运”。宋应昌处的朝鲜陪臣，携明军购盐款一去不归。宋应昌派员询问李昖，依旧人无踪迹，盐无一包，只得从辽东凤凰城买盐转运。（《李朝实录》宣祖二十六年三月戊寅）

日军因为后勤困难，无力在汉城维持庞大军团，计划撤军至釜山和朝鲜南部沿海，将战略重心转向占领全罗、庆尚两道。为防止明军趁势追击，日军试图借与沈惟敬和谈，与明军接触，以退兵为条件放弃无力防守的汉城，既能解决后勤问题，也能缓和与明朝的关系，以便集中力量占领朝鲜富庶的全罗、庆尚两道。从日军的后续动态来看，再次提出先前所谓割让四道等条件，并主动退出汉城后撤，是因为认识到无法在明军面前占据优势，就退而求其次，先行吞并朝鲜南部的富庶地区，所以此次谈判的本质，是日军为暂避明军锋芒而施行的缓兵之计。

日本借和谈之名提出撤军，切合此时明廷上层希望快速结束朝鲜战争的意愿。三月十日，李昖接见了明军管粮将、原河间府同知郑文彬，以及山西潞安府壶关县知县赵如梅，催促明军尽快进攻，并询问明、日和谈的传言是否属实。“宋经略言之，非讲和也……贼自平壤之败，心胆俱落，愿自宁波府入贡中原，若借其归路，而使之入贡，则必不敢加兵于贵国，今若以兵从事，则不二三年，贵国当复被兵矣。观贵国专尚诗赋，不修武备，若此而可以御敌乎？”从郑文彬和赵如梅的回复，可以看到宋应昌的目的是让明朝乘胜从朝鲜尽快抽身，借讲和为朝鲜争取时间，训练军队，如谈判成功，日本则从宁波入贡，如谈判破裂或日本以其他借口再侵朝鲜，朝鲜也足以自卫，不劳明朝再次出兵救援。但朝鲜人强烈反对明、日和谈，李昖直言“夷狄可以威服，不可与之讲和”，日本这种夷狄只能诉诸战争解决争端，毕竟日本与朝鲜有“万世必复之雠”，明朝要为朝鲜报仇，非但不能与日方和谈，还要立刻出兵杀尽汉城的日军，彰显“天朝之威棱”。至于这样做是否会扩

大战争，最终如何结束战争，朝鲜人会为此付出什么代价，李昖全然不顾。（《李朝实录》宣祖二十六年三月乙丑）

日军无故进攻朝鲜，登陆后大肆杀戮，烧毁朝鲜王室宗庙，挖掘朝鲜先王陵墓，抓捕朝鲜王子，朝鲜不愿意轻易结束战争的心态可以理解。但朝鲜本已事先得知日本即将宣战，又误判日军主攻方向为中国浙江，因此作壁上观，战争爆发后又认为明军与日军是一丘之貉，一直不肯求救，明廷出兵救援之后，又强请明军要为此负责，不愿明军挟胜迫和，要求明军一定要全歼日军，为朝鲜人报仇。通判王君荣向李昖传达宋应昌的决策："此贼实是劲敌，岂能絷缚而讨之……今虽进兵？岂能尽殄无遗乎……此贼岂必攻之？然后？快也？"明军承认日军战斗力不弱，不愿图一时之快，在后勤无力的情况下与其死战，如能以谈判让日军退兵，可帮朝鲜练兵自卫，"昔句践十年生聚，后复仇于吴。国王必欲复仇，则必如此而后可也"。

不过，口口声声"既不能讨贼复雠，则将无以自立于天地之间"的李昖，对于学习勾践复国之事毫无兴趣，称日本"贼实残疲"，若明军不肯帮忙杀光日军，不爱惜也算"天朝之民"的朝鲜人，明朝"则是岂父母之心乎"。李昖还以用武力破坏和谈来威胁明军："天朝虽定和议，小邦臣民，稍知大义，且欲争报其父兄之雠，予虽禁之，恐不予从，予亦何忍禁之？"王君荣回复："尔义兵若在，当初何以不伐贼耶？"如果朝鲜并不领情，执意要破坏和谈，明廷将撒手不管朝鲜之事，"然则尔国亦不从朝廷之命耶？尔国当自为之"。（《李朝实录》宣祖二十六年三月甲申）

明朝打算撤军和谈，让一贯敷衍了事的朝鲜人认真起来，但不是打算执行宋应昌的建议重新编练军队，学习勾践的"十年生聚，十年教训"，去报朝鲜国的所谓"万世必复之雠"，而是认真破坏明、日和谈，以求重启战端。以往不见踪影的朝鲜军开始在汉城附近集结，试图单独执行原本拒不配合的进攻汉城计划。

明军先前对汉城的进攻计划，是通过朝鲜逃人的情报做出的。日军吸取了平壤之战的教训，为防止明军切断各阵城之间的联系，如平壤一般工事被分割后各个击破，放弃了汉城原有阵城，将兵力集中在有地形优势的南山，驻屯模式由一将一城转变为在丘陵地带修筑“复数大名在番”的大型要塞群，提高了防御力。“今则北贼尽入京城，原州之贼，亦为来聚于京城兴德洞、栢子亭近处，贼兵皆屯聚，自南大门内，以及慕华馆近处设阵，联络龙山仓，平壤逃遁之贼，设城屯据，汉江亦有贼阵，横结浮桥，以相通行。”（《李朝实录》宣祖二十六年三月甲子）

日军为此在南山一带修筑了要塞群，龙山仓位于汉城南山丘陵南部，靠近汉江，朝鲜漕运粮船在此上岸囤积物资。幸州山城之战后，朝鲜从金德浍口中得知朝鲜中央粮库龙山仓完好，由平壤败军小西行长部防守。幸州山城之战后，忠清水使丁杰率数百名水兵，在龙山仓汉江水面隔岸试探性发射火器，日军迅速在汉江边集结近20000人。小西行长在平壤战后仅剩6000余人，但当时日军出动达20000人，意味着汉城诸大名开始集中编制。

各大名之间配合严密。朝鲜没有能力进攻防守严密的龙山仓，就怂恿宋应昌派遣明军进攻据说拥有30万石存粮的龙山仓。“如或装船乘潮而上，乘夜纵火龙山仓，又多设火器，暗冲城中峙粮之处，使贼自困，亦一策也。”（《李朝实录》宣祖二十六年二月庚戌、甲寅、癸丑）

朝鲜开始频繁出动军队，进攻汉城城外的日军外围据点，被大怒之下的宋应昌严厉禁止：“时，宋经略，力主和议，戒我国边将，毋得剿杀倭贼，而权栗屡有讨斩零贼之报，经略大怒，遂行牌文，禁之。”（《李朝实录》宣祖二十六年三月癸未）发现零星斩获并不足以激怒谈判双方，火烧龙山仓的计划又再次被朝鲜人提出。此次规划更为详尽，一边烧毁龙山仓存粮，一边建议明军袭击汉城的日军后方交通线据点，并主动承诺可以给出击明军提供数日口粮。在朝鲜人的口中，日军后勤线上各阵城兵力稀少，“别有一计，自金浦，舍船由旱路，经富平、水原之境，到龙仁、竹山两县地，金亮、钟杯、佐残等倭贼下寨处，皆不过二三日程，而留屯之倭，仅满千名云。若赍

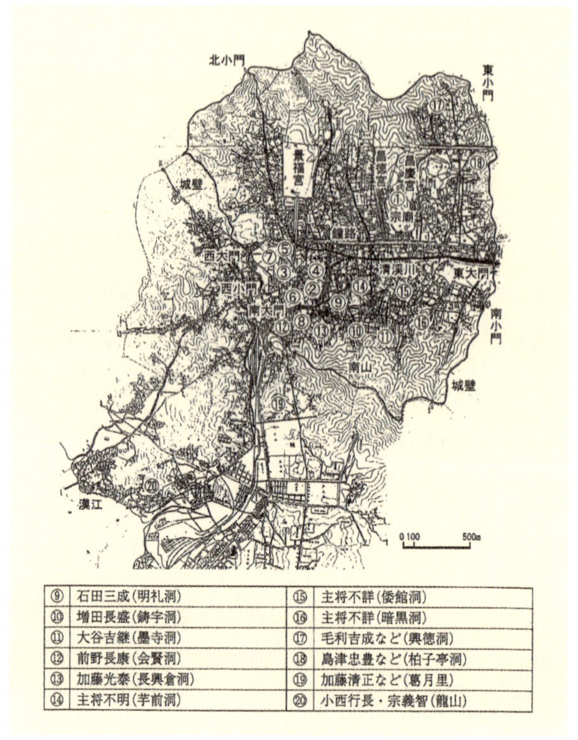

⑨	石田三成(明礼洞)	⑮	主将不詳(倭館洞)
⑩	増田長盛(鋳字洞)	⑯	主将不詳(暗黒洞)
⑪	大谷吉継(墨寺洞)	⑰	毛利吉成など(興徳洞)
⑫	前野長康(会賢洞)	⑱	島津忠豊など(柏子亭洞)
⑬	加藤光泰(長興倉洞)	⑲	加藤清正など(葛月里)
⑭	主将不明(芋前洞)	⑳	小西行長・宗義智(龍山)

日本军队汉城分布图

数日粮，暗暗步走，击破一寨而据之，则此所谓迅雷不及掩耳，破之必矣。此乃贼之东道留营之处也”（《李朝实录》宣祖二十六年四月甲辰），若明军攻破这些据点，前后夹击，汉城日军必然崩溃。

提出建议的同时，朝鲜军再次集结，沿汉江上溯，打算再次进攻龙山仓。朝鲜一定要进攻龙山仓，并不是要烧毁所谓的日军储粮，龙山仓此时已无多少存粮，大部分储粮已被搬运至城内小公主宅，“倭贼等，又以各仓之谷，移置于小公主洞宫者甚多”（《李朝实录》宣祖二十六年一月丙寅），主要是因为日方谈判主导者为小西行长，小西行长的营地便在龙山仓附近。这里也是明、日谈判地点。在朝鲜军计划进攻时，明方谈判使节沈惟敬直接进了龙山仓，朝鲜军敢不顾明军的反对而出兵，但不敢攻击明军使节，龙山仓攻击计划因此不了了之。“近日分遣精兵，方图龙山等处之贼，且遣别军于汉江

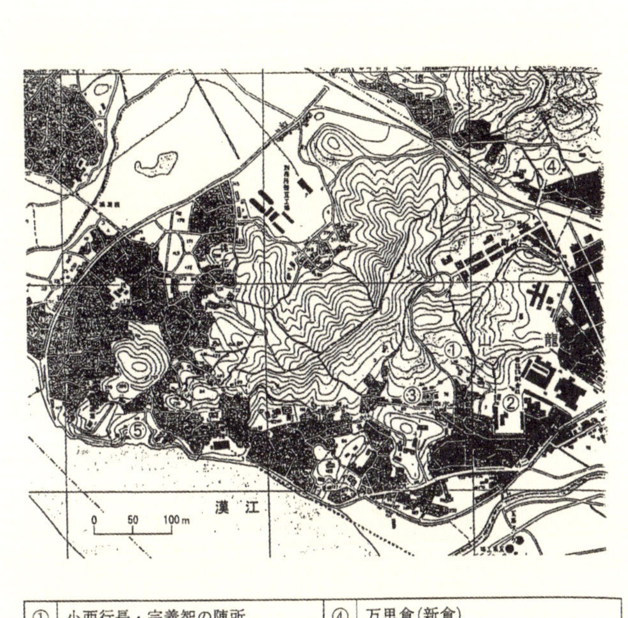

①	小西行長・宗義智の陣所	④	万里倉(新倉)
②	軍資監	⑤	別営倉
③	宣倉		

小西行长龙山驻屯及龙山粮仓分布图

以南，颇有斩获。而龙山则因沈游击方在其处，诸将未敢轻易下手。”（《李朝实录》宣祖二十六年四月甲辰）

日军为确保安全撤至朝鲜南部沿海，选择了忍让朝鲜军，而对明军百般示好，并主动放还了之前碧蹄馆之战中俘虏的明兵，以讨好李如松。“近日碧蹄被擒天兵，连续还来，提督亦以此为喜。”（《李朝实录》宣祖二十六年三月戊寅）丰臣秀吉的目的很明确，有了明军的援助，吞并朝鲜已无可能，不如集中力量占领全罗、庆尚两道。给明军提供不实情报的朝鲜人对此同样清楚。

“脱有贼兵冲突南下，则两湖郡县，决无支撑之势，殆非小虞。”“归贼阑入两湖，以为就粮之计，则国家又失两湖。谏院之启，有见于此。”“提督所谓两湖必保之言，非也。此贼齐刃长驱，则两湖何可支也？”“北贼，已与京贼合势，若不遁归，则必将冲突两湖，大小之人，皆以此为忧。”“斗寿曰：‘闻，清正以十日为退师之期云。’上曰：‘此贼，不击不归。’斗寿曰：‘食尽亦归。’上曰：‘予亦曰，食尽亦归矣，但粮尽，则必下两湖，以此为虑。’”“贼中回走人，皆言粮尽，今若缓师不击，则必阑入两湖，以为就粮之计。”（《李朝实录》宣祖二十六年二月庚戌、辛亥、壬子，三月己未、庚申、壬戌）

李昖的解决办法是反复催促明军进攻。朝鲜君臣担心的是，如果汉城日军南下全罗，朝鲜军队无法抵御，全罗必然不保，“若以五千余兵南向，则谁能御之”。李昖在反对和谈时，将朝鲜军民说得大义凛然，必将自行攻击日军，实际上他很清楚本国军队的战斗力：“变初则已矣，今经百战，无一人善战者，诚可痛也。”（《李朝实录》宣祖二十六年三月庚申）

“王师远征属国，已复其半，师老财匮，不可久驻，宜撤兵而回。”明廷已不愿在朝鲜过多投入，宋应昌身为经略总指挥，又亲往朝鲜，熟知朝鲜情况，自然知道朝鲜君臣的真实想法。宋应昌并不反对撤兵，但反对在朝鲜防守无力的情况下立刻撤退，至少要让朝鲜能够自保以后，明军才可撤离，不然“十万之贼，其能尽杀乎？今年败走，则再不来乎？若添二十万众。再入尔国。则有何兵马可以抵挡乎？天兵其可每每来救乎？虽欲救之，亦不及矣”。为防止日军因惧怕明军而假意和谈，待明军撤离后再来进攻，宋应昌计划留下部分明军驻扎朝鲜，以防日军有诈，并广开银矿以充军资，加强对国王继承人的培养，并表达了对朝鲜官吏战时不做实事、空谈文章、登山狎妓的不满。其实，朝鲜何止文官狎妓，武将出兵之时依旧当着明将的面携带妓女。宋应昌表示自己“闻之详矣，不要哄我”，朝鲜官员依旧说只有个别官员如此，现在属于战时，“父母妻子犹且不保”，朝鲜上下“涕泣度日”。可以回想一下朝鲜请求出兵时对明军后勤的威胁之词，“粮饷渐就消耗，日后恐难接济”。潜台词是，你们赶紧把侵朝日军消灭，否则我国就不管你粮食了。面对这样的朝鲜君臣，宋应昌也只能叹息一声“罢了”。（《李朝实录》宣祖二十六年四月丁亥）

明廷的军事决策并不以朝鲜国王李昖的意志为转移，在排除朝鲜干涉的同时，明、日双方开始正式接触。日方和谈的执行者，最早是之前一直与朝鲜、明廷使节对接的小西行长，小西行长在平壤之战后撤至汉城，在城外南山驻屯，而加藤清正之前在咸镜道，与明朝使节冯仲缨也有过和谈，所以加藤清正借机插手本由小西行长负责的外交工作。

“倭且乏粮，众多生疮，亦闻天兵更发虎蹲等炮，及战车列江上，声势日张。贼酋行长惩于平壤之败，乃有归志。适彰义使金千镒军中有李尽忠者，自请入京，探候贼情。见二王子及长溪君黄廷彧等，还言，贼有讲和之意。”（《再造藩邦志》）李尽忠前往汉城，抵达加藤清正的住所。加藤清正的住所在崇礼门西南青坡桥（今首尔龙山区清波洞），附近有一棵大银杏树。加藤清正挟二位朝鲜王子与李尽忠相见，说：“公见王子，肥肤颜色如何？少无羸瘠，可知吾之厚待也。且曰讲和之事，何以为之？速示可否？欲决行止，何以迟延无黑白乎？日本关白，发诸岛之兵，朝暮渡海，入驱朝鲜，直捣中原，则悔无所及矣，何不速为之处乎？”（《惩毖录》）加藤清正因粮草匮乏，求和之心极为迫切，特意自夸把朝鲜王子养得极好。

汉城日军屡屡求和，并向明朝请求封贡，是为防备撤离汉城后被明军尾缀，又被朝鲜军队侧击。日军的顾虑就是明军的计划，实际上，宋应昌着手和谈的同时，为防备日军诈和，应对方法就是在全罗道袭击日军侧后，自开城集合刘綎部新到援兵，前后夹击南下日军。（《经略复国要编》卷八）

明、日、朝鲜三国都高估了当时的三方战力。朝鲜忧虑日军趁机南下全罗，但日军连败，士气低落，后勤困难，需要退往沿海休整。明军担心丰臣秀吉的大股援军抵达，实际上丰臣秀吉的渡海计划未能达成。日军同样高估了明军的兵力和朝鲜军的战力。谈判各方尔虞我诈，加藤清正一边催促朝鲜人尽快决定和谈，一边诈称援军要大举进发。沈惟敬同样对日本人诈称有70万人的明军正枕戈待旦，随时准备全歼在朝的日军。

三月九日正午，加藤清正借冯仲缨安边和谈之事，催促明军使节前来。

“午时，有琴连希称名人，持二王子联名书及贼将清正与冯相公小纸书以来，推问则曰：贼酋清正云，在安边时，唐将来到约和，期在今月初十日，欲通书问其来否。”（《惩毖录》）

十五日巳时，沈惟敬、周弘谟、谢用梓率家丁23人，乘船至朝鲜军金千镒处，与日军隔江相对，立黄伞为标志，通告汉城日军，明军使节已到。（《续本朝通鉴》；《金千镒书状》）沈惟敬等人在汉江江面船上，招小西行长问答。加藤清正也想与沈惟敬相见，因此参与了此次讨论和谈之事。

冯仲缨的安边和谈并非由沈惟敬主导，且加藤清正对明朝的态度极为狂妄，自称“扬威所向，攻无不克”，称小西行长、宗义智等人“不过绝岛中一卖盐之人”，动辄威胁领兵西进直入平安道（《奋忠纾杂录》），对冯仲缨称将兴兵40万灭朝鲜而入中国，荡平明朝400余州，生擒万历皇帝。[①]

“清正乃大书以示曰：‘欲战则战，欲和则和。’沈怒责之。”（《李朝实录》宣祖二十六年三月戊寅）这是加藤清正和谈之时，给沈惟敬等人的第一印象。明朝和日本和谈期间，加藤清正蔑视小西行长的态度也被明军察觉。宋应昌做好了加藤清正不遵和约的准备。“其（加藤清正）为骄横，必所难容，即当密谕全罗道截其归路”，“大概行长、清正意思不同，行长之哀诉似真，清正之说话有异。我使差去将官，相机处之。行长退则不须杀，清正抗则便进剿。我岂无远虑，而遂以倭奴之言为可信乎”，“清正等不为哀乞，其志与行长各异”，“清正自恃其功，不肯退去，则进兵杀他”，“提督谓：‘恩威当并行，而清正凶悖，不可不诛’”。（《经略复国要编》卷八；《李朝实录》宣祖二十六年四月丁亥、戊子、庚寅、辛卯）

加藤清正虽然表现得像是强硬派，但遭沈惟敬斥责后又即刻服软，改称是词不达意，“我不解文，倭人代书，故辞不达意如是耳”（《李朝实录》宣祖二十六年三月戊寅）。

---

① ［日］北岛万次：《加藤清正：朝鲜侵略的实像》，吉川弘文馆，2007年，第50—51页。

日军兵败缺粮，汉城的卫生环境也不允许日本人继续留在这个他们造就的人间地狱，“男女牛马虽同处死骸，收之无人，而臭气掩天塞地。阵其中，而自三月至四月，随得暖气，臭气弥增，被侵臭气，人皆病死毕”。日军的暴行，让朝鲜的京城变成了一座满地尸骸的死城。日军又在城内驻军，致使军中瘟疫流行，“而倭且乏粮，众多生疮”，“士卒逢痁疠而死者殊多”（《再造藩邦志》;《续本朝通鉴》），造成了大量非战斗减员。

沈惟敬为了尽快促成和谈，以与小西行长有旧为名，私下约谈小西行长，称明军渡海而来，计划截断忠清道，不忍他因久拖不决而命丧汉城，建议他尽快自行离开。“汝辈久留此不退，天朝更发大兵，已从西海来，出忠清道，断汝归路，此时虽欲去不可得。我自平壤与汝情熟，故不忍不言而。”（《惩毖录》）

汉城至釜山的交通是日军的软肋，千余里的道路上分布不过几千人，即

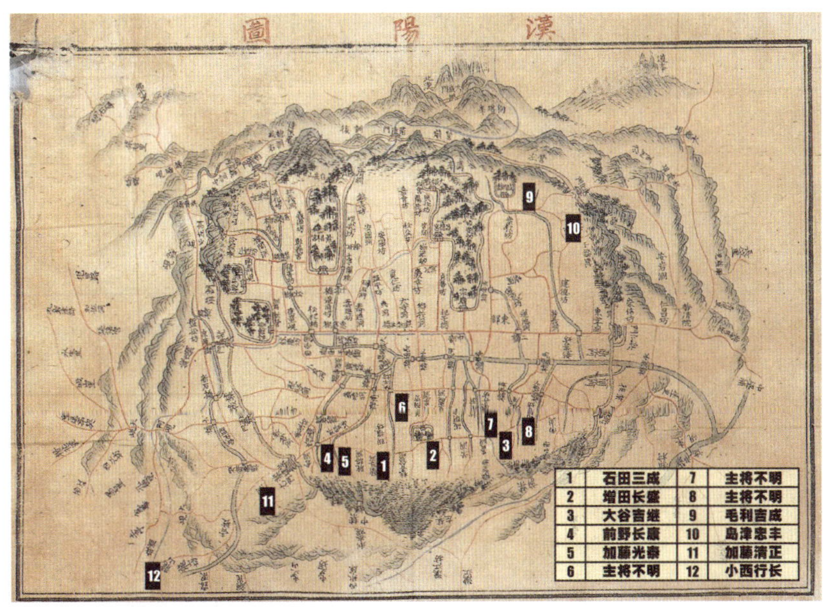

依据王京街市洞坊图重绘太田氏汉城日军阵地分布，日军驻地分布并不合理，多个城门附近均无大将驻屯，或许因疫病流行，只能择高地且有清洁水源的地方屯兵

便日军退至尚州时，分驻尚州至釜山的日军兵力总共才6000人，按“つなぎの城”（御仕置之城）时的分布情况，各地兵力如梁山之类至多2000人，少如密阳之类屯兵仅有别所丰后守（别所吉治）的350人。沈惟敬在小西行长面前唱了一出空城计，算上在半路上紧赶慢赶的刘綎部，同样受疫病流行之苦的明军出动20000人已是极限，并没有言之凿凿的70万人的大军。

日本人不愿冒全军覆没的风险，最终同意了沈惟敬提出的条件，即归还被捕的朝鲜王子和陪臣，退兵釜山，向明朝请求封贡，但需要明朝派遣使节前往郎古邪（名护屋），与丰臣秀吉见面谈判，获取上报万历皇帝的所谓关白降书。（《惩毖录》;《全边略记》）

三月二十四夜，沈惟敬返回宋应昌处。二十五日，宋应昌召见沈惟敬，命他设法拿到关白降书，以便回奏万历皇帝，册封丰臣秀吉为日本国王，自宁波入贡，结束此次朝鲜战争。计划尚未通报北京批准，宋应昌命谢用梓、徐一贯二人，假托参将、游击官名，前往名护屋取得关白降书以备上报朝廷。（《李朝实录》宣祖二十六年四月乙酉、丙戌）同时发牌文公示三军，严厉禁止再开战端，如有违反命令之人，无论明、日、朝鲜三国，均予以处斩：

> 日本众倭，今既乞贡，不许抢掠粮草，斫杀人民，违者照旧剿杀不恕。
>
> 日本今既乞贡求哀，我国官兵专听本部处分，贪功杀戮零贼者斩。
>
> 朝鲜国官兵，与倭不共戴天，但彼既乞贡求哀，亦候本部议处，报复启衅者斩。

能够让日军不战而退，对明军来说自然可喜可贺，“观来札，王京形势险阻，倭奴设备严密，若虎负嵎，未易与敌”（《经略复国要编》卷八），但对朝鲜人来说，明军不替其杀尽倭奴报仇便是亏欠了自己。柳成龙等人以宋应昌不准杀倭为由，拒绝参拜代表明朝的旗牌，并以日军狡诈为由催促明军推翻和约。临战弃职，两次违背王令私自逃离战场，还试图以李昖弃国逃跑为由另立新君的柳成龙，最后拿出了逃跑是朝鲜人救国求存之道这种理由，大骂钱世桢。(《再造藩邦志》;《惩毖录》)

丰臣秀吉下令自汉城撤军的朱印状，于四月初抵达朝鲜。沈惟敬在汉城与日本的三位奉行、各大名约定于十九日退兵。“约于十九日收兵回去，即搭造浮桥，将京城龙山遗米二万石，付沈思贤，平秀家诸酋以下皆退去。”(《再造藩邦志》)对明、日双方来说，这是打破僵持局面的双赢。日军得以集中兵力调整战略目标，而明军在精疲力竭且敌众我寡的情况下，让日军退往南部沿海。然而，日军得以借和谈南下，在朝鲜南部集中全部兵力，这同样是一个需要解决的隐患。

“同十八日（日本历），出洛之时也，加贺大夫为殿，渡汉江之舟桥，经过京畿、忠清、庆尚三道，到梅天（五月）十七日，已着蔚山而屯营于兹。”对日本人来说，此举成功挑战了由朱元璋一手建立的明代封贡体系，击败了该体系内诸藩之首的朝鲜，面对前后70万人的明军，在保存一定实力的情况下体面地安全撤离，对日本人而言，也算是一场值得夸耀的大胜利。

第十六章

是诈和，还是诈战？

日军撤离汉城当天，李如松率明军主力抵达东坡，与查大受部合兵。四月二十日，李如松率军进入汉城，驻屯于小公主宅。城中遗民百不存一，且“饥羸疲困，面如鬼色”。城内屋舍仅崇礼门至南山一带因有日军驻屯尚有保存，大街以北的阁殿馆舍皆被焚荡一空。李氏朝鲜王族宗庙已被宇喜多秀家放火烧毁。因为宇喜多秀家在此驻扎之时，“夜间多怪”，士兵住在宗庙内，“往往暴死”，日军认为宗庙有灵，不可久住。

随李如松进入汉城的朝鲜官员，集体在焚毁的宗庙前痛哭。遭受奇耻大辱的朝鲜人，以极高的效率在第二天围堵李如松，要求明军推翻与日军的和约，尾追再战，一雪国耻。朝鲜人挖空心思封堵明军拒绝出兵的任何借口。李如松称无船渡江，京畿右监司成泳、水使李苹立刻调来80余艘船，以供明军渡江。李如松只好命李如柏率军渡江，待军半渡之时，李如柏以突发脚疾，需要回城治病为由，全军撤回汉城。（《惩毖录》;《再造藩邦志》）

日军虽然撤离南下，但此时明军兵力不足，没有能力与日军主力进行决战，刘綎部援军尚在平安道南下途中。李如松只有一万六七千名可战之兵，分散在平壤—开城—汉城之间，还要留下足够兵力保证汉城安全，防止日军绕袭反攻。李如松能出动的最大兵力，当不如碧蹄馆之战前后。用于搪塞朝鲜人，李如柏率领渡江的15000人，是当时汉城明军能出动的兵力极限了。50000余名日军还未走远，如果回军反攻汉城，李如松确保汉城兵力犹显不足，遑论出城歼敌。

全罗道巡察使权栗见明军不动，打算集结军队自行渡江南下追敌。为防止朝鲜人的追击行为刺激日军回师反扑汉城，李如松紧急命令戚金收拢汉江江面的船只。权栗半夜试图渡江，被明军“夜不收”押解至李如松处。巡边使李蘋、防御使高彦伯也试图渡江。但军队被明军列阵阻拦在汉江边，先锋将边良俊遭到军法锁拿，李蘋则被明军就地关押。高彦伯部当天中午行至半路，被查大受部家丁阻截，高彦伯被带离军队，看押在李如松处。(《李朝实录》宣祖二十六年五月丙辰;《惩毖录》;《再造藩邦志》)在汉城近郊试图追敌的朝鲜军队，均被李如松下令解除了武装。

单看柳成龙的报告描述，李如松看似延误战机，但朝鲜人只是惺惺作态。幸州之战后，巡边使李蘋报告士兵“厌惮赴战，精兵逃走者，一千一百七十九名；新及第逃走者，三百四十九名”。碧蹄馆之战，名义拥兵4000人的高彦伯只有百余士兵参战，且“在天兵之后矣”。这三部朝鲜军，可堪一战的不过权栗部2000人，李蘋及高彦伯的“大军”被明军一阻，立刻瓦解，“李蘋所率，不满数百，高彦伯所率，亦不满百”。三部朝鲜军名义上有10000余人，实际在军中者不过“二三千”。(《李朝实录》宣祖二十六年二月癸丑、甲辰，五月丁巳)

以数百人一股分散进攻50000余人的日军，朝鲜人无异于以卵击石。故作追击状被李如松拦截之后，朝鲜人也就只剩下口头上对日本报仇了。果如李如松所料，在日军整整一个月的撤离行动中，沿途的三道朝鲜军装聋作哑，不敢有任何行动，生怕被日本人发现。“贼在途缓缓而去，或留或行，我军之在沿途者，皆左右屏迹，无敢出声者。”(《惩毖录》;《再造藩邦志》)

在汉江谈判时，明军开出的条件中有要求交还朝鲜二王子及陪臣，但朝鲜王子等人是加藤清正捕获的。当时加藤清正在咸镜道减员高达45%，为日军诸部减员之首，抵达汉城后又严重缺粮，被迫四处征粮，搜寻粮食时，连朝鲜人的坟都不放过。“清正又分遣其卒千余人或数千人，出掠不已，环畿郡邑冢坟亦发。”(《再造藩邦志》)而汉城日军临走时，还留下余粮20000石交给明军，可见加藤清正不受汉城日军待见。此事流传很广，连宋应昌也知晓：“清正率倭抢掠无获，想城中粮少，而清正新到王京，旧倭或不肯让粮

与彼，以至此乎？”（《经略复国要编》卷七）

小西行长驻屯龙山仓，衣食无忧，宁留粮食给李如松，不给身边的加藤清正。而加藤清正俘虏了朝鲜二王子，抵达汉城之后要挖坟找口粮。谈判前后加藤清正、小西行长均曾与明军使节接触，最终主导者却是沈惟敬和小西行长。慷加藤清正之慨的小西行长，带着沈惟敬先行一步，加藤清正自然不肯按小西行长之约，归还带有个人战利品性质的王子及陪臣。

二十一日，宋应昌命李如松做好加藤清正不归还人质的战斗准备，并通报全罗道朝鲜军队预备堵截加藤清正部。二十五日，宋应昌一边发牌文至朝鲜，要求朝鲜迅速整顿龟船，集结舰队封锁釜山港口，一边命令李如松派遣李如柏、张世爵领军追击加藤清正，并与庆尚、全罗道朝鲜军队合兵，放其他日军通行，而以违约为由趁机歼灭加藤清正。宋应昌随后督促刘綎部尽快赶赴前线，还向全罗、庆尚朝鲜水军发送7车各类火箭，用以支持封锁釜山外海，烧毁日方船只，务必将加藤清正消灭在梁山、釜山之间。（《经略复国要编》卷八）

宋应昌虽然严令朝鲜人不得追击，但在进入汉城的次日已预备再次开战，并通报朝鲜预先战备。当确定日军已撤离汉城，而非借机反扑后，宋应昌立刻着手围歼日军的军事计划，以加藤清正撤离之际，不还朝鲜王子及陪臣为开战借口，在五月三日发往前线明军的指令中，还特意交代即便归还王子，也要确保全歼日军：“纵使送还王子陪臣人等，亦不准释放，勿要剿除尽绝，倘再迟疑，失误军机，后悔无及。”（《经略复国要编》卷八）

在宋应昌看来，可以配合明军执行军事计划的朝鲜军，有忠清道约10800人、庆尚道约77000人、全罗道约25000人，三道合计约112800人。但他没料到，从二十一日李如松阻止权栗至二十五日他正式下令出兵的短短4天里，朝鲜已将军队解散了，理由是明军说过不准歼敌，“非但不能追剿，不无被谴于经略矣。李蕡之军尽为亡去，只有一二千，权栗之兵，亦师老思归。且提督一切不许追贼之后，除去老弱，已为散去云。李蕡渡江军不过五百，高彦伯军亦仅二百。权栗且还湖南，岂可容易收聚乎”（《李朝实录》宣祖二十六年五月丁巳）。

真如朝鲜人所说，军队解散只是因为宋应昌的一句不准追敌吗？当然不是。“我国解弛，过京城后，边报一不来到矣”，“谓贼已退，而解弛其心者，朝廷亦不免焉”，“京城收复后，人心解弛，京畿、忠清等道监司，一不伏启”。朝鲜人不光解散了军队，连政府也处于半瘫痪状态，日军的动态前线也不再向李昖上报，地方大员将因军功而升职的武士罢职，以门下亲随替换，“起复武士之为守令者，尽换以老病门荫”。（《李朝实录》宣祖二十六年五月丁巳）

那是宋应昌未曾提前通报朝鲜人吗？当然更不是。在沈惟敬回禀宋应昌之后，于义州嘉山村舍就宿时，对前来打探和谈内容的兵曹参判沈忠谦说：“彼贼若听顺卷还则已，若小有迟违，则用兵剿杀，已定计矣。”朝鲜人再三问询，沈惟敬直接告知和谈是为诓骗：“瞒过出城后，当图之。”沈惟敬为表诚意，私下告知沈忠谦不对朝鲜公开通报的理由，是朝鲜人不避朝议，这样日军容易得知明军情报，“尔国问答之言，皆透贼中，吾不明言矣”。（《李朝实录》宣祖二十六年四月乙酉）

四月二十五日，朝鲜询问宋应昌是否出兵，得到过肯定答复：“经略前日以为倭贼不还王子，则必有进讨之意，丁宁反复言之，故小邦尝切跂望。今贼不还王子，此咨文内，当请之曰：‘愿依前日所教。’”二十六日，宋应昌按约向朝鲜国王宣布两国联合出兵，并通传作战计划。“宋经略闻贼已出京城，移咨本国，使之进兵剿贼……请王速发兵，号令全、庆等道，整顿水、陆军兵，其陆军，前赴提督标下，其水军，速出梁山、釜山停泊水次。仍令水兵将领，侦探倭众，将到海口，烧彼船只……但不许各陪臣不听约束，轻讯其锋，擅行挑衅截杀，使彼知觉，得以先事预备，以误进兵大机云。”（《李朝实录》宣祖二十六年四月己酉、庚戌）

宋应昌的出兵通告发得不是时候。二十四日，李昖得到了汉城的朝鲜官员报告宣、靖陵被日军破坏的消息。宣陵已被日军挖空，靖陵中国王的遗体被扒去衣服抛尸在外。李昖向宋应昌发完“愿依前日所教”后，连日“上出阙庭，率百官举哀”。刘綎应宋应昌之命紧急出兵，路过李昖行在时，李昖正忙于“举哀”，不打算跟路过的刘綎见面，“方在哭临中，故不得亲见”。配合明军作战的事宜，委托给了国王的股肱之臣，“急遣宣传官，分送下三道，倍道驰往，先谕此意于监、兵、水使及防御使，一边申敕柳成龙、金命元等，使知此意，而善为措处”。（《李朝实录》宣祖二十六年四月庚戌）然而，被委以重任的柳成龙，自称自二十三日一直病卧，不知宋应昌命令出兵一事，他是在李如松追击完毕才知晓宋应昌下达出兵命令的，所以自然不会有“善为措处”的可能。（《惩毖录》）

“率百官举哀”的李昖几天后发现，各道军队已消失大半，“平壤之事，诸阵皆为溃去，今又如是耶”，“自汉南至于庆尚，全无大军云”，他把朝鲜无力配合明军执行作战计划的责任推给了老天爷，“倭贼有福，自然至此”。（《李朝实录》宣祖二十六年五月丁巳）

宋应昌的明、朝联军会剿日军于梁山、釜山间的军事计划，当时正在执行的只有李如松部骑兵，于二十八日持5天口粮出兵。如按前文核算战兵数量，加上中途加入的刘綎部5000人，总兵力最多有20000人。正在庆尚道尚州—釜山沿线集结的日军，按三月十日朱印状分配驻屯各城统计，则高达74500人。算上宇喜多秀家等人及舟手众，兵力已至104250人，按名护屋出阵时，日军战兵、辅兵比例在45% ~ 55%来计算，此时战兵数量为五六万人。结合同年二月五日丰臣秀吉重新在国内征发后勤人员的指令，日军此时的战兵，取60000人的数量较为合理，为同期明军战兵数量的4倍左右。

“经略必以为我国之军亦多，大军可以掎角讨贼，而今若知其尽散，则必生嗔怪。”朝鲜人十分清楚，宋应昌的围剿计划，是按朝鲜军队及各级官员充分配合明军而做出的，但朝鲜军此时已解散。张九经奉宋应昌之命，每日三四次催促朝鲜配合进军。朝鲜人为推卸责任，称宋应昌没有提前通知朝鲜有出兵计划，因此当李如松不准权栗等出兵时，朝鲜认定宋应昌是不准备真的出兵。“经略若实有此意，则所当与我国熟讲预措，临机即应，而今始言之，经略之意，有所难知。”“经略实欲击之，则岂讳于大将乎？提督处不为分付，故提督今者锁拿我国诸将，使不得追剿。”（《李朝实录》宣祖二十六年四月庚戌，五月戊午）

宋应昌为防朝鲜人泄密而对计划保密，但战前准备工作已提前通知朝鲜，要求备边司在汉城附近准备粮储，以供南下军队使用：“经略实欲追之，则兵非不足，军粮事曾已言于备边司。”明军携5天的口粮先行，朝鲜人依旧磨磨蹭蹭，“而今于大兵渡江后，粮饷始为磨炼”，乃至李昖都质问备边司，这样让宋应昌“何以为之”（《李朝实录》宣祖二十六年五月戊午）。而要求朝鲜军舰提前集结以备再战的命令，也在三月便预先传达至朝鲜，“本年三月二十一日李舜臣三水使率舟师齐泊蛇梁海口等处，伺候倭贼下来，当以水兵移至釜山海口截杀”，“已于三月预设一千余只，并水兵万余，俱集海口专俟倭归出港，过其船，或撞碎或烧毁，使其前不可过海口，后不可逆王京。我兵则需俟其粮尽力疲，一鼓灭之”（《经略复国要编》卷八）。

“我国人喜为虚言，天朝人亦知之。”朝鲜上下在明人面前装腔作势，“所当争首赴敌，如不复雠，生亦何为”（《李朝实录》宣祖二十六年五月戊午），但在朝鲜国王面前，“我国群臣，亦实欲和，第不敢显言耳。如柳成龙、金命元备边司之启，足以可见，窃不胜其寒心焉”（《李朝实录》宣祖二十六年三月甲申）。在明人面前表现为主战派的柳成龙，在李昖面前实际上是对日和谈派，两面三刀之举让李昖深感“寒心”，朝鲜大臣一意主战的只有尹斗寿、李恒福、李好闵三人。（《再造藩邦志》）

宋应昌计划中的核心部分之一，是要求朝鲜用拥有千艘龟船的水军，全歼日本舰队或封锁釜山港，切断日本和朝鲜的海上交通，以便从容收拾侵朝日军。为了防止日军狗急跳墙，特意要求追兵不能相逼太近，一则防止日军在撤退沿途设伏，二则在日军抵达釜山后，扼守周边山隘要路，待其后无退路、前有重兵，陷入断粮绝境，便手到擒来。“我兵固不可太迟，亦不宜急进，只宜远彼倭一二日路程，尾后而行，切不宜赶上急与交锋，为彼行时百般防备，恐落其彀中。”“据守东江之险，使倭不得西向抢掠，函速迷谕朝鲜官军抄出釜山、梁山等处港口，邀截焚烧俾，倭奴空船不得来，贼船不得去，致彼粮尽自毙，乃为完策。”为防止朝鲜官员玩忽职守再次导致明军粮草不济，宋应昌特意下令，若沿途遇到督办后勤不力的朝鲜官员，轻则捆打，重则斩首。(《经略复国要编》卷八)

汉江边上作势欲追，要夜半渡河报国仇的朝鲜军，在明军大举出动后突然走不快了，“第观近日东边飞报，李蘋等诸将，皆从间路，经出釜山，不在天兵之后，权栗、宣居怡、李福男等，未及踰界，李舜臣等舟师，远在海港，皆与天兵相去甚远，势不相接。各处禀帖所谓朝鲜兵马，无形影云者，恐未必全出于瞒报”。朝鲜军的散漫震惊了宋应昌，“经略，以粮饷不继，军兵躲散，欲斩三通官，棍打尹根寿”。尹根寿身为大提学、礼曹判书，是正二品的实权高官，宋应昌欲杀朝鲜翻译，捆打二品实权高官，实为怒急。(《李朝实录》宣祖二十六年五月庚辰、癸亥)

宋应昌一直在后方统筹指挥，未曾亲临一线见识朝鲜军队及官员所作所为。与朝鲜人配合作战过的前线明军各级指挥，上自李如松，下至各部千总，均认为朝鲜人急于报仇，但自己不整顿军队粮草，只知让明军出战，战胜就是替朝鲜人报仇，战败则跟他们无关，故请宋应昌不要听信朝鲜人的话，“朝鲜急于复雠，凡军马粮饷虽无，说有天兵进战，胜则足以复雠，虽败，在彼无损，不管胜败，只要我进战，请勿听朝鲜之语”。

李如松部自汉城南下，是在宋应昌强令下的出兵。明将因朝鲜配合不力而不满，明兵因待遇不到位而牢骚。明军斩首赏格倭寇一级按西征例赏银50两，但军费拨款仅40万两，战前军需筹措开支20万两，战前犒赏动员等花费3万两，仅剩17万两，还要预留后续援军犒赏和在国内购买军粮、食盐东运。为防军费不足，加上朝廷因怀疑作战斩级数而反复核查，宋应昌一直未发放赏银，这也是明军南下积极性不高的原因之一。因此宋应昌先发所欠赏银，承诺待平定朝鲜南部沿海回军后，与后续作战赏格一起补发，甚至亲自保证“绝不妄言”。李如松才勉强出兵。（《经略复国要编》卷六、卷八）

“近见本处管粮宰臣所报，说称粗有所备，而今蒙全缺之谕，未知何故也。”“水军则已拨三四万众，更拟剿归贼。近有自南还陪臣，有亲见者，而今称未见一人，亦未知何故，抑未知海口，不得见我军有无而然也。”（《李朝实录》宣祖二十六年五月癸亥）李如松南下，只带了5天的粮草，沿途朝鲜人称“粗有所备”的粮草不见踪影。宋应昌计划里提前一个月准备、堵截海口的水军，南部沿海的朝鲜人回报未见一人。日军后勤未断，又沿海整修工事18所，而明军与日军兵力悬殊，又陷入断粮的窘境，本意让日军陷入断粮被动绝境的宋应昌，只能向兵部尚书石星哀叹：“为今之计，只在海口用力耳，只恨朝鲜兵马无可用者，奈何！奈何！”（《经略复国要编》卷八）

朝鲜大军不见踪影，各路名将“所率不满数百”，是在象征性地做出“抗战到底”的姿态，李昖自己也承认“若只令我国军兵，追剿于贼尾，则如蚊撼泰山”，“然今之贼势，决难以我国兵力独当”。明军孤悬在外，侧翼及前后全无所依：“提孤军，远踏数千里，眼中未见有大势军兵，可以为声援者。”（《李朝实录》宣祖二十六年五月庚辰）因此，孤军深入的明军并不能解决朝鲜南部沿海的敌军。朝鲜人依旧不肯整军自强，还在请求明朝增兵至五六万来替朝鲜人打仗：“天兵万一失误，则我国无如之何，必须待五六万天兵，然后可以攻之。”（《李朝实录》宣祖二十六年六月庚寅）

日军借着这难得的喘息时机，正紧锣密鼓地在朝鲜南部沿海整备工事。织田—丰臣系城郭中最具特色的巅峰之作，便是在朝鲜南部沿海整修的这一批工事，后世大名鼎鼎的“倭城”。

倭城，顾名思义，是倭寇所修筑的城寨。“广义倭城”是“つなぎの城”

（御仕置之城），基于日本国内战争经验的“つなぎの城”，在对明军作战之初遭受沉重打击，未能有效抵御火力强大、野战占优的明军进攻，平壤之战后被日本主动放弃。朝鲜境内的早期倭城即“つなぎの城”，被各类战史研究者有意无意地开除出“倭城”行列。在朝鲜南部沿海重新整备的倭城，在战争期间约有30座，这些在表面上未曾遭遇损失的“狭义倭城”，最终被去掉“狭义”二字，成为朝鲜役中日本仅有的倭城工事。

日本在战国时代至安土桃山时代，国内战争中未曾大量动用火炮进行陆战和要塞攻防战，因此其各类掩体工事均未针对大量中、重型火炮围攻而进行优化。在平壤之战中，遭受明军大量将军炮及朝鲜天字铳筒等中、大型火炮轰击的日式防御工事，特别是像七星门城楼这种大型木构楼橹类的防御建筑，在炮击中很快损毁或坍塌。为提高工事的防御力，日军对汉城的防御工事进行了初步改进，将工事迁移至南部山地丘陵地带，利用地形削弱明军火炮的抵近直射。日军还在忠清道要路忠州，选择弹琴台这个江边丘陵高地囤积物资，放弃了近在咫尺，位于冲积平原上的尚州城。“原州之贼，来会忠州，多运粮草，积置于弹琴台越边云矣。”（《李朝实录》宣祖二十六年二月庚戌）

日军对汉城防御工事的初步改进，在战后受到了明军认可，“方倭自平壤、开城败衄，并集王城中筑城，寨中置寨，栅中立栅，其防范周密，更非平壤比”，“倭奴则必择山顶，据险守要，故骆参将见南山贼窟，甚奇之，称善其制”。（《李朝实录》宣祖二十六年六月壬子）

从汉城撤离的日军，凭借连绵的工事渐次而退，“一路建设营寨壕坑，无不险固，无不精到”，“且列寨无算，联络数十里不绝，虎牢、木栅、石城、土堡极其坚固，一路险扼，处处埋伏”，“倭势甚众，营垒坚完，鸟铳利害，道路崎岖”。明军在地形、兵力上均不占优势。南下明军是轻装上阵，缺乏重型火炮，所以李如松十分谨慎，“提督且尔啧啧，不肯轻动”，不愿对日军要塞进行强攻。“（八月）二十三日，与申文叔、韩叔莹同入城内，周览贼倭留营之所。则城中作土屋，王山上起二层高阁，积瓦筑址，因土为城，城上又立柱结木，涂土为壁，壁中穿孔以便放炮，其制极巧，自外谋斫者，无着足之势矣。”“邑城石筑周以前五百四十九尺，高九尺，内有二十一井二池，按城外旧无湟，壬辰乱日兵入处者十四月，匝城凿壕广可十尺许，又于石城外西南筑土城，遗址尚存。”(《涧先生文集辰巳日录》;《商山志》;《新增东国舆地胜览》卷二十八)

日军(户田胜隆)在尚州重修了朝鲜原有的邑城，在城外挖掘了10尺宽的壕沟，并在城中名为“王山”的山丘上增筑了一座日式阵城，在山顶上筑以砖瓦为地基的二层高天守阁，在王山的山坡上环绕天守阁修了土垒城垣，城垣之上建含木柱框架的土塀掩体工事，并在上面挖掘射击孔，还在城外西南方向修了一座土垒工事作为城外据点，大城中套有小城，在石城外筑土城，两者互为支撑。尚州邑城的西南方约600米处有丘陵，所谓石城外筑土城，可能是类似平壤牡丹峰的山顶制高点工事，或日本所说“出城”或“出

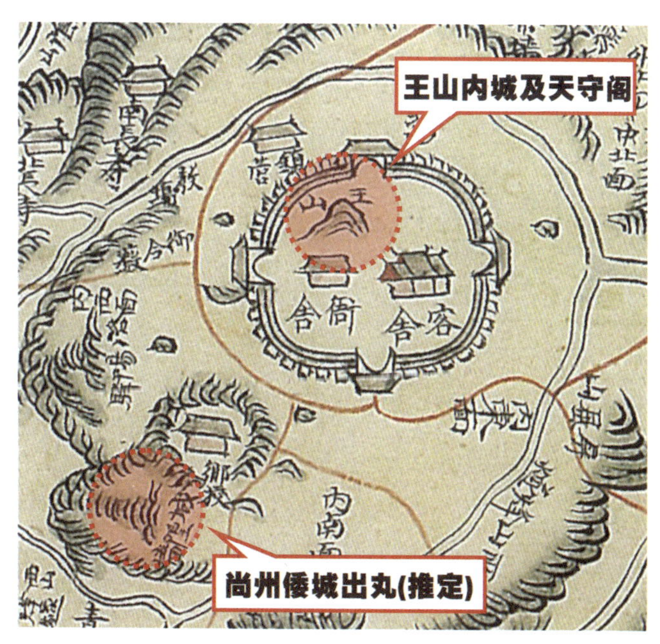

“广义倭城”尚州示意图。尚州倭城为日本依托尚州邑城的城墙改修，在城内制高点进行复郭化改造，构筑邑城城墙一王山土垒一天守阁制高点多重工事，并在城外西南方向筑城互为掎角

丸”，用于提高尚州城的防御力。

“城中毁屋舍为板栅，筑墙为放炮穴，或圆或方，凶巧莫测，设使当日进军，必败残无余，不胜寒心。”（《龙蛇日记》壬辰六月十四日）这是庆州城中的日军（多川内记）撤离之后，庆州判官朴毅长随军集庆殿参奉孙晔记录的。这是朝鲜人进城后看到的日本工事设施。原有的城防工事被重新进行了规划，城内原有房屋被拆毁，建筑材料被改建为筑地塀之类的防御工事，用以切割庆州城的内部空间。这是为与突破邑城城墙的朝鲜军或明军进行大规模巷战而构建的，由多重、复数的长墙工事构成的大型防御要塞。改筑之后的庆州城，朝鲜人对其防御力的评价是“不胜寒心”。这种迥异于朝鲜原有城防体系的军事化要塞，给朝鲜人带来了极大的震撼。

日本通常使用类似卫城或城堡的模式，修筑小而坚的要塞，放弃居民区和日常生活区，无战出城而居，战则入城据守。朝鲜受财力所限，又受儒家“保境安民”观念的影响，加之长期没有火器时代作战经验，其邑城城墙低矮宽阔，难以防守。日军在进驻朝鲜邑城之后，增修过于宽阔且低矮的城墙，并在城内增筑重城，在城外制高点建立外围据点。例如，加高善山邑城，“万历壬辰为倭贼屯处，增筑高垒”（《东国舆地志》卷之四）；又如，在平壤城外制高点修小城（卫城）牡丹峰，在忠州城外弹琴台高地驻兵，为防备明军进攻，在临津江边德津坛重建工事，“开城之贼，于临津下流德津坛处，设栅掘堑，以有处守之计云”（《李朝实录》宣祖二十六年一月壬申）。

日军因缺乏重型火器，在本土及朝鲜修筑的工事，大部分是方便火绳枪发挥的木栅、土塀之类，并搭配土垣、壕沟建造，这样的多重土木工事在大型火炮缺乏运用的朝鲜战争早期，有着相当不错的防御力。

这类城防体系中最大的致命伤，是防御工事的强度有限，石垒的结构强度尚可，但土垒、木栅、土塀之类的工事无法抵御大型火炮。这些工事用来对抗朝鲜人的弓箭或日本的轻、重火绳枪都是合格的，但是明军装备了大量重型火炮。这些由平地邑城改建的倭城，周边地形平坦、交通较为便利，只

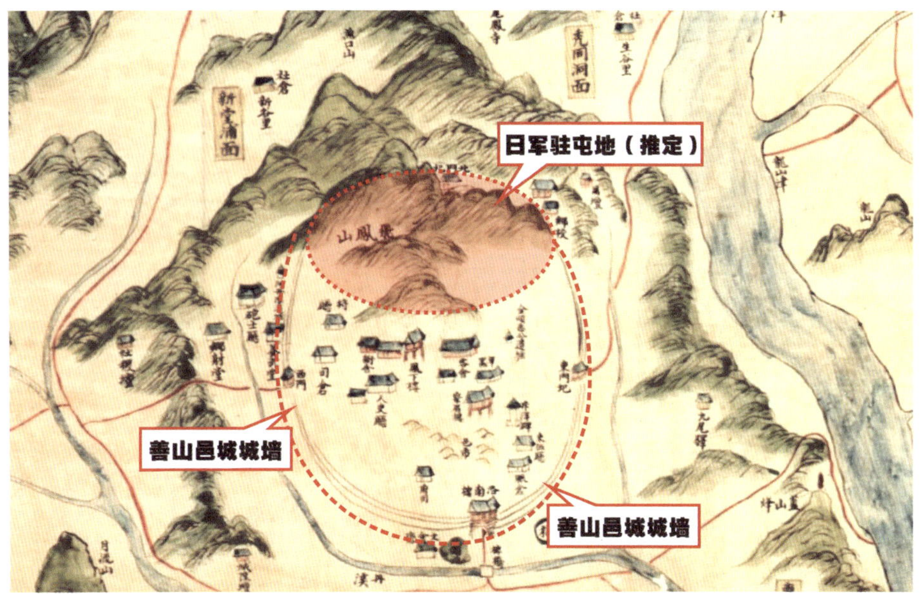

“广义倭城”善山示意图。按日本筑城模式，善山防守部队应该在善山城北、飞凤山一带构建工事，与善山邑城的城墙形成连郭模式

要明军决意攻城，将大型火炮运输过来，就可以摧毁这些土木工事。不过，相比进军速度，明军的火炮运输迟缓，而且朝鲜上下配合不力，明军对后续作战的积极性不高，不愿挥军强攻日军据点。

严格来说，绝大部分“つなぎの城”，并非单纯因无法防御而被放弃，平壤之战后被放弃的“广义倭城”也包含在内。李如松不愿在进攻中造成过大伤亡，所以平壤内部的阵城并未全部被攻占。但受小西部大败和大友部逃跑影响，沿线日军一路溃退至开城，遗弃了大量工事，后来为集中兵力确保汉城，又放弃了开城一带的工事，最后因为军粮补给困难，就全部放弃了在朝鲜内陆修建的工事。这些依托朝鲜邑城构建的据点，虽然在设计上有所不足，但就防御力而言，短期内并未受到致命挑战，而日军失去战意，才是这些倭城弃守的主要原因。例如，防守庆州的多川内记部被朝鲜军“飞击震天雷”攻击后，选择弃城撤离。朝鲜人在整个战斗中只射了一发，日军炸

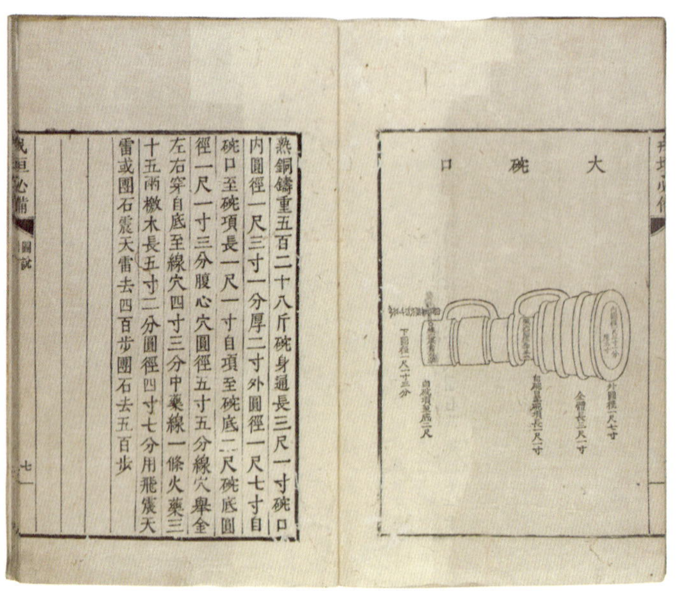
戎垣必備　圖說　七

熟銅鑄重五百二十八斤碗身通長三尺一寸碗口內圓徑一尺三寸一分厚二寸外圓徑一尺七寸自碗口至碗項長一尺一寸自項至碗底二尺碗底圓徑一尺一寸三分腹心穴圓徑五寸五分線穴舉全左右穿自底至線穴四寸三分中藥線一條火藥三十五兩檄木長五寸二分圓徑四寸七分用飛震天雷或團石震天雷去四百步團石去五百步

大碗口铳图。大碗口铳发射火药要35两，以古代1斤等于16两计算，发射火药约2斤（《戎垣必备》）

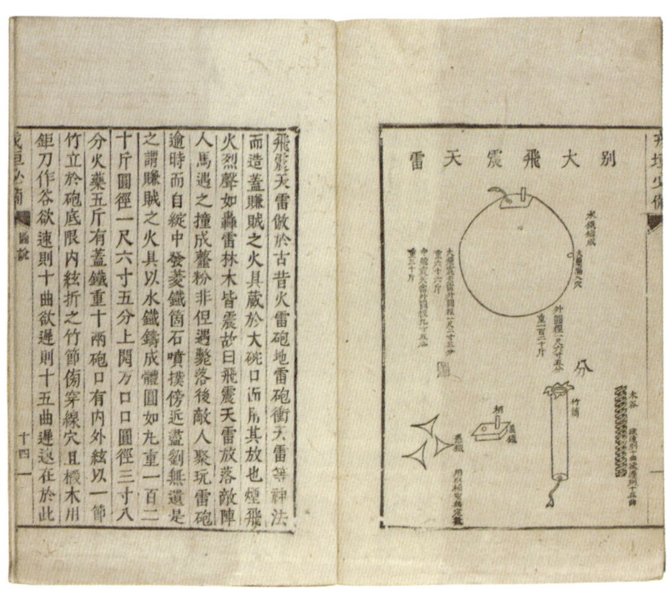
戎垣必備　圖說　十四

飛震天雷倣於古昔火雷砲地雷砲衝天雷等神法而造蓋賺賊之火具蔵於大碗口而吊其放也煙飛火烈聲如轟雷林木皆震故曰飛震天雷放落敵陣人馬遇之撞成虀粉非但遇鋒落後敵人聚玩雷砲逾時而自綻中發菱鐵角石噴撲傍近盡劉無遺是之謂賺賊之火具以水鐵鑄成體圓如丸重一百二十斤圓徑一尺六寸五分上開方口口圓徑三寸八分火藥五斤有蓋鐵重十兩砲口有內外絃以一節竹立於砲底限內絃折之竹節傍穿線穴且檄木用鉅刀作谷欲速則十曲欲遲則十五曲遲速在於此

飞击震天雷图。飞击震天雷装火药5斤，那么，用大碗口铳发射一次飞击震天雷，要消耗7斤火药（《戎垣必备》）

死者不过20余人，工事主体完好无损。伤亡也是因为日军不知震天雷究竟何物，才在围观之下导致多人伤亡。但就普通大碗口铳数据而言，一次发射所需火药重量约2斤，震天雷内装火药5斤，一发就打掉了朝鲜火药年产量的约0.7%，而朝鲜全年火药产量只能发射140枚震天雷。

"自沈惟敬挟倭将偕行之后，道路传说，不胜籍籍。或以为请以汉江分南北，其说可骇，不可形诸口舌，臣在陕川时，义兵将郑仁弘，以牛酒犒大兵，刘总兵语诸仁弘曰：倭奴与沈惟敬偕行，欲以汉江以北为中国，以南为倭地，天朝岂为听许？万一许之，则汝国当何以为之云云。"（《惩毖录》）自沈惟敬及宋应昌的使节随日军南下，朝鲜人就开始传播各种明人出卖朝鲜言论，如割让朝鲜南四道。柳成龙称这是在陕川与刘綎犒劳明军时听到的。事发地陕川位于庆尚南道，也就是说，所谓朝鲜人得到的消息，是明军南下，军势全盛之时，日军退至釜山沿海之后。

对日割让朝鲜四道的说法，确实出自沈惟敬汉江谈判期间，但并非出自沈惟敬之口，而出自被俘的朝鲜二王子及重臣李德馨之口。他们分别在汉城汉江和开城两地，两次建议沈惟敬撤离和割让朝鲜南四道，被沈惟敬严词拒绝："倭将行长，退守王京，总兵秀家付将三成、长盛等三十余将，合兵联营，控险扼要，牢不可破。碧蹄战后，尤难进取。彼时，判书李德馨者，谒见老朽（沈惟敬）于开城，将谓贼势既张，大兵且退，王京必无可望矣。涕泣语老朽曰：'王京根本之地，得之可以号令诸道，今事势至此，将奈之何？'老朽云：'徒复王京，若无汉江以南诸道，事势亦难展。'德馨云：'苟得王京，实出望外，汉江以南，小邦君臣，自能尺寸支撑，不难也。'……老朽舟次汉江，王子临海君等，自清正营遣人，奔语老朽云：'倘得归国，汉江以南，不拘何地，任意与之。'老朽不从，且与倭将誓云：'肯还还之，不肯还，随尔杀之，其他不必言也。'"（《惩毖录》）

朝鲜君臣清楚，当时被俘的朝鲜二王子、陪臣一行，为免一死而提出了割地求和。朝鲜王子一行归国时，形势稳定的朝鲜人秋后算账，追究官员责任，将割地一事归咎于王子陪臣黄廷彧。“及第黄廷彧，乱初受保护王子，号召讨贼之命，既不能竭力致忠，使王子被掳，及其陷贼之后，又不能仗义全节，凡可以偷生苟活之事，无所不用其极，纳赂而谋免，割地而求和”，“罪人黄廷彧、黄赫等，或贵为卿相，或亲连肺腑，而被掳在贼中，不顾君臣大义，千思百计，只欲为偷活之地……其他割地讲和，种种背逆之状，不一而足，有难枚举，而只此一事，君臣之义灭久矣”，“伏见黄廷彧、黄赫，父子同朝，恩眷如山，身宠而载高位，家温而食厚禄。不幸而国有大乱，则致死之义，万倍平人，而顾乃一入贼庭，奴颜婢膝，凡可以得生者，无所不为。国书而无臣字，则忍忘君矣；贼酋而称殿下，则甘事雠矣。至于为贼制爀，敢发割地之言”，“罪人黄廷彧，曾陷贼中，反面事雠，屈膝称臣，偃然通书，听请割地，胁持君父，为贼要和，通天之罪，擢发难数”……

李昖因儿子性命得以保全，坚定地庇护黄廷彧，“大概，伏审传旨内，割地讲和等事，皆以脱出王子为急，非有他意者，已具于前供之辞”（《李朝实录》宣祖二十六年八月庚寅）。朝鲜大臣反复上奏，欲以割地求和等事定罪黄廷彧。从宣祖二十六年至宣祖四十年，李昖的回答一直是“甚烦”及“不允”。尹根寿认为议割地罪偏重，黄廷彧等人“极为冤悯”。最终，朝鲜人将罪名扣在反对割地、欲杀朝鲜王子的沈惟敬头上，真正提出割地求和的黄廷彧在朝鲜反而成为悲剧功臣。

事实上，沈惟敬称日军愿意归还王子就归还，若不愿意归还，朝鲜王子随日军处置，想杀就杀，拒绝进行额外的割地谈判。很难想象对朝鲜、日本均多次明言反对放弃南四道，并对日军当面说出，要杀掉同意割地的朝鲜王子的沈惟敬，反而在明军南下，实际控制区已推进至庆尚南道的时候，会突然对日本卑言求和割地。

丰臣秀吉最初的和谈条件，是五月朔日（初一）对浅野长政、黑田孝高等人透露的，一共七条：迎大明公主为日本天皇后；重开中日勘合贸易；明、日两国武官永誓盟好；京城及四道归还朝鲜，另外四道割让于日本；朝鲜送一王子及大臣至日作为人质；交还所俘虏的朝鲜二王子及其他朝鲜官吏；朝鲜大臣永誓不叛日本。

这是以战胜国的姿态对战败国的条款，很难想象是丰臣秀吉面对“大明国总大将”（宋应昌）的使节提出的。丰臣秀吉以极高的待遇款待了“大明之敕使”，分别以德川言家康和前田利家一对一接待正使参将谢用梓、副使游击徐一贯。丰臣秀吉以装饰华丽的数百游船和侍卫陪同明使，游览名护屋的海湾，在歌舞宴会招待之后，还约六月十日在山里丸（名护屋本丸前突出部工事，东西长80间、南北宽50间）茶室再见。日本热情洋溢的接待，使“大明之敕使”在船上即兴赋诗，可见当时气氛极其融洽。

丰臣秀吉接待的茶室装饰华丽，物品精美，乃至茶杓也为象牙所制，与接待朝鲜使臣的薄饼、瓦器、浊酒形成了鲜明的对比。丰臣秀吉赠送给谢用梓、徐一贯的礼品同样极为丰厚，不太可能当时丰臣秀吉会以接见战败国使节的态度，对明使提出以上必须达成的七条议和条款。

谢用梓、徐一贯在会谈时断然拒绝和亲、割地之事。双方谈判并未就此中止，而是达成了重开勘合、休战、归还朝鲜王子的共识。谢用梓、徐一贯在回禀宋应昌时，称“关白（丰臣秀吉）极其恭谨礼待，愿顺天朝”，愿顺天朝暂且不论，但当时接待明使的确“极其恭谨礼待”。

学界的主流看法是明、日双方谈判代表互相蒙蔽上级。其实，小西行长和沈惟敬商讨过后，对明廷的汇报只有册封日本国王和重开勘合，这些条款只是谈判时的讨价还价，在谈判中日方用以试探中方底线和接受范围，然后随时调整的。谢用梓、徐一贯二人南下，尚未渡海时，日方接待使便就天子嫁皇女事试探明人态度，且姿态极低：“待大明和亲之实，而收兵者必矣……日本闻和亲之实，遂结属国之约，则以日本为先驱伐鞑靼，何不归大明乎，日本粉骨碎身，欲酬大明皇帝。”之后，日方屡次询问谢、徐二人大明可否和亲。与小西行长一起负责接待明使的还有增田长盛、石田三成、大谷吉继三人，因此，不可能出现所谓沈惟敬、小西行长联合蒙蔽各自上级、相互欺瞒的可能。

即便沈惟敬、谢用梓和徐一贯三人同小西行长有串联，但在同时期刘綎派遣的朝鲜僧将松云惟政与加藤清正长达数月的外交谈判中，号称强硬派的加藤清正也提出了更为苛刻的五条方案和七条方案，但他同样并未完全坚持。因此，这些条款本质上只是日本人拿来讨价还价的筹码。详细分析双方的谈判过程可知，条款更多是日方试图在外交上保留“神国”的体面，提高日本的外交地位，而非单纯变成中国的一个藩属国。

加藤清正在汉江和谈时给明军的印象是异于小西行长的强硬派，沈惟敬在小西行长的军营时，明军与加藤清正有过接触。而加藤清正也十分清楚丰臣秀吉的议和条款，对代表刘綎前来相商的松云惟政，提出了极其苛刻的五项议和条款：与天子结婚事；割朝鲜属日本事；如前交邻；王子一人送日本永住事；朝鲜大臣大官入质日本事。

加藤清正的这五条，要远比丰臣秀吉的七条苛刻，删掉了明、日两国盟约和归还朝鲜王子，还要明廷割让朝鲜全境给日本。加藤清正刻意在松云惟政面前表现出自己乐意见到和谈破裂，“不成则喜动于色”，还隐隐表现出自己好战，不受丰臣秀吉节制，“言必称秀吉非王也”。之后在七月双方的继续接触中，他又在五条之上加了两条——明朝派人质住日本，对日本交纳贡物，并修改了割让朝鲜的条款。

这新七条松云惟政则当面拒绝向明军转达，让加藤清正直接跟刘綎谈，加藤清正立刻改口只坚持五条。“答曰：‘前五条事……不可更论……何须更论，下二条非我等擅论之议者，只在督府处之如何耳？’清正问曰：‘日本与大明合议者亦此五事也。’”加藤清正的色厉内荏由此可见。加藤清正多次修改了谈判条款，删除了明天子许婚和朝鲜大臣入质日本两条，将割让四道改为割让两道，以及送王子入质（非永住）。“清正曰：‘交邻虽曰可为而前言四道中割给二道，送王子质之，然后可为也。’”加藤清正的和谈条件一再修改，从七条变成可与朝鲜通交、王子入质、割让二道这三条。松云惟政质问："割地而给送王子而质之，则可为交邻乎？"加藤清正又立刻改口，开始询问之前交邻对马时给予的物品种类及数目，不再继续试探松云惟政，以免过分刺激刘綎派来的谈判代表，造成误判，乃至与明军重启战端。

七月十三日，加藤清正约松云惟政再次谈判，称"我每欲回去，而举兵三年成何事而还渡也？今汝国欲交邻，斯速决议，则吾即渡海云"，要求尽快达成协议，以便自己体面地归国。为了促成谈判，日方代表对松云惟政耳语："汝国若取他人之子，年可八九者假称王子而入送，则事当速成。"只要朝鲜弄个假王子充数，与加藤清正和谈撤军的谈判便告成功。强硬派加藤清正的谈判底线，其实只有一条，"前五条内有一事成之，则必合于关白之心"。为求朝鲜同意王子入质日本，加藤清正表示，如果将临海君和使臣二三员送来，他将派亲信送至丰臣秀吉处，"则合议一朝决矣"。加藤清正甚至愿意以自己的儿子作为人质交换："如不信，则清正之子亦送于朝鲜，相以为质可也。"这个要求仅仅是为了避免封贡事成完全是小西行长的功劳，与加藤清正毫无关系，"不然则虽有许封事，则何关于我哉"。

曰朝鮮方議才來道則清正何以奪彼所為而自為也
於我等使通事傳言曰右道事則非和議也只是行長
等求見右總兵矣而不得已一場相見也有何別意乎
但 天朝使下來云汝等聞此奇必疎我也彼亦日本
之事也何可生憎兩僧書示曰 天朝之封許雖美於
關白之心不好奈何前五條內有一事成之則必合於
關白之心不然則雖有封許事何關於我哉又書示曰
朝鮮以臨海君弟順和君及使臣二三員下送而清正
亦使可信人陪進于關白處則一朝和議決矣如不信
則清正之子亦送于朝鮮相以為質可也如其不然雖

無不成汝須勤勤往來速決可也若成事則我受爵於
汝國永以為好不亦可乎又與通事附耳潛言曰關白
若求 王子則交隣亦必不成矣汝國若取他人之子
年可八九者假稱 王子而入送則事當速成汝歸處
置又出片紙所記曰此事汝傳書歸告處之其辭云沈
游擊行長和議不成事也故大明朝鮮之人欲與清正
三國和合早奏日本大閤殿下此和議成給者大望也
餘者不宣一自朝鮮每年送對馬島斗米負數矣一自
對馬島來朝鮮國書矣一自對馬島來朝鮮國人數名
矣答曰他餘事歸而告 朝廷處之而 王子事則未

《奋忠纾杂录》中所载和谈重要细节部分。从松云惟政的记录中可以看出，丰臣秀吉从未要求达成所提出的谈判条件，即便是到最后明使南下之时，日方的最终要求仅有一条：除在明朝册封和重开勘合贸易之外，在明朝宗藩体系中的政治和外交地位，日本要位于朝鲜之上

（《奋忠纾杂录》）

事实上，在明使渡海时，黄廷彧曾向朝鲜汇报加藤清正本打算将朝鲜王子送入日本，被三位奉行阻止，其后由丰臣秀吉命令放还朝鲜，但要与明朝使节同回。签署释放朝鲜王子命令的正是要求将王子送入日本的丰臣秀吉本人。朝鲜王子当时在加藤清正手中，甚至已上船出海，准备运回日本国内，如所谓七条是必须达成的，便不应有丰臣秀吉在明使抵达名护屋前命令加藤清正放回王子之事。从送还朝鲜王子一事，亦可证明所谓的七条并非必须达成。事实上，在决定送还朝鲜王子之时，日军已在整军备战，计划对朝鲜进行报复性宣战，无论和谈成功与否，王子都会送回朝鲜。这再次证明所谓沈惟敬和小西行长联合蒙蔽各自君主一说是无稽之谈。

> 被虏还归黄廷彧，本月二十日，出自釜山，昨日夕来到大邱，呈单子于臣，转达朝廷矣。其单子称："卑务陪王子，五月初六日，到密阳府，贼将载一行，上下于其船，发向其国，到多大浦前浦，则留阵釜山三贼将，来见王子，慰劳甚至曰：'今夏不可渡海，安心留此，吾等当周旋，俾免危险。'数日，清正以关白书，来示王子，其书以为：'朝鲜王子，到此不关，还送于王京'云。以此回棹其船，泊于金海地，五月二十三日，还向釜山，羁留于所馆。先此天使二员，先往日本，故一行苦待天使回来，而久无风便，六月二十二日，平行长，自其国先出来以为：'和与不和间，生捕王子，可为放送。但晋州牧使杀日本人甚多，此雠可以报之。'"（《李朝实录》宣祖二十六年七月丁卯）

明、日的汉江和谈，一开始只是双方的缓兵之计，而明军在朝鲜人的"配合"下，失去了完成既定军事计划的可能性，但日军占领朝鲜南部地区的计划正在有条不紊地进行。当侵朝日军集结在庆尚南道之后，物资匮乏的

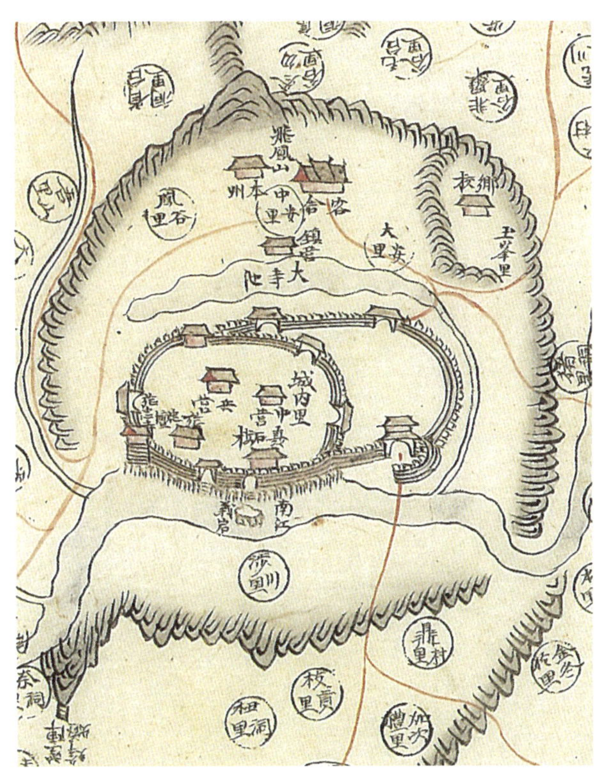

晋州城形势图（《海东地图》）

情况也得到了有效缓解，占领全罗道，既可以确保釜山—对马航线的安全，还能获取朝鲜的产粮区全罗道，以此打击朝鲜持续作战能力，并可消灭朝鲜全罗道水军。明军在朝鲜南部作战的话，同样需要全罗道的储备，所以日军占领全罗道，可以有效缓解此时军事上的劣势，在谈判桌上讨价还价的余地会更多。日军在过于激进的吞并朝鲜计划破产后，开始重新制订占领全罗、庆尚两道的军事计划，那么，从庆尚南道前往全罗道的交通要地晋州，就是日军首先需要拔除的一颗钉子。

第十七章 晋州城之战

位于庆尚南道的晋州城，号称“朝鲜国第一名城”，又名矗石城，晋州城外，西面是青川，南面是洛东江支流南江，北面开凿有较为宽阔的城壕。晋州城原在南江江湾一处石质高地上筑城，金睟曾以晋州原有城垣狭小，在原有城垣的基础上增筑了一座外城，但增加了晋州城墙的长度，新的城垣修筑在南江冲积平原上，地势低洼。金诚一防守晋州时，在城外开凿了城壕引水，在新城的城墙上仿造中国空心敌台加筑了三座炮楼，在城墙上添设了射击平台，有效提升了新城的防御力，但外城城墙不高和地基不稳固的隐患，在当时朝鲜人的技术条件下难以得到改善。（《松岩先生文集》卷之四）

朝鲜宣祖二十五年（1592）十月五日，日军为确保釜山大后方的安全，长谷川秀一、细川忠兴等大名联兵13000余人，由咸安越过鱼柬岭包围晋州城。此时晋州的守城将金时敏，亲率军官分番日夜巡视城防，激励士卒，静待日军攻城。此时的朝鲜军队已经开始逐渐适应日军战术，一连数日，攻城日军均未能找到晋州守军的空隙。第四天半夜，日军吹角整军，预备乘夜攻城，金时敏三令五申，要求守军得到允许才可还击。由于金诚一对城防做了针对性修改，朝鲜守城部队容易被日军用火绳枪压制的状态，在晋州之战时得到了改善，当攻城的日军第一次对晋州城进行火枪齐射之时，防守城墙的朝鲜军无一伤亡。日军攻城部队抵近城墙10步距离，城墙之上寂若无人，城内传出歌舞声，惊疑不定的日本人决定暂缓攻城。

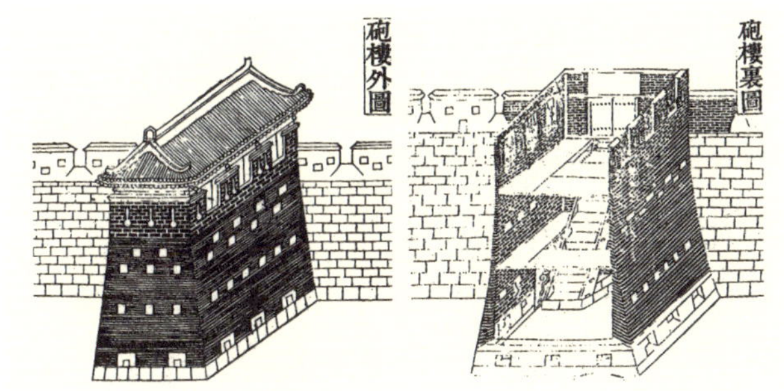

炮楼内、外图（《华城城域仪轨》）

1920 年左右拍摄的水原华城炮楼照片

现代维护修缮后的水原华城炮楼。从照片中可以看出炮楼提供的侧射火力可以有效掩护城墙正面，杀伤抵近城墙底部的敌人

新筑的外城城墙较内城低矮，且是人工开挖的护城河而非天然河道，日军在观察晋州城防之后，决定以东北方作为主攻方向。在第一次攻城试探中，晋州守军的状态与其他朝鲜军队完全不同，为确保攻城部队的安全，日军以巨竹在城墙外缘建造楼橹，搭建攻城平台，打算居高临下，用火绳枪压制城墙守军，掩护攻城部队，但被早有准备的朝鲜人用火箭、玄字铳筒反击烧毁。“作三层山台，临压城堞……城中发玄字铳，射山台贼坠之”，“贼又伐巨竹作飞楼于城东北放炮其上，于是用大岐箭藏火药指楼放之，楼即破碎扑地”，“贼登山台，放丸无数。城中放玄字箭三度，穿过竹编，又贯大板，一矢则洞贯贼胸即死，厥后贼不敢更登山台来”（《李朝实录》宣祖修正二十五年十月丁亥；《忠烈实录》卷一、卷二）。附近的朝鲜义军郭再祐部先锋将沈大承，率百余人趁夜赶至城外飞凤山，多点火把，以疑兵之计与城中呼应。为免陷入内外夹攻的日军，决定最后一次进攻晋州城。

嘉靖玄字铳筒　长75.8厘米　口径6.5厘米

“贼一时高声，急赴城底，涂城欲上，城中包火药于枯荻，投诸贼众，或以汤水注其面，或以大石槌其胸，射矢如雨下，无不中者。又选精锐送于北门北，曰：‘地势高危，贼必谓防御疏虞，不无逾越之谋。’急往观之，贼果设云梯与漆林上，骑马铁面者，方驰上欲逾城。勇士数人，射中贼胸，骑马者颠倒而落，诸人继射之，男女争集砖石，贼不得上。”（《忠烈实录》卷一）日军先集中进攻晋州东北方向以吸引守军注意力，然后派偏师偷袭新城北门方向，从战况描述来看，当时的晋州新城城壕已平，攻城方能直抵城墙下，而朝鲜守军兵力不足，在集中防备东北方进攻时，相距不远的北门方向没有像样的防御力量。虽说是地势较为险要，但城墙高度有限，质量也有问题，日军“凿北门五六尺”（《李朝实录》宣祖二十五年十二月辛卯），以云梯成功搭建可供骑兵骑马登城的斜坡。北门战况危急时，金时敏亲自在北门城楼张弓射箭，额中流弹，战后伤卧一月有余。

朝鲜军队在第一次晋州之战中获胜，但暴露出不少防御上的问题。从日军搭建攻城平台和使用云梯、依托树林来看，晋州近郊有大量可用于建造攻城器械的竹子及树木，战前未曾扫除，战后依旧保留。晋州新城城墙的高度有限，东北和北门相距不远而守军异常薄弱。“初，倭将悉兵数万，薄晋城，城中兵三千余人。”“时牧使军三千七百余名，昆阳郡守李光岳军百余名。”（《李朝实录》宣祖修正二十五年十月丁亥；《乱中杂录》卷二）日军兵力是守军三倍有余，晋州被围的消息传出，周边官军并无一人支援。金诚一听闻晋州被围后，派遣的均是“假将”义兵，“令三嘉义兵将尹铎，宜宁假将郭再祐，草溪假将郑彦忠等，由东而入，陕川假将金俊民，由北而入，全罗义兵崔庆会，由西而入，固城假将赵凝道，伏兵将郑惟敬，由南而入”（《李朝实录》宣祖二十五年十二月辛卯）。

金诚一下令出动的多路援军云集晋阳，各路只有数十至一两百人，“尹铎领二百余名，郑彦忠领百余名……金俊民领敢死士八十余人”，“初晋州告急于诸阵。郑仁弘令假将金俊民、中卫将郑邦俊等，自择精锐射手五百余名，驰送赴援”（《李朝实录》宣祖二十五年十二月辛卯、《乱中杂录》卷二）。郭再祐部沈大承所率也不过一两百人。这些援军总数实际不过千人，也不是正规训练的朝鲜士兵，而是地方豪强以私奴组建的民兵，在晋州围城作战中所起的作用有限，“方围屯时，两道援兵皆结阵据险，夜则登近峰，与城中举火，鼓噪相应，而不敢纵击”（《李朝实录》宣祖修正二十五年十月丁亥）。唯有金俊民部作战尚可，但与郑邦俊等合兵也仅有500余人，因他出身低贱，吏曹论功之时，公然称他为“其族系庶孽”。所以金俊民虽有才能，但难以因功升迁。从各路援军种类和数量来看，金诚一所作所为，难称真心想救援晋州，更似借日军之手消耗义军，且义军之间各自为战，力量极为分散。

从作战武器使用上来看，晋州城中的朝鲜军缺乏大中型火炮，在对日本简易工事的反击中，只见小型的玄字铳筒，未曾发现大中型的天字、地字铳筒。玄字铳筒一般以发射霰弹为主，单独使用一发弹丸发射状态下的玄字铳丸，重量仅有1斤13两（约2.375磅），弹丸直径只有1寸7分（54.4毫米），大致为鸡蛋大小（长度）的铅球，发射药重量仅有4两（148.75克），这是典型的小型火炮，对工事的毁伤能力较低下。晋州守军使用的玄字铳筒和次大箭，在近距离对付巨竹所造飞楼这类的简易工事时，尚可击伤防护低下的竹制平台上的士兵，火箭也能烧毁没有防火能力的竹楼。但是，守城方重型火力缺乏，很难对抗较为完善的土木工事。由于朝鲜火器的设计偏好，天字、地字两款铳筒和玄字、黄字两款铳筒，在弹丸重量上差距较大，若守军有一两门天字（弹重13斤）或地字（弹重8斤）铳筒，火力会大大提高，可有效损毁日本现有攻城手段中的土木及移动工事。（《戎垣必备》）朝鲜守军的新式火器数量也不多，城中火药也有限，储量不过七八百斤。“焰焇五百十余斤，预先煮取，略仿倭制，新铸铳筒七十余柄。”（《乱中杂录》卷二）

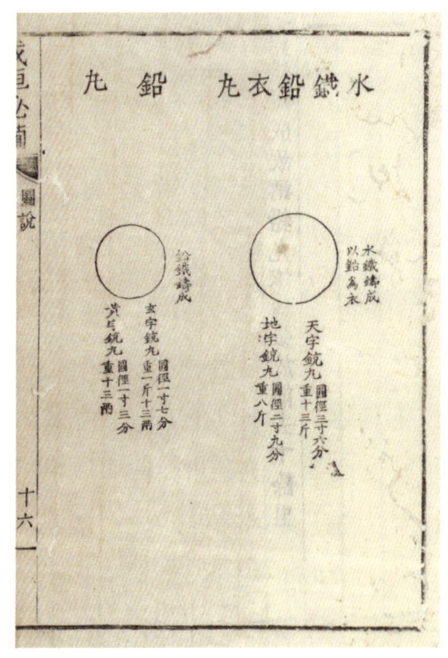

各型铳筒所用弹丸重量规格（《戎垣必备》）。可见朝鲜军队缺乏2~7斤（3~9磅）弹重范围内的火炮，该弹重范围内的火炮可有效毁伤当时技术条件下日军的中轻型土木、砖石工事

战后，金时敏伤重不起，金诚一趁机派手下亲信接管了晋州防务。其人为名士徐仁元之弟徐礼元，徐礼元因兄长名望得以无功提为边帅，战前在咸镜道因杀良冒功而屡被弹劾，壬辰倭乱时任金海府使，日军登陆后弃城逃走，投奔金诚一后一直跟随。金诚一任人唯亲，晋州防务反而不如战前。“时敏病甚，金诚一以徐礼元代之。礼元有膂力，而

愚怯无才，以其兄仁元为名士，故特拔擢为边帅。在北道假作首级，要功升秩，赵宪每疏论其罪。至是以金海府使，弃城而走，从诚一进退，用以代时敏，自是晋州城守之备，不复如前日矣。”（《李朝实录》宣祖修正二十五年十月丁亥）

而另一边，日本人在摩拳擦掌，准备报仇。不同于之前李舜臣在绝对优势下的海上游击战和借势明军的幸州山城之战，第一次晋州之战是朝鲜人首次完全依靠自己的力量，在大型会战中击败了处于绝对优势的敌军。这对日本人来说是不可接受的，特别是对正规划占领朝鲜南部的丰臣秀吉而言，晋州城必须要拔除，这既能打压朝鲜人的反抗意志——“晋州围城时，力战将士等出万死，却敌全城，人始知城池之可守，其功极大”（《李朝实录》宣祖二十六年一月丁丑）——还可以在朝鲜人面前树立绝对强势的形象，以便统治未来可能获取的“赤国”（庆尚道）和“白国”（全罗道）。而且，据说晋州城中存有大量的粮食，“金千镒招徐礼元，计算仓谷，几至数十万斛”（《乱中杂录》卷二）。

日军决定再进行一次试探，试探日军在远离明朝边境的地方，单独对朝鲜进行作战的情况下，明军是否会继续支援。

朝鲜宣祖二十六年（1593）五月一日，丰臣秀吉将在平壤之战时驻防凤山，不战而逃的大友义统撤藩，强迫他出家为僧，发毛利辉元看管，所属领地充公。在此背景下，第二次晋州之战爆发。五月二十日，丰臣秀吉一边下令派使节与明朝和谈，一边下达围攻晋州的作战命令。侵朝日军主力尽出，锅岛直茂、黑田长政、加藤清正、岛津义弘部兵力共25624人，小西行长、宗义智、松浦镇信、长谷川秀一等部兵力26182人，宇喜多秀家等部兵力18882人，毛利辉元、小早川隆景等部兵力22344人，一共92972人，进攻晋州城。[①]为防止激怒处于和谈状态下的明朝，小西行长提前向明军通报

① ［日］北岛万次：《丰臣秀吉的朝鲜侵略》，吉川弘文馆，1995年，第157—159页。

了进攻晋州的作战计划，并告知是为报复第一次晋州之战战败和朝鲜在和谈期间屡杀日本的后勤辅兵，建议明军通知朝鲜人退出晋州。“沈惟敬时在行长营中，闻知清正欲攻晋州之事，以空城避锋之策，帖告于本国元帅金命元。”“张把总所授沈游击传帖云：‘日本攻打晋州之事，彼因去岁被杀戮，愤恨不平。且宋老爷禁约之令，昭昭在目，奈何贵国兵士，屡杀日本刈草之倭？关白来文云：彼既不遵大明约束，尔等亦可进攻晋州，打破城池，以雪前耻……且行长……云：我日本往晋州兵马三十万，恐不能当……今本府之民，预避其锋锐。彼见城空人尽，即撤兵东回云。此乃先锋行长之言，可信之也，朝鲜将领知之。’”（《李朝实录》宣祖二十六年七月壬戌、《乱中杂录》卷二）

沈惟敬向朝鲜转达了小西行长的建议，但朝鲜人不愿执行。之前权栗随明军南下时滞留在后，李如松因朝鲜无人配合而回军汉城之后，反应迟缓的朝鲜人才开始缓慢地集结。六月，金命元、权栗等人集结朝鲜官军、义军数万于宜宁，打算渡过南江，逼近釜山。郭再祐、高彦伯等称日军集结一地，声势浩大，而朝鲜军人数虽多，但堪战者少，且前无粮草，不可轻易前进。巡边使李蘋责骂诸将逗留不进，与权栗合谋渡江，抵近咸安。咸安城中空无所得，军中粮食缺乏，士兵摘生柿子果腹。得知朝鲜人来袭，日军自金海云集而来，咸安城墙低矮，外有高山，当朝鲜人正商议死守咸安还是退守鼎津之时，日军前哨在附近放枪，城中听闻枪声，城中的朝鲜军队听闻枪声，惧溃出城，多有争路而坠落吊桥者，未战而被踩踏、淹死者甚多。

朝鲜军队自咸安溃散，滞留宜宁县南面鼎岩津一带。李蘋见日军遮山蔽野而来，认为晋州孤军难守，要求义军尽入晋州，以壮声势。郭再祐以晋州不可守，愿为外援而宁死不入城。李蘋无奈，命郭再祐把守鼎岩津。倡义使金千镒于六月十四日先入晋州。晋州牧使徐礼元正前往尚州，听闻日军进攻晋州后折回，于十四日傍晚赶回，与金千镒商议城防事宜，认为城池坚固，粮食充足，可以防守。

六月十五日，全罗兵使宣居怡、助防将李继郑、忠清兵使黄进、助防将郑名世、京畿助防将洪季男、庆尚右兵使崔庆会、复雠义将高从厚等率军入城。十九日，权栗下令全罗道各路援军撤离晋州，导致城中大乱，士兵争相逃离，待金千镒与黄进、崔庆会安抚完毕，城中士兵仅剩3000余人。“全罗道巡察使权栗，传令全罗兵使，各项将领等，并为出来，诸将一时驰出，城中汹惧，事为漏出。臣与崔庆会、黄进等，艰难收合，而并不过三千余名。”（《李朝实录》宣祖二十六年七月壬戌）

权栗的命令和后续动向是听从了沈惟敬的建议，退兵与明军合势，保存有生力量，以拖待变。“全罗兵使宣居怡及洪季男等，领兵来会以为，贼众我寡，不如退守内面，金千镒抗言止之，居怡、季男等，出阵于云峰。”（《李朝实录》宣祖二十六年七月戊辰）“全罗兵使宣居怡，与京畿助防将洪

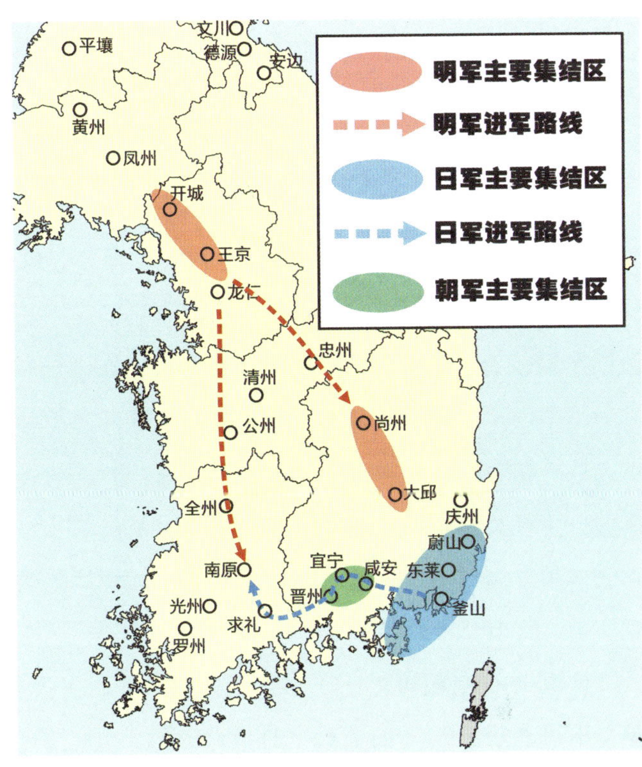

第二次晋州之战形势图

季男，领军到晋城，言曰：众寡相悬，不如退保。金千镒大怒让之，居怡等引军还出，与李蒉等退向咸阳。”（《乱中杂录》）

明军在得到消息时，一边对日方发出外交警告，一边试图集中兵力以再次南下。朝鲜当局反而是在宋应昌询问晋州、咸阳的地理时才得知日军进军晋州的消息。“经略接伴使尹根寿驰启曰：今日早牌，经略进臣等语曰：‘晋州、咸阳，是何地？’臣等答曰：‘皆属庆尚道。’经略曰：‘今闻倭贼从西北向咸阳、晋州，将往全罗。’又曰：‘水路向全罗云，尔国无报耶？’臣等答曰：‘时未有报。’”“二十一日，刘綎禀帖入来，倭贼水陆交进，已陷咸安云。提督即令李都督平胡、高游击升，选精兵各五百，明晓发向晋州。提督又于明日，选精兵六七千，亲领发行，取全罗道南原、云峰之路，直向晋州，计料三营副将等惮于赴战，多称疾不起。刘綎以众寡不敌，多有惧心，吾当急速下去云。”“骆尚志、宋大斌，既在全罗、庆尚之境，想已赴晋州。李平胡所率军，皆是勇敢，必及驰救。李宁、祖承训，亦与刘綎军合势。大概在彼军兵，一万四千有余，贼不敢遽尔冲突。俟有紧报，我当南下，已选一万八千待之。”（《李朝实录》宣祖二十六年六月壬子，七月壬戌）

因此，日军此次进攻晋州，附近明军没有足够兵力干预。因朝鲜未按计划提前预备军粮，明军因缺粮而无法在前沿维持足够兵力，再次南下时又因朝鲜人懈怠而再次断粮。李如松因缺粮而被迫退兵之后，朝鲜往明军前线调拨的军粮仅有4000石。“且今之提督退兵，亦因乏粮，与开城府退兵一般，其为不幸极矣。此予前日所以每以粮饷一事言之者也，至于刘员外，以为粮饷，恬不动念云，尤为未安……至于粮饷一事，贼兵才退，大军猝下，远处搬运，势难及期齐到。湖南运谷，数过四千石，已为运去，近日之内，姑无缺乏之患，而天将所言，则以为一日不继，辄以是为托，诚为闷迫。”（《李朝实录》宣祖二十六年五月辛巳）

这4000石军粮可供明军多少天呢？“昨日，尹根寿所启，万军一月之粮，不过五千石”，“而天兵二日放粮之数，几三千余石”（《李朝实录》宣祖二十六年五月辛巳，七月辛酉）。李如松自汉城南下，称有“三万骑”，后续刘綎部5000人也已南下，合计35000人，不算马匹所需，4000石粮可供应9天，如以20000名战兵计算，则可供应12天，若以30000人折算马料，仅够4天。以骑步合计，这所谓4000石军粮，至多维持前沿明军7天所需，如供给明朝全部援军，仅能支持两三天。李如松不得不退兵于汉城附近，以便就近由国内搬运补给。“朝鲜旁邑负载搬运，止能足大兵数日之用，将领屡称乏食……其余大兵听令撤回王京、开城等处就食，盖中国之粮，自朝鲜义州由海运至开城、王京间，已经千有余里，大海茫茫，风涛险阻，至此已为极远，其势不能再前，而王京以南如尚州、大邱等处，中国粮饷实难转输。”（《经略复国要编》卷九）

尚州按宋应昌所说道路里程，为1600余里，约合921.6公里，如按转运距离，明朝后勤供给距离达2000多里，约合1152公里。鉴于日本沿海兵力的规模，明军在抵达庆尚道时，需要先整备工事，与朝鲜军配合联动，消耗日军的粮草，以拖待变。宋应昌预备进行长期作战，但是朝鲜人不肯配合，其后勤能力也无法保证在庆尚道前沿维持大量军队，朝鲜一开始只愿让明军留下2000人，即便承认前沿兵力不足，只打算保留5000人，但还是觉得负担过重。“今若咨请，所当愿留南兵，而数满五千，则虽除马料，一年三万石粮，亦必难供。兼陈本国荡败之状，量留二千之意，移咨于经略。”“以五千之兵，分把两南沿海要口，诚为不足，但以粮饷为难，只请五千军矣。”（《李朝实录》宣祖二十六年四月己酉，五月戊寅）

所以在六月初，当朝鲜人行动迟缓地在庆尚南道咸安集结军队时，明军主力已因粮草断绝而大部退军。李昖因朝鲜无力承担明军军粮，要求前沿明军进一步缩减数量。“上曰：‘兵粮垂乏，而民力已竭，转运亦难，何以为之？’斗寿曰：‘如使吴惟忠、骆尚志等兵，留防岭外，余皆还送，可矣。’上曰：‘余兵还送，犹可御贼乎？’斗寿曰：‘余兵虽存，无所用之。’”（《李朝实录》宣祖二十六年六月丁亥）最终当日军攻向晋州时，明军即便再次紧急动员，也难以短时集结足够的兵力。

直到六月二十四日，晋州之战爆发之后几天后，汉城才了解月初咸安集结朝鲜军的情况，但这份报告说的是朝鲜军组织管理混乱，将领不知兵员具体数量，军械匮乏，正因断粮而濒临解体。“则军数，都元帅亦不能详知，随后成册上送云。臣乃往督捕使朴晋处及右道咸安诸将驻军处，则大概各处粮饷不继，士卒皆有饥色，或以五六合之米作粥，两人分食而度日，甚者饥坐或四五日，或六七日。军卒逃亡者，日以百数，两湖之卒，并屯咸安，输转六七百里之外，又因阻水，不得趁解军前矣。”“伏见宣传官赵安邦来报，庆尚一道，与贼相持，各阵之军，不过六七千，而其中一将所率，或有六七名者，各阵弓子，仅百余张。将此兵力、器械，战退强寇，万无其理。加以缺粮已久，一日所食，不过溢米之粥，极为寒心。”（《李朝实录》宣祖二十六年六月丁未）

综上所述，当时朝鲜在军事上并无守卫晋州城的能力，而晋州周边均无短期可以赶至该城且有能力救援的军队。日本此时集结90000多人西进，战兵近50000人，是明军在朝战兵总数的两倍有余。即便李如松以军情紧急，调动全军南下，至多也不过32000余人。而晋州朝鲜官军、义军合计不过3000余人，按日军战后统计首级和尸体，城中居民合计约为25000人。综合朝鲜史料和晋州内外城空间计算，晋州军民合计约为30000人。“城中死者六万余人。或云八万余人，或云三万。”（《李朝实录》宣祖二十六年七月戊辰）因此，当金千镒决定死守晋州，接连拒绝沈惟敬、郭再祐、权栗等人暂避日军锋芒，保存有生力量，以待军队、物资齐备之后，再行反攻的建议之时，第二次晋州保卫战便已注定是一场毫无胜算的悲壮之战。

六月十八日，侵朝日军主力渡鼎岩津，此时防守渡口的是郭再祐和高彦伯部，两部合兵仅有500余人，见日军势大，率军退往三嘉方向。十九日，日军一面自宜宁逼近晋州，一面向丹城三嘉、昆阳、泗川等方向派遣小股部

晋州城全图

队，断绝晋州城外援。二十一日，日军先锋数百骑，抵达晋州城东北的马岘峰。次日辰时，日军500余人登晋州城北山列阵。巳时，日军主力赶到，分两部列阵，一部列阵于开庆院山腰，一部列阵于乡校前路。开庆院在晋州城东二里处，乡校在晋州城东三里处。

战斗开始时，日军依旧以工事最薄弱的晋州新城东面，作为此次主攻方向，分为前后两阵，以火绳枪齐射为标志，向晋州城发动进攻。明军探哨20余人尚在晋州城中，眼见双方兵力悬殊，决定先行离城。此时日军立足未稳，未曾对晋州合围，朝鲜守军还有突围时间，但金千镒等决意死守晋州。日军攻城部队在火绳枪的掩护下靠近城墙，守军以铳筒及弓箭还击，日军当场倒下30余人。见晋州守军防备严密，日军决定将攻城时段放在夜晚，以降低以弓箭为主的朝鲜军队的命中率。黄昏时分，日军再次攻城，双方在城墙上隔壕对射。攻城的日军士兵无掩体遮蔽，在对射中处于不利地位，多有死伤，在二更时暂退后，于三更时再次攻城，以火绳枪齐射并鼓噪大呼以疲守军，朝鲜守军不为所动，日军鼓噪至五更时分退兵。二十三日，日军分三

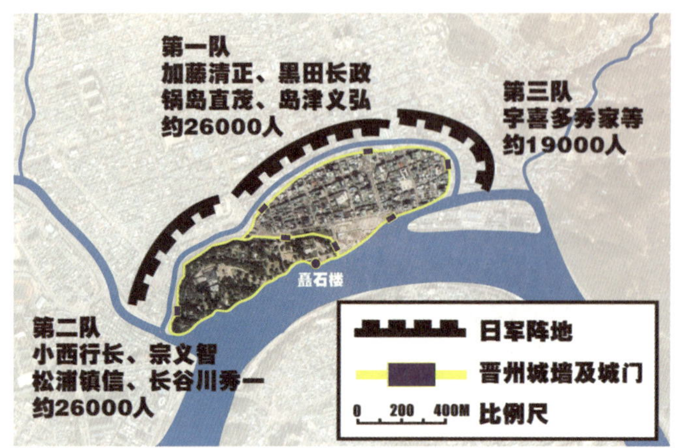

第二次晋州之战日军的攻城配置图

批攻城，当晚又连攻四次，并乘夜大呼，守军以乱射回应。日军连续攻城不克，伤亡惨重，只能暂缓攻城。(《李朝实录》宣祖二十六年七月戊辰；《乱中杂录》卷二；《惩毖录》；《新增东国舆地胜览》)

在前两天的攻城战中，日军损失颇为惨重，却没给晋州守军带来多少损失。当时驻守晋州城的朝鲜军队，战斗经验丰富、战斗意志顽强，在兵力处于绝对劣势之下，表现可圈可点，在屡战屡败的朝鲜军中实属凤毛麟角，难能可贵。自从咸安、宜宁的朝鲜守军闻风自溃，日军不战而胜，加上此时兵力空前云集，未曾将晋州守军看在眼里，所以第一次攻城时准备并不完善，因此遭到了晋州守军的迎头痛击。

挟胜而来，试图一鼓作气拿下晋州的日军，在接连攻城失败之后，决定重新整备攻城器械，然后在马岘和东门方向再次增兵。因朝鲜军队没有清理城外的树木等物资，日军迅速收集到大量竹木材料乃至砖瓦石块。晋州东城外有一棵高大的槐树，日军得以攀爬到槐树之上，观察城中朝鲜人的动向。二十五日，日军用松枝、杂草编成大筐，向筐中填土，用土筐在离新城30步的地方修筑土山，并在山上排列捆扎好的竹束。朝鲜守军试图用弓箭和铳筒驱逐施工人员，但在日军士兵“不计死生，死者曳出，生者

影视剧中常用的竹束道具

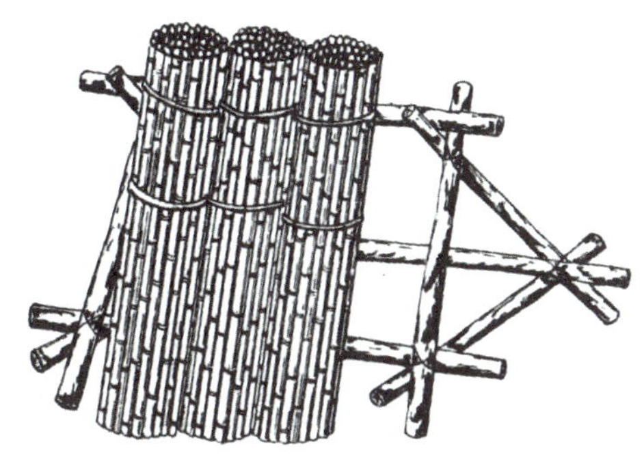

竹束使用方法

进前”之下，土山在高度上逐渐超越了城墙，随后日军在土山上排列火绳枪兵，居高临下射击朝鲜守军。(《惩毖录》;《忠烈实录》)

这种攻城战术与第一次晋州之战相似，但日军吸取了上一次的教训，没有单纯使用竹木搭建平台，也没有采纳容易垮塌的堆土模式，而是用草木筐填土之后垒砌，使土山的结构强度大为提高。忠清兵使黄进见守军已被压制，连夜在城内相对日军土山的位置修筑高台。守军兵力不足，黄进亲自脱衣背石，晋平民竭力相助，于六月二十六日凌晨前筑成高台，并在台上架设了玄字铳筒，击破了日军土台上的棚屋。日军一边改造工事，一边继续强行攻城，白天三进三退，夜里四进四退，但还是对晋州守军无可奈何。

六月二十六日，日军以大木做成木柜，外裹生牛皮，使士兵藏身于内，快速靠近城墙。朝鲜人的箭矢和小型铳筒，难以击毁包裹生牛皮的木板，而较大的铳筒难以瞄准快速行动的移动工事，日军借此抵达城墙底部，意图掘毁新城城墙。但是，日军为了追求快速移动，使用人力负载这些新造的木柜，被守军以投掷人石的方式迫退。不甘心失败的日军在东门外用大木建起高达9仞（约16.56米）的4层巨型高楼两座，“或以高木作假楼，上可立百余人”(《李朝实录》宣祖二十六年七月乙丑)。日军上百名士兵登楼，居高临下，向城内发射火箭，晋州城内的民居多为草屋，“一时延爇，烟焰涨天”(《李朝实录》宣祖二十六年七月戊辰;《乱中杂录》卷二)，晋州牧使徐礼

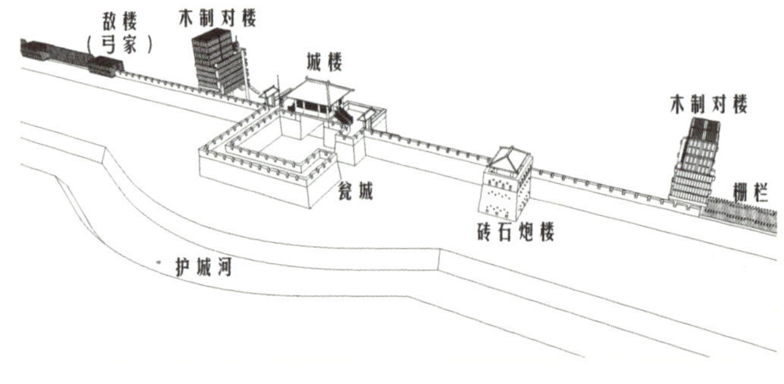

晋州城城防工事示意图

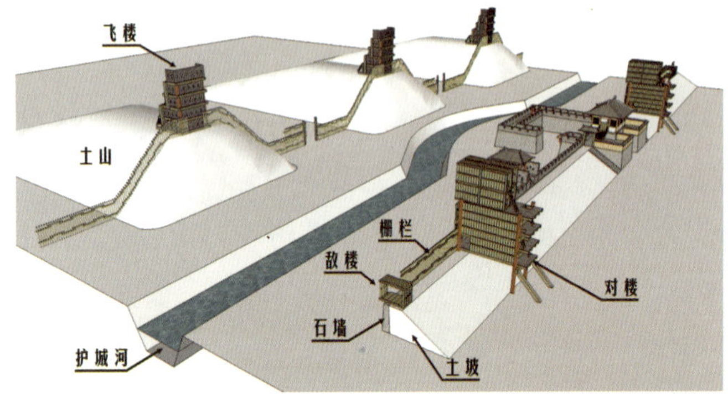

堆土攻山、攻楼示意图

元胆气已丧，金千镒命高从厚副将张润为假（代）牧使，接替徐礼元职位。战斗时天降大雨，虽然有助于扑灭城中大火，但朝鲜守军弓体和箭羽黏结所用鱼胶，遇水之后出现溶解，不少军械因此而损毁。

六月二十七日，日军在东、西两门外新筑5座土山，加上先前筑的3座土木平台，环晋州城的制高点已达8座，高台上的掩体工事也改用更为坚固的竹束。日军还乘夜将竹束搬运至护城河外缘，用以抵御朝鲜守军的箭矢，然后自竹束内向城壕投掷瓦砾砖石，很快便将晋州的外城壕填平。“贼束竹乘夜齐力于壕边，矢石不能入，自束竹之内，乱投瓦砾于壕中及城底，顷刻填满。”朝鲜守军连放玄字铳筒进行反击，但竹束的强度和重量远超之前的木制棚屋，且互相之间并非刚性连接，未能摧毁日军工事。“故虽多放玄字铳筒，幸而得中，只为贯穿而已，不得摧倒”。日军还借土

《大坂冬之阵屏风》（局部）所体现的用竹束作为掩体，抵近壕岸的姿态

山高台，居高临下，从东、西方向用火绳枪俯射城内军民，导致朝鲜军民死亡300多人。（《惩毖录》；《忠烈实录》）

在城壕被填平，守军也被压制后，日军仍以大柜外裹生牛皮置于冲城车上，以甲士10余人推至城下，用铁锥凿城。金海府使李宗仁见情况紧急，亲自在射台张弓反击，连杀7名日军甲士，守军趁机用膏油灌注火炬中，自墙上投下，将攻城的日军甲士及冲城车一同焚毁。当晚，朝鲜守军自城中连发3枚震天雷，轰击攻城日军集结地。朝鲜守军进行了顽强抵抗，但终究未能阻挡日军的进攻。当晚，日军转攻新城北门，镇守东门的李宗仁率军前往支援。徐礼元所部防守新城东门，日军进攻新城北门的同时，在东门进行土工作业，徐礼元未认真守夜，对东门外的日军行动一无所知，日军“以板子铺之于城外，掘取其下，渐就城底”。（《惩毖录》；《忠烈实录》）

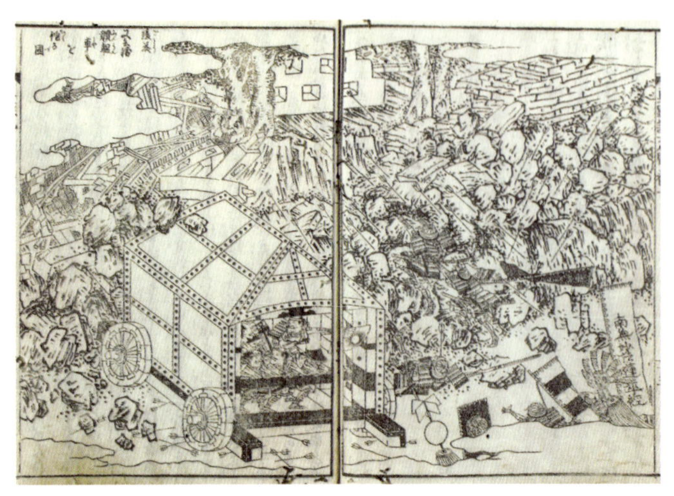

晋州城之战龟甲车图
（《绘本太阁记》）

六月二十八日黎明，击退夜袭新城北门日军的李宗仁回到东门时，门外日军的土木作业已至东城的城墙下。李宗仁为此怒斥徐礼元。当时城墙底层的三块基石已被拔出，在朝鲜守城士兵迟疑之时，一名日军士兵持铁掘锥大呼而进，将城下的基石掘毁，导致城头石块颓落。朝鲜守军以木制鹿角填塞缺口，与日军死战。日军未能攻入城中，在付出了上千名士兵伤亡的代价之后，被迫退兵回营。忠清兵使黄进大喜过望，伸头至城外以观望日军遗弃的尸骸，“有一贼，潜伏城下，仰放铁丸，横中木板，挑掷而中进左额”，黄进不幸身亡。（《李朝实录》宣祖二十六年七月戊辰；《乱中杂录》卷二）

黄进在守城战中身先士卒，为朝鲜守军所敬重，他阵亡后，朝鲜兵士气大跌。六月二十九日，金千镒命徐礼元代黄进为巡城将，但徐礼元胆气已丧，巡城之时“脱笠骑马，涕泣而行”，非但未能鼓舞守军，反而动摇了军心。庆尚右兵使崔庆会欲杀徐礼元被阻，只好命张润代领徐礼元职责，但不久张润也中弹身亡。未时，东门附近城墙因雨颓落了30余把，一把长度为周尺6尺[①]，垮

① 《舟桥指南》：“把无定限，当一切以指尺六尺为一把。”《研经斋全集外集》卷六十二：“指尺等比纵黍尺比例。”指尺长度约为宋尺长，约为30厘米，即一把约1.8米。

晋州城矗石楼

塌30余把意味着城墙垮塌长度超过了54米。眼见朝鲜城墙大段坍塌，一直在东门外大槐树上观察朝鲜军动向的日军，吹响了总攻的螺号。

朝鲜守军因兵力不足，军中精锐多集结于东门，当新城北门遇袭时，是由李宗仁领东门驻军前往北门，与徐礼元部换防，而换防后东城的守御明显比李宗仁部守城时松懈。从中可见，朝鲜守军各部士兵素质相差较远，当李宗仁等部精锐士兵，因城墙大面积垮塌被迫滞留东门附近后，其他地段就成为防线上的弱点。“倡义使金千镒之军守北城，闻城毁，先为惊动，弃城奔走，贼望见，从北城因以竹梯登城，三贼攀堞大呼，众贼四面俱入城，不能支。”“贼乃登城，挥剑踊跃，徐礼元先走，诸军一时溃散，（李）宗仁中丸而死。”自此，晋州外城的朝鲜守军全线崩溃。（《惩毖录》；《忠烈实录》）

李宗仁战死于东城之后，朝鲜守军余部撤入内城，集结于矗石楼一带。在大将精兵丧失殆尽的情况下，金千镒决定殉国，与其子金象干相抱投江而死。日军屠晋州城以泄私愤。“后，监司金玏，令沙斤察访李瀞验视，则城中积尸千余，自矗石楼，至南江北岸，积尸相枕。自菁川江，至玉峰、迁五里，死者塞江而下。”（《李朝实录》宣祖二十六年七月戊辰）日军攻破晋州后，分兵四路，一路转向丹城、山阴后进驻智异山，一路直出晋州西面，与智异山的日军部队遥相呼应，四散进入求礼、光阳、南原、顺天等地，一路向泗川、固城等地，一路向三嘉、宜宁等地劫掠，剩余军队将劫掠的朝鲜男女和财物运往金海。

第二次晋州之战，以朝鲜守军全军覆没而告终，朝鲜方面损失巨大，名城遭屠戮，为数不多的有坚韧作战意志的成建制军队全军覆没。此战虽然悲壮，但之前暴露出的问题在此战中毫无改善。朝鲜在国家危难之际，依旧以出身高低任用主帅，徐礼元无才，依旧能以出身压制优秀武将而位居高位，晋州守军令出多门而互不统属。外援部队仍与第一次晋州之战一样，多数是素质参差不齐的各路义军，素质低下，率先逃亡。

“金千镒军，皆市井之人也。以如此之军，其能守之乎？”“金千镒之军，皆市井无用之辈，故守北门而先溃。”（《李朝实录》宣祖二十七年三月戊戌，七月癸巳）“千镒所率，皆京城市井招募之徒，千镒又不知兵事，而自用太甚，且素恶徐礼元，主客相猜，号令乖远，是以甚败。”（《惩毖录》）金千镒以客军身份入驻晋州时，剥夺了晋州牧使徐礼元的职能，但其本身对军事不了解，所属士兵素质低下，难以服众。“金千镒心则贵矣，性果迂疎人也”，“千镒器量褊隘，才略短浅”（《李朝实录》宣祖二十七年

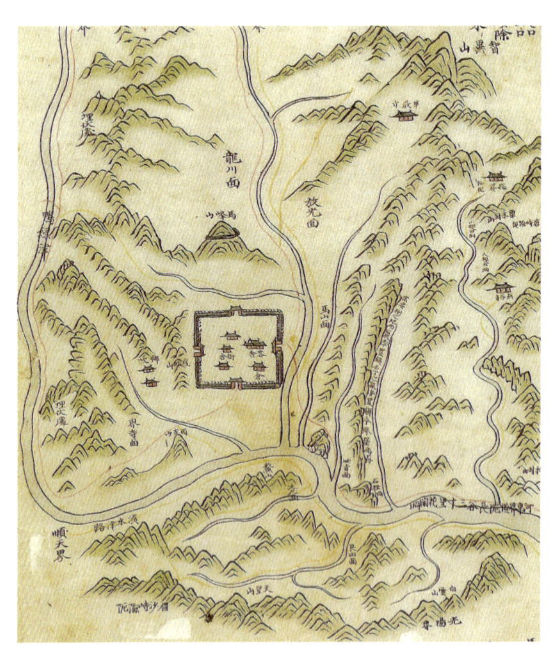

求礼地图

三月戊戌）。金千镒个人性格有缺陷，对指挥这场战争而言，有着较大的负面影响。

从晋州沦陷后的尸体分布可知，金千镒所谓以死报国恩的时候，晋州城只是外城沦陷，军民伤亡千余，守军尚有半数进入地势更为险要的内城，此时军民应当有20000余人。在能服众的守将于外城战死之后，唯一幸存且名望足以服众的金千镒，没有承担起应有的职责，当时内城尚在朝鲜人手中，但朝鲜人对于防守内城没有预案或者没有执行预案。金千镒未在外城东城颓落时鼓舞所属义军士气，而是率先逃至内城，致使同守北门的黄进余部寡不敌众，终致外城沦陷。其后，他未收拢余兵，而在日军未到之际与其子投江一死。金千镒明知自己不懂军事，还多次拒绝执行明军提出的保全晋州军民性命的建议，在外无援军的情况下，与占绝对优势的敌军进行决战。金千镒成全了自己的忠义之名，却把晋州军民送给了残暴的日军，个人忠义可鉴，但在指挥战斗乃至协调各部关系上，并无可取之处。

日军对晋州的攻击是对明军的一次试探。在攻占晋州之后，日军继续向全罗道发动进攻。七月三日，明军骆尚志、宋大斌领兵自南原出兵南下，进屯求礼城。四日，一路日军自晋州西进，进入咸阳府境内，劫掠沙斤驿一带，进逼云峰县。云峰县并无城墙，朝鲜军只能防守于咸阳至云峰的必经之路，即霜山一带八良峙山坳以及湘川两岸实相寺一带。“巡边使李蕒，把截于云峰八良峙；全罗兵使宣居怡，把

南原城图

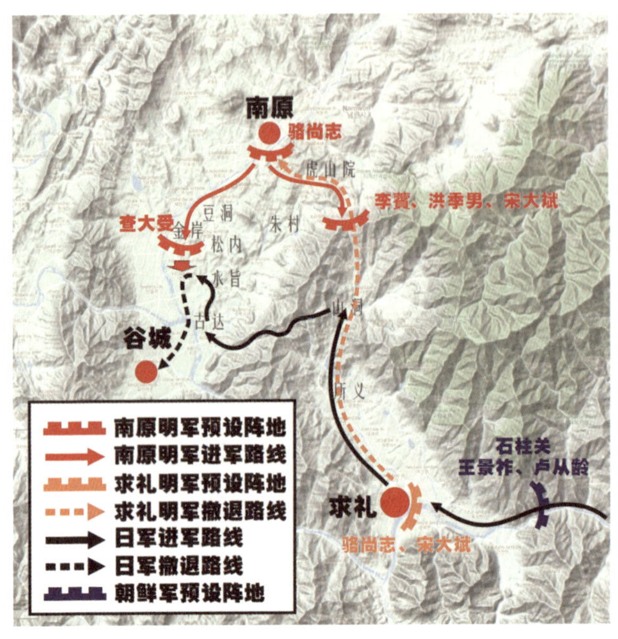

求礼—南原—谷城各军动向图

截于云峰实相洞；防御使李福男，驻扎于长水县。”晋州城西岳阳县的日军20000余人（一说四五千，据《乱中杂录》卷三），前出至河东县，经由花开洞谷进入求礼境内，“凶贼二万余骑，自晋州出来，直到岳阳仓焚荡后，渐进伏处”。花开洞谷为蟾津江北一条长约13里的狭谷，谷底即为石柱关。石柱关守将为伏兵将古阜郡守王景祚、原南原判官卢从龄，当日军逼近城关列阵，预备攻城之时，朝鲜守城士兵一哄而散。“凶贼自伏兵处（石柱关）十里许，焚荡后结阵，把守军人等，并皆逃亡，把守无策，罔知所为。”（《李朝实录》宣祖二十六年七月壬申）

骆尚志兵原额不过600人，而宋大斌部也不过500余人，“大斌等所属五百余名”（《乱中杂录》卷三），在朝鲜军逃散后，求礼城的明军仅有1000人左右。因此，骆尚志、宋大斌率军退往南原，与查大受部合守南原。日军在占领求礼后，毁坏城池并烧山抢掠，进而北上逼进南原。全罗道之前未曾受过日军侵扰，求礼城避乱的军民仅散在城池近处的浅谷之中，被日军大量搜捕、残杀，“本道之人，曾未尝倭，自以为残山浅谷犹可避兵，至是搜山屠戮，甚于岭南。是夜南原守城诸军，一时踰城溃散”（《乱中杂录》卷三）。得知求礼城被屠，当晚南原朝鲜军民溃城而出。“欲为守城，则有职堂上官以下，无尊无卑，无大无小，举皆缒城遁去。”（《李朝实录》宣祖二十六年七月庚辰）

七月六日，李蕡、洪季男自云峰领军向南原，前往源川驿（源川附近山坡上，德阴峰、源川坊一带）与宋大斌合军，宣居怡驻守虎山院（南原城东十里虎山驿）。查大受军前往南原城西南三四十里处，往谷城方向的金岸坊永思亭防守，而骆尚志部留守南原城。当日，洪季男单骑前往求礼探察，与日军斥候在花亭村遭遇。洪季男斩杀三人，日军主力赶到之后，洪季男退往源川，与李蕡、宋大斌驻军宿星岭。

七月七日，日军出动数千人自求礼过所义坊，抵达山洞坊，焚村后北进宿星岭。李蕡、洪季男所部见山洞坊火起，即将溃散逃走，被将官捕拿带头之人制止。宋大斌以明军骑兵300余名潜伏于头骨峰及防筑林薮，亲率剩余的1000余名明、朝联军驻防宿星岭隘口。日军望见明军驻守宿星岭，不敢交战，自山洞坊向西，穿过屯山岭，劫掠古达、水旨等村，进逼金岸坊。查大受、骆尚志以精锐突骑反击。日军见明军出动，四散过鹑子江，进入谷城境内。“查总兵与精骑五十余名，着甲选马，驰过宿星岘，遇贼前锋，斩首十五级，贼始知天兵来到，举阵惊骇奔散。”“查总兵发自南原，五里许行军时，自求礼，天兵三十余人驰来，斩倭二十余级，持纳于天将。”“骆尚志发遣精锐，分道追逐，查大受亦以突骑追杀贼兵，遂渡鹑子江，焚荡谷城村落。”（《李朝实录》宣祖二十六年八月癸未、甲申；《乱中杂录》卷三）

日军在遭遇明军后，极力避免同明军战斗，果断撤离南原，这意味着此时侵朝日军并不愿与明军交战。七月八日，明军收拢部队，退入南原城中。当天南退谷城的日军，在洗劫当地村社后退往求礼，并于次日西退晋州，与明朝、朝鲜联军完全脱离接触，第二次晋州之战正式结束。

第十八章

丰臣秀吉再侵朝鲜

第二次晋州之战前后，朝鲜军如果愿意相互支援或集中兵力、物资退往南原，与明军配合防守要隘，或各方军队进入晋州协同防守，以待30000人的明军南下，那么，唯一一支敢与日军正面交锋，还曾战而胜之的晋州府兵，当不至于就此白白牺牲。

晋州沦陷后遭到日军屠城，进一步打击了朝鲜人本就不高的士气。石柱关和宿星岘的朝鲜军望风即溃，南原城军民甚至在明军驻守之时连夜集体逃亡。朝鲜地方军政完全失去了控制，地方上投靠日本的朝鲜人，甚至在日军撤离之后在田野间暗杀明军李平胡所属南原城驻军。“毕竟本月十三日，名不知某人，以大石块，唐人二名，打碎头脑而杀之。”（《李朝实录》宣祖二十六年七月庚辰）朝鲜上层对于下层离心并无自省之意，处理手法极端，权栗甚至试图尽屠南原城的逃亡军民，以震慑当时投降日本的朝鲜人。“南原人物，本来暴恶”，“都元帅权栗启曰：南原之人，殆无臣民之义，贼未犯境，率先逃溃，事极痛骇，请依军律从事”（《李朝实录》宣祖二十六年七月庚辰、《乱中杂录》卷三）。

实际上，明廷得知日军退往朝鲜沿海之后，指示宋应昌尽快撤军回国，结束这场战争。明万历二十一年（1593）七月十四日，宋应昌在给石星的信中提到了明廷要求撤军的旨意。“近奉明旨撤兵，某一一遵旨，陆续将兵撤回。”明廷并不在意日军是否真心撤离，在恢复朝鲜绝大部分领土后，自以为是天恩浩荡，于是下令撤军回国。宋应昌以晋州之战爆发，向石星建议暂缓撤军，并增加朝鲜驻军的数量。“沈惟敬已同倭将小西飞（内藤如安）来此乞封求贡，晋州又报倭攻甚急，事有互异，倭谋叵测。”宋应昌向石星汇报了这段时间敌我双方的态势，以供明廷决策，并建议等日军完全撤离之后，明朝再允许封贡、撤回军队。“如倭遵约束，即便渡海，某与李提督随可还朝，复命封贡事。”撤军和谈最终的决策者，实际上是万历皇帝本人，“具题可否，惟听圣裁”。明廷对封贡之事并无追求，日军撤离汉城之后，明廷的本意是让其南下，不打算继续干涉，“奉圣旨、原有旨：倭奴退遁，赦不穷追”。（《经略复国要编》卷九）

明朝原计划在威慑日本之后直接撤军，而宋应昌作为负责前线明军军政的最高级别官员，认为此时在釜山尚有日军未曾离开，如果明军过早回国，日军再次北进，朝鲜人又抵挡不住，会导致明军反复出兵，希望在局势明朗之后再撤离。“奉旨赦不穷追，则大兵撤还，无容议矣。惟是釜山余倭，今尚未去，则狡谲犹复难知。”但明廷再三向宋应昌强调，要以最小的代价逼退日军。“今屡奉明旨：以全师退贼为功夫”，宋应昌只能借当前军势，把守庆尚道大邱、善山要隘，全罗道南原至晋州一带，实行所谓“坐困之法”。朝鲜不愿在国防上耗费人力、物力，李昖在与备边司商议之后，声言朝鲜无力承担此项重任，建议宋应昌征发中国劳工前来朝鲜修筑城寨。“备边司回启曰：伏见经略移咨及备忘记下教，鸟岭等处设关控扼……中国之人，则于此等之事，极尽周详。若经略役中国人夫，令其将官，指挥设筑，如平壤、开城事，则岂偶然哉？依上教婉辞移咨无妨。上从之。”（《经略复国要编》卷九；《李朝实录》宣祖二十六年六月丁酉）

宋应昌是站在战略角度看待明、日之间的战、和问题，但在战场之上，朝鲜人在情报、后勤方面屡屡诓骗明军将领，乃至投敌暗杀明兵，严重挫伤了明军的作战积极性。明军乃至明廷内部对朝鲜人的不满情绪越发严重。李如松在帮助朝鲜选拔军事人才、规划方略的时候，看到了甲戌年（1574）朝鲜及第者姜绅、李洁、金春等人的策问文章。策问是以经义、政事为主的对答考试，及第的策问文章就意味着朝鲜王室认可该政策方针。这个被朝鲜上层认可的施政方针，内容是倡导明军辽东被攻击之时，朝鲜坐观辽东成败。

这种言论刺激了原驻守辽东的李如松，他将策问的内容公告军中高级将领，对深入朝鲜作战表达了不满。“提督见我国策问：‘辽左有㺚患，我国领兵往救乎？只守鸭绿乎？’士子对‘当守鸭绿云云’，与三大将言曰：‘以此观之，则吾等可谓深入’云。”（《李朝实录》宣祖二十六年七月辛巳）宋应昌原计划配合朝鲜军队将日军歼灭于朝鲜沿海一带，但朝鲜阳奉阴违，明军不愿继续作战，“不期将士不肯用命，而巧言捏播惑众撤兵”。（《经略复国要编》卷九）

在李德馨的纵容下，七月二十四日，朝鲜宗室李宪国从孙李彤上书李如松，直斥李如松为奸臣秦桧，并当面威胁李如松，如李如松胆敢和谈撤军，不全歼沿海日军为朝鲜复仇，日后如若日本再来，朝鲜便与日本人合兵北上，一同进攻中国。“李彤招辞大概：‘……比提督于秦桧者……故预陈小邦不支，倭入上国之时，率小邦背君之徒云。’”“李德馨既见李彤之书，知其语甚悖妄，不为严加禁止”，“至于开门纳贼，射天自免等语，虽以倭奴之凶诈，未尝以此诬我于天朝，而今反出于我国人之口”，“‘初书所陈与我国负君之徒，入犯上国之言，尤为殊常，终必有不测之言。’宬曰：‘如此之言，接伴使亦不删去，未知何故也。’”（《李朝实录》宣祖二十六年七月戊寅、丁丑，八月丙午、庚寅）朝鲜威胁要与日军合谋进攻中国的言论，从根本上断绝了宋应昌试图推行的所谓围歼沿海日军的“坐困之法”。

第二次晋州之战，日军刻意避免与明军作战，表现出来的姿态是单纯针对晋州一地，与沈惟敬从日本军营中传递出来的此次作战是单纯报复第一次晋州之战的说法相符。日军一边对朝鲜作战，一边派出使节进行名义上的“称臣纳贡”。此次行动由小西行长主导，派遣家臣内藤如安（小西飞）为降伏使节，前往北京朝见明朝万历皇帝。宋应昌得知后，一面将火药运至尚州刘綎部防备，一面命令沈惟敬和内藤如安向晋州日军传达退兵命令。“火药陆续发于刘綎，倘有紧急庶可济用更妙。沈惟敬、小西飞来，惟急令釜山之倭速归。”（《经略复国要编》卷九）日军在第二次晋州之战中表现了实力，加上朝鲜人对明朝的连番挑衅，宋应昌放弃了对日强硬立场，正式向朝廷上奏，询问明、日战争是否可用日本封贡方式结束。

“和谈封贡”在第二次晋州之战后才被宋应昌正视，但内藤如安是六月二十日自釜山出发的，宋应昌正式汇报的时间是七月二十二日。丰臣秀吉是战、和两手准备，在进行军事试探的同时，和谈方面也给足了诚意，仅贡使的贡品就有20余抬，使节团共30人。宋应昌在给石星的信件中直言许贡之事原为骗局，“兵家之事，用间用诈，本无定衡。昨者倭奴拥处王京，未可旦暮下也。姑允行长之请。赚出王京，不烦一矢，而朝鲜根本复归”，“封贡之说原出无凭，兵家之事犹不厌诈，自始乞而我籍之以取平壤，再乞而我籍之以复王京”（《经略复国要编》卷九）。然而，封贡已是结束战争的成本最低的方法，宋应昌拖了一个月才将物品登记造册，汇报明廷，请求皇帝决断。“其乞贡事宜，允与不允，事在朝廷……贡事主在朝廷，本部未敢擅便。”（《经略复国要编》卷九）朝鲜人的散漫和晦暗的各种算计，使明廷最终选择了和谈停战，“还说与顾，撤兵大计，断之宜早，仍令朝鲜，急自修备。朝廷之待属国，恩义止此。从来未有自费兵饷，而代外国戍守者”（《李朝实录》宣祖二十六年六月辛亥）。

宋应昌像

宋应昌在和李如松的对话中，向内藤如安提出对日和谈封贡的要求，要求日本立刻撤军，三年之内不进攻中国、朝鲜，归还扣押的使节和朝鲜王子，即使明廷准许日本封贡，也要观察三年才可执行。“昨经略具疏请旨，朝议谓明是狡诈设谋，赚我难准所请，如欲准贡，必三年不犯朝鲜，不犯中国，方准许之。复令速归还二使、王子、陪臣，然后放尔（内藤如安）回归。”（《经略复国要编》卷九）

第二次晋州之战前后，日军士兵投降明军者达150多人，李如松审问“降倭”兀兀吉奴尼嘘兀一等28人，获得丰臣秀吉添兵6万人欲再战的情报，“六月二十日自釜山前来投降时，见关白新添倭奴六万，讲封贡事：四道让天朝，四道属日本，方转回巢。总许封贡，亦要攻破全罗。已知朝鲜无粮，日本用船供送等情”（《经略复国要编》卷九）。丰臣秀吉的谈判条件是将朝鲜分割为两部分，四道分给中国，日本领属四道，日本才会退兵，即便封贡成功也要报复全罗道。而且日军缺乏粮食，正在使用船只运送补给。

日本试图边打边谈，想在正式达成谈判前，用既成事实的方式占领所求土地。“去（六）月二十日，（沈惟敬）与行长中军小西飞，自釜山启行，初二日已到王京，今将来到经略处。讲贡一年三次，而但剖与全罗一道及银二万两，然后方许王子、三陪臣送还云。”（《李朝实录》宣祖二十六年七月壬戌）因此，对配合第二次晋州之战，以便占领全罗道的日本使节内藤如安，李如松特意安排了一场声势浩大的外交、军事表演。

“倭将小西飞同沈惟敬，初八日来到王京。持金银等物几杠，要从我国道路，贡于中朝。提督盛陈兵威而见之，又放大将军箭。提督怒而诘责曰：‘天兵在庆尚道者十五万，我所领者五万，经略亦领大军住扎，尔等若果如此，当以大兵歼尽日本。且尔等，又何敢欲从朝鲜而通贡路耶？此乃尔等欲犯朝鲜，故为此言也。尔等欲通贡，自有两广，何敢尔耶？’倭将甚惧告曰：‘我当以此意通关白，更勿如此’云……初八日，小西飞与沈惟敬见提督，提督责曰：‘我攻平壤之日，不忍尽杀，于汝等有再生之恩，而今背约，欲攻全罗，此何意耶？’倭将曰：‘全罗之人，杀我军甚多，今攻全罗，乃复此雠。岂敢背天朝之约乎？’提督曰：‘天朝闻汝等入寇朝鲜，故石尚书题请百万兵马，汝等若或不肯去，当尽歼无遗类矣。’”（《李朝实录》宣祖二十六年七月庚午）李如松集结大军，沿途恐吓内藤如安，又在谈判场地安排大型火炮进行实弹射击。李如松对着内藤如安怒骂日方违约，号称明军出兵15万人，已抵达庆尚道前线，自己将领兵5万人，与宋应昌南下攻灭日本。内藤如安极为恐惧，答应向丰臣秀吉转达李如松要日本无条件退兵的指令，并解释进攻全罗道只为报复第一次晋州之战战败，并不敢违背与明军的约定。李如松警告内藤如安，如日本不尽快退兵，中国将出兵百万消灭日本。

李如松命令内藤如安和沈惟敬，各派一名下属与所部家丁一人，次日前往釜山，宣谕日本军队归国，放还扣押的朝鲜王子及陪臣。朝鲜王子及陪臣一行本为加藤清正所捕获，丰臣秀吉决定战、和两手准备之时，命加藤清正将朝鲜王子移交宗义智。对马岛宗氏垄断对朝交流长达200多年，其本部所属为小西行长第一军，丰臣秀吉将朝鲜王子自加藤清正处转移，意味着此时对明外交谈判事全权委托给了小西行长。由此可见，重大外交举措实际是丰臣秀吉本人做出的，再通过小西行长传达给明方，从而将自己隐在幕后，意图在外交上获取更多的缓冲时间。在明军的军事恐吓下，自认日本无力与明朝抗衡的丰臣秀吉，最终下令释放了朝鲜王子、陪臣一行，以此向明军示好。“今去人已还，亲见诸倭俱已上船，王子陪臣送还在路。”（《经略复国要编》卷九）

七月十五日，谢用梓、徐一贯二人回到朝鲜。二十二日，日本归还朝鲜王子。朝鲜王子一行，与谢用梓、徐一贯一起出发，于二十八日抵达大邱。明使与朝鲜王子一同西行入京的路上，朝鲜官员懈怠以对，无人迎接护送，沿途供应饮食不足，大邱至汉城一路无人向李昖通报行程。抵京之后，谢用梓、徐一贯前往拜见李如松，朝鲜王子以无冠服为由，不愿与李如松相见，李如松允以私服拜见，而朝鲜王子始终不去。谢用梓、徐一贯二人以为送还王子对朝鲜有大功，却遭到朝鲜慢待，亦有不满之意。“提督曰：‘王子必欲见我，则不得已房内，以私服相见矣。’王子行先文，终始不来……天使至曰：‘守城诸宰臣，何故不送人捡饬、迎护？’云云……大概天使等，即得王子出来，自以为于我国不世之功，希望甚厚，而一路接待，甚为草薄，其心大为落莫。”（《李朝实录》宣祖二十六年八月辛卯）

朝鲜试图以第二次晋州之战失利为由反对明朝正式撤军。“前者经略以留兵防守事移咨，答以晋州围急，不暇议及留兵。”宋应昌本打算在日军全退之后留兵训练朝鲜军队，在第二次晋州之战后，宋应昌方不再坚持让日军先于明军全员撤离朝鲜。但为确保能有足够兵力，防备日军自大邱或南原北上，宋应昌计划留兵30000人，“经略又以留兵为言，欲留三万之兵”（《李朝实录》宣祖二十六年七月庚午），其后改为20000人，超过之前规划的仅留5000人。但这20000名明军，一年所需维持费用为白银100万两，朝鲜在核算费用之后，认为本国无法负担，不愿明军过多留驻，以国家没钱供给回咨宋应昌，并以日本在沿海修城，必然再次北上为由，反对明朝退兵，要求明朝运粮支持汉城。“天兵二万一岁所食，以上国升斗，准我国升斗计之，一岁用米十二万石，若如今时混录滥受之弊，则几至二十万石，赏犒银八十六万两，不在此类……反复思之，五千之外，决不能加请也。回咨末端，并为请粟，运至义州，自义至京，如今之舟运，以供京城，除三道之税，专饷天兵，或可支一年矣。”“且见王子书状，屯据八城，决无退归之意。为谋叵测，不可不急击。仍以本道荡败，湖南军谷，不以时到，天兵六万屡告枵腹。为援小邦，万里勤苦之意，并及于咨中何如？上从之。”（《李朝实录》宣祖二十六年八月辛卯、壬辰）

日本在这段时间的外交活动，伴随着一系列军事试探。“本月初四，据朝鲜体察使柳成龙报虏逃回人供称：倭贼在梁山、机张者，请兵于釜山浦留住倭将，欲犯庆州”，“又送禀帖于刘总兵，庶几及时救援，而全罗道去此绝远，贼兵已在庆州数十里之近”。宋应昌接报后，认为日本不可信，“据此看得，倭奴前遣小西飞来求封贡，则一面攻犯晋州。今次送还王子、陪臣、二使，退驻西生浦，方谓其恭顺，复又报称欲犯庆”。然而，这只是一场虚警，朝鲜地方官员因明军驻屯负担沉重，捏造了日军进攻庆州的消息。“朝鲜管粮官金润国，为因缺粮，欲移兵马，故捏庆州有惊，讹传妄报。”（《经略复国要编》卷十；《李朝实录》宣祖二十六年八月甲午、癸巳）

“今据报，刘綎等官兵，驻扎大丘等处，人无粮、马无料，非但荤菜不能沾唇，即盐酱未曾入口，至皆相向而泣。”宋应昌此时仍在防备沿海日军可能北上的风险，但朝鲜人消极配合，明军只能独立完成朝鲜的边防工事。大邱军粮断绝之后，刘綎将朝鲜的所作所为告知宋应昌。“而刘綎等报乏粮，王子过来之后，其处管粮官，旋告粮匮，马料六日断缺。且无朝鲜兵将协守者来现于刘綎，又无调发人夫筑城台者。”朝鲜反复以日军未曾撤离为由请求出兵，又不愿本国出人出力，宋应昌屡次劝告，李昖置若罔闻，一边沉迷享乐，一边故作哀怜。宋应昌只能向国内汇报他已无计可施。“（朝鲜）国王与陪臣皆湎酒耽诗，沉精声妓，付理乱与不知，置戎事而不问。今当流离颠沛之时，全无卧薪尝胆之志……近日政事尽付群小主持，征其兵未见前来，促其粮则尚多缺乏。虚修穷迫之辞，时做乞哀之状，溺豫宴安犹昨也，臣亦付之无可奈何也。”（《李朝实录》宣祖二十六年八月丁酉、壬辰）

李昖昏庸，逼得宋应昌欲以其子光海君李珲，以重建朝鲜军政体系，“此皆该国陪臣溺豫迷复，漫不经心，深刻痛恨，即国王亦不少加料理。似此奈何？今闻其第二子光海君，英姿常发，妙蕴岐嶷，且通达国体，政事合行，使世子带领忠干陪臣数员，与刘綎驻扎一处，选兵设险，催粮造器”。宋应昌甚至向石星建议，要求朝廷给予朝鲜光海君敕命，以方便其绕开李昖君臣与刘綎配合，在宗主国公开保证之下，将朝鲜的军政要务交由世子光海君全权主导。“刘綎等在彼……世子英爽，故请亲往督之，不知天朝可给敕命否？”（《经略复国要编》卷十）这等同于架空李昖，可见宋应昌对李昖君臣的极度失望。

宋应昌打算在退兵前完善前线防御规划。八月二十日，令“久在蓟门，谙晓修边、筑台法式”的明军旗牌官彭士俊，携带朝鲜地图，“督同朝鲜部臣，一应斩堑挑壕，建台筑城及设关口，如法上紧干办”，“其全罗南庆尚东面滨海处所，凡可入犯者，俱要选差的当能事人员”，“照依内地一体修设，并置立烽堠以便传报”。（《经略复国要编》卷十）八月十四日、八月十八日、八月二十八日和九月二十日，宋应昌连日移咨国王，要其“乘此国基新复之际”，委令光海君“巡历全、庆、忠清之间，事无大小，听其裁决”，并多次强调此举的重要性，“排选军兵，必亲阅，则巽软柔脆者，不敢搀杂矣；修设险隘，必亲查，则鸠工聚材者，不敢怠玩矣；搬运粮饷，必亲督，则支放供给，不敢缺乏矣；置造军器，必亲验，则锋铦坚厚，不敢草率矣”（《经略复国要编》卷十）。

宋应昌留兵数量只能一再削减，最终减少到16000人，朝鲜依旧辩称无法负担巨额军费，在宋应昌屡次催促决议留兵事宜时，反复以不堪重负为辞，再三要求宋应昌出兵南下。“斗寿曰：‘吴亿龄以留兵事委来，不可不答。’云翼曰：‘姑置留兵，先陈此贼先除之意似当。’恒福曰：‘陈恳之后，以留兵，则当待贼退而定之，措辞可也。’上曰：‘欲急急为之，事若未及周旋，而撤兵而还，则恐有不及之患也。’”“但小邦残败已极，一万兵粮，决难办给，此以为悯。”朝鲜方面甚至在回咨中提出，明军全歼日军才算真正完成皇恩，“其奏本末端，仍及凶贼尚据是境，及时剿灭，以毕皇恩事”。这种近乎要挟的言论让宋应昌勃然大怒，“宋老爷看此咨文揭帖，怒而批下如此”。同样对朝鲜极度不满的李如松，断然否认日军仍滞留沿海，当面要求尹根寿告知李昖认真考虑，明军是否会在朝鲜后勤敷衍的情况下为朝鲜作战。“且老爷虽欲留兵尔国，每告无粮，安有无粮，而赴战者乎？尔退而思之云云。”（《李朝实录》宣祖二十六年八月乙未、丁未、辛卯）

宋应昌试图以光海君为核心，打造朝鲜新中央的方案，遭到了李昖的强烈抵制。李昖称自己为国忧心，几个月没吃饭，浑身是病，“狂病、目病、痹病、湿病、风病、寒病，万病俱作”，称自己很早就不想活了，“前日玉堂之批，自言无意人世，益可想矣，今不须更言”，正好借这个机会禅让光海君，自己早早去死。“世子年长，足以拨乱致治之主，禅位诸事，斯速举行”，言下之意，李昖自己反正重病缠身，命不久矣，预备退位求死。他用以退为进的方式来对抗宋应昌。光海君李珲见父亲说出了退位求死之言，自然不能逼死父王谋求上位，自称是自小愚笨、没有学识、疾病缠身之人，说不堪宋应昌的重托。“臣本庸愚，少无学识，年虽长成，德业蔑如。忝居元良，自知不堪，日夜忧惧，措身无地。况丁乱离之际，疾病交作，沈痼半岁，精神减耗，虽寻常处事，决难堪任，岂意不敢当之命，遽及于无状之身？”（《李朝实录》宣祖二十六年八月辛亥）

朝鲜大臣揣摩上意，以世子重病未愈，卧床数月不起，来回绝宋应昌，“但世子上年避乱奔播，不免伤于风露，自今年四月，患胃证、痰证，累月仅得痊可，亦不至大平复”。光海君李珲连日“晨诣阙下，伏地涕泣”，要求李昖收回禅让之命。于是，国王、大臣就以退位与否反复争执了10余天，弃军情不顾。九月下旬，朝鲜仍然不理会宋应昌在八月提出的大邱前沿防御规划，“则曰储宫南下，不可为，迁延时月，变幻辞说，君臣之间，有同婴儿之相戏”，刘綎不得不亲自发文催促。朝鲜以世子生病需要调养为托词，拒绝让光海君南下整理军务。“臣等告曰：‘老爷为小邦善继之计至矣，但世子患咽喉痰证，未能快差。在海州调病矣。’经略曰：‘庆尚道则残败之地，虽不可往；全罗道不经贼变，全罗道则可以调病矣。天朝大兵，岂有恒驻外国之理？世子岂可独安逸乎？’”（《李朝实录》宣祖二十六年九月戊午、庚午）宋应昌责以全罗道可以养病，但朝鲜君臣以各种托词拖延，始终不愿光海君南下一线。

在朝鲜君臣父子玩禅让游戏的时候，宋应昌多方收集日本资料，于八月二十二日向明廷汇报了对小西行长以及丰臣秀吉进攻朝鲜直到“和谈封贡”时期的政治、军事、外交变化判断。

> 平行长者，倭中骁智将也。故关白命为先锋，一犯朝鲜，逼其

国外西奔，奄有三都八道，独当平壤一面，以捍中国，以图内犯。但去岁秋冬冱寒，天时不利。故沈惟敬之说，得行彼。及讲贡，止肯退出平壤，以大同江为界。其意尚欲并归王京、开城间，固守以俟我之虚，候天之暖而并吞朝鲜，盖有待也。何其平壤一败，心胆俱裂，行长复申前说，愿退王京，至于釜山求二使，往见关白。正以解丧师之辱，赎失守之罪。又对关白盛称中国兵马骁雄难敌，众至七十余万，军火器械势不能当……总欲赚我中国悦而信之，使大兵尽撤，朝鲜空虚，以遂彼卷土重来之意，情甚真切，无可疑者。况关白用兵海上二十余年，战胜攻取，所向无敌，六十六州皆所詟服。且见侵犯朝鲜，如摧枯拉朽，其视天下事，无甚难焉。一旦英锋顿挫，大是不堪，又恐各岛离心，或生他变。故今求贡，实系真情，且图两便，得路就可抢复朝鲜，不得路亦可哄赚封贡。在行长，不但解释一身之罪，且结关白之心。在关白，非惟受天朝封爵之荣，亦籍以弹压岛夷之志。（《经略复国要编》卷十）

宋应昌就平壤、汉城和釜山三次和谈情况，分析了主导和谈的小西行长和幕后主使丰臣秀吉。在平壤和谈之时，因为天气寒冷，为防备明军干涉，日本愿意以大同江为界，让出平壤，以集中兵力确保三都之二的开城、汉城，在获得明朝承认的情况下吞并大半朝鲜。平壤战败后，日军无法与明军正面抗衡，便以“和谈封贡”为名，意图暂避明军锋芒，取悦明朝，以待明军撤离、朝鲜空虚之时卷土重来。对小西行长来说，“和谈封贡”既可以抵消平壤大败之责，又可以养精蓄锐以图再举。对丰臣秀吉而言，身为国内霸主但出身低下，发动侵朝战争带有政治目的，在攻灭朝鲜之时，他的威望达到了顶峰，但是明军援朝让日军接连遭到失败，若再战失利，必将导致他的威望受损，政治风险太大。若以封贡为名暂停战争，进退两便，进可再入朝鲜，退可得中国封爵承认，压服内部诸侯，在国内“夸示诸州”，丰臣秀吉在此刻请求“和谈封贡”，在军事和政治上是有利的。

朝鲜君臣强硬反对明、日和谈，为促使明军南下，绕过宋应昌，直接向明廷请求不要在朝鲜留兵。本就不想继续深入作战的明廷，乘势削减了宋应昌建议的留兵数量，“见远接使尹根寿状启，以我国所奏留兵五千之故，皇上只许留五千，而不许留一万六千云。圣旨如此，则不久将撤回，极为闷虑”（《李朝实录》宣祖二十六年十月丙申）。朝鲜坚持不让明朝在朝鲜南部驻军，致使宋应昌始终无法按照原有计划，妥善处置沿海日军滞留防备事宜，乃至最终向朝鲜告知，自己决定全军撤离朝鲜。“臣等又告曰：‘倭贼尚在釜山等八城，若老爷过江之后，西向长驱，则小邦决难抵当，老爷何以善处？’经略曰：‘我已有御倭方略，尔国君臣，不须过虑。’又曰：‘石尚书之意，欲撤回留兵，我不令撤回，尔国不听我节制，则当撤留兵，驻于宽奠处云云。’”（《李朝实录》宣祖二十六年九月庚午）

宋应昌认真评估了朝鲜战场上明朝、日本、朝鲜三国的态势之后，面对忙于禅让、请辞游戏，把如何与侵朝日军交战抛之脑后的朝鲜国王、世子、大臣，不得不承认即使强行指挥明军南下，现有兵力也无法消灭背靠大海，依托海运优势的日军。就算明军南下大胜，以朝鲜目前的状态，也无法保证窥尽朝鲜虚实的日本不会在明军撤离之后再次渡海北上。因此，允许对日封贡成为结束战争的唯一手段。“能逐倭于朝鲜疆域之中，不能逐倭于釜山海岛之外；能逐倭之今日贴然远遁，不能使倭之他日必不再来。”（《经略复国要编》卷十三）宋应昌最忧虑的是朝鲜上层无能，军力低下，难以对抗日本，虽然现在暂且安抚成功，但未来若日本有变，还是无力应对。宋应昌向朝廷汇报了看到的朝鲜现状，认为朝鲜并非没有人力、物力，而是国王、大臣昏庸无能，试图就多留兵员做最后的努力。“乃若朝鲜幅员六千里，地非不辟也；八道三郡，民非不聚也。然而倭奴一逞，不踰月而全国倾陷者，此无他，良由该国君臣昏闇偷惰，诈伪不情。弃天险而不知修，弃人力而不知练，弃铅铁自然之利而不知用，弃亿万黔首之民而不知恤，以致废时失事，

国破家亡，一至于此。若日本诸倭，视其君臣，真几上肉耳。”（《经略复国要编》卷十三）

李昖对宋应昌试图釜底抽薪，在明军监控下建立以光海君为首的新政府极为抵触，以禅位世子、威胁自尽、拒绝理事对抗，让宋应昌乃至光海君本人极为被动。此后，李昖对宋应昌的态度急转直下，称宋应昌是个奸诈小人，处事荒唐，向日本乞和，“经略为人，本不老实，乃敢与贼乞和”，“大概经略，甚为荒唐之人。受天下大事，处事变诈，殊非君子”（《李朝实录》宣祖二十六年九月壬子、庚午），乃至在朝堂之上拉着大臣声讨宋应昌，“今见宋应昌题本，极为痛愤。予则虽万被诟辱，固所甘心，至于群臣，岂皆无状者乎？”（《李朝实录》宣祖二十六年十一月庚寅）李昖还意图上奏明廷，状告宋应昌，破坏“和谈封贡”。面对一意孤行的朝鲜君臣，宋应昌在朝鲜军事防备上的善后规划已无实现可能。当时，明将戚金在评估朝鲜和日本的军力之后，告知李昖，朝鲜欲报国仇，需要的兵力高达二三十万人，其代价是当时的朝鲜无法承受的。“愿国王，卧薪尝胆，以古人复雠之义，自责自勉，则彼贼岂无剿灭之日乎？设使击之，必二三十万，然后可击。”（《李朝实录》宣祖二十六年十一月戊辰）

朝鲜的无能迫使宋应昌开始推进明、日封贡，但沈惟敬从釜山带内藤如安前来请求封贡时，携来一份所谓《倭酋奏本》。这份奏本不知出自何处，内容乱七八糟，称各国各有领土、君主，明朝天子据有中华之地尤不满足，欺压远弱之倭民，贪图日本不满六尺之城，吞并倭国千里之境，已经发动军队侵攻日本境内，现在不得已要与明朝决战胜负，然后称两国不如和谈，自己将“年年来进，岁岁来朝”（《李朝实录》宣祖二十六年八月甲申），通篇内容词不达意、文理不通。

明廷命沈惟敬专程赴釜山，重新索要降表。新的降表成文于明万历二十一年（1593）十二月，其内容如下：

万历二十一年十二月二十一日，日本关白臣平秀吉，诚惶诚恐，稽首顿首，上言请告："伏以上圣普照之明，无微不悉，下国幽隐之曲，有求则鸣，披沥愚衷，仰干天听。恭惟皇帝陛下，天佑一德，日靖四方。皇极建、而舞干羽于两阶；圣武昭、而柔远人于万国。天恩浩荡，遍及遐迩之苍生；日本渺茫，咸作天朝之赤子，屡托朝鲜而转达，竟为秘匿而不闻，控诉无门，饮恨有日，不得已而构怨，非无谓而用兵。且朝鲜诈伪存心，乃尔虚渎宸听，若日本忠贞自许，敢为迎刃王师？游击沈惟敬，忠告谕明，而平壤愿让，丰臣行长等输诚向化，而界限不逾。讵谓朝鲜构起战争，虽致我众死，终无还棺。第王京惟敬，旧约复申，日本诸将，初心不易，还城郭、献刍粮，益见输诚之悃；送储臣归土地，用申恭顺之心。今差一将小西飞弹守，陈布赤心，冀得天朝龙章恩锡，以为日本镇国宠荣。伏望陛下，廓日月照临之光，弘天地覆载之量，比照旧例，特赐册封藩王名号。臣秀吉，感知遇之洪休，增重鼎吕；答高深之大造，岂爱发肤？世作藩篱之臣，永献海邦之贡。祈皇基丕着于千年，祝圣寿绵延于万岁。臣秀吉，无任瞻天仰圣激切屏营之至。"（《李朝实录》宣祖二十七年五月辛丑）

关白降表的内容，大意是推卸战争责任和请求封贡。说日本有意向成为"天朝之赤子"，将这份心意托付朝鲜转达给明朝，但朝鲜隐匿了日本的请求，拒绝向明朝汇报这件事，日本不得已向朝鲜宣战。朝鲜传递了假的信息，导致日本和明朝有军事冲突，日本实际上不敢与明朝作战。当沈惟敬发来忠告，日本遵守约定没有越界，而朝鲜反而再害日本众人身死国外，不得归国。即使如此，日本依旧在汉城遵照约定，退还占领的城市，献出粮食，归还土地和俘获的朝鲜王子。现在派使节前来，希望能按旧例（明成祖册封日本国王源道义）册封丰臣秀吉，并允许日本重开勘合贸易。

这份降表一般认为是小西行长与沈惟敬合谋的伪作，朝鲜甚至以“人人知之”称这份表文为明人（沈惟敬）伪造。明廷也怀疑过表文真伪。小西行长在明人质疑表文之时，在给蓟辽总督孙镀的《答蓟辽孙总督》中保证表文是真的，自称日本有国家、有君主、有礼法，国中文书的印信不容假借。这说明表文不是沈惟敬伪造的，小西行长也知晓表文的全部内容，认可是以日本国名义对明朝的表文。当时在朝鲜的日本人不止小西行长一人，明、日双方的交流通道也不止沈惟敬和小西行长，刘綎通过松云惟政和加藤清正所部也有一定联系。当年十二月，松云惟政入加藤清正营中，著有《甲午十二月复入清正营中探情记》。加藤清正与小西行长素来不和，如果小西行长在此事上公然造假，必不能隐瞒数年之久，丰臣秀吉也不可能不闻不问。“书内又疑先日表文不真，似为过当。盖不知有国有君有礼有法者，文书印信岂容假借？理无假借，复何辨哉！”（《玄览堂丛书·四夷广记》）

日本人想获得封贡，但宋应昌当时上报“封贡并许”，在朝廷里招致非议，于是将“封贡并许”改为先封后观其效果，再确定是否准贡，“且与之封，使其归国，贡则封后二三年，视其顺逆若何，另行议处”（《经略复国要编》卷十四）。宋应昌去职后，主持朝鲜军务的蓟辽总督顾养谦坚持“封贡并许”，并建议“开市宁波”，认为实施“封贡并许”可保十年无事，否则只能“封贡并绝”，弃朝鲜而西守鸭绿江。顾养谦的建议引起朝堂之上对宁波争贡直至嘉靖大倭乱的回忆，朝堂“大哗”，他因此上疏乞罢。万历皇帝下旨“封贡并罢”。此后，万历皇帝一度考虑在“封贡并罢”后实施“互市”，但兵部尚书石星“不敢轻议”，兵科给事中吴文梓认为“不宜轻开”，迫使万历皇帝收回此案。（《明实录》万历二十二年四月甲寅、九月甲申、九月庚寅）明朝朝堂之上的纷争，以“朝鲜国王为倭夷请封以保社稷”（《明实录》万历二十二年九月己丑）告一段落。

日本请封使内藤如安前往北京。万历二十二年（1594）十二月二十日，兵部尚书石星、内阁大学士赵志皋、定国公徐文璧、吏部尚书孙丕扬等人环座召见，以问答形式，双方笔谈朝鲜役中的相关事宜：

一、问：朝鲜是天朝属国，尔关白上年何故侵犯？

答：本求封，曾教朝鲜代请。朝鲜隐情，骗了三年，又骗日本人杀了，因此举兵。

二、问：既有此意，只令通好朝鲜，令之转奏，如何举兵相犯？

不答。

三、问：朝鲜告急，天兵救援，只合归顺，如何抗拒，有平壤、开城、碧蹄之败？

答：日本原住平壤，无有接应，及八月二十九日，行长与沈游击相会于干丽山，相约退让平壤。不期天朝老爷不信，去年正月初九日，进兵攻城，杀伤行长兵甚多，碧蹄亦是大兵追杀，死伤日本兵亦多，退还王京。

四、问：后来因何退还王京，送还王子陪臣？

答：是沈游击准封言语，又设天兵七十万已到，因此星夜退兵，送还王子陪臣，并将七道送还。

五、问：既还王京，送还王子陪臣以求封，如何又犯晋州？

答：原是朝鲜人去日本，相遇清正、吉长兵马杀了，因此相杀，后见天朝兵，即便退去。

六、问：原约三事尽存，方许尔封尔，当传行长等，即令倭户尽去，房屋尽毁，不复犯朝鲜，不求别贡市，尔能保行长尽从否？

答：此前行长有禀帖，上孙老爷（孙鑛）去，一一听命，不敢有违天命，此系大事，秀吉有命行长，行长有书，晓得方敢如此对答，定无反复。

七、问：原来兵二枝，一行长、一清正。今者独行长请封，倘清正不肯输服，如何？

不答。

八、问：尔等虽一时遵约，至于日久，能保永无他变否？尔当对此订盟立誓，方与请封。

答：天朝老爷问的言语，小西飞弹守如安的说话，封后不求贡，朝鲜不敢再犯，撤兵全数归国。如有一字虚说，关白平秀吉，并行长、小西飞，俱不得善终，子孙不得苍盛。苍天在上，鉴之，鉴之。

九、问：尔既保永无他变，尔当对此，订盟立誓，方与请封。

不答。

十、问：尔国在我成祖文皇帝时，曾赐玉带金印，封源道义为日本国王，今有子孙否，其金印安在？

答：日本称王者甚多，姓源、橘、平、秦。十六年前，为信长所杀国王，乃秦姓子孙，金印俱未之闻。

十一、问：尔前去朝鲜，即为请封，岂肯侵犯他国。但平秀吉，受治信长，尚且篡夺，朝鲜一时代奏，彼岂不再犯？

答：信长者篡国王，不好。因为部将明智所杀。今关白秀吉，率信长诸将与义兵诛明智，归并六十六州。若无秀吉平定诸州，日本百姓至今不安。信长杀国王，信长为明智所杀，秀吉今诛明智，俱是六年前事。

十二、问：平秀吉既平了六十六州，便可自立为王，如何又来天朝求封？

答：秀吉因是杀了明智，又见朝鲜有天朝封号，人心安服，故特来请封。

十三、问：尔国既称天皇，如何又称国王，不知天皇即是国王否？

答：天皇即国王，为信长所杀。

十四、问：尔国既有天皇，今若立关白为王，将国王置之何地？

不答。

十五、问：既如此，当奏皇上，请封尔。尔当写书差倭，去报行长，速归。令关白整备册使船只馆舍，及一应恭候，礼仪一有不虔，封仍不许。

答：守候已久，件件不敢有违，天朝原命，沈游击到釜山，兵马即过海回家，行长守候天使，到日即退。

十六、问：既来请封，为何釜山运粮造房，必有他意。

答：原以封贡相求，因天朝不肯，关白信长未信，这是求封好事，又运粮盖房，俱各守候天使，并无他意，天使一到，尽皆烧毁。

内藤如安最终以笔谈与明朝订下了“三事”之约：日本军队全部撤军回国，只封不贡，不得再犯朝鲜。小西行长与内藤如安之间有每20天通信一封的约定，“且又每月隔二十日，通书信云云”（《李朝实录》宣祖二十六年十一月甲申），内藤如安基本上是根据小西行长和丰臣秀吉的指示回答问题，在未得到指示前，与石星的对话中无法回答的问题，他均选择了“不答”。

小西行长在内藤如安与明朝订约前，也致书蓟辽总督孙镶，明确答复了明朝当时要求的“三事”。关于第一件撤兵归国。“先兵屯王京，沈游击一言之约，退至釜山千有余里，今釜山相去对马半日之程，果有天使来，不难尽撤。”关于第二件不得因封又求贡市。“封者，天朝之恩，贡者，小邦之礼，今但施恩而不责礼，更为体恤。”关于第三件不得后犯朝鲜。“然兵出朝鲜求通上国，今得封矣，复犯何为？此皆可以听命者也。”（《玄览堂丛书·四夷广记》）

明廷的条件是只封不贡，丰臣秀吉在战场失利之后，被迫接受了明朝为主导的宗藩体系，但仍试图让自己在该体系中处于高位，压过朝鲜人一头，使日本代替朝鲜为“诸藩”之首，同时希望与明朝通商，通过重开勘合垄断中日贸易，以获取高额利润。

明廷确定册封事宜之后，沈惟敬再次出发，于万历二十三年（1595）四月下旬抵达釜山，向小西行长确认条款，并宣读万历皇帝的册封敕谕。小西行长确认消息，立刻向丰臣秀吉汇报。丰臣秀吉于五月二十二日提出新的和谈条款。在确保明朝“三事”之约的同时，丰臣秀吉提出了利益诉求，要求朝鲜王子一人入质并中日开放勘合贸易。

> 沈游击到朝鲜熊川，自大明之条目演说之云云，依大明钧命，朝鲜国于令恕宥者。朝鲜王子一人渡于日本，可侍太阁幕下，然则朝鲜八道之中四道者可属日本者，前年虽述命意，王子到本朝近侍，则可付与之。朝鲜大臣两人为轮番，可副王子之事；沈游击与朝鲜王子同车马至熊川，则自日本所筑之军营十五城之中十城即可破之事；依大明皇帝恳求朝鲜国和平赦之，然则为礼仪赉诏书，大明敕使可渡于日本。自今以往，大明、日本官船、商舶于往来者，互以金印勘合，可为照验事。

丰臣秀吉至此完全放弃了对朝鲜的土地诉求，转而想在名义上使朝鲜臣属，而之前说的朝鲜四道土地，在朝鲜将王子入质之后以封地的形式送还。朝鲜王子入质事，参考加藤清正向朝鲜僧将松云惟政及刘綎转述的，朝鲜可以使他人假扮王子来看，其主要目的是在名义上使朝鲜臣属。对于明朝质疑的在沿海筑城之事，丰臣秀吉保证，若明使和朝鲜王子抵达朝鲜沿海，立刻拆城以示诚意。

其实，朝鲜王子入质之事，丰臣秀吉也无坚持之意，在朝鲜拒绝王子入质之后，日本军队依旧拆毁了城寨以示诚意。明朝兵部要求册封之后日本派出谢恩使团，使团的标准上限为三船和300人，实际是默许日本以谢恩为名入贡。明朝也告知日本，重开勘合之事不要过于急躁，在谢恩之后顺势请求重开勘合，先封后贡，以便安抚明廷内部敌视日本的强硬派。“准封则不必要贡，当慢慢请之，未为不可。既封之后，尔国当遣使奉土宜称谢，因此而恭谨请之，则天朝无不准之理，何必忙忙一时要之乎？”（《李朝实录》宣祖二十八年二月癸丑）

明、日之间交涉至此，丰臣秀吉的退兵和谈条件从之前流传最广的七条改为三条。万历二十二年（1594）十二月三十日，万历皇帝按明成祖永乐册封先例，册封丰臣秀吉为日本国王，下达制作丰臣秀吉冠服、金印的指令，并命临淮侯李彦恭之子李宗城为册封日本正使，五军营右副将左军都督府署都督佥事杨方亨为副使。（《明实录》万历二十二年十二月癸酉，万历二十三年一月庚辰、乙酉）

万历二十三年（1595）正月三十日，明朝册封使一行自北京出发。四月六日，册封使一行抵达义州，次日渡过鸭绿江。四月八日，李宗城抵达汉城之前，宣谕使沈惟敬先期抵达汉城，拜见李昖，告知朝鲜如果可以向万历皇帝上册封日本奏本，和议可以尽早完成。但朝鲜君臣对日本撤军仍有疑虑，为此沈惟敬先行独自南下。而正使李宗城与副使杨方亨于四月二十八日才抵达汉城。

六月，丰臣秀吉拆城撤军的命令下达，由宗义智以先到先撤向明朝和朝鲜表示诚意。“我是头班，当先撤归，而船只未及齐到，以此迟滞，极为闷虑。”（《李朝实录》宣祖二十八年七月乙酉）

沈惟敬催促李宗城南下，册封使一行于九月初离开汉城奔赴釜山。十月十一日，副使先抵达釜山。十一月，李宗城才抵达釜山。（《乱中杂录》卷三）

明朝册封使逗留达一年之久。其间，沈惟敬代表明廷与日方反复交涉朝鲜王子入质之事。日军为使册封使早日南下，开始拆解工事并撤离军队，至十月中下旬，在朝的日军已撤离3/5。“大概臆料，则十六倭营，十营已撤，先后过海者，仅五分之三。”（《李朝实录》宣祖二十八年十月甲子）朝鲜训练主簿金景祥前去探查驻军撤离之事，见日军确实烧毁了部分工事，逐渐撤军。“十三日，与黄慎，进于梁山地龙塘，探审贼势，则同阵曾已烧撤……进德桥探审则倭营尽烧，合于竹岛，余半渡海云矣……到巨济探审，则永登、场门、所津三阵，尽烧空虚矣。熊川熊浦、森浦两阵，亦为烧撤。”（《李朝实录》宣祖二十八年十一月庚午）此年年底，沈惟敬报称倭城已焚11座，召回朝鲜男女共计12000余人，“焚过营栅，计十有一处，招抚男妇，共一万二千有奇，事已垂完”（《李朝实录》宣祖二十八年十二月丁卯）。

从日军拆毁工事和撤离可以看到，日方虽多有拖延，但在明廷的压力之下，没有一味坚持朝鲜王子渡海。当册封使一行抵达釜山之后，丰臣秀吉已不再坚持让朝鲜王子渡海的方案，改为之前加藤清正对松云惟政提出的，除了停战封贡达成共识，五条之内需成一事，选取“朝鲜大臣大官入质日本”这一项，再次降低了要求，希望朝鲜派遣大臣与明朝册封使同渡，与日本签订和平条约。

十二月二十二日，沈惟敬与小西行长等再次讨论朝鲜派员渡海之事，景澈玄苏向朝鲜传达丰臣秀吉的最新指示，要求朝鲜派员与册封使同去日本，“今日既与天朝讲和，朝鲜不可不差一使同去，只此一款事完，则更无他事矣”。沈惟敬建议朝鲜“或差一总兵去”。朝鲜司赡寺正黄慎以国仇未报，只有日本遣使向朝鲜谢罪，没有朝鲜前往通交为由，建议拒绝。“日本不曾来谢前愆，而我国反为通使乎？此则决无是理也。”景澈玄苏承认日军辱朝鲜过甚，但此时日强朝弱，朝鲜不想通交，若能杀尽攻朝的日军，使节自然不用派遣，但若没有这个能力，还是与强邻和睦为上，日本之后与朝鲜如何相处，皆看此时朝鲜如何与日本相处。“然朝鲜兵力，若能剿灭日本兵，不留一个，则固不必遣使。今既不能然，为今计，莫如姑遣一使，俾日本兵尽退，各保地方可也。我知朝鲜官、吏、户、礼、兵、刑、工六曹中，须差两曹判书，或差总兵送之，则兵可尽撤。不然撤兵无期，此后事完迟速，专在朝鲜矣。朝鲜今次通使之后，若欲浅交，则我亦以浅情报之；若欲厚交，则

我亦以厚情报之；若更不欲交好，则我辈亦有以处之矣。”（《李朝实录》宣祖二十九年一月戊辰）

沈惟敬与册封使均建议朝鲜派出陪臣了结此事，并将此事上报明廷兵部。朝鲜坚决不肯。封事久拖不决，不耐烦的明廷最终向李昖宣谕，命令派遣陪臣渡海。明廷建议李昖最好在日本谢恩使前来时，于釜山或对马岛与日本通交和谈，但日本若坚持，朝鲜也不必拘泥时间、地点，可以派员与册封使同去。“其陪臣修好之说，待封事后，谢恩之日，经过朝鲜，或于对马岛，或于釜山，会约证盟，亦无不可。如朝鲜即差陪臣，随册使渡海，又当听便，固不可绝，亦不可执。”

在明朝的压力下，朝鲜只得派遣黄慎与明使同去日本。黄慎在釜山与日本接洽时只是司赡寺正（正三品），主管制造楮货和收缴身贡等事宜（《大典会通》）。在朝鲜，奴婢缴纳布米，代服劳役，称为身贡。楮货是朝鲜初期使用的布制货币，此时早已不再使用，也就是说，黄慎当时的基本职责是负责地方奴婢身贡事宜。通交派遣司赡寺正这种类型的官员为使节，也是朝鲜表达不满的方式之一。

册封之事谈妥，沈惟敬与小西行长在万历二十四年（1596）正月先期渡海，向丰臣秀吉通告册封细节。此时，出了一些意外。千总谢隆与沈惟敬有矛盾，偷偷向正使李宗城伪报，称丰臣秀吉起兵20余万人，马上就要进攻明朝，册封事已不可行，建议正使先行逃走。谢隆称之前宋应昌等人伪造公文印信，哄骗丰臣秀吉，而丰臣秀吉要求万历之女结婚，现无皇帝之女，封贡之事不成。李宗城大惊，用20两白银贿赂在日本的福建人郭参军，试图得到真实消息。李宗城其人顺则听，不顺不听，拖延大半年才到釜山，所带随从揣摩其意，每次当他问起，都说册封之事已无可行以安其心。郭参军为贪图银两，称丰臣秀吉想得到万历之女，其后又有日本及小西行长营中朝鲜加德人以谎言向李宗城骗取白银。李宗城惊慌之下，没有与杨方亨商议，于四月三日将陪同的日本人灌醉，称有紧急信件出营，连夜逃离釜山。（《明实录》

万历二十四年四月乙卯；《李朝实录》宣祖二十九年四月丙午、六月丁酉）

李宗城半夜出逃，导致册封丰臣秀吉之事在性质上发生了根本变化。明廷选择李宗城，是因为正使身为世袭勋贵，论关系为明太祖朱元璋外甥李文忠的九世孙，以世袭侯爵为正使，一则彰显朝廷重视，二则“择举元勋贵品，弹压岛夷”。正因为以勋贵为册封使为丰臣秀吉封王，明朝没有按册封足利义满的标准，以日本国王源道义九章冠服亲王爵位册封丰臣秀吉，而是以五章冠服郡王爵位赐予丰臣秀吉。如果李宗城按计划渡海册封，就是以册封使勋贵封爵郡王，册封隆重，地位尊崇超过非勋贵官员册封亲王阶。这是明廷带有敲打性质的爵轻而位重。但是，勋贵侯爵正使逃走，册封变成以非勋贵官员册封郡王，使丰臣秀吉的册封丧失了位重，仅有轻爵一项。相比同样性质的非勋贵官员册封，朝鲜国王封爵同为正一品亲王，而丰臣秀吉仅剩一个册封二品郡王，与琉球国王处于同一等级，反而位卑于其手下败将朝鲜国王李昖。

“颁赐国王：纱帽一顶、金镶犀带一条、常服罗一套、大红织金胸背麒麟圆领一件、青褡护一件、绿贴里一件、皮弁冠服一件、七旒皮弁冠一顶（旒珠、金事件全）、玉桂一支（袋全）、五章绢地纱皮弁服一套、大红素皮服一件、素白中单一件、纁色前后裳一件、纁色素蔽膝一件（玉钩全）、纁妆花锦绶一件（金钩、玉素玎珰全）、红白素大带一围、大红素纻丝舄一双（袜全）、丹矾红平罗销金云包袱四条、纻丝二匹、黑绿花二匹、深青素一匹、罗二匹、黑丝一匹、青素一匹、白氁丝布十匹。”（《枣林杂俎》）李宗城逃亡，丢失了一应册封事物，日本虽寻回金印、关防等，但龙节、敕书、诰命等物遗失。龙节可是奉王命出使者所持信节。

日本人在李宗城出逃次日才发现。惊慌之下，日军以为明朝以和谈诓骗，明军将要来袭，便整军备战，先以士兵包围副使杨方亨馆所，再派人追逐李宗城。杨方亨不动声色，卧床睡觉，直至中午。宗义智等人来到杨方亨房外，通告李宗城逃亡。杨方亨把李宗城称为痴人，将其逃亡归咎日本久拖不决，并通知日军，按惯例，正使李宗城离开之后，由副使暂代正使职务，册封使团所属人员现在均归其所有。加藤清正打算追赶正使李宗城，被杨方亨劝阻，他称李宗城听信讹言，以日军欲困辱他，所以逃走，如果派兵追赶，必然加深其印象，反而更糟。然后，杨方亨修书安抚丰臣秀吉。(《李朝实录》宣祖二十九年四月癸丑;《再造藩邦志》;《两朝平攘录》)

李宗城出逃的消息传到日本时，沈惟敬与小西行长正在归途，已抵达名护屋。听闻正使出逃，小西行长一行开始并未相信，待渡海抵达壹岐岛时，才确认消息真伪。小西行长要求沈惟敬亲自向丰臣秀吉解释。一行人又掉头返回，向丰臣秀吉解释。丰臣秀吉为免事情再有变化，下令在朝鲜的日军焚烧工事后撤离，强硬派如加藤清正被列为首批撤军对象。

朝鲜宣祖二十九年（1596）五月上旬，加藤清正烧城渡海。明使杨方亨的朝鲜翻译朴义俭，随后向李昖报告，日军已经焚毁大部分工事渡海，“则贼阵房栅尽烧……城机尽撤，只余城基”。李昖询问为何丰臣秀吉拖延如此长的时间，朴义俭的回答是，丰臣秀吉因国内萧条，重建新城以备迎接册封使。“故关白之意，以为‘必盛陈馆舍，以示天使’云云。”(《李朝实录》宣祖二十九年六月丁酉)

当时，丰臣秀吉预备迎接册封使团的地点，是其新修的都城伏见城（月伏见城）。伏见城又称桃山城，德川幕府之前的时代被称为安土桃山时代。安土是织田信长的安土城，而桃山城便是丰臣秀吉的新都伏见城。伏见城是桃山时代的象征，丰臣秀吉预备在此接见册封使，于日本文禄三年（1594）开始动工大规模修筑新城，征用了25万名民工。桃山城修筑得华丽壮观，是特意为册封使准备的，用以彰显丰臣秀吉的威仪，“关白必备威仪而后见之也”(《李朝实录》宣祖二十九年六月丁酉)。

经过四年的反复试探、战争和谈判，明朝、朝鲜、日本三国的战争，终于告一段落。

明廷得知李宗城逃走，改任杨方亨为正使、沈惟敬为副使，补回丢失的龙节等物，重建册封使团。万历二十四年（1596）六月十五日，沈惟敬携400余人的使节团先行渡海，与撤离朝鲜的日军一起抵达日本。六月下旬，沈惟敬一行抵达伏见城，先拜见丰臣秀吉，随行人员列为两列，共300人。八月十八日，正使杨方亨与朝鲜通信使黄慎一同抵达大坂堺港，预备正式前往伏见城册封丰臣秀吉。杨方亨抵达之时，黄慎向沈惟敬请教册封之事是否还有变化。沈惟敬认为事已成定局，不会有其他变动。“别无他事，只等待皇敕及朝鲜使臣，今皆来到，事必有结矣。”（《再造藩邦志》）

丰臣秀吉提前将明朝正、副使以及朝鲜正使的馆舍安排妥当，确认朝鲜是以陪臣为正使，确认朝鲜王子并不前来。至此，一切册封、通交接待事宜，均已安排完毕。

> （柳川调信）又曰：“我初见关白，关白问王子何以不来答，我言王子年幼，且壬辰在北，处置乖宜，致失人心，遂被土民所擒降。故国王罪之，置诸边远，今来使臣，亦是大官，盖朝鲜怕日本，皆谓使臣若往，则必被杀害，或为拘留云，故人人惮行，迟疑未决，此使臣独言自古无杀使臣之国，日本虽强，必无此理，仍自请而来矣。”关白大笑曰：“然则我当速见，使之同天使偕还也。”即令取笔砚来，亲批两天使及通信使寓馆，杨天使则家康家，沈天使则平秀家家，朝鲜使臣则加贺守家，使之预为修扫，相会已有日子矣。（《日本往还日记》万历丙申九月初六）

但令所有人没想到的是，在明使准备册封丰臣秀吉的关键时刻，日本历史上著名的大地震，震级高达7.2～7.8级的强震——庆长伏见地震，就爆发在丰臣秀吉的伏见城之下。这次地震烈度之大，余震持续时间之长，均为日本史上罕见，伏见城天守、东寺、天龙寺倒塌，死亡超过1000人。丰臣秀吉当晚宿于桃山城天守，在地震中无事，但城中男女死亡数百人。《孝亮宿祢日记》记录了当时的地震给伏见城地区带来的损害：

> 闰七月九日天晴。丙戌刻间，有地震。
>
> 十二日天晴。今夜亥刻许，大地震有之，主上大庭构御座御也。诸家各祗候。御殿所々颠倒、夜明后入御云々。北野经堂、壬生地藏堂、其外、民屋方々令颠倒，或死人等多云々。
>
> 十三日天晴。今夜又大地震、主上御大庭、诸家祗候、予参。伏见二九之女房二百人余、依地震失命。予今在禁中。
>
> 十四日天晴。地震犹不休，早旦从禁中退出。
>
> 十五日雨降。今日地震犹不止、参禁中。大庭御假殿立、番所其西方立添。云々。
>
> 十六日天晴。地震以外也。参禁里、诸家各祗候。
>
> 十七日天晴。今日犹有地震。大风吹。
>
> 十八日雨降。大风吹。今夜有大地震。去十六日地震、伏见武家众家共多倾倒。云々。
>
> 廿日雨降。地震有之。
>
> 廿一日晴。参禁中番。地震于今依不静、今夜加番。
>
> 廿二日天晴。地震未休。
>
> 廿三日天晴。今夜又有大地震、于殿上被下酒。
>
> 廿五日天晴。地震有之。
>
> 廿六日雨降。今日大地震有之。
>
> 廿八日天晴。有地震。
>
> 廿九日晴。有地震。
>
> 三日（八月）晴。有地震。
>
> 五日雨降。入夜大风。参番、有地震。

七日天晴。今日犹地震有之。

八日晴。朝从禁里退出、有地震。

九日晴。有地震。参番。

十日晴。自禁中退出、大地震二度有之。

明朝册封使团抵达日本的时候，丰臣秀吉预备迎接使团的桃山城，已在地震之中被毁。使团一路上看到的是畿内地区各种山崩地裂，乃至地面液化或“雨毛”现象。“雨毛”在历史上是变乱出现的先兆，李善邦所著《中国地震》收录了不少地震后出现白毛的现象。例如，535年12月“都下（南京）地震生白毛，长二尺”，788年3月“京师（长安）地震生毛，或黄或白，有长尺余者”，1505年10月9日“夜半海盐地震栋鸣，先是有黑气从东来，地出白毛，长有一二尺如马尾者”，1691年4月“福州地震，泥土生毛”。日本人对此极为惊恐。而当时耶稣会传教士直接将此次地震以及出现的奇异现象，宣传为上帝在惩罚丰臣秀吉。

诸倭皆言，去月初八日，日本国都近处诸郡地震，无日无之。关白所处之家，亦皆坏塌，关白方在五层楼上，不意地震，倾倒坏毁，其中宫女四百余人尽压死，关白仅以身免。两天使所馆亦坏，天使扶出仅免，杨天使千总金嘉猷，沈天使票下朱璧，及家丁四名皆死。又丰外州地震尤甚，有一大村，人居几三四千户，其地忽陷为大泽，山上长松，仅露其梢，村居者无论老幼男儿，陷死者几千数。所余纔五六百名，方其陷溺之时，如有物举而掷之，不知不觉之中，已在峰上，故得生。使臣经过之地，亦有地震处，山脊皆裂，处处陷为坎泽。诸倭亦言，地之坼裂处，皆出浊水，如豆粥，其臭极恶，人不能近。又有雨毛之变，其毛五色，人家或有藏之者，倭多言：此皆近古所无之变，未知日本将有何变而如此。（《再造藩邦志》）

丰臣秀吉日本国王的册封之事，至此已是一片狼藉。短短数月之间，从勋贵正使逃走，册封物品丢失，与琉球同级二品郡王封号、朝鲜派出主管奴婢身贡的人做册封使，以至最后一场高烈度地震摧毁了桃山时代的象征伏见城，将丰臣秀吉最狼狈的样子展现给了大明、朝鲜的使节团。无论是“神国”还是大日如来，都没有保佑几乎功成名就的丰臣秀吉，而是用一场史上罕见的大地震，给了只差一步走向巅峰的“日轮之子”一记当头棒喝。

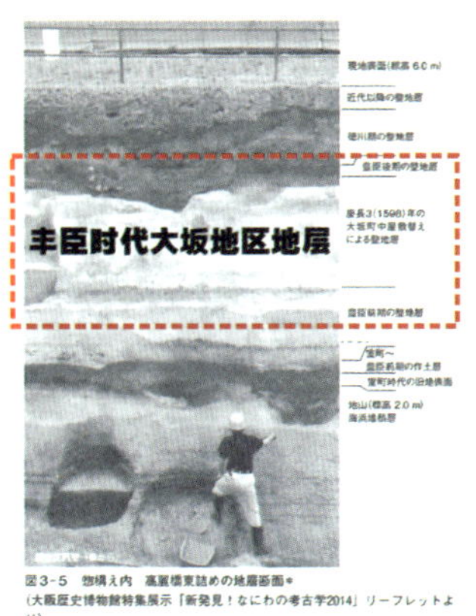

図3-5　惣構え内　高麗橋東詰めの地層断面＊
(大阪歴史博物館特集展示「新発見！なにわの考古学2014」リーフレットより)

庆长伏见大地震在底层上所体现出来的异常状态，包括地面建筑的填埋和土地液化。

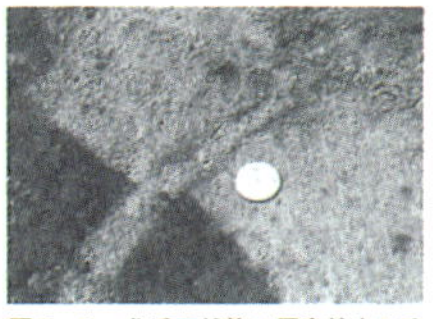
図3-6　北浜三越第11層畠検出の噴砂＊

庆长伏见地震在地层中的体现

受到巨大打击的丰臣秀吉试图在外交上找回颜面。岛津义泓及小早川隆景均记录了，册封前夕丰臣秀吉突然提出朝鲜未派王子致谢，以至于朝鲜事事轻慢日本的言语，而后他又打算不见朝鲜使臣，命小西行长通知朝鲜通信使黄慎，将一切责任归咎朝鲜，并计划向明廷状告朝鲜，要求明廷处罚朝鲜无故拖延派遣使节的时间。

> 吾欲通中国，而朝鲜拦阻，不通事情；两国交战之后，沈游击欲使两国交欢，而朝鲜奏闻，以为不可和；又以沈游击与我国同心，每憎嫉之；李天使之跳出也，朝鲜人亦为之恐动，使之跳去；今番天使之渡海已久，而朝鲜使臣今乃追来，亦不送王子，事事谩我；此使臣可不许待，我先见天使，然后拘留朝鲜使臣，禀帖于兵部，问其后来之故……关白以王子不来而使臣秩卑，故益怒朝鲜无礼。（《再造藩邦志》）

伏见城已经毁坏，但册封势在必行，丰臣秀吉只得在大坂城接受明朝的册封。九月二日，丰臣秀吉正式接受了明朝赐予的封号、圭印、官服，换明朝官服，向北京方向行五拜三叩礼。日方很多记录称丰臣秀吉没有接受称号，称沈惟敬等人对丰臣秀吉言辞卑下。但在立场相对中立的传教士记录里，丰臣秀吉在接受册封时，座位与明正使杨方亨席位对等，接受万历皇帝颁发的书册、金印时，高举过头，随后再接受明朝赐予的日本国王冠服，退入侧室，换上衣服和帽子出来之后，明册封使杨方亨向丰臣秀吉行拜礼。[①]册封诰命如下：

> 奉天承运皇帝，制曰：圣仁广运，凡天覆地载，莫不尊亲帝命。溥将暨海隅日出，罔不率俾。昔我皇祖，诞育多方。龟纽龙章，远赐扶桑之域；贞珉大篆，荣施镇国之山。嗣以海波之扬，偶致风占之隔。当兹盛际，咨尔丰臣平秀吉，崛起海邦，知尊中国。西驰一介之使，欣慕来同。北叩万里之关，肯求内附。情既坚于恭顺，恩可靳于柔怀。兹特封尔为日该国王，赐之诰命。于戏龙贲芝函，袭冠裳于海表，风行卉服，固藩卫于天朝，尔其念臣职之当修。恪循要束，感皇恩之已渥。无替款诚，祗服纶言，永尊声教。钦哉！

丰臣秀吉对册封表现得相当愉悦，但在这种场合下，朝鲜使臣的身份越发尴尬。杨方亨与沈惟敬乘着丰臣秀吉高兴之时，把话题转向朝鲜通信使黄慎，试图说动丰臣秀吉允许黄慎前来相见，被丰臣秀吉拒绝。[②]九月二日和三日，沈惟敬两次劝解丰臣秀吉与朝鲜捐弃前嫌，引发丰臣秀吉的不满。丰

---

① 《十六、十七世纪日本耶稣会报告集》第一期第二卷，同朋舍，1987年，第319—320页。
② 《十六、十七世纪日本耶稣会报告集》第一期第二卷，同朋舍，1987年，第320页。

臣秀吉再次提出，自己为表诚意，已释放被捕的王子，朝鲜即便派出一名王子表达感谢亦可，却派出了负责奴婢事务的黄慎，丰臣秀吉甚至打算下令处死黄慎。（《日本往还日记》万历丙申九月初四；《再造藩邦志》）

黄慎一开始就做好了死于日本的准备，以便让册封失败，挑起明朝和日本的争端。他得知丰臣秀吉不杀他的时候，直言自己不死，反而朝鲜可忧。“关白苟杀信使，则于我辈固为不幸，而于国事甚幸，以其无谋也。今关白不杀信使而遣还，于我辈虽幸，而其志有不可测，它日国家之忧，盖未艾也。”（《日本往还日记》万历丙申九月初八）

柳川调信曾经派人劝解黄慎，要他在册封使去大坂时提前与明使商议，遭到黄慎的拒绝。黄慎自称来到日本早已做好准备，要么和谈成功回去，要么等死，拒绝与明使提前商议。“沈天使亦何必往见，任其所为可也。”九月

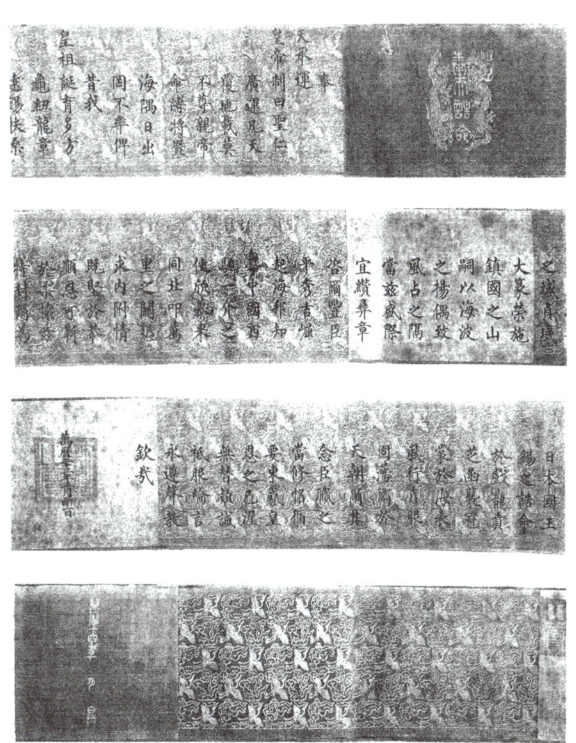
奉天承運
皇帝制曰聖仁廣運凡天覆地載莫不尊親帝命溥將暨海隅日出罔不率俾昔我
皇祖誕育多方龜紐龍章遠賜扶桑之域貞珉大篆榮施鎮國之山嗣以海波之揚偶致風占之隔當茲盛際宜纘彝章咨爾豐臣平秀吉崛起海邦知尊中國西馳一介之使欣慕來同北叩萬里之關肯求內附情既堅於恭順恩可靳於柔懷茲特封爾為日本國王錫之誥命於戲龍賁芝函襲冠裳於海表風行卉服固藩衛於
天朝爾其念臣職之當修恪循要束感
皇恩之已渥無替款誠祗服綸言永遵聲教
欽哉

万历二十三年册封丰臣秀吉日本国王诰命（大阪市立博物馆藏）

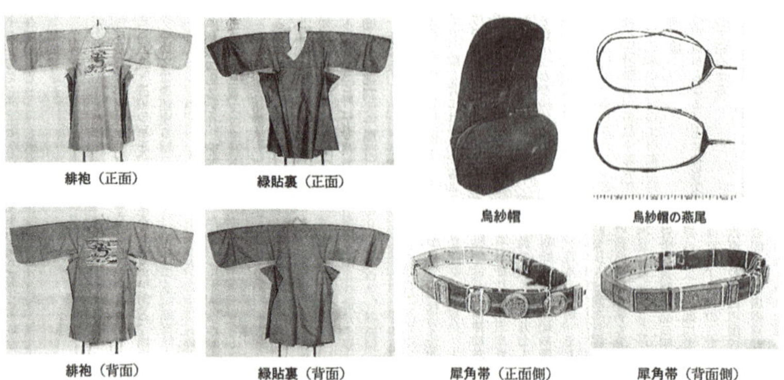

上衫神社藏上衫景胜明朝冠服

丰臣秀吉冠服部分：麒麟服、胸背麒麟圆领（京都妙法院藏）

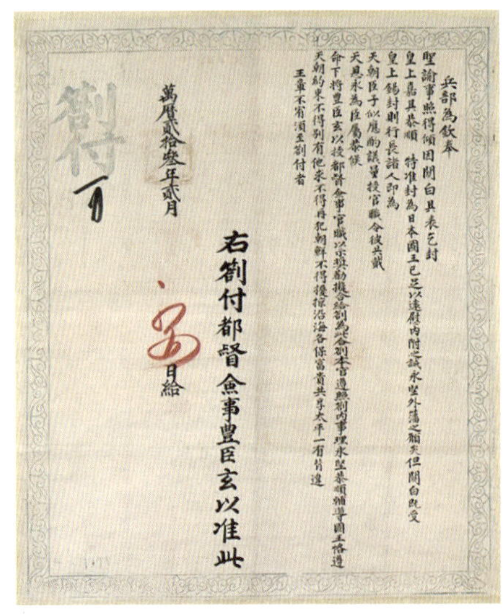

兵部為欽奉
聖諭事照得倭酋関白具表乞封
皇上嘉其恭順 特准封為日本國王已足以遠厭内附之誠永堅外藩之翰矣但関白既受
皇上錫封則行長諸人即為
天朝臣子似應酌議量授官職令彼共戴
天恩永為臣屬恭候
命下將豊臣玄以授都督僉事官職以示褒勵擬合給劄為此合劄本官遵照劄内事理永堅恭順輔導國王恪遵
天朝約束不得別有他求不得再犯朝鮮不得擾掠沿海各保富貴共享太平一有背違
王章不宥須至劄付者

右劄付都督僉事豊臣玄以准此

萬曆貳拾叁年貳月　日給

劄付

明国劄付（前田玄以）

四日，杨方亨、沈惟敬自大坂返回堺港，小西行长特意要黄慎呈文丰臣秀吉，由沈惟敬帮忙居中调解，同样遭到拒绝。“呈文之事，使臣必不为之矣。”九月八日，柳川调信以说闲话为由，试探黄慎的底线，若朝鲜坚决不肯以王子为使节，是否愿意每年或每两年遣使携带定额的礼物来日本。使节赠送国礼无可厚非，但若固定时间和价值，便是日本要求朝鲜以送礼为名交纳岁币，黄慎再次以死相拒。“或每年遣使，或间一年遣使，且定礼币之数，为以恒式，此则不难之事。使臣虽以便宜许之，似为无妨也。正使答曰：倘日本撤兵修好，则我国自无绝信之理，然欲每年定为恒式，则必不可成之事，非使臣所得擅议也，况礼币多少，在我厚薄，若约定数目，则是责我方物也，其辱甚矣，决不可从。我则今日分当一死，更无可为也。”（《日本往还日记》万历丙申九月初八）

朝鲜人拒绝与日本沟通，将一切事情归咎明人畏惧日本人，让朝鲜受此屈辱。“吾甚慨叹，天朝人多畏关白如此，诚可恨也。”（《再造藩邦志》）实际上，沈惟敬因多次要求丰臣秀吉撤军，与朝鲜通好，被迫提前返回。“但据本国被掳人及随行帮子等，说称：‘关白请册使设宴，沈副使语及撤兵等事，关白发怒，不肯听从，两册使即罢还下处。沈副使又令行长，往讲前项等事，关白怒骂沈惟敬，不曾图遂日本所求，但为朝鲜谋耳，我不可再见。’且请天使回去，两册使翌朝发还沙浦等因。”（《李朝实录》宣祖二十九年十一月壬寅）黄慎明知此事，依旧造谣沈惟敬不为朝鲜说话，用“极可恨也”之语评价沈惟敬，“而沈爷连日对关白，不敢一言及之，极可恨也，天朝不忒软怕关白如此，可恨可恨。”（《日本往还日记》万历丙申九月初四）

九月五日，丰臣秀吉派前田玄以等人到堺港，与沈惟敬商议谢恩表文撰写事宜。待日方人员离开后，黄慎拜见沈惟敬，沈惟敬安抚了黄慎，于黄昏时分致书托小西行长转达丰臣秀吉，要求他撤回在朝鲜的全部驻军，并与朝鲜通信使约见。

九月六日，小西行长将沈惟敬的书信送至丰臣秀吉处。丰臣秀吉大怒，请送明册封使回国，驱逐朝鲜使团。“天朝则既已遣使册封，我姑忍耐。而朝鲜则无礼至此，今不可许和，我方再要厮杀。况可议撤兵之事乎？天使亦不须久留，明日便请上船，朝鲜使臣，亦令出去可也，我当一面调兵，趁今冬往朝鲜云云。”（《日本往还日记》万历丙申九月初六）丰臣秀吉已决定与朝鲜重新开战，但不愿违反明朝宗藩体制，当册封使抵达名护屋后，日本递交《送进天朝别幅》，向明廷状告朝鲜并解释再次宣战的原因。

> 前年自朝鲜使节来享之时，虽委悉下情，终不达皇朝，尔来无礼多多，其罪一也。朝鲜依违约盟，征讨之军中，二王子并妇妻以下，虽生擒之，沈都指挥依传敕命宽宥之。既先可致谢礼者，分之宜也，天使过海之后，历数月，其罪二也。大明、日本之和交，依朝鲜之反间，经历数年，其罪三也。为使本邦之军士，生劳苦，久送光阴者，初知为皇都计略也，朝鲜后于天使来，以是观之，悉知朝鲜谋诈。件件罪过不一，自大明可有征伐耶？自本邦可征讨耶？盖又可随敕命者也等因，仍誊写具启。（《李朝实录》宣祖二十九年十一月壬寅）

丰臣秀吉将矛头转向朝鲜，将战争再起的原因全部推到朝鲜头上，提出了朝鲜的三大罪，要求明朝出面惩处朝鲜。同时，丰臣秀吉推迟向明朝派遣谢恩使者，试图在宗藩体系中压制朝鲜后，才正式向明朝谢恩，以示对明廷偏袒朝鲜的不满，“必先通朝鲜后，次可遣使天朝”。与此同时，丰臣秀吉命令手下大名做好再侵朝鲜的准备，此时他的本意，依旧是试图在外交上压服朝鲜。

黄慎回程抵达釜山时，自日本追来的小西行长，于十二月八日晚与他私下约谈，告知丰臣秀吉变卦的原因，再次建议朝鲜以王子作为使节前往，以缓解两国关系。丰臣秀吉本有意在册封之后结束战争，但李宗城逃走之后，诸事不顺，地震又毁坏了伏见城，丰臣秀吉对朝鲜越发恼怒。如果朝鲜可以派遣王子前往日本致谢放还之事，尚且可以挽回，日本也无扣留朝鲜王子的意思。小西行长这番话是想让朝鲜王子前往日本，对在册封日本国王之事上遭受多次意外，以至于在政治、外交上受到巨大打击的丰臣秀吉，进行额外的补偿，以免丰臣秀吉难以下台，再次动用军事手段强迫朝鲜。

> 关白初心，虽不送王子，天朝特遣使臣，故喜悦无比，和好可成。而适李天使（李宗城）遁走，故事事违误。至于天使接见之馆，尽为地震所撼，所见极惨，故关白由是愤恨朝鲜，益无限度。前头之事，莫如急遣王子，来谢而已，如大臣、百僚，虽一时齐到，用兵与否，未有轻重。况我日本留朝鲜王子，以为平民乎？以为国君乎？只令来谢，放还之意可也。（《李朝实录》宣祖二十九年十二月癸未）

朝鲜自然是不肯配合的，黄慎在对马甚至拒绝宗义智的再三宴请，宣称在日本吃了日本人提供的食物都觉得羞耻，“来此异国，朝夕食饮之需，亦不免取渠供给，固出于不得已，已为可羞，况何心更赴筵席乎”（《日本往还日记》万历丙申十月二十八日）。黄慎告诉小西行长，送王子之事是妄想，朝鲜并不畏战。“此必无之事，幸勿望也……事不当和，岂畏一战？慎勿以动兵，恐喝我也。”小西行长没有得到想要的，但在第二天告诉黄慎，希望朝鲜不要尽快做决定，可以以声称请旨为由，先拖延三四个月，以期事情能在开战之前有好的变化。“翌日，臣早作起身，正成来在馆门外。见臣言曰：‘吾待朝鲜对答之还，归告关白，须速示及。’行长曰：‘不然，朝鲜必取禀圣旨，然后乃有回话。往复之间，动延三四月，吾当阻遏起兵，不使即动，幸于未动前，速有攸处。’”（《李朝实录》宣祖二十九年十二月癸未）

朝鲜要求明军为其报“万世必复之雠”的决心一直未曾动摇。黄慎不顾明朝册封使的再三阻止，在未确认之前将丰臣秀吉起兵的消息传回了国内。黄慎回国之前，李昖已向明廷请兵再战，并伪造了加藤清正要在冬天渡海的消息。“蓟辽总督孙鑛奏朝鲜国王咨称：‘关白因朝鲜不遣王子致谢，复欲兴兵，清正等今冬过海，大兵明年调进，乞要先调浙兵驻札要害，以为声援。’”（《明实录》万历二十四年十二月丙寅）加藤清正部渡海的消息，朝鲜奏报给万历皇帝的时间是十二月四日，而此时黄慎尚在釜山，小西行长于十二月八日晚才与黄慎见面，提出阻止战争的方法和拖延时间的手段。显而易见，对于与日本和谈，朝鲜人从上到下无一丝一毫的诚意；对于和日本作战，朝鲜人从上到下同样无一丝一毫的信心。朝鲜人毫不犹豫地用谎报军情的方式，诓骗明军再次入朝。事实上，早在十一月十二日，朝鲜已经向明朝告急，“告急请兵奏闻使郑期远、书状官柳思瑗发行”（《李朝实录》宣祖二十九年十一月甲辰）。

明廷确认册封详情及朝鲜奏报的加藤清正于十二月渡海之事，是第二年（1597）正月初。万历皇帝要求朝鲜不要听风就是雨，以免引起误会，“则日本调兵渡海之事，在朝鲜固宜提防，亦不必过为张皇”，要求朝鲜重修国书，派遣陪臣前往日本修好关系。但明廷同样不愿朝鲜王子前往日本，而要求李昖派遣陪臣前往日本，督促丰臣秀吉将釜山残留部队全部撤离。“日本国王撤还釜兵以全大信，又行文与朝鲜国王即差陪臣以修交好。”（《明实录》万历二十五年正月丙申）此时明廷已认可丰臣秀吉为宗藩关系中的一员，万历皇帝试图缓解两国的紧张关系，要求双方各退一步。明朝对朝鲜动辄报称日本入寇，在明、日和谈册封时的动作也极为不满，要求朝鲜不得妄自挑起战争。给事中徐成楚甚至认为朝鲜别有居心，“宜敕朝鲜自为堤备，不得专恃天朝救援。得旨行朝鲜国王，修备修睦，以保疆土，毋得偷安起衅”，“日本既退王京，又还王子陪臣，则今日朝鲜亦宜遣使修睦，以释旧憾乃成，必欲兴兵动众，以开祸端，诚不知其何心也”。（《明实录》万历二十五年正月丙辰、辛酉）

万历二十五年（1597）正月初四，加藤清正率7000人抵达对马岛，向朝鲜摆出武力威胁的姿态。[①]小西行长将加藤清正的兵力、作战计划全部透露给朝鲜人，让朝鲜早做准备。因为力主渡海进攻朝鲜之人是加藤清正，加藤清正出兵之前，向丰臣秀吉保证可一鼓作气拿下朝鲜，将朝鲜王子献俘于丰臣秀吉。小西行长希望朝鲜能击退加藤清正，借朝鲜人之手消灭主战派加藤清正，以使和谈再开。小西行长的建议遭到柳成龙的阻挠。“行长使金应瑞，指示可图清正之计，而柳成龙等，以轻信贼说，恐坠计中，不许轻动，故有是事。”（《李朝实录》宣祖三十年一月甲寅）

正月十四日，加藤清正军舰及运输船130余艘，登陆庆尚南道多大浦。朝鲜极其高效地将夸大后的消息传到了北京，告以日本200余艘船登陆，向明朝告急。明廷因此误判日军的登陆数量，以一船100 ~ 200人计算，认为有20000余名日军士兵登陆，立刻召开廷议。“今月十一日，要时罗出来，以行长之意进告：‘清正率七千之军，初四日已到对马，顺风则不日当渡。前日约束之事，已为完备否？’……如此则清正所言，朝鲜地方，无人可守，揭一竿可定之言，归于虚地。行长、朝鲜攻破，势未易之言，终归于的实，关白必罪清正之误妄，行长得志，和与不和间，势甚便易，此一良策也。”“清正率管下之船一百三十余只，发船之后，风势自东北来，不能制船，巨济之路指向，留泊于加德；十四日，多大浦指向，看审阵基事来告，而我国舟师，未及整齐，不得迎击。”（《李朝实录》宣祖三十年一月庚戌、甲寅）“廷臣会议倭情：时朝鲜陪臣刑曹郑期远，痛哭求援。辽东副总兵马栋报、倭将清正领兵骑舡二百余只，于正月十四日到朝鲜岸，至原驻机张营。驻札给事中徐成楚言海舡一只，小亦不下百人，今称二百余只，兵当不减二万余，众防御事宜亟当早图。乃下廷臣会议。”（《明实录》万历二十五年二月丙寅）

朝鲜人终于达成了日军再犯朝鲜的目的，在小西行长提前两个多月通报

① ［日］北岛万次：《加藤清正：朝鲜侵略的实像》，吉川弘文馆，2007年，第141页。

加藤清正部出发路线，以及风向可能变化下的登陆地点的情况下，在朝鲜顺风、日本逆风的天时之下，坐视加藤清正登陆。朝鲜再一次白白浪费了几个月，让已成孤军的加藤清正在天时不利的情况下成功登陆朝鲜。小西行长因此说，朝鲜人每次嘴上说得很好，实际完全不当回事，却在战后做出懊恼的样子，“尔国之事，每如此，虽悔无益”。朝鲜人也会做出深刻的战后总结，声称国家做事一直反应迟缓，没有成功的可能，因此自己心情郁闷。“大概我国之事，如是迟缓，万无成事之理，只自闷郁。”（《李朝实录》宣祖三十年一月甲寅）

朝鲜散漫到什么程度呢？从朝鲜宣祖二十九年（1596）十一月开始，朝鲜人就在整军备战，下令全罗道水军的代表人物李舜臣率舰队前来釜山近郊，而传令官赵玲因中途逾期，竟拆了机要文件，修改文件日期以脱罪。“玲欲免稽程之罪，敢改帅臣状启，事极骇愕。”（《李朝实录》宣祖二十九年十二月辛卯）李昖在权栗的再三鼓动之下，预备提前偷袭釜山的日本营地，与大臣商议无果，就用占卜的方式决定是否偷袭釜山。“许筬曰：‘决大事莫若卜筮，以周公之圣、盘庚之智，皆以穆卜言之，今此用兵，亦为穆卜何如？’上曰：‘予亦有此意思。’”（《李朝实录》宣祖二十九年十二月丁亥）李舜臣有声有色地汇报了部下搬运册封使物品时，顺手烧了釜山倭城的战功，但事后查明是冒功。在加藤清正渡海之时，李舜臣又称毫不知情，最终被夺职。“统制使李舜臣……徒欲掠人之功，欺罔状启，卒之贼船蔽海而来，尚不闻守一嘴、婴一锋。后起船只，直路出来，由其纵横，莫为之图，其纵贼不讨，孤恩负国之罪大矣。”（《李朝实录》宣祖三十年二月乙丑）李舜臣所在的全罗道，地方军政混乱，加藤清正登陆之后，朝鲜中央对全罗道的兵额一无所知。“全罗一道之事，极为紊乱。臣欲见兵额……而使八道上曹，则黄海等道，皆已上送，全罗道则寂然无声，极为虚疏。”（《李朝实录》宣祖三十年一月戊午）

因此，加藤清正虽然仅率7000人渡海，但朝鲜人只能坐视其整修营垒，既不能堵截于海上，更不能逐出国门。权栗集结朝鲜军23600人驻屯大邱，逗留不进，“权栗留大丘，聚各道兵凡二万三千六百人，定将分防于贼路”（《乱中杂录》卷三），日军得以在朝鲜人的“多方配合”之下，从容修复之前依照丰臣秀吉指令拆毁的倭城。

加藤清正登陆之后，李昖打算按明廷旨意，派出高级官员再次出使日本，被柳成龙等人阻拦。柳成龙甚至用不必跟日本讲理来反对李昖派遣使节，称即使是宗主国下旨，也不能对日本示弱。“上曰：‘遣使日本，何以为之？若不遣使，不无后悔。’成龙曰：‘事势已急，虽送之恐无益也。’上曰：‘事势而为难乎，义理而言乎？’成龙曰：‘事势已急，何顾义理？’”柳成龙、金应南建议李昖抗旨，使节无论如何不可派遣，但李昖问起如果战争归咎拒不遣使，明廷要追究怎么办，两人均不回应。“成龙、应南曰：‘遣使日本，实无益也，一面以不可遣之意，奏闻无妨。’上曰：‘……今如不遣使臣，而清正出来，则人必以为不遣使之故，何以为之？’左右皆不答。”（《李朝实录》宣祖三十年一月戊午、甲寅）

朝鲜拒绝与日本达成任何协议，成为一面合乎大义的旗帜，无论是不与小西行长配合挫败加藤清正导致和谈失败，还是抗旨拒绝遣使而致日本重启战争，在柳成龙、金应南这些人的眼中，都是正确的。但他们对朝鲜无力抗衡视而不见，只寄希望于明朝再次出兵，也未曾提前为援军预备好后勤物资。不仅如此，朝鲜对本国士兵也异常苛待，地方豪强要求他人代行军职，剥夺兵曹下发的物资，乃至有士兵不堪重负而自尽。大战将起，朝鲜大量军官称病离职，训练士兵的训练都监也名不副实，兵员数量也很少。“时大乱之余，名官甚贫，上番军士，强令代立，征米五斗，又夺兵曹例给布，卫士不胜其苦，或有自杀者……传曰：此时主兵之官，频数告病……近来训练都监之事，渐就懈弛……军人数少，则亦加募人。”（《汉阴先生文稿附录》卷一）而且地方离心，全罗道当时不光兵员不肯上报，连科举选才，该道儒生都拒绝赴举，以至于金应南要求将全罗一道断绝显宦以示惩戒。“应南曰：‘全罗儒生，不肯赴举，人心可知。’……全罗士夫，不得蒙显仕。”（《李朝实录》宣祖三十年一月甲寅）

加藤清正一边重建西生浦倭城，一边派人向朝鲜要求与松云惟政或黄廷彧、黄赫相见。松云惟政是之前刘綎与其谈判时的代表，黄廷彧、黄赫是之前朝鲜两位王子的陪臣。加藤清正此举是意图以外交手段满足丰臣秀吉强迫朝鲜低头的政治要求。沈惟敬对此极不看好，并告知李昖，加藤清正此人无法谈判，他现在谈判，不过是认为不需要打仗就能从朝鲜索取王子入质。“至于清正，凶恶太甚，难与讲好……此必自谓不烦干戈，当坐致王子，故有是请也。”（《李朝实录》宣祖三十年二月壬戌）加藤清正果如沈惟敬所言，以远超丰臣秀吉最初七条的条件，拉开了所谓西生浦和谈的序幕。

小西行长等人试图达成的，仅仅是朝鲜王子作为使节，到日本致谢，之后就可以返回朝鲜。而加藤清正开口就是李昖渡海请降，让朝鲜全国并入日本。“问云：五年前四月，于朝鲜京城，而沈游击、小西行长约和平之时，放还王子兄弟，而又日本军兵退去。则朝鲜国王归服于日本，而分割朝鲜八道，而可属于日本之旨奏之……虽然国王更不有归服于日本之意，又割八道不属日本也，又王子兄弟之中一人亦未渡海而致礼谢太阁殿下，去年八月，送卑贱之使者，欲致礼谢也。故太阁殿下大怒曰：是欺日本也。而不对面于使者也，是朝鲜欺日本乎？自大明妨之乎？再倭兵渡海者，起于此也。此事详可问国王之旨、太阁殿下之严命也。松云答云：五年前日本军兵，出京城之时，王子放还，则国王亲渡海致谢之说，实出何人之口也？割朝鲜地属日本之说，又出何人口也？出于沈爷耶？起于行长耶？日本虽擒百王子而不还，岂有国王渡海致谢之理也？大上官才智出人？岂不知可不可？义不义？

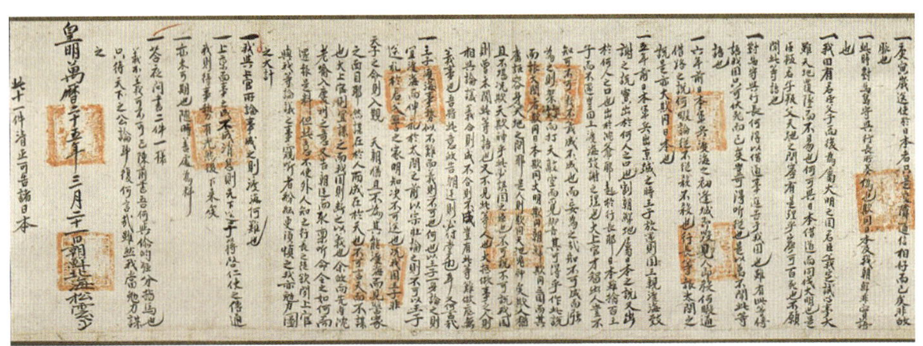

朝鲜国松云大师惟政书状（史料编纂所藏）

成不成？而妄为之哉？”（《松云问答书》）

加藤清正一开始便定下了要求朝鲜举国投降的基调，但本意还是与第一次谈判一样，希望能压过小西行长一头。但是，明、日和谈本是以小西行长的条件为底线的，为了能压过小西行长，加藤清正给朝鲜开出的条件是朝鲜王子到日本致谢，每年对日本上贡。直白地说，是要朝鲜成为日本的藩属国。这是将小西行长提出的两条由朝鲜任选一条，改成两条都要达成。“问曰：……予熟案，欲调戢和平之谋，王子兄弟之内，一人渡日本而致礼谢于太阁殿下，则和平可调戢乎。以王子一人之渡海，而救助朝鲜国数千万亿无量无数之人民之事，亦不可乎。此事详可告国王也。又云：每岁献贡物于日本，则和平可调乎。”（《松云问答书》）

朝鲜放任加藤清正登陆，反而在和谈期间偷袭提前向朝鲜报备，在海岛获取木材的小西行长部后勤人员，在日方抗议后违约杀人夺船，以至于柳川调信大骂朝鲜人毫无信用。“日本斫木之人，或以拘擒，或夺行装云。如此鼠窃狗偷之事，则徒愤无益。即招其所，回泊本处，放送拘人，以待老回何如……三月十又五日，日本丰臣调信着名，禀朝鲜兵马金节度使足下：‘先日与足下，巨济岛中取材木之事，坚定约束，故使水路而斫取材木耳。曩日我阵中五岛船一只，水人十五名取来还来之际，专船剽夺，不知其所去。又

朝鲜征伐大评定（月冈芳年绘）

金海阵中大船一只，水人三十二名斫伐材木之时，专船杀其人，夺其船，岂有道理乎？’”（《李朝实录》宣祖三十年三月庚申）朝鲜的动作迫使日方的反战势力也开始与朝鲜敌对。

除了在外交上对朝鲜进行恐吓，丰臣秀吉的军事部署也在有条不紊地进行。日本庆长二年（1597）二月二十一日，丰臣秀吉开始大规模调动军队，预备第二次渡海侵略朝鲜。从丰臣秀吉阵立书的指令来看，这次的战争并无消灭朝鲜之意，主要目标是“赤国”（全罗道）和“青国”（忠清道），意图占领朝鲜南部沿海地区即庆尚、全罗两道，在外交上迫使朝鲜低头之后，用军事手段达成事实上对朝鲜南方领土的占领，以此弥补第一次登陆朝鲜至册封使抵达之前这段时间里耗资巨大的侵朝战争受到的军事挫折，以及在明廷册封日本国王前后大地震毁灭都城桃山城对丰臣政权在政治、外交领域的巨大打击。（《岛津家文书》）

军	大　名	兵　力	备　注
第一军	加藤清正	10000 人	
第二军	小西行长 宗义智 松浦镇信 有马晴信 大村喜前 五岛纯玄	7000 人 1000 人 3000 人 2000 人 1000 人 700 人	
	小计	14700 人	
第三军	黑田长政 毛利吉成 岛津忠丰 高桥元种 秋月种长 伊东祐兵 相良赖房	5000 人 2000 人 800 人 600 人 300 人 500 人 800 人	
	小计	10000 人	
第四军	锅岛直茂	12000 人	
第五军	岛津义弘	10000 人	
第六军	长宗我部元亲 藤堂高虎 池田秀氏 加藤嘉明 来岛通总 中川秀成 营达长	3000 人 2800 人 2800 人 2400 人 600 人 1500 人 200 人	
	小计	13300 人	
第七军	蜂须贺家政 生驹一正 胁坂安治	7200 人 2700 人 1200 人	
	小计	11100 人	

续表

军	大名	兵力	备注
第八军	毛利秀元 宇喜多秀家	30000人 10000人	
	小计	40000人	
守备队	小早川秀秋 太田一吉 立花统虎 高桥统增 筑紫广门 小早川秀包 浅野幸长	10000人 390人 5000人 500人 500人 1000人 3000人	釜山城 监军 安骨浦城 加德城 加德城 竹岛城 西生浦城
	小计	20390人	
总计	141490人		

日本此次军事行动较为迟缓，从二月下令至七月中旬，日军才最终全军登陆。与第一次登陆意图一举吞并朝鲜，导致兵力分散，在明军的反击下全线溃退不同，丰臣秀吉通过明、日和谈期间的多次军事试探，看出了明军无力深入朝鲜南部进行大规模作战的弱点，先集中兵力确保庆尚道多个倭城作为桥头堡。七月二十日，日本军队在朝鲜南部沿海兵力部署[①]情况大致如下。

西生浦城：加藤清正、浅野幸长。

釜山城：小早川秀秋、宇喜多秀家、毛利秀元。

加德城：岛津义弘、高桥统增、筑紫广门。

安骨浦城：毛利吉成、伊东祐兵、岛津忠丰、高桥元种、秋月种长、相良赖房。

竹岛城：锅岛直茂父子。

熊川城：小西行长、宗义智、加藤嘉明、胁坂安治、藤堂高虎等。

---

① ［日］参谋本部：《日本战史朝鲜役（本编·附记）》，偕行社，1924年，第315—316页。

第十九章

明军再援朝鲜

朝鲜坐视加藤清正登陆，李昖却一直向万历皇帝高喊“狼来了”。加藤清正反复邀请朝鲜再次谈判的时候，日军占领了庆尚道，正在进攻全罗道，朝鲜灭亡的奏报已在北京城中甚嚣尘上，兵部尚书石星请求亲自前往朝鲜平息战乱，遭到万历皇帝拒绝。

万历二十五年（1597）二月，给事中徐成楚再次奏报，日军50000余人登陆西生浦，后续大军正在渐次渡海，加藤清正已占领晋州，正预备进攻全罗道，现在朝鲜可能已亡国。“驻札（扎）西生浦廿□寺处又卸坐舡五百余只，且别起倭舡络绎过海，清正深入晋州等八州郡，四散打围，又零贼踏勘晋州迤西道路，则朝鲜存亡此时已不可知矣。”（《明实录》万历二十五年二月丁丑）

为了让明廷尽快出兵，李昖将松云惟政与加藤清正的谈判内容去掉日方提出的最终条件——王子入谢、每年入贡，改为最初加藤清正恐吓国王亲自入质，朝鲜八道并入日本，日、朝联军进攻中国等条件，并翻出丰臣秀吉第一次和谈时期的七项条款，作为石星、沈惟敬等人隐瞒册封条件、欺君罔上的证据，向明朝万历皇帝汇报。

加藤清正对朝鲜人的信口雌黄和夸大其词，成为朝鲜污蔑明方谈判使节的借口。丰臣秀吉再次出兵，导致石星、沈惟敬等倾向由朝鲜、日本两国自行解决，明朝不做过多干预的稳健派倒台。封贡久拖不决，册封使半路逃亡，册封最终失败，日本再次武力恐吓以及朝鲜人误导性的上奏，使恼羞成怒的万历皇帝将朝中的稳健派一扫而空。和谈主导者兵部尚书石星被罢免待罪，蓟辽总督孙鑛革职，册封使杨方亨革职永不录用。明廷政策倒向大举出兵，以武力解决日本的激进方向。万历皇帝对朝中稳健派的处置过激，让明朝丧失了对日外交的弹性。

“老朽（沈惟敬）奉命，调戢王京，复会足下暨李德馨辈云：‘今往封矣，倭或退矣，贵邦善后之策何如？’德馨应声云：‘善后之计，小邦君臣责任也，老爷不须挂意。’……何乃清正一来，不闻一战，不折一矢，地方官抽身让之何也？既言汉江以南，自能尺寸支撑。何至已得复失若此乎？又言善后之事，小邦责任，何乃不闻大计，止有号泣阙下之一策乎……不期贵国谋臣策士，机智百端，间事迭出，内以危言，激怒于天朝，外以弱卒，挑衅于日本。至于松云一番说话，则又出礼法之外，其曰前驱伐大明，曰割八道，国王亲自渡海归服，顷刻之间，二三其说，但知此说可使国王动念矣，可激天朝发兵矣。独不念贵国止有八道，若尽许之，又许国王亲自渡海归服，则贵国之宗社臣民，皆为日本矣，又何取于二王子耶？”（《再造藩邦志》）

在朝鲜人的刻意引导下，误以为日军已大举登陆的明朝开始紧急备战。万历皇帝命吴惟忠募得南（浙）兵3785人，浙江沿海开始扩军及整备船只、工事、器械，以预备日军海上登陆。（《明实录》万历二十五年二月戊寅、三月癸巳）万历皇帝任命兵部左侍郎邢玠代孙鑛为蓟辽总督，经略御倭兼理粮饷，参政萧应宫为监军，户部郎中董汉儒督饷，以总兵麻贵为提督，统领宣（府）、大（同）兵1000人，副总兵杨元统领辽东兵3000人，副总兵吴惟忠统领南（浙）兵4000人，游击牛伯英统领密云兵2000人，游击陈愚衷统领延绥兵2000人，陆续渡江，前往朝鲜。（《再造藩邦志》；《乱中杂录》卷三）

明军欲毕其功于一役，在全国范围内大规模调动军队，意图一举解决日本问题，征兵达10万人以上。至三月邢玠接手孙鑛的职位时，已征调南北官兵19000余人。（《明实录》万历二十五年三月己未）

姓　名	部队原籍	兵　种	人　数
高　策	蓟镇		2500人
杨　廉		步兵	990人
祖承训	遵化	步兵	7000人
张　隆		马兵	760人
董用威		夷兵	300人
斯天爵		马兵	7000人
王　成		步兵	1150人
王宗义		马兵	980人
蔡仲宇		马兵	760人
李辅国		步兵	880人
李开先		马兵	1520人
刘武伸		马兵	100人
李　胜		步兵	800人
李益乔		马兵	1290人
麻　贵	宣大		1000人
吴惟忠		步兵	4000人
杨　元		马兵	2000人
李芳春		马兵	2000人
李如梅	宣府、辽镇		1500人
解　生	大同	马兵	2000人
李　宁	保定	马兵	2000人
牛伯英	蓟镇	马兵	600人
陈愚衷	延绥	马兵	2000人
颇　贵	宣大	马兵	3000人
柴登科		马兵	3400人

续表

姓 名	部队原籍	兵 种	人 数
茅国器		步兵	3000人
李化龙		马兵	2500人
杨万金		马兵	1000人
摆 赛		马兵	3000人
卢得功		马兵	3000人
陈 寅		步兵	4000人
涂 宽		马兵	850人
安本立		马兵	2500人
薛虎臣		马兵	3000人
季 金		水兵	3300人
卢继忠		马兵	2770人
杨登山		马兵	1200人
李 宁		马兵	2640人
陈愚闻		马兵	1500人
叶邦荣		步兵	1500人
叶朝桂		步兵	300人
刘 綎		步兵	6700人
合 计	"前后征发人员十四万二千七百余人"（《再造藩邦志》） 表内实际人数为92290人，不含后续兵力如陈璘、邓子龙等		

麻贵担任提督之后，向邢玠密报，宣府、大同马兵已集结完毕，不如乘日本此时兵力有限，以骑兵偷袭釜山。邢玠认为可行。"时麻提督密报，宣大兵先至，乘倭未备，径取釜山，以挫其锐气。经略谓：直取釜山，则行长可擒，清正可走，此是奇计，而其势不可止之。"（《再造藩邦志》）

万历二十五年（1597）四月二十六日，邢玠命杨元（3000人）前往忠州、吴惟忠（4000人）进驻南原、茅国器（3000人）进驻星州，陈愚衷（2000人）进驻全州，全军共12000人。六月，杨元等人率军南下，见忠州残破，无法支持骑兵驻扎，与吴惟忠交换防地。六月十四日，杨元部抵达南原城。

这个作战计划过于乐观，完全无视宋应昌、李如松等人之前的汇报，预备以12000人的兵力进攻12万余人的日军。至五月十八日渡江，明军集结的兵力不过17000人，而宋应昌在驻防大邱—南原一线时，汉城尚有30000名兵员可随时支援。在麻贵的作战计划中，后备兵力仅有5000人，明军指挥阶层过分轻敌，导致明军兵力分散，且孤军深入朝鲜南部。

七月，麻贵渡江，计划执行作战方案，在真正了解朝鲜现况之后，他才知道汉城距釜山有1400余里，忠州、南原相距数百里，以朝鲜当时的通信和交通条件，根本不可能用骑兵突袭釜山。日军驻屯地周边地势险要，在南下釜山的陆路当中，梁山段仅容一马单行，大军无法快速通行，釜山与加德、安骨浦、机张等地互为掎角，孤军进攻釜山会有全军覆没的危险。若进攻加藤清正驻扎的西生浦，则一路多为水稻田，骑兵同样无法快速通行，只能走水路，但明军在朝鲜并无水兵。在后勤方面，朝鲜的表现一如既往地糟糕，麻贵只好一边奏请大军水陆并进，一边建议派员在朝鲜大举屯田，以备明兵军需。

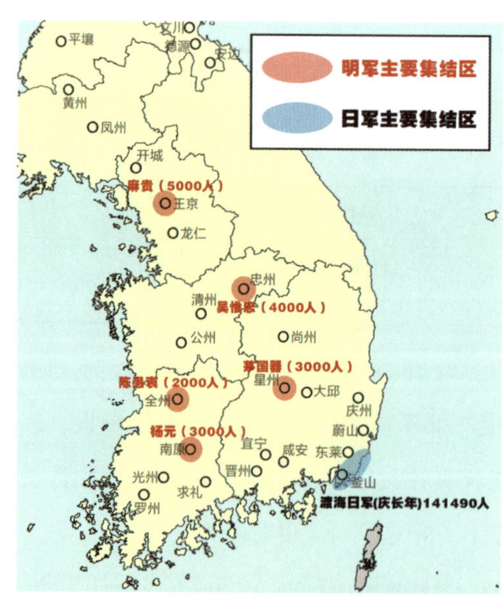

万历二十五年七月中旬，明、日双方兵力配置图

派员在朝鲜屯田以供军需，遭到了朝鲜人的激烈抵抗，柳成龙直言万历皇帝的圣旨说得好听，但对朝鲜大有妨碍。“成龙曰：圣旨亦有一土一民，不屑取之语。此则明言其意，而其事诚有所妨矣。”柳成龙认为，明朝如果在

朝鲜屯田以供军需，是独立于朝鲜之外的明朝军政集团，朝鲜无法干涉，明朝官员并非全是好人，万一碰到不好的屯田官员，也无法自行取缔。有反对意见认为，明军屯田再有弊端，也比日军灭朝鲜要好，柳成龙则举出元朝征东行省的例子，认为若让明朝屯田，朝鲜则国将不国。“上曰：如屯田一事，可以试之。虽曰有弊，比诸贼来之可虞，则有间矣……成龙曰：元朝，设征东省于昌原，而久留贻弊，竟不能支。今此奏文，不须断然防之，只陈难行之事情，可矣。”柳成龙建议李昖，既然明军已前来救援，朝鲜不如专心务农为便。“天兵既已来救矣，使我民安接作农宜矣。”（《李朝实录》宣祖三十年四月癸酉）

因此，朝鲜向万历皇帝汇报，北方屯田不便，汉城荆棘丛生，建议明军前往庆尚南道和全罗道屯田。“若其屯田处所……则庆尚下道，最为肥饶，地宜五谷，全罗道南原等处，与庆尚道等。”（《李朝实录》宣祖三十年九月丁未）这些所谓的屯田之地，或被日军占据，或为交战前线，朝鲜建议明军在这些地方屯田，实际是委婉地回绝了明军就地筹措军粮的方案。

在杨元本部3000人抵达南原之时，朝鲜南部抵达的日军，除了小早川秀秋（六月十九日名护屋出航）、毛利秀元（六月二十四日下关出航）、太田一吉、长宗我部元亲（七月七日抵达釜山）、浅野幸长（七月二十日抵达西生浦），其余大部已经渡海，可用兵力在90000人左右，远非杨元部和吴惟忠部能抵御。日军后续约50000人最晚的也在七月中抵达，为此时在朝明军总数的10倍有余。因两军兵力悬殊，杨元与沈惟敬密谋以缓兵之计待援军。吴惟忠私下告知金命元，朝鲜暂时不要挑衅日本，等待明朝大军齐备之后再做打算。“今吴总兵密言于金判书：待天兵齐到，可以举事。内怀必杀之心，外示欲和之言，以缓其心，正合事宜。不可乘愤轻动，以激其怒。予意令金应瑞措辞，言于行长，我国将更为遣使，欲与和好，而以示其心如何？如此则与前日沈惟敬缓贼之谋，相近矣。”（《李朝实录》宣祖三十年六月甲戌）

然而，沈惟敬出发与小西行长议和之后，麻贵派人追捕沈惟敬，杨元亲自赶至宜宁将沈惟敬抓回，押解回汉城。此后，明军中再无和谈之声，12000余名明军开始执行对日军140000余人的作战计划。

七月八日，藤堂高虎、加藤嘉明、胁坂安治部6400名水军，从釜山出发，逼近闲山岛。元均命所属船队抵达熊川洋面迎击，庆尚右水使裴楔以两艘大舰为先锋，击沉日舰10余艘，夺获军粮200余石。日军舰船云集，朝鲜水师未能扩大战果，退还闲山岛。权栗以元均不亲自前往，畏贼避战为由，招元均至昆阳，以棍棒责打，逼迫元均出兵。元均于十一日当晚返回闲山岛，率领朝鲜水师倾巢而出，前往釜山。庆尚道长期被日军占据，此时朝鲜水军的主力为全罗道水军，至六月十五日点兵之时，全罗道水军一共只有5000人。“水军则右道统制使元均所领，共该四千五百员，左道水使李云龙所领五百员。”（《李朝实录》宣祖三十年六月甲戌）

朝鲜水军至闲山岛发船，前往釜山洋面，此时日军已占据沿海多处要害，朝鲜水师深入釜山一带后，日军在海岸登山居高临下，传报水军各部集结。当元均抵达绝影岛之时，船只已无泊碇之处，远海洋面日船弥漫。元均意图进战，庆尚右水使裴楔建议转移，但是元均不听，日军以疲兵战术，引诱朝鲜水师追击，但是不与朝鲜正面交战。眼看船只四处飘零，船队队形瓦解，元均只得收拢船只，退往加德岛，途中全罗右水使李亿祺部七只船离队。朝鲜水师以大型桨帆船为主力，且以橹为主要动力，军士连日摇橹，加之风向不顺，船只速度较慢。日军水军战船500余艘掩后追击，元均退往永登浦，日军水军主力未动，以快船50余艘赶至永登浦设伏，元均见日军船队尚远，下令登陆取水休整，遭到日军伏击，阵亡400余人，只得退兵巨济漆川梁。

七月十五日夜，元均召集诸将商议，意图与日军死战。庆尚右水使裴楔建议撤退，遭元均拒绝，并下令船队列阵部署伏兵，而裴楔与所管船队将领私下密谋逃走。日军以小船潜伏附近，窥探朝鲜船只布防情况，在发现朝鲜的伏兵船后，以几艘兵船绕后，烧毁朝鲜伏兵船4艘。十六日卯时，日军围朝鲜水师三四重。元均下令各舰放锚，意图仗船只高大，与日军进行决战。战斗激烈，裴楔及所属12艘战船却观望不战。元均命军官拿捕裴楔，欲行军法，裴楔拔锚弃阵而去，导致朝鲜水军阵形大乱，元均不能节制，各船拔锚而走。元均弃船登陆，拔剑坐于松下，被日军斩杀。全罗右水使李亿祺投水自尽，忠清水使崔湖皆死，朝鲜水师主力就此全军覆没。(《李朝实录》宣祖三十年七月辛亥；《乱中杂录》卷三；《再造藩邦志》)

漆川梁海战之后，日军以小早川秀秋为总大将，坐镇釜山，将侵朝日军分为左右两路，右军从陆路进攻全州，左路在水军掩护之下进攻南原。右军主帅为毛利秀元，统领加藤清正、黑田长政、锅岛直茂父子、池田秀氏、中川秀成、长宗我部元亲，所属兵力约为64300人。左军主帅为宇喜多秀家，统领小西行长、宗义智、松浦镇信、有马晴信、大村喜前、五岛玄雅、蜂须贺家政、毛利吉成父子、生驹一正、岛津义弘、岛津忠丰、秋月仲长、高桥元种、伊东祐兵、相良赖房，所属兵力约为49600人。水军为藤堂高虎、加藤嘉明、胁坂安治、来岛通总、菅达长，所属兵力约为7200人。当时沈惟敬已被抓捕至辽东，听闻朝鲜大败，命令所部把总、家丁及通事，前往小西行长处试图劝退日军。小西行长与岛津义弘等人当时在岳阳，告知使节丰臣秀吉已下定决心要获取朝鲜全罗道，赠金银刀剑，礼送沈惟敬使节出营。(《乱中杂录》)

八月五日，岛津义弘部抵达庆尚道昆阳，搜捕山中避乱的朝鲜农民，进行杀戮、鼻切，以充军功。七日，岛津义弘部抵达全罗道求礼，先锋迫近南原境内，藤堂高虎部日军也逼近南原。

八月八日，杨元下令南原驻军分兵布防，城墙守军800名，羊马墙内守军1200名，游军1000名，并派遣家丁前往朝鲜军中督战守城。十日，杨元焚毁山城及城外民舍，全罗兵使李福男欲守南原，但朝鲜军四散，至南原时仅剩50余人。玉果县县监洪尧佐焚毁仓库，单身投军，助防将金敬老，(蛟龙)山城别将申浩等皆入城中。

八月十一日，日本侦察部队越过宿星岭，在南原附近侦察。

八月十三日，日军前锋小西行长部抵达访岩峰，列阵竖起大旗，放炮吹角，传递消息。后续日军主力进至南原城东南蓼川边，分兵三路，包围南原。日军先锋百余人，以散兵模式抵近城下，施放火绳枪，射击完毕便趴伏田间。他们三三五五为一组，射完伏地退后，装填弹药，再伏地前来放枪，日军主力则在远处列阵，以此反复袭扰守军。守军用胜字铳筒反击，胜字铳筒为火门枪，反应时间较火绳枪迟缓，要等引线燃烧完毕才能引燃火药发射，需要长时间瞄准目标，难以命中乍起乍伏的日军散兵，因此守城士兵屡屡中枪而死。当时杨元与李新芳在东门，千总蒋表在南门，毛承先在西门，兵使李福男在北门，杨元见反击不利，传令城中不得浪费弹药。

中午，5名日军士兵抵近东门大桥外试探，遭到朝鲜火枪手数人齐射，被击毙3人。探知守军火力射程之后，日军大举进攻南原，进至城外百步左右，齐射火绳枪。城内守军则连续发射震天雷进行反击。在当时的军事技术条件下，想尽可能地发挥排枪的威力，则需要火绳枪兵排列密集阵形进行连环射击，震天雷属于爆炸弹丸破片杀伤，对于密集阵形威胁很大，日军只能暂时退兵。

杨元认为日军白天都敢大举进攻，夜晚必然会乘隙而入，下令在城外桥头撒放铁蒺藜，铺设钉板，亲自在城门处等待夜袭。二更（21：00—23：00）时分，日军偷偷撤去钉板，派兵预备过桥，被埋伏已久的明军斩杀，杨元随后下令拆毁壕桥。日军见夜袭失败，在城外四面举火，向城中连放火绳枪，直至天明。

八月十四日，日军在南原城外四周进行土工作业，赶造云梯，填塞南原护城河源头大母泉，为防明军出城反击，日军在壕外修筑长达百余步的三重木棚，以木板为掩体，掩护火绳枪兵射击，以防明军反击。南原南门外民居稠密，杨元在焚毁城外屋舍之后，这批房屋屋顶虽然垮塌，但石墙土壁还有大量残留，日军依托残存墙壁为掩体，用火绳枪压制守军，在城

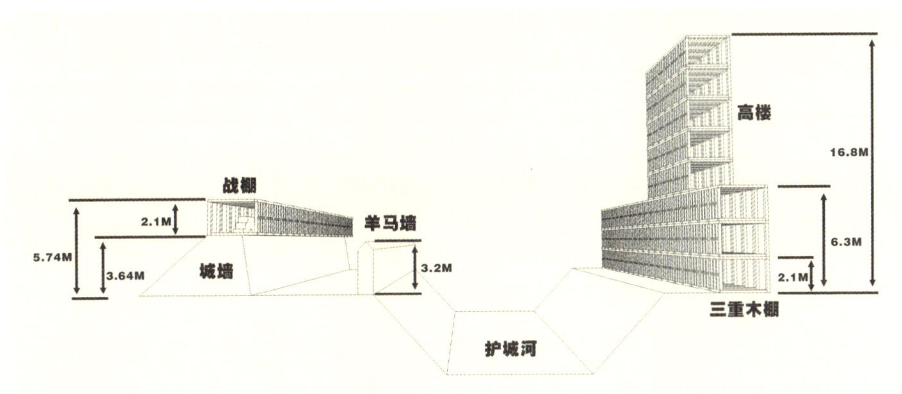

南原攻守工事示意图。日军攻城的压制高楼，合计木棚层数为八层，立三重木棚长廊，在其上突出五层。日军居高临下，压制了杨元部署在城墙和羊马墙之间的明军，并可直接对城墙后方（城内）进行覆盖

壕之外吊桥附近搭建木棚以俯射城中，导致东南城墙之上的明军伤亡惨重。

八月十四日中午，日军以排枪齐射呐喊，恐吓南原守军，用轮车驮载万福寺四天王，在西门外来回夸耀。杨元认为此时反击时间已到，下令调集千余骑兵出城反击。明军出城之时，日军诈败退兵，在道路两旁埋伏，意图包围出城明军，被杨元察觉，急命收兵回城坚守。

八月十五日，杨元在东门鸣锣，城中寂静无声，他随后命管家向城外日军喊话，5名日军士兵前往东门石桥外跪请听令。杨元命通事向日军传话谈判，日军向访岩峰（小西行长处）汇报后返回东门，带杨元使节前往访岩峰。傍晚，日军5名使节抵达东门，杨元命使节从南门入，在龙泉馆谈判。小西行长称可以放开包围圈，让杨元部退出南原。杨元以没有上级命令、不能弃城为由拒绝。日军使节出城之后，再次建议杨元退兵，杨元不应。

谈判之时，日军割取城外杂草及水田中稻禾，捆为大束，预备填壕，大量草束堆积城壕外的墙壁之间。当时陈愚衷领3000名兵在全州，麻贵在出兵之时与杨元、陈愚衷约定，若日军大举进攻，南原向全州告急，全州报告公

州，公州向汉城的麻贵汇报，梯次向前线驰援。而陈愚衷在全州之时，既不向南原派遣援军，也不对汉城告急。从十一日日本斥候越过宿星岭至此时，南原援军5天毫无音信，南原守军逐渐丧失战心。

八月十六日，日军对南原城发动总攻，东门为蜂须贺家政（7200人）、毛利吉成父子（2000人）、生驹一正（2700人）、岛津忠丰等人（3000人）；西门为小西行长、宗义智等人（14700人），胁坂安治（1200人）；南门为宇喜多秀家（10000人）、藤堂高虎（2800人）；北门为岛津义弘（10000人）、加藤嘉明（2400人）、来岛通总（600人）、菅达长（200人）。日本总兵力已达56800人。

日军以排枪压制守军后，投草束填平城壕，接近羊马墙后铺设斜坡用以登城，至20时左右攻破南原城南门。明军退避北门，意欲突围，日军放开北门，在道路两旁伏击，以长刀乱斩，明军几乎全军覆没。杨元听闻南门已破，领家丁18人至西门出城。西门为小西行长部，让开道路放杨元离去。

南原之战中，杨元部连后勤人员在内共3117人，仅仅逃出117人。朝鲜接伴使郑期远、兵使李福男、防御使吴应井、助防将金敬老、别将申浩、府使任铉、判官李德恢、求礼县监李元春等南原军民2000余人，均死于此役。（《惩毖录》;《乱中杂录》）

在这次战役爆发前，杨元多次反对朝鲜提出的退守山城的建议。南原城墙并不算高，高度在日方记录中仅有2间（约3.64米），而这还是骆尚志、杨元多次加高过的。羊马墙若按设计标准，高约1丈（3.2米左右）。杨元将主力放置在羊马墙和城墙之间，低矮的掩体难以应对日军常用的土山攻城作业。南原城垣有马面，却无空心敌台，无法以点制面遮蔽城墙底部，城墙上虽有工事，但无充足人员守御。南原明军均为骑兵，杨元身为骑兵将领，反击攻城日军是以骑兵出城作战的方式，并未考虑集中使用南原城中的火炮。虽说兵力上确实寡不敌众，但就工事构筑、守城兵力部署和战术选择情况而言，意图在守城战中凸显骑兵优势的杨元部明军，实际表现尚不如两次晋州

之战时的朝鲜守军，在军事部署上存在较大的失误。（《乱中杂录》；《大河内秀元朝鲜物语》）

自漆川梁朝鲜水师战败之后，朝鲜军队闻风而溃，防守各城的朝鲜驻军就地解散，以躲避日军。体察使李元翼以黄石山城为庆尚、全罗二道咽喉要害，命安阴县监郭赹、金海府使白士霖、前咸阳郡守赵宗道，以及安阴、居昌、咸阳三县军民入驻山城防守。入城以后，郭赹负责防守西、南两面城墙，白士霖防守东、北两面城墙，赵宗道率领游军支持。白士霖以武人出身担任守城主帅，“士霖武人，众心依以为重”（《李朝实录》宣祖三十年九月戊子、十一月辛丑、宣祖修正三十年八月；《再造藩邦制》）。

八月十六日，加藤清正经咸阳抵达黄石山城，命通事召城中金海人介山，称“尔父来此，开门出见”。介山之父在战乱初期便投靠了日本，白士霖为防介山成为日军的内应，下令将他处死，把尸体丢出城外。次日，日军高呼空城出逃者免死，随后在当晚组织攻城。加藤清正攻南门，锅岛直茂父子进攻西门，黑田长政攻东门。白士霖将家属及部将以绳梯缒城而出，其本人由于身体肥胖，无法以缒城方式出逃，得到降倭沙白鸥帮助藏匿，天明后逃出城外。黄石山城沦陷后，郭赹、赵宗道携家属殉国，军民死亡500余人。（《李朝实录》宣祖三十年九月乙未；《乱中杂录》卷三；《再造藩邦志》）

日军攻占南原的第二天，左军小西行长等部抵达全罗北道任实。任实位于南原北方约22公里处，在南原和全州道路中间。八月十八日，左军开始向全州方向运动。全州守将陈愚衷弃城而逃。十九日，左军占领全州。右军加藤清正等在占领黄石山城后，于十八日进入全罗北道云峰地区，进入智异山地区搜索逃亡朝鲜的军民，并抢掠寺庙财物，随后于二十日转向长水，于二十二日抵达镇安，往全州方向前进，一路烧杀抢掠，于二十五日抵达全州，与左军会合。两路日军在全州短暂休整，交换情报，两路主帅举行诸将会议，商讨下一步作战计划。丰臣秀吉派出的使者，也在此时向日军传达前往庆尚、全罗（顺天）沿海要害地区，修筑城池以备防守的指令。[①]

日军诸将会议中总结了第一次作战时的经验教训，即忽视了全罗道方向的朝鲜水师通过海路交通，威胁日军侧翼及后勤线，“壬辰之役，八道皆陷，而朝鲜扶持至此者，水路相通，两湖之力，以及西路之致。为今之计，莫若分兵水陆以梗援路”（《乱中杂录》卷三）。但对于丰臣秀吉的筑城指示则有分歧，商讨后决定分兵两路，支持扩大战争的一路，北上进攻忠清、京畿两道，不愿将战争扩大的一路，则南下洗劫全罗道后就地筑城。

会后，参加南原之战的藤堂高虎以下水军，脱离左路日军，前往海边整备船只，锅岛直茂及长宗我部元亲等军25000人（原额）并入左军，左军兵力调整后为64000余人（原额）。宇喜多秀家、小西行长等南下朝鲜沿海扫荡，岛津义弘等人率军往全罗道西部。右军主力为毛利秀元、加藤清正、黑田长政，全军40000余人（原额），于八月二十九日至全州集合北进，于九月七日抵达全州。

漆川梁海战大败，南原之战大败，黄石山城之战大败，全州守军弃城，明军在全罗道境内的布置全面瓦解，朝鲜各地官员、百姓逃散，以至于京畿道振威县以南，人烟断绝。“南原败没之后，两湖人民，望风溃散，列邑守令，在在逃窜，直路数百里之地，尽为无人之境”，“南原、全州陷败之后，贼兵未至，而守令亲自奔窜，土崩瓦解之势，不可收拾”，“目今大贼之势，分三路进抢。充斥于忠清道内林川、韩山、青阳、定山、怀德、沃川、文义、尼山、连山、公州、天安、稷山，已及京畿、振威之境。”（《李朝实录》宣祖三十年八月乙酉、九月壬辰；《事大文轨》万历二十五年九月）

经理杨镐当时正在平壤，得知南原败报，军心动摇，自平壤日夜兼程，赶往汉城，于九月三日入城督战。杨镐与麻贵商议，连夜挑选各营精锐骑兵2000人，命解生、牛伯英、杨登山、颇贵四将率领，南下迎击北上的日军，

---

① ［日］参谋本部：《日本战史朝鲜役（本编・附记）》，偕行社，1924年，第365—367页。

以稳定汉城人心。

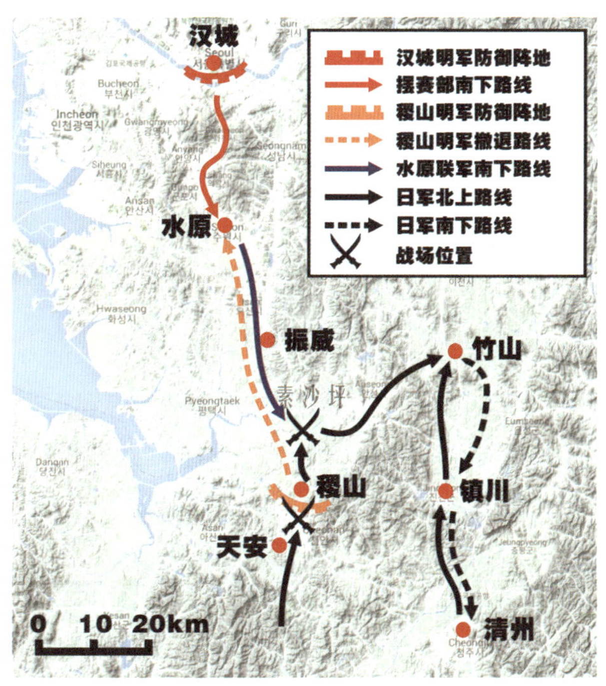

稷山—素沙坪之战形势图

九月七日，解生等四将率明军抵达稷山以南10里。该地地形复杂，明军在此预设伏兵，“前去天兵，埋伏于稷山南十里地，傍多阻隘处”（《李朝实录》宣祖三十年九月乙未）。黑田长政部先锋黑田图书助、栗山四郎右未门自天安北上，于当天黎明抵达稷山地区。日军穿着白色的衣服，天色昏暗，明军以为是朝鲜逃难百姓而未做防备，导致伏兵阵地被日军发现。明军直到日军前锋逼近放枪才发觉，仓促上马出击，但日军以步兵为主，无法抵挡明军的精锐骑兵，阵形被一冲而散，军兵四逃，被明军箭射棍打，斩杀500余人，残部登山据守，与黑田长政本部会合，毛利秀元部也前来支援。日军居高临下，凭借兵力、地形优势，同明军骑兵僵持。战至中午，明军收军暂退。“天安、稷山之间，不意倭贼先锋，皆着白衣，遍野而来，唐兵等初谓称朝鲜人，不为进逼。俄而倭先放炮，唐兵一时跑马厮杀，交战良久，倭人中箭被棍死者，几至五六百，斩级三十余颗，解副总、杨参政，各手斩二级。而倭贼登山举白旗，天安大军，即刻云集，众寡不敌，各自退守。”“到稷山地，为天兵所杀死五百余名。”（《李朝实录》宣祖三十年九月丙申、十月己未；《黑田家谱》）

解生等以日军势大而敌众我寡，当晚自稷山经振威退往水原。杨镐命摆赛率骑兵2000人南下支援，各营列阵汉江，请李昖亲出巡视军阵。摆赛至水原，与解生、杨登山、颇贵、牛伯英等部联军后再次南下，在稷山县北素沙坪再次遭遇日军，斩首64级。(《李朝实录》宣祖修正三十年九月己丑;《乱中杂录》卷三;《再造藩邦志》)

日军在稷山地区与明军的两次交战中损兵折将。十月，明军通过审讯毛利部俘虏确认，日军在该地战死者达500余人，反观明军损失，即使以日军在稷山地区鼻切统计，仅损兵85人，双方在战力上相差较大。①

当时主要参战部队为黑田长政部，毛利秀元部参战兵力不详，以黑田长政一军5000人计算，当时被杀人员超过总兵力的10%，若以战兵人数计算，阵亡战兵数已超过20%，即使不统计伤员，遭受重大伤亡的黑田长政部短期内也已失去作战能力。黑田长政本人以稷山之战为耻，事后对同属右军的加藤清正部隐瞒了实际伤亡情况。“且稷山之战，甲斐守之军多死，耻而隐讳云，而不知其详也。”(《李朝实录》宣祖三十年十月庚申)即使以黑田、毛利两军合计，在有绝对人数优势的情况下，两战战死3%~4%的战兵，为前锋精锐部分。此时日军主力已南下全罗沿海，毛利、黑田等人孤悬在北方稷山地区，战损看似不大，但在失去后援的情况下，这种情况也是相当危险的。此时加藤清正部正从清州出发前往忠清道镇川，北上的日本右军40000人，在战线逐渐拉长的情况下，不可避免出现了兵力分散的情况。日本左军、右军在南北两个方向距离较远，单兵战力又较明军远逊，右军若继续强行北上，有被明军各个击破乃至全军覆没的危险。事实上，天安至稷山之间的第一场战斗，若非天安方向毛利秀元部及时救援，战兵战死超过20%的黑田长政军，很可能会被明军当场击溃。

稷山—素沙坪之战的结局与碧蹄馆之战相似。明军因兵力悬殊最终退出稷山地区，但对日军而言，是在野战之中被明军打出了六比一的交换比，稷

---

① [日]北岛万次:《加藤清正：朝鲜侵略的实像》，吉川弘文馆，2007年，第162页。

山之战再次展现了明军在野战当中的绝对优势。以交换比简单类推，明军前出4000名骑兵，在理想情况下进行兵员兑换，日军需要付出24000名战兵。但在当时的侵朝日军之中，没有任何一个大名或者单独的某一军，可以抽调如此多的战斗人员。因此，为确保在野外进军的安全性，日军需要在明军出击范围内以多个大名联军，保证相互支援且后勤通畅，才能避免被明军分割包围，所以日军在兵力配置和战术选择上均十分被动。正在全罗各地劫掠的左军各大名，得知稷山战报后，于九月十六日在井邑召开军议，决定退往沿海地区，依托海运和沿海营垒，收缩兵力，从海路相互策应，确保后勤通畅以应对可能到来的长期围困，依托地形、工事，抵消明军骑兵在野战中对日军的压倒性优势。①

九月九日，抵达镇川的加藤清正得知稷山的战况，与太田一吉举行军议，以此时朝鲜天寒地冻，气温不利于渡汉江与汉城的明军交战，且战线太长，人马需要休整为由，决定撤军南下。②据现在的气象资料，韩国的首都10月（公历）平均气温为10℃～20℃，加藤清正以白昼20℃太冷不利作战为由撤军，实际上只是寻找一个借口来体面地撤离。

九月十日，加藤清正在竹山境内抢掠之后，掉头南下，打算经过庆尚道前往蔚山，而毛利秀元、黑田长政部战后退往公州，于十五日抵达清州，分兵三路前往庆尚南道釜山地区，一路沿忠清北道青山、黄涧、星州南下，一路沿庆尚北道咸昌、尚州、仁同、大邱南下，一路沿庆尚北道闻庆、军威、比安南下。参将彭友德等人南下追截加藤清正于青山，斩首160级。（《再造藩邦志》）

受明军反击的胜利鼓舞，朝鲜军队开始在各地偷袭日军。从九月至十一月，朝鲜各路南下的官军、义军，前后斩获日军士兵首级329颗。“查照自本

---

①［日］北岛万次：《丰臣秀吉的朝鲜侵略》，吉川弘文馆，1995年，第205—207页。

②［日］北岛万次：《加藤清正：朝鲜侵略的实像》，吉川弘文馆，2007年，第163—164页。

年九月以后，日期不等，有庆尚左兵使成允文，与贼战于义兴、庆州之间，连斩二十三级；金应瑞战于云峰、陕川之间，前后所斩，共一百一十九级；高彦伯与星州牧使李守一、别将文慎言等，战于星州等处，斩二十一级；李时彦与防御使朴名贤，战于清州等处，斩一百六十六级。”（《李朝实录》宣祖三十年十一月丁酉）

九月二十一日，加藤清正自尚州南下，忠清兵使李时言与防御使朴名贤、平安兵使李庆浚、助防将李英男等率军在后追袭，于二十二日率军到达达美县。日军携带大批辎重，前锋抵达比安县，后队还在达美县境内。李时言亲率降倭15名及诸将突袭日军后队。加藤清正家臣福田堪介骑马而出，在阵前督战时，在李时言部降倭乱射之下，坠落马下，被投降朝鲜的日本人山禄古擒获。“则先锋已到比安县，捍后则尚在达美县。臣率降倭十五名及诸将，突击其后，又有一骑贼，着黑段衣，突出阵前，挥剑捍后。降倭等冒死突入，无数乱射，其贼坠马，降倭山禄古突入生擒。”（《李朝实录》宣祖三十年十月己未）福田堪介在加藤清正部的地位较高，明朝、朝鲜借此机会得到了日军相对准确的大量情报。

福田勘介供招曰：“父为前国王将帅，关白篡立时被杀，以此嫌我逐之，遂属清正，有军百余。始自西生浦，随清正向全罗。当初，约攻南原，水陆俱进，行长与平秀介、岛津，由中路，先到南原，独专攻陷，清正与长政，由枉路，故未及来到。关白别差由水路而来会，水路之将加藤左马助、东藤与右卫门，各领一万，肥前宰相所谓平秀家领兵二万，龙造寺领兵一万，中路之将小西摄津守所谓行长领兵一万，岛津领兵五千，枉道之将加藤主计殿所谓清正领兵八千，黑田甲斐守所谓长政领兵五千，长宗我部领兵三千，毛利中纳言领兵三万，釜山留住之将金吾兵一万四五千，西生浦留住之将浅野左京大夫兵五千。南原既破之后，全州闻风先溃，故行长入空焚荡。当初行长、清正之意，欲分三道，直冲京城，关白遣人传令，勿犯京城，限九月，随其所到处厮杀，十月内还来西生浦、釜山等窟穴云。故到京城三日程，旋即还归，全罗道亦无留住之意。勿论老少男女，能步者掳去，不能步者尽杀，以朝鲜所掳之人，送于日本，代为耕作，以日本耕作之人，换替为兵，年年侵犯，仍向上国矣。十月内，清正作新阵于蔚山，而今、明年似无更动之意。然关白有令，则难保其必无。大概蚕食地方，降者役使之，拒者尽杀焉，以土地、人民，渐为其有，则其志可遂云。清正、行长相为矛盾者，行长见败于平壤之事，清正常言之，且行长欲为讲和，而清正则不可，故以此不相得。当初讲和之时，行长诬言：'天朝将依日本所愿'，故姑许之，及其封使之归，但有封王之事，而无实利，故终不成矣。虽欲讲和，必以实事，言于清正，然后可以成矣。且稷山之战，甲斐守之军多死，耻而隐讳云，而不知其详也。我既被掳，当如降倭，将效死矣。用剑、用枪、放炮等技，虽未可为人师，而自可防身。其中得鸟铳之妙矣。"（《李朝实录》宣祖三十年十月庚申）

福田勘介的供词，内容可以总结为10条：

1.其父出身织田信长部将，丰臣秀吉上位，其父被杀，转投加藤清正，所部有100多人。

2.南原之战原约定左、右军齐攻，左军先到之后，未等待右军便先行攻城。

3.日本各部兵力为：水军加藤嘉明、藤堂高虎各领兵10000人，左军宇喜多秀家领兵20000人，锅岛直茂父子领兵10000人，小西行长领兵10000人，岛津义弘领兵5000人，右军加藤清正领兵8000人，黑田长政领兵5000人，长宗我部元亲领兵3000人，毛利秀元领兵30000人，小早川秀秋领兵约

15000人，浅野幸长领兵5000人，合计约121000人。

4.南原、全州战后，丰臣秀吉传令日本军队不得进攻汉城，在十月内退还南部沿海西生浦—釜山地区。

5.不追求占领全罗道土地，朝鲜居民不分男女老幼，搜捕有劳动能力之人，将没有行动能力的人杀死。

6.将捕获的朝鲜人运往日本，以替代日本农民耕作，再将替换下来的日本农民征发为士兵，运往朝鲜作战。

7.要求加藤清正在十月内于蔚山地区修筑新城，短期之内尚无新的军事计划，主要目标是役使投降的当地居民，杀死抵抗者，以便蚕食地方。

8.加藤清正反对小西行长和谈，丰臣秀吉也因之前册封日本国王时没有获得实际利益，再次兴兵渡海。若要议和，能许以可见的实际利益，加藤清正也是支持和谈的。

9.在稷山之战中，黑田长政部伤亡巨大，黑田长政以此为耻辱，隐瞒了实际情况。

10.福田勘介本人向朝鲜投降效力。

在漆川梁大败之后，朝鲜起用李舜臣为全罗左道水军节度使，兼庆尚、全罗、忠清三道水军统制使。(《李朝实录》宣祖三十年七月辛亥）八月三日，李舜臣受领任命书，于十七日抵达仇未的军营，次日抵达会宁浦，与裴楔等将会合。

南原之战后，藤堂高虎等南下全罗沿海，整备军船西进，意图扫荡朝鲜水师余部。八月二十八日，日军侦察船8艘，突入兰浦洋面，被李舜臣逐出。裴楔认为日军将会大举进攻，事态紧急，建议李舜臣舍舟登陆。水军弃船登陆，实际上就是逃跑，因此被李舜臣拒绝。李舜臣于二十九日挥军，前行至珍岛碧波津，裴楔怯战，弃军而走，逃回星州家中躲避。

九月七日，日本军舰13艘进攻兰浦的朝鲜水师，被李舜臣击退。日军欲仿效漆川梁之战，于二更时分偷袭李舜臣。双方以火炮互射，日军见李舜臣早有防备，加上船只、兵力、火力均不占优势，于是退兵而走，李舜臣也下令退兵鸣梁。

九月十四日，李舜臣所部任俊英回报，兰浦日舰已集结55艘。李舜臣与全罗右道水军节度使金亿秋等人，率战船13艘、哨探船32艘，在鸣梁海峡列阵，命各地避难民船百余艘在后方洋面作为疑兵。十六日清晨，日军战船133艘顺着洋流向朝鲜水师发起进攻，以优势兵力突入鸣梁海峡，试图一举消灭朝鲜水师。

鸣梁海峡位于珍岛与花源半岛之间，最窄处仅有300米，日本水军船队鱼贯而入，无法发挥数量优势，对朝鲜水军侧翼进行包抄。李舜臣将座舰下碇，在中流炮击，其余军舰在两侧列鹤翼阵迎击。日方军舰多为关船，较朝鲜船矮小，船体也较朝鲜船单薄，顺洋流而下时容易撞毁在中流抛锚的朝鲜船上。又因是顺洋流沿海峡鱼贯而下，日舰无法回航，遭到朝鲜水师三面攻击。日舰一面以火器还击，一面意图靠近打接舷战，以杀出生路，因此日军战斗越发疯狂。朝鲜将领萌生退意，弃李舜臣座舰而退，逃至一里开外。李舜臣枭首一人，以军法威胁诸将，避免了船队在战斗中溃散。“诸将等自度众寡之势，便生回避之计”，“安卫欲死于军法乎？汝为中军而远避，不救大将，罪安可逃”（《乱中日记》）。安卫因畏惧军法，开船冲至日军阵中，无法脱出，遭到日船三艘接舷蚁附夺船。李舜臣回船相救，击沉其中两艘，趁日军士气受挫，连续击沉日舰20艘。

藤堂高虎、来岛通总将座舰前移，指挥进攻。日军指挥船上竖有羽葆红旗，围青色罗帐，李舜臣船上有因在安骨浦犯罪，脱罪投降朝鲜的日本人俊沙，向李舜臣指出，红旗船上穿红色衣服的人就是日本水军指挥官来岛通总。“俊沙谓舜臣道：‘着画文红锦衣者乃安骨浦大将来岛通总。’”（《乱中日记》）李舜臣命鹿岛万户宋汝悰、永登万户丁应斗，围攻日本指挥舰。来岛通总遭到重点攻击，身中数箭落海，被唐津浦权管金乭孙钩上

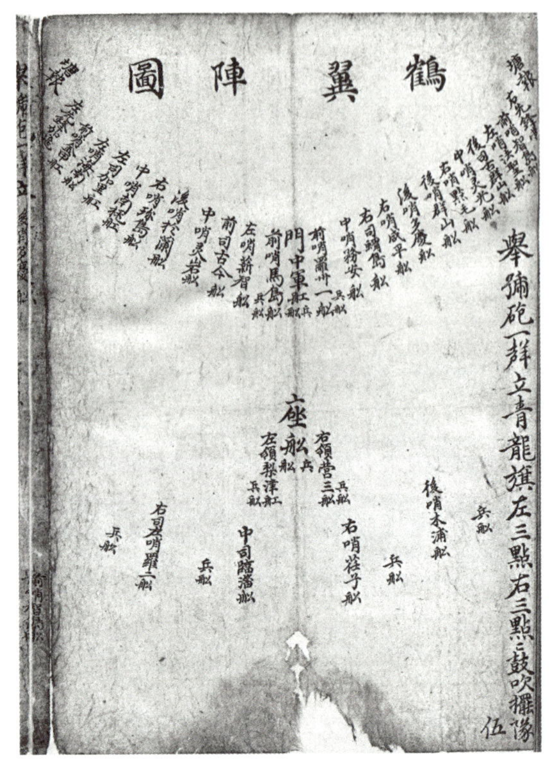

鹤翼阵图（《全罗右水营战阵图帖》）。朝鲜战船在狭长的海峡出口，正对海潮流向抛锚驻定，相当于在潮流当中用战船制造了“人造船型礁石”。日本船只在大小和结构强度上不如朝鲜战船，在顺流而下之时，要避免在这些“人造船型礁石”上触礁，阵形难免会被打乱，这有利于朝鲜军舰发挥

船头，李舜臣下令寸斩之。来岛通总家老在战斗中多数负伤，藤堂高虎手臂中箭，毛利高政落海，后被日军救出。两军围绕日军旗舰展开激烈战斗。在战斗中，日军被击沉战舰11艘，指挥官一伤一死，无力继续作战，溃散逃出。朝鲜水军大获全胜，是谓鸣梁大捷。战后，李舜臣连夜撤兵至宫唐笥岛。得到胁坂、加藤增援的藤堂高虎与营达长于第二天返回鸣梁，占领了全罗右水营和珍岛。（《李朝实录》宣祖三十年十一月丁酉；《乱中日记》；《忠武公全书》；《乱中杂录》；《高山公实录》）

日军在沿海重新整备要塞。丰臣秀吉第一次进攻朝鲜时，于文禄二年（1593）五月朔日及二十日两次下令，在朝鲜南部沿岸修筑倭城（御仕置之城）18座，其中本城11座、侧（端）城7座。侧城是本城防御工事外郭之

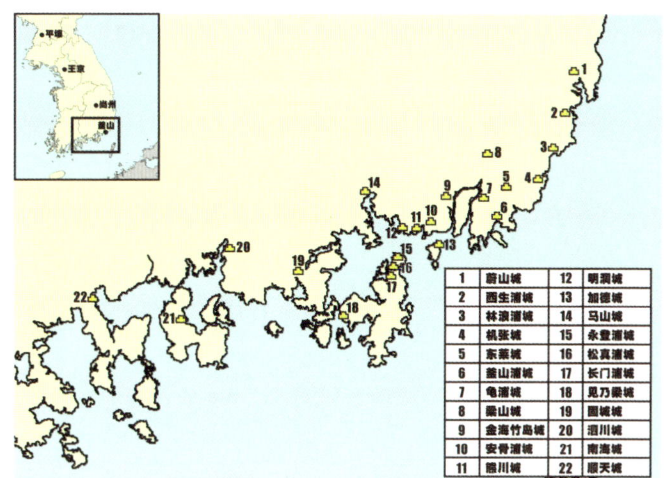

沿海主要倭城分布图

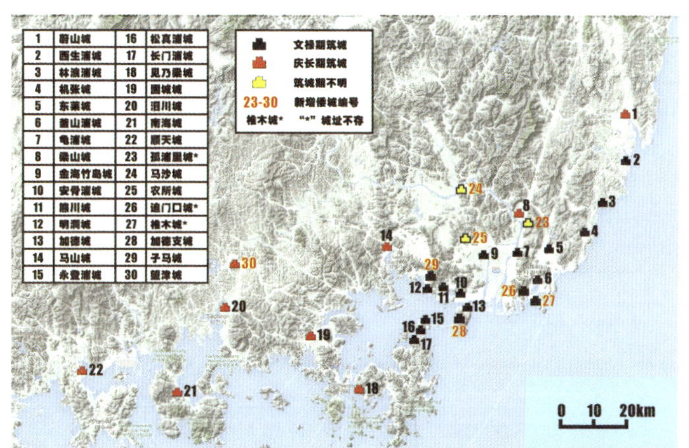

倭城筑城时期、地形、分布等比例考证重绘图

外起警备、侦察、支持等作用的附属要塞，是设计复杂的多重工事，可以进行高强度的攻防战。如釜山城端城东莱城，便是由两个多重阶梯式城寨为中心，环绕壕沟土垣等工事组成的要塞群。拥有侧城的倭城分别是釜山城（本城一、端城二）、熊川城（本城一、端城一）、西生浦城（本城一、端城一）以及安骨浦城（本城一、端城三）。加德城本城为文禄元年（1592）所筑，文禄二年（1593）加筑端城一座。

日军第二次入侵朝鲜之初，重建了册封时期拆毁的倭城，随后在南部

四路倭城总图

沿海加筑了8座新城，加上原有的倭城，从蔚山至顺天沿海，含侧城在内，建成了30个要塞/要塞群。至明万历二十五年（1597）十月中旬，日军在朝鲜南部沿海各城驻军情况如下。

蔚山城：浅野幸长、宍户元续、加藤安政、太田一吉。

梁山城：毛利秀元、小早川秀秋某部。

昌原城：未知。

固城城：吉川广家、毛利所属桂元纲等部。

泗川城：长宗我部元亲、毛利吉成、中川秀家、池田秀氏、垣见一直等。

南海城：胁坂安治等。

顺天城：宇喜多秀家、藤堂高虎。

唐岛（见乃梁）：未知。

从明军战后对日军各地筑城进行实地考察，并向兵部上交的绘图以及后世对倭城的考古发掘来看，日军在第一次侵略朝鲜之时经营的“狭义倭城”，是以釜山倭城为中心、以釜山周边郡县为外围据点修建的“文禄期倭城”。从空间分布情况来看，“文禄期倭城”也可称为位于洛东江出海口

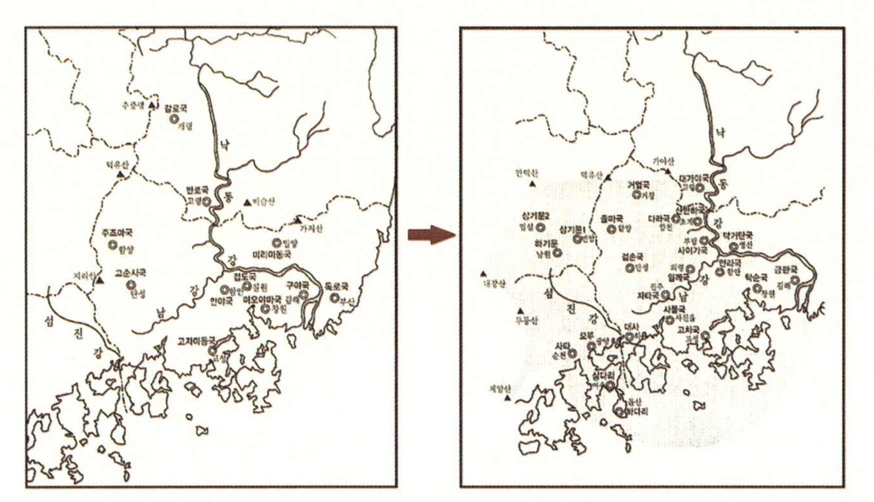

伽耶/任那日本府大致范围图

周边的“釜山防御圈”。第二次侵朝时期的“庆长期倭城”修筑期间，日军参考釜山倭城及其外围据点的防御圈模式，分别以蔚山、泗川、顺天为中心，向周边地区进行扩张，与釜山周边要塞群落相互策应，其工事思路本质上是对“文禄期倭城”即“釜山防御圈”的复制，建成蔚山、釜山、泗川、顺天四大要塞群，最终构成一条防御带，形成对朝鲜南部沿海地区的实际占领，并通过这条位于朝鲜南部的防御带，达到事实占领庆尚南道南部、全罗南道西南部的目的。这块区域也是朝鲜半岛历史上伽耶诸国联盟的大致范围，在日本还有一个名称——“任那日本府”。“神国”的“日轮之子”丰臣秀吉，此时此刻仍然没有放弃梦想中的“神国荣耀”。

十一月三日，经略邢玠渡鸭绿江，与经理杨镐商议进剿南部沿海的日军，集结宣府、大同、延绥、浙江、福建等地士兵，分为三协，进攻沿海倭城群东北突出部蔚山倭城，欲“当先攻清正，断贼左臂”。提督麻贵于十二月四日正式南下。（《李朝实录》宣祖三十年十二月庚申；《两朝平攘录》）

明朝、朝鲜联军三协部队兵力配属情况如下。

左协：主将副总兵李如梅，部将游击卢得功；游击董正谊、茅国器、陈寅；千总陈大纲；所属兵力13006人。朝鲜军忠清道节度使李时言4000人。

中协：主将副总兵高策；部将副总兵祖承训、吴惟忠；游击颇贵、李宁、李化龙、柴登科、苑进忠，所属兵力11690人。朝鲜庆尚道兵马节度使成允文2000人，防御使权应铢200人，庆州府尹朴毅长1000人，咸镜、江原道2000人。

右协：主将副总兵李芳春、解生；将游击牛伯英、守备方时新、都司郑印、把总王戡、游击卢继忠、杨万金、陈愚闻；所属兵力11630人。朝鲜庆尚左道兵马节度使郑起龙1000人，黄海道2000人，防御使高彦伯300人。

武备：大将军炮1244位，火箭118000支，火药69745斤，大小铅弹1796967个，以及三眼铳、铁狼筅、闷棍、火炮（炸弹）、火筒（一次性喷火器）、团牌、佛郎机等。

第二十章 蔚山大会战

蔚山城是日军在朝鲜南部沿海一带要塞群的最右翼，是加藤清正部的驻地。加藤清正是闻名三国的主战派，蔚山实际上也成为日军向庆州方向攻击的前进据点。正北上忠清道的加藤清正，委托浅野幸长重新整备第一次侵朝时期修筑的蔚山城，即松云惟政蔚山和谈时期的城隍堂。城隍堂位于蔚山地区由西向东的太和江与由北向南的语连川（东川）汇合的夹角，太和江口向内陆凹陷处即所谓“海边斗绝处”。这里有一座标高约为20米的丘陵，日军以丘陵为中心，修筑了一座直达江边的要塞，这就是最早的蔚山城，即蔚山的清正大寨，又称城隍堂土窟。蔚山城最早的修筑时间是文禄二年（1593）四月二十一日，当时，浅野长政父子与伊达政宗，在追杀逃亡的朝鲜军民后，在此地修筑倭城蔚山城。“此地临江上，新构城郭，而以龟井武藏守为其固置之。”（《觉范寺虎哉宛书状》）当时日军兵力不多，要塞规模应当较小，之后日军从汉城退往沿海，加藤清正驻守蔚山，增筑原有工事，以便容纳大股军队。“自机长至蔚山，各浦各岛，有十四镇，此则清正等四五酋所属也，镇皆有万兵。”（《乱中杂录》卷三）

为促使册封使渡海，日军拆掉了蔚山倭城的地面工事，但其中工程量最大的壕沟、城垣没有推平，只需添加附属地面工事，就可以很快恢复防御功能。因此，日军再次渡海之后，迅速重建了蔚山的清正大寨，然后利用蔚山郡东川沿岸的原朝鲜戒边城（蔚山邑城东五朝鲜里）及蔚山古邑城（戒边城西）的石料，增筑加固蔚山倭城。随后日军以原蔚山城（城隍堂）作为核心工事，开始向周边扩张，同时在东北方向的语连川（东川）修建了工事，即所谓伴鸥亭土窟。

到明万历二十五年（1597）九月中旬，城隍堂及伴鸥亭两座工事基本重修完成。十月十二日，为应对明军南下，加藤清正决定再次加强蔚山防御。浅野幸长、毛利秀元部将宍户元续、安国寺惠琼、军目付太田一吉，在蔚山清正大寨的基础上，新筑各类工事，由东向西扩展延伸。十一月十日，日军开始在城隍堂以西约828米、标高50米的岛山上修筑新的据点岛山城，这就是后世所谓蔚山倭城。

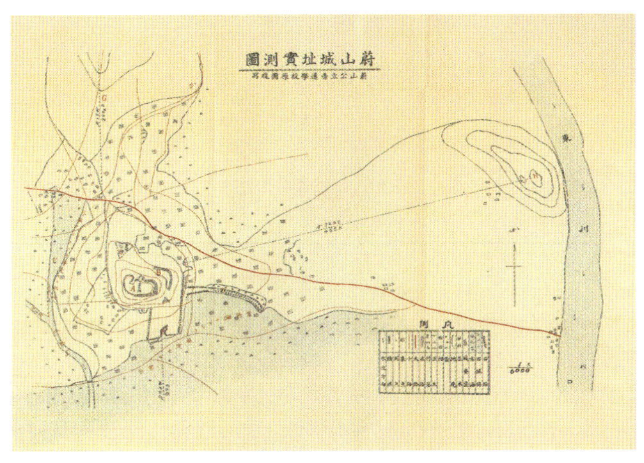

蔚山城址实测图（《蔚山城址考》）

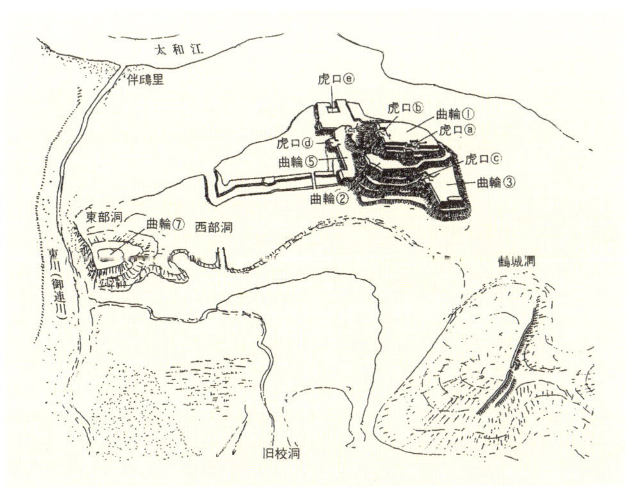

蔚山城周边图（《蔚山倭城》）

蔚山倭城工事群，包括城隍堂、岛山城两座核心工事。城隍堂是类似同心圆中间高、两边低的多重复郭式要塞，岛山城是沿山势阶梯式升高的多层复郭要塞。为加强两座城之间的联系，日军在城隍堂和岛山城之间新筑了一座单层城垣工事西部洞城，然后在三个独立工事之外，环绕了一个由壕沟、土垣、木栅、筑地塀构成的外围工事，以加强对港口的防御能力。蔚山倭城实际上是一个大型要塞工事群，拥有两个多重复郭工事城隍堂、岛山，一个单郭工事西部洞城，外围环郭，有两个港口（城隍堂、岛山）、城隍堂出丸（城隍堂外郭南），以及甑城山伴鸥亭。

日军还在太和江上流西川交汇，距蔚山要塞群约2.7千米处，构筑了警戒工事太和江倭寨，在外郭以北约2千米处，以左兵营旧址为依托修建了工事清正别营。清正别营一直没能完工，但根据兵营城周3720步，高12尺，实测总占地约72828平方米，筑城的毛利部依托左兵营石城连筑三阵的描述来看，日军当时计划将兵营城进行复郭化改筑。从当时正在建设的蔚山倭城工事数量、位置来看，虽然名义上只有一座蔚山倭城，但这实际上是有城隍堂（含岛山城）、太和江、左兵营（农所）三个要塞或要塞群互为掎角的筑垒地域。

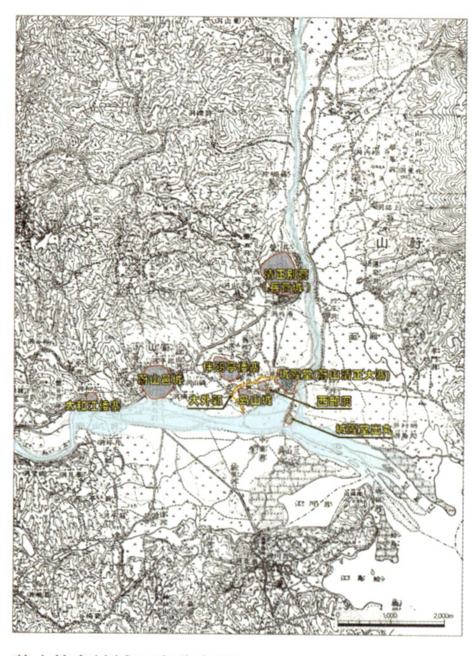

蔚山筑垒地域工事分布图

在第一次蔚山之战中，大环郭、城隍堂、西部洞等工事，包括太和江、清正别营乃至岛山城外郭，均在短时间内被明军一扫而空。后世日方考古研究重心倾向岛山内城，仅称岛山内城为蔚山城。这种导向性的侧重研究模式，让岛山内城得以保留较多的记录，但被突破的外围以及岛山城附属工事均少有提及，其他各城的工事细节荡然无存。

第一次蔚山之战爆发之前，浅野幸长所筑岛山内城，主要结构为阶梯式复郭，分本丸、二之丸、三之丸，均为整修山体后用石垣外包，在石垣之上有塀、门、橹，本丸内有长屋各一栋。内外城具体布置如下。

本丸：岛山顶峰标高45～50米处，南北约23间，东西约46间，石垣高8间，塀长380间（约691.6米），开有2座城门，上建门矢藏2栋，橹6栋。实测面积为1209坪（约3992平方米）。

二之丸：位于岛山北侧高约35米处。石垣高5间，塀长135间（约245.7米），开有2座城门，橹3栋。实测面积为400坪（约1320平方米）。

三之丸：位于岛山西北突出部高25米处。石垣高3.5间，塀长230间（约418.6米），开设1座城门，橹1栋。实测面积为599坪（约1977平方米）。

经现代考古发掘，未被记录的还有岛山东侧高约18米，通往二之丸的一处曲轮，也是由石垣加固过山体的工事。

高田彻的考古绘图所示，岛山城现存虎口（城门）为日式桝形门。桝形门包含内外两门，正门（橹门）一侧或两侧墙体向外延伸，与主墙体之间呈

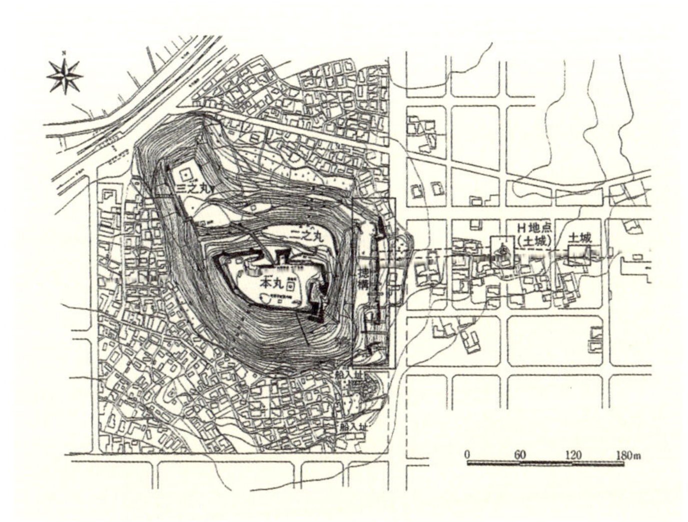

蔚山倭城实测图（东亚大学校博物馆《蔚山倭城·兵营城址》）

枡形门图

90度直角，外延墙体与主墙体之间再构建重门，内外两门直角相对。这种重门结构使攻城部队在突破外门后无法直面正门。守军则可利用地形从正门工事及两侧墙体射孔，从两三个方向对攻城部队进行反击。岛山城三曲轮合计石垣长766间（约1394米）。石城之下有木栅围绕，总长为963间（约1752米）。城南建有港口，与山顶本丸之间有通路和防御用的登石垣。在太和江涨潮时，日军船队可直驱城下。为保护港口及水源地，掩护西部洞城侧后方，与城隍堂工事相呼应，日军还在岛山东侧建有土垒长堤，现残长约100间（约182米）。

岛山外城，是环岛山内城在东、西、北三面的惣构塀工事，南面临太和江，故未建。惣构塀北面开有二门，西面开有一门，全长1430间（约2602.6米）。惣构塀土构部分残高4尺8寸（约1.6米）。外城占地总面积为25311坪（约83526平方米）。在岛山外城之外，是环岛山、城隍堂、西部洞城的大型环壕外郭工事，环壕宽3.5间（约6.37米），深2.5间（约4.55米）。挖壕时余土在壕沟内侧筑土垣，高约4尺2寸（约1.4米），土垣之上埋设木栅为栅城，木栅总长2520间（约4586.4米）。壕外埋设木栅，总长2973间（约5410.86米）。

在岛山本丸东面约455间（约828米）处，大型环壕工事内侧东部，即为原蔚山城或说蔚山清正大寨所在。蔚山清正大寨由内至外，分本丸和二之丸两层，城隍堂主体工事为325间5尺（约593米）的土垣及惣构塀，塀内建有长300间（约546米）的栅城。在城隍堂出丸，还有长72间2尺（约131.64米）的木栅小型工事。从文字记录来看，蔚山清正大寨只是一个很小的、被称为岛山城出丸的“浅野丸”，而据1900年前后地图及各类测绘图来看，“浅野丸”或“东部洞”城虽然在地形险要方面不如岛山城，制高点海拔仅为24米，但城垣内部空间的实用面积及所在土质丘陵的实际面积要大

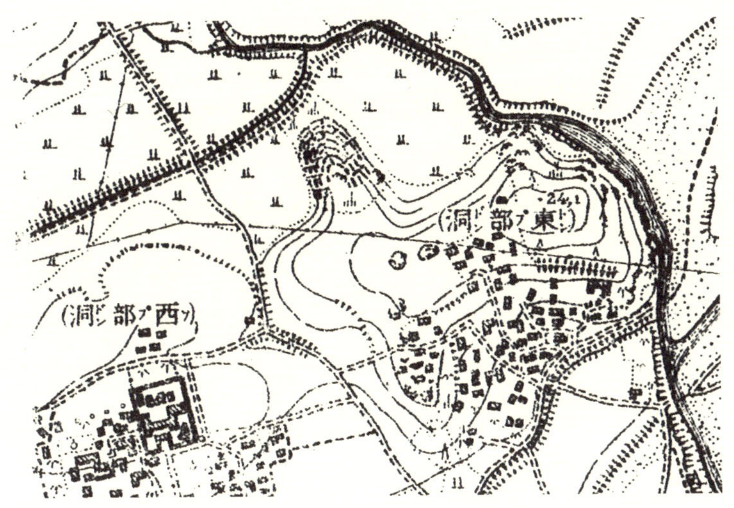

蔚山城附近地形图（渡边刀水《碧蹄馆战史》附图）

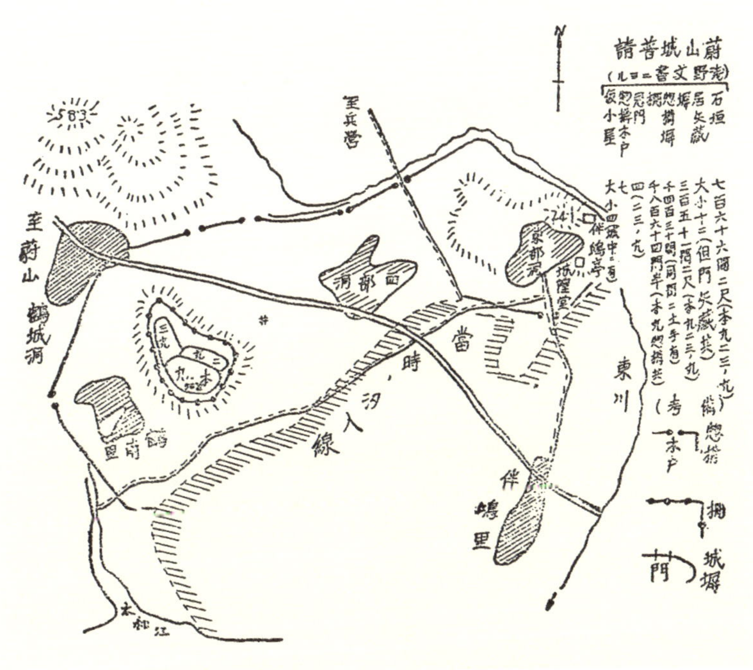

东部洞城等高线图（蔚山战斗要图局部）

于岛山城。

据明军战后由画师记录的绘图看，蔚山清正大寨是由双石垣（石垣上有塀）、每道石垣前再建双木栅构成的多重环郭工事。据当时的岛山城筑城标准及相关史料，日军在改筑邑城时在城墙外侧开挖壕沟，因此，蔚山清正大寨石垣工事前的双重木栅之间，应当如岛山—城隍堂外环郭一样，开掘有壕沟，以加强城寨防御。在明人的绘图中，岛山城及蔚山城上均建有三重天守阁为制高点。据《主要倭城的天守台平面图》（高田彻作）中的天守台基测绘图，倭城天守台的尺寸多为10～20米（边长），近似中国中型空心敌台尺寸，与近世城郭装饰华丽的大型楼阁式天守台相比，倭城天守台侧重强化军事防御功能。

当时蔚山倭城要塞群设计复杂，工期紧迫、工程量大，明军、朝鲜军在庆尚、全罗境内不断南下，与日军进行小规模战斗和高强度的斥候战。因此，日军在蔚山拼命赶工，进行所谓“突贯工事”。为加快工事进度，日军动员包括锻冶铁匠在内的人员，昼夜不停修筑工事。当时身处蔚山的太田一吉部医僧庆念描述，蔚山筑城时，金槌手斧之音，夜亦不绝。为收集筑城材料，日方将蔚山邑城的城墙拆毁，用于修建岛山城石垣，并下令包括战、辅兵在内的各部士卒，以及征发的日本、朝鲜农民等披星戴月，深入周边山林中收集石木。

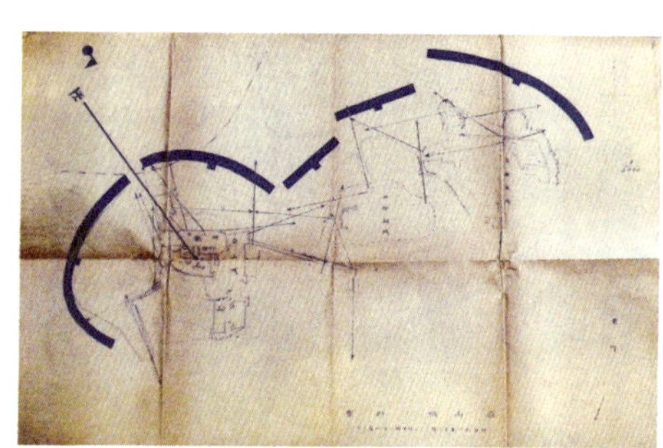

蔚山城防御图原件

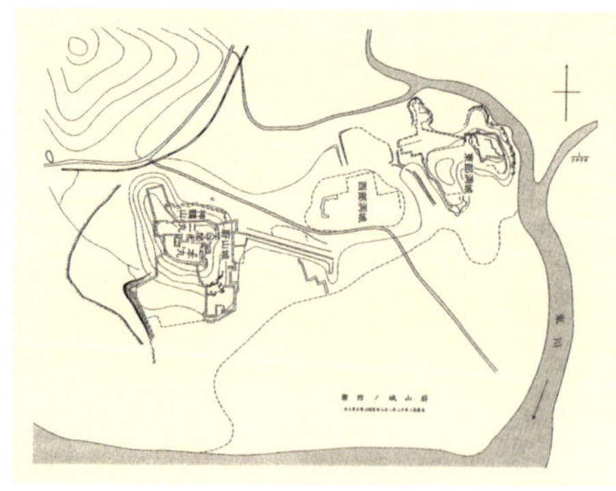

蔚山城防御图重绘

明万历二十五年（1597）十一

月下旬，朝鲜南部天气逐渐转冷，给蔚山倭城工地带来了不利影响，筑城劳工多有伤病。为保证工期，日军派出监工持杖督促进度，劳工稍有迟缓，便施以毒打、囚禁、烫面乃至斩首之刑。为筹措军资，日军还在蔚山大肆贩卖朝鲜人，以至于从军僧称蔚山城为地狱，称贩奴者为地狱之鬼。

虽然日军采用了各种极端手段抢修工事，但出于天气、时间、物资等多方面因素，直到第一次蔚山之战开始，蔚山倭城这个巨大的要塞群也未完工，岛山内城石垣并未彻底建成，“虽云三匝而实二匝也”，外围清正假城也在紧急赶工。当明军突袭至蔚山境内之时，修筑左兵营（农所）清正假城的毛利部宍户元续，正在督促劳工拼命抢修工事。当时位于蔚山的日军各部为浅野幸长、毛利部（冷泉元满、宍户元续等）、太田一吉以及加藤清正部下加藤清兵卫、加藤舆左卫门等，含劳工、杂役、奴隶、商人在内，人员为10000～23000人。加藤清正本人当时在西生浦，作战部队主要为浅野幸长等部，而奴工、商人等无作战能力，因此在第一次蔚山之战中，日军实际参战人数应是万人左右。(《浅野幸长高丽阵杂事觉书》;《清正高丽阵觉书》;《浅野幸长家臣某蔚山笼城觉书》;《蔚山城防御图》;《蔚山城绳张图》;《朝鲜蔚山合战之图》;《新增东国舆地胜览》;《惩毖录》)

明万历二十五年（1597）十二月八日，提督麻贵率领明朝、朝鲜联军约44800人抵达庆尚北道闻庆。麻贵召集朝鲜都元帅权栗，要求朝鲜水师派遣战船，多载火炮兵员，前往蔚山洋面，以断截蔚山倭城南部水路援军。

十二月十八日，杨镐抵达庆尚北道义城，招朝鲜接伴使李德馨，派宋田仓与朝鲜军中降倭吕余文，乔装潜入蔚山倭城查探情报。二十日，杨镐入庆州，与诸将誓师进军。二十一日，宋田仓及吕余文自蔚山返回，向杨镐出示太和江、岛山城、城隍堂的工事图，杨镐在图纸上以红笔勾画进军路线，与诸将约定三协路线。直到此时，意图封锁蔚山洋面的朝鲜水师依旧杳无音信。

十二月二十二日，明朝、朝鲜联军南下，左协李芳春等从左路，中协高策从中路，右协彭友德由右路，中协吴惟忠部转道梁山，左协董正谊部前往

摆赛、杨登山
李如梅
宍户元续
浅野幸长、太田一吉、加藤舆左卫门
李如梅
摆赛、杨登山
宍户元续
浅野幸长、
太田一吉、
加藤舆左卫门
李如梅
宍户元续
摆赛
杨登山
浅野幸长、
太田一吉、
加藤舆左卫门
李如梅
摆赛
杨登山
宍户元续
浅野幸长、
太田一吉、
加藤舆左卫门

兵营城之战

南原，右协卢继忠部2000人前往西江防备水路。

十二月二十三日凌晨，杨镐以李如梅率精锐1000余人为先锋，摆赛、杨登山随其后，大军依次开拔，进攻蔚山。寅时（3：00—5：00），李如梅突骑至左兵营（农所）清正假营，趁宍户元续部不备，攻入兵营城中，放火焚烧日军营房。得知明军来袭，浅野幸长、太田一吉、加藤舆左卫门等前来支援。得到援军支持的宍户元续以明军兵少，打算乘势反攻明军。李如梅退出城外，与日军相持。待日军主力出城，李如梅诈败回军，引诱日军追赶至十六七町（1744～1853米）外，至摆赛、杨登山伏兵处，两部明军合兵夹击，前后斩首460余级，大败宍户元续、浅野幸长等部。战斗中，太田一吉负伤，日军野战失利，逃回岛山—城隍堂环郭工事群内。明军乘胜占领左兵营城，其后，杨镐后续主力到达蔚山，在兵营城西驿站扎营。午时，明军来袭的消息传到西生浦，加藤清正率30～50名亲随乘船赶回蔚山城隍堂。

十二月二十四日寅时，三路明军开始进攻。左协围甑城山伴鸥亭，中协顺路南下进攻岛山—城隍堂要塞浅野幸长部，右协围太和江。伴鸥亭、太和江两城皆被明军占领。卯时，三路明军齐至蔚山要塞群外郭攻城，杨镐亲临一线督战。加藤清正弃守城隍堂，进入浅野幸长新修的岛山城中。明军突破蔚山筑垒区核心工事，外围大环壕土垣及内、外栅城，占领城隍堂及出丸、西部洞城，围攻岛山城。巳时，明军茅国器部攻破岛山城外城西北惣构

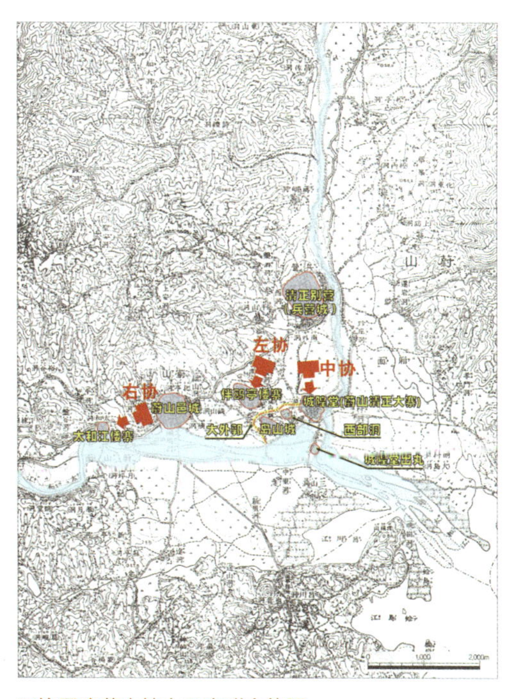

三协围攻蔚山核心工事群态势图

塀重栅。防守外城的浅野幸长及宍户元续败退，自三之丸退入岛山内城。明军尾随其后，进入尚未完全筑成的岛山内城三之丸内。岛山城中的日军人心惶惶，从军僧庆念做好了往生的觉悟。加藤清正亲自持火绳枪在二之丸向明军射击，浅野幸长、太田一吉也率亲卫在二之丸进行反击。

岛山地形对明军十分不利，二之丸与三之丸之间有10米以上的陡坡及工事阻碍，本丸与三之丸的落差更高达25米，日军自本丸居高临下，火力全程覆盖二之丸及三之丸，三之丸的登城道左侧同样全程暴露在二之丸的火力之下。明军不能一鼓作气攻下本丸制高点，尾随败退日军进入三之丸的攻城部队及后续支援部队，全程处于二之丸和本丸的火力覆盖之下。当日军重新组织起来反击后，明军一鼓作气攻下岛山已不太可能实现。加上明军已连续作战超过6小时，杨镐下令暂停进攻，后撤休整。日军将岛山城外城全部放弃，收缩兵力，防守内城。此时日本的守城兵力如下。

本丸：东侧太田一吉，南侧浅野幸长，西侧加藤安政。

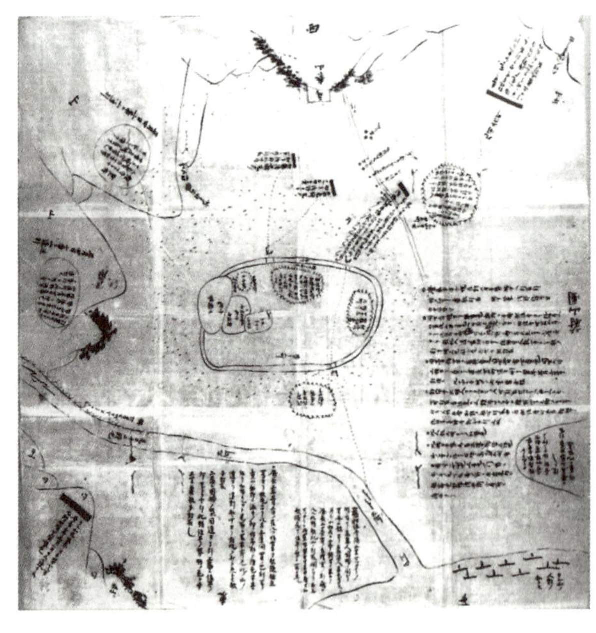

朝鲜蔚山合战之图（前田育德会尊经阁文库藏）

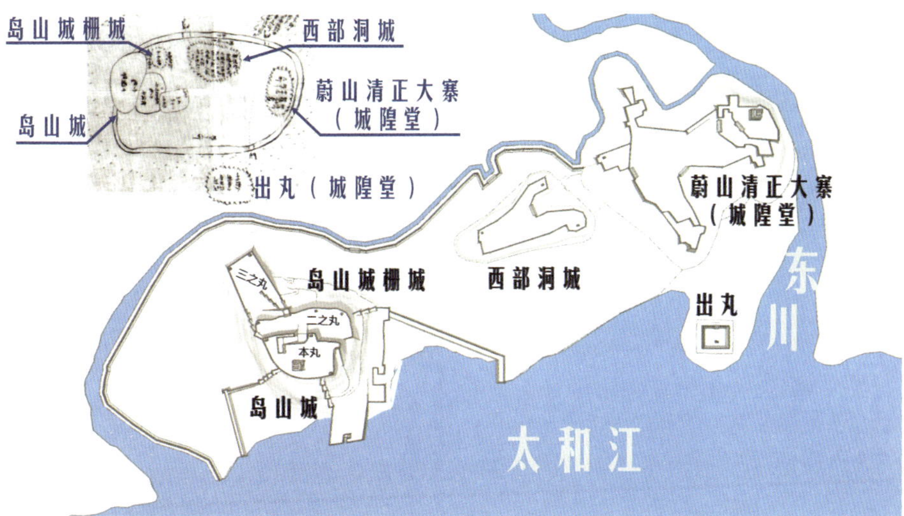

蔚山核心工事群平面图

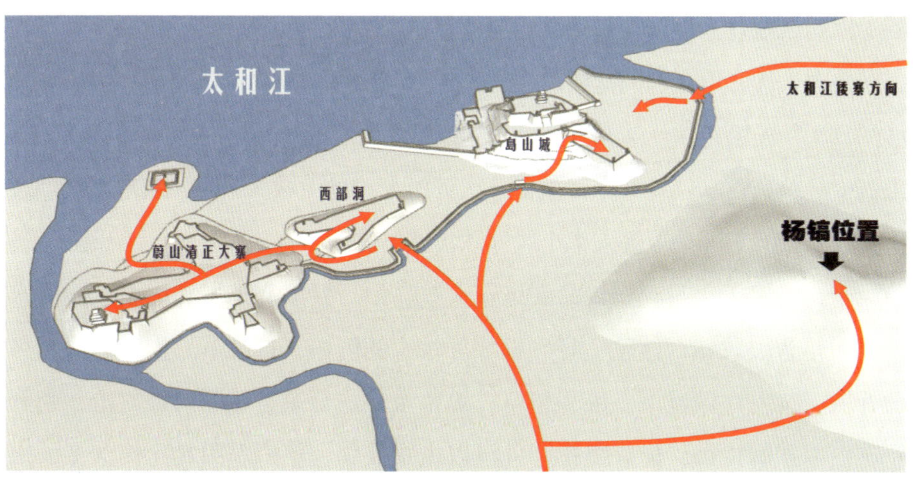

明军攻入岛山城形势图，右协突破外围工事后，日军撤回岛山内城，中协乘势攻入三之丸

二之丸：加藤清正、宍户元续、桂孙六。

三之丸：加藤舆左卫门、近藤四郎右卫门、口羽元良、和知元胜、日野元重、吉见广行。

二之丸和三之丸中间：美浓部金大夫、九鬼广隆。

十二月二十四日午后（14：00），加藤清正滞留西生浦的部队乘船二三十艘，抵达太和江岸边，进入岛山城，向城内运送物资，然后退往盐浦。杨镐派浙兵一部驻防太和江岸，以阻截日军水路援军。

十二月二十五日辰时，明军三面围攻三之丸，杨镐亲自督战，斩行动迟缓者两人，割滞后者一人左耳，左协李如梅等部持云梯、铁搭等蚁附攻城。日军占据有利地形，用火绳枪拼死抵抗，加藤清正及浅野幸长均亲自持火绳枪向攻城明军射击，战后统计，当时日军单人射弹高达270发。当时火绳枪的射击频率是一至两分钟一发，这次战斗几乎达到了火绳枪的极限射速，可见战斗的激烈程度。明军登城不利，伤亡惨重，游击陈寅中弹受伤，杨镐分番攻城，前后七次均未能攻入城内，只得在申时（15：00—17：00）收兵，暂缓攻城。在守城战中，加藤清正部的盐浦船在太和江口与明军的布防部队交战，以策应守城的日军。杨镐赶往江边查看敌情，招麻贵、李德馨商议，从俘虏口中得知岛山城中兵粮、食水储备不多，预备于次日以火攻岛山城。当晚，宍户元续部渡边壹岐、难波三郎兵卫等人率小股部队出城，试图骚扰明军。

十二月二十六日，杨镐命朝鲜军火攻岛山，并填塞外城和内城之间的水井。明军暂缓攻城，休整一日。权栗等将率朝鲜军，持柴草、挨牌，翻越岛山外城，进入内城城下，堆积柴草，填塞水井。日军自城内向外射击，朝鲜军试图以挨牌抵御，但火绳枪弹丸可以击穿挨牌，朝鲜军因此死伤甚多，未能成功将柴草堆积至石垣下。日军虽然成功击退朝鲜军，但岛山内城供水严重不足，日军士兵只能以雨水来解渴。当天，一名日军士兵出城投降，杨镐颁发赏银，让他身穿红衣，骑马在岛山城外招降。加藤清正为防止士兵出现大量逃亡，下令紧闭城门。

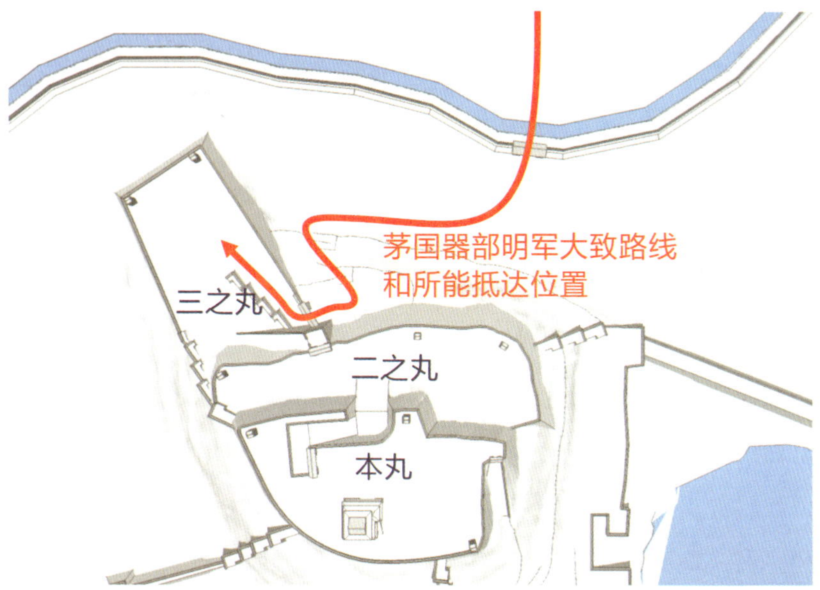

茅国器部明军攻入三之丸示意图。无法直接攻入本丸，明军实际无法摧毁日本在岛山内城的防线，岛山内城制高点的日军可用火力全程覆盖登城道路

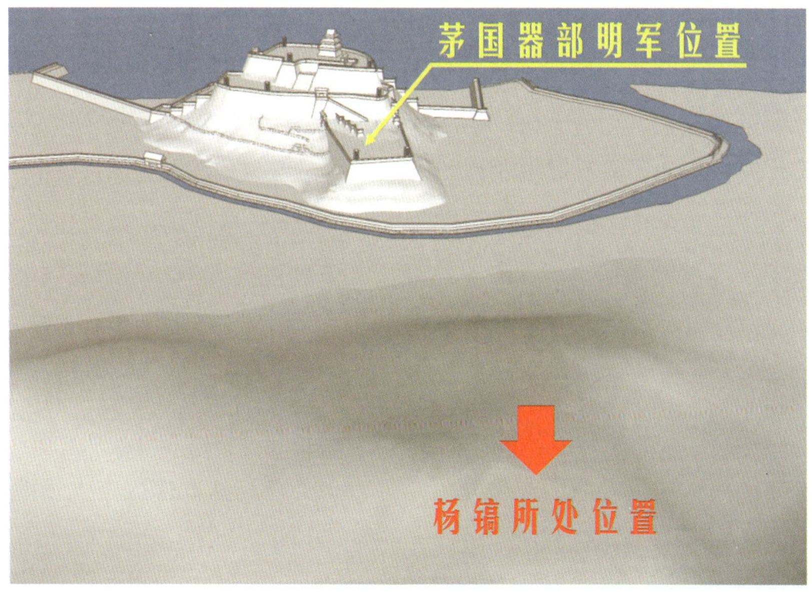

杨镐所在山头略高于岛山城本丸，与岛山城直线距离为400余米，可以清楚看到岛山城垣阶梯布局以及攻入岛山城三之丸的明军小队

十二月二十七日，天降大雨，有日船靠近太和江口，明军发射火炮击退。4名朝鲜人从岛山城内逃出，向明军报告岛山的城防及储粮、储水情况。杨镐命朝鲜军骑马绕岛山城放枪，以疲惫日军守城士兵。其间，加藤清正部将美浓部金大夫（喜八），向朝鲜庆尚兵使成允文投递文书，数名日军士兵插文书于竹竿上，持旗出城。明军持文书回报杨镐。文书内容是，加藤清正远在西生浦，岛山城中只有副将，请朝鲜派遣使节一同前往西生浦和谈。杨镐招城中逃出的朝鲜人询问，得知加藤清正现在城中，便命朝鲜翻译朴大根及降倭原清正家臣冈本越后守、原宇喜多秀家家臣田原七左卫门，于巳时至岛山城中与加藤清正面谈，告知加藤清正，若出城投降，满城皆可饶恕，加藤清正本人也可得高官厚禄。加藤清正回复杨镐，欲战则战，欲和则和，但又要求明军放开包围圈的一面，放日军出城，再派遣使节，才能议和。当晚，金应瑞所部降倭在岛山内城外的水井旁埋伏，抓获大量出城取水的日军士兵。

十二月二十八日，大雨不止，明、朝联军暂缓攻城。

十二月二十九日，西风大作，杨镐见风向良好，计划以风助火势攻城，命士兵搬运柴草，运往岛山内城下方。日军以火绳枪连射，将攻城部队迫退。与此同时，加藤清正部乘船试图沿江而上，与明军在太和江口炮战，至申时末（17：00）止。杨镐命士兵搭建草房，意图长久围困，麻贵建议放开一面包围，待日军出城之后，在半路截击，但被杨镐拒绝。当时天气酷寒，明、朝联军在野外驻屯，有士兵手指都冻掉了。而岛山内城中的日军粮水断绝，士兵杀马吃纸充饥，以衣服淋雨润湿再绞水解渴。饥渴难耐的日军士兵乘夜色出城，在明兵和朝鲜兵的尸体上寻找粮食。

连日作战，岛山内城的军粮几近断绝，火药在高强度作战中大量消耗，守军士气低落。十二月三十日，加藤清正决定与明军和谈，在两军的中间建造板房，以便双方谈判。当天，毛利秀元、黑田长政、竹中重利抵达太和江下流，向城中示以马标，岛山城中得知援军将到，士气大振，以马标挥舞回答，毛利等人返回西生浦。当晚，加藤清正、浅野幸长派遣小股部队夜袭明军和朝鲜军的营地。

明万历二十六年（1598）正月初一，加藤清正派遣士兵前往明军投递文书，称加藤清正在万历二十五年（1597）十二月二十二日才抵达蔚山，蔚山军中没有认识汉字之人，从西生浦招认识汉字的僧人才知明军文书含义，愿意约定明朝、朝鲜、日本三国和平谈判。杨镐要求日军立刻出城投降。加藤清正部将美浓部金大夫，持回帖招通译回话杨镐，约定第二天中午在南山和谈，而杨镐不回。此时，西生浦的日本各路援军已抵达，预备在次日增援岛山城守军。

	部　　队	人　数	总　数
一番队	锅岛直茂、胜茂	1600人	4550人
	毛利吉成、胜永、秋月仲长、高桥元种、伊东祐兵、相良赖房	150人	
	蜂须贺家政	2200人	
	黑田长政	600人	
	早川长政、恒见一直、熊谷直盛、竹中重利	各军监所属少量亲随	
二番队	加藤嘉明	70人	3770人
	中川秀成	50人	
	生驹一正	500人	
	胁坂安治	150人	
	山口宗永	3000人	
	池田秀雄	不详	
三番队	毛利秀元	3900人	3900人
水军	长宗我部元亲、池田秀氏、加藤清正部	不详	
合计：12220人（不含一番队军监、二番队池田秀雄及水军部分）			

正月初二，日军援兵水陆并进，自西生浦向蔚山进发，日军船队进入太和江口，在盐浦一带原室町时代倭馆港口停泊。杨镐急命游击摆赛、颇贵前

往箭滩，副总兵吴惟忠、游击茅国器沿太和江岸布防，以阻截西生浦援军直入岛山城。

依照《海东地图》对蔚山周边道路进行复原

正月初三拂晓，加藤清正约杨镐见面，最终未成。

正月初四凌晨，杨镐欲做最后一搏，赶在日方援军未到之前攻下岛山城，下令各部四面攻城。杨镐将阵前退缩的士卒枭首示众，又绑游击李化龙在军中游行。日军拼命抵抗，投掷松明至城下照明，以供火绳枪射击瞄准。战斗直到次日天明，攻城明军伤亡惨重。

交战中，右协士兵得西生浦援军向岛山城中投递的文书，持文书向杨镐汇报。文书称：加德、安骨、竹岛、釜山、梁山等地共11名将领60000人前来支持，要求岛山的守军坚守以待。当时，日军舰船90余艘突入太和江上流，而陆路日军呈现出绕向明军侧后的势态。杨镐以岛山坚城难下，敌方援军势大为由，下令撤军，以摆赛、杨登山军殿后。摆赛请与日军援兵决战，杨镐不许。巳时，明军开始撤围，逐次退兵至蔚山倭城北面集结，直至未时，明军基本退出蔚山倭城战场。太和江船上的日军见明军撤离，登岸欲追击明军后队，遭明军骑兵突袭而退。杨镐下令烧毁辎重，撤往庆州。日方援军在明军后方追袭约2里（约7848米）而还，速度较慢的吴惟忠、祖承训等部遭受较大损失。此次蔚山之战，明军阵亡1561人，伤2908人，马死2303

匹，伤213匹，未能达成占领蔚山地区，拔掉日军东部突出部的目的。蔚山之战中，明军斩首1200级，日军实际死亡人数在3000人以上。杨镐在战斗中判断有误且指挥不当，遭到明廷罢免，以天津巡抚万世德接替。

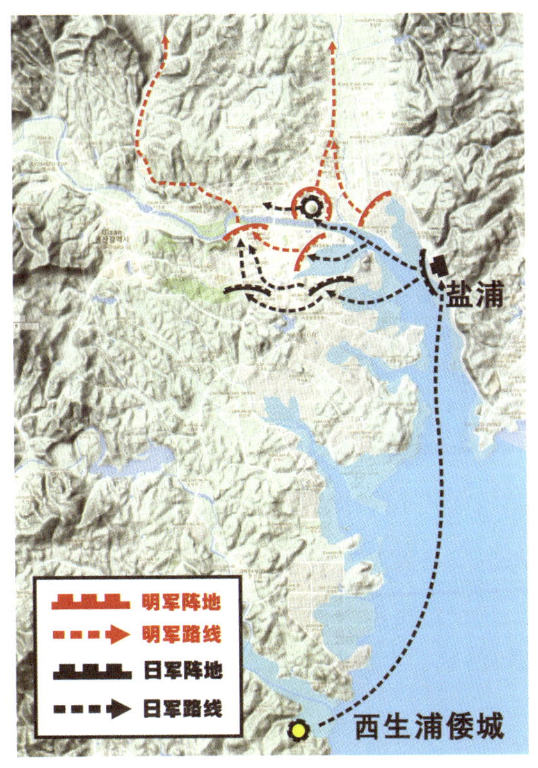

日本军队援军抵达后，明、日双方军事态势图

蔚山之战，明军再次受制于朝鲜糟糕的后勤和交通条件，重型火器如将军炮等，无法运抵前线，只能使用轻型火器仰攻坚城。在作战中，明军军粮不足，明万历二十五年（1597）十二月二十三日，明军至庆州时就开始断粮，杨镐怒斥朝鲜人毫无纲纪法度。十二月二十五日，战场附近唯有大邱存米豆5000余石，仅供大军数日所需，而且没有足够运力搬运至蔚山。督运粮食的柳成龙玩忽职守，中途跑至蔚山，要拜见天朝经理、提督，遭到杨镐严厉斥责。攻城部队严重缺乏营帐等物，士兵只能在野外宿营，大量战马因寒风大雨而倒毙。蔚山倭城中还有相当数量的朝鲜人投效日军。而且，朝鲜水师屡招不至，明军攻城部队缺乏船只，无法严密封锁太和江，西生浦的日军多次通过水路与守军传递消息、运送物资，最终，日军大批援军通过太和江水路威胁明军侧后，迫使明军退兵。据柳成龙所写《驰启倭窟形止及军兵死伤状》，朝鲜军的损伤情况为：阵亡298人，伤876人，逃亡4982人，军中仅存3813人。在明军前赴后继地攻城作战之际，朝鲜军队过半逃亡。

正月初五，除黑田长政和锅岛直茂父子，以担心本据点安危为由返回原据点，剩余日军诸将在蔚山召开军议，商讨善后事宜，并讨论是否向庆州的明军反击。

正月初六，日军援兵各将领退回原据点，加藤清正等人退往西生浦休整。在大战之后，日军没有抢修被摧毁的工事，包括蔚山守军在内的日军各部开始后撤，可见日军虽然最终守住岛山内城，对继续防守蔚山倭城信心不足，能在大战中坚守10日，更多是依靠岛山地形。明军以摧枯拉朽之势，仅用6小时就荡平包含岛山城外郭在内的蔚山要塞群，给日军带来相当大的震撼。明军对蔚山倭城的进攻，引起了日军收缩战线的讨论。成功抵御明军10天围攻的岛山守将加藤清正、浅野幸长等人，成为放弃蔚山倭城的支持者。

正月初九，毛利秀元向丰臣秀吉报告，提出放弃蔚山和顺天二城，收缩战线。

正月二十一日，收到报告的丰臣秀吉非常不满，回信斥责提出缩小战线的将领为“臆病（胆小、懦弱）”。

正月二十二日，丰臣秀吉向在朝鲜的18名将领送出朱印状，主要内容包括：蔚山的救援战和追击战取得了重大战果，但由于各将在兵粮、士兵整备等方面的懈怠，没能趁机将明军全部歼灭，对此表示遗憾；斥责当日返回本据点的黑田长政、锅岛直茂，指出面对能够追歼敌军的良机，应该一举进军庆州；要求位于西生浦的加藤清正返回蔚山驻防，西生浦移交毛利吉成，釜山浦则由寺泽正成负责，毛利秀元及小早川秀秋分兵给予加强；蔚山等城完成工事恢复，军粮、弹药补给等守备工作后，允许除驻留人员外的其他日本诸将回国。其中对加藤清正在蔚山之战中的表现十分满意，特别发放10000石军粮作为奖励。

然而，在朝鲜的日本诸将再次联名向丰臣秀吉建议缩小战线，主要内容为：蔚山地理位置过于突出，各部救援困难，建议放弃，原蔚山加藤清正部向西生浦撤退，与毛利秀元部5000人一起修缮西生浦；顺天道路崎岖艰难，距离海岸遥远，且有滩涂，救援不易，应当放弃，原顺天倭城小西行长部转为驻守泗川城，原泗川城岛津义弘部转移至固城。南海岛方面也要收缩，避免陷入海陆两线作战的窘境；梁山城所在之地不便派遣援军，建议放弃。联名诸将为宇喜多秀家、毛利秀元、蜂须贺家政、生驹亲正、藤堂高虎、胁坂安治、菅达长、松岛彦右卫门尉、菅右卫门八、山口宗永、中川秀成、池田秀氏、长宗我部元亲等13人。

加藤清正、小西行长未在第二次的联名书上签字，但直至二月下旬，加藤清正一直待在西生浦，没有北上，蔚山倭城中仅有数百人在收拾战场。蔚山之战后，朝鲜军成允文、高彦伯等部在蔚山倭城周边斩首13级。二月二十四日，杨绍祖部明军300余人，前往蔚山倭城，斩首30余级，直抵城外木栅，点验日军人数。“仍出杨绍祖拨报示之曰：本月二十四日，天兵三百余名，驰入蔚山近处，贼跑还本砦，天兵追斩三十余级。至栅外，看得贼众不多……经理说道：倭贼则能以数百名军丁，亦筑城子”，可见此时蔚山倭城处于半废弃状态。小西行长、宗义智打算放弃顺天城和南海城，一边将辎重搬运上船，一边修整工事，无论是战是撤，均已做好准备。“曳桥之贼，卜物载船，蔽塞海口……大概曳桥之贼，太半渡海，卜船络绎，似非久留之计。而但以一边斫伐山竹，收拾鼎釜，输入其阵，而且筑重城，凶谋难测”，“大概蔚山解围之后，南海之贼，不为筑城固守之计，只治战船，所收军粮，尽为载船矣”。(《李朝实录》宣祖三十一年一月庚戌，二月戊寅，三月丙戌)

缩小战线的言论激怒了丰臣秀吉，黑田长政在未得到批准的情况下提前放弃梁山城。为整顿军心，丰臣秀吉严厉处罚赞成放弃蔚山、顺天、梁山三城的将领。早川长政、竹中重隆、毛利高政三人身为监军，与缩小战线论的13名将领同心，没收其丰后国内领地，蜂须贺家政没收全部领地，回国待罪，黑田长政没收部分领地，其余各将均遭到丰臣秀吉的警告和斥责。

加藤清正经蔚山一役，主动向明军请求重开和谈。二月十三日，加藤清正派遣两名使节，持和谈文书出西生浦，与朝鲜军接触。朝鲜别将金廷瑞审问后得知，加藤清正以“持久累年，军兵疲困，一度讲和，三国太平”为由，试图与明将和谈。使节要求面见明将传达和谈书，请明将在庆州或蔚山选择一处，加藤清正将亲自前往谈判。“又清正曰：‘天将若许和，来到庆州，则我当出归，来到蔚山则亦当出见。’”朝鲜人判断加藤清正因蔚山之战已有避战之意，此时要求讲和是出自真心。“今者清正在西生浦，求为讲和，实非诈伪之言，乃是真情。”（《李朝实录》宣祖三十一年二月戊寅）

四月八日，明将邵应忠在庆州境内擒获一名日本商人，称加藤清正急切要与明军和谈，一直在等待明方回应，如果和谈不成功，调兵再战，如明方愿意和谈，加藤清正将亲自回日本说服丰臣秀吉。“清正切欲讲和，添来倭贼，亦令留在中路，等待此边消息。若和事不成，则当尽数调来，再图凶计，和事成，则清正亲往日本，禀于关白。”（《李朝实录》宣祖三十一年四月癸亥）

小西行长也在四月派遣朱元礼（浙江人，万历十二年被俘）、要时罗为使节，率下属七人，持八封给明提督以下各衙门的信、一封给朝鲜礼曹的信，前往明军要求和谈，被杨镐扣留。

六月三日，山东布政使司右参议兼按察使佥事梁祖龄，在汉城亲自审问要时罗，得知求和之事未获丰臣秀吉同意，是小西行长的私人行为。“果是行长使之往，而关白则不知矣。”要时罗要求明朝向朝鲜施压，以便和谈。但在前一天，梁祖龄审问朱元礼时，得到的日方和谈条件是，朝鲜向日本派遣大臣谢罪，并每年对日本朝贡，日本至明朝朝贡时从朝鲜境内通行。“朝鲜国王遣重臣于日本，自数其罪；又令朝鲜人，输给米布于日本人，朝贡（中国）时，通路于朝鲜。”（《李朝实录》宣祖三十一年六月丙辰、乙卯）

“尔言皆是诈也”（《李朝实录》宣祖三十一年六月丙辰），这是明廷对日方要求和谈的最终评价。六月，明朝援军王士琦部步兵3000人、刘綎部川汉夷兵3530人、陈璘部步兵2000人、狼兵（土司兵）4600人，两广水兵2000人、邓子龙部水兵3000人，抵达朝鲜。

在明朝继续增兵之时，日军厌战情绪严重，后勤也不堪重负。五月，蔚山倭城重建完毕，丰臣秀吉下令小早川秀秋、宇喜多秀家、毛利秀元、浅野幸长等部约70000人（原额）回国休整。当明军准备集结南下之时，沿海日军仅剩64700人（原额）。

位　置	将领名称	兵　力
蔚山城	加藤清正	10000人
西生浦城	黑田长政	5000人
釜山本城	毛利吉成、岛津忠丰、相良赖房、伊东祐兵、高桥元种、秋月仲长	5000人
丸山城	寺泽正成	1000人
竹岛城 昌原城	锅岛直茂、胜茂	12000人
见乃梁	柳川调信	不详
固城城	立花统虎、小早川秀包、高桥统增、筑紫广门	7000人
泗川城	岛津义弘	10000人
南海城	宗义智	1000人
顺天城	小西行长、松浦镇信、有马晴信、大村喜前、五岛玄雅	13700人

七月，明军援军陆续赶到，兵力增至约10万人。邢玠吸取蔚山之战中日军援兵迅速抵达的经验教训，决定兵分三路，同时进攻日军沿海倭城东部蔚山城、中部泗川城、西部顺天城三座核心要塞，使日军首、中、尾不能兼顾。朝鲜水军疲弱，导致在蔚山之战中，日军可以从海上反复沿江北上支援岛山，邢玠特意从国内调集水师，与各将约定时间水陆并进。

八月，明军东路军抵达庆州，中路军抵达星州，西路军抵达全州，水路军陈璘南下古今岛，与李舜臣部会合。明军各路军队兵力配属情况如下：

分属阵营	将　领	兵　种	人　数
东路（主帅麻贵）	杨登山	马兵	1000人
	薛虎臣	步兵	3000人
	吴惟忠	步兵	4000人
	王国栋	马兵	2000人
	陈蚕	步兵	3000人
	叶思忠	步兵	2000人
	陈寅	步兵	3000人
	颇贵	马兵	3000人
	解生	马兵	2000人
	彭信古	步兵	1000人
	平安、江原、庆尚左道	朝鲜兵	5500人
中路（主帅董一元）	涂宽	步兵	500人
	郝三聘	马兵	1000人
	叶邦荣	浙江兵	1500人
	卢得功	马兵	3000人
	茅国器	马兵	3000人
	张榜	步兵	4500人
	京畿、黄海、庆尚右道	朝鲜兵	2300人
西路（刘綎）	李芳春	马兵	2000人
	牛伯英	马兵	600人
	蓝芳威	南兵	3000人
	李宁	马兵	2500人
	吴广	狼兵（土司兵）	5500人
	忠清、全罗道	朝鲜兵	10000人

续表

分属阵营	将　领	兵　种	人　数
水路（陈璘）	许国威	步兵	1000人
	王元周	水兵	2000人
	李天常	水兵	2700人
	季金	水兵	3000人
	沈懋	水兵	1000人
	福日升	水兵	1500人
	梁天胤	水兵	2000人
	忠清、全罗道	水兵	7300人
合计：89400人，其中明军64300人、朝鲜军25100人			

明军紧锣密鼓地备战之时，庆长三年（1598）八月十八日，丰臣秀吉在伏见城病逝，享年63岁。“五大老”依照丰臣秀吉遗命，秘不发丧，指示在朝日军撤退，试图体面地与朝鲜议和。不过，日本于九月五日提出的对朝鲜议和条件，尚且包括朝鲜王子入质日本、朝鲜向日本交纳贡品，坚持追求将自己凌驾于朝鲜之上。

丰臣秀吉病重的消息很快传到朝鲜，八月二十日，庆尚左兵使成允文根据倭城逃回的朝鲜人的汇报，得知丰臣秀吉病重，日军将要撤离。二十三日，庆尚观察使郑经世报告，有流言称丰臣秀吉或许已经死亡。“被虏人回还言：关白病重，凶贼将有撤归之计”，“关白病重，或云已死等语”（《李朝实录》宣祖三十一年八月癸酉、丙子）。日本与明朝的这场战争，将如日中天的“日轮之子”丰臣秀吉以及他的桃山时代，一起燃烧殆尽。

九月十一日二更，麻贵向明、朝联军（2950人）下达再次进攻蔚山城的命令，以解生、杨登山率骑兵1000人为先锋，王国栋、颇贵率骑兵3000人为后续，又命金应瑞赶往东莱府温井，牵制可能赶来的日方援军。解生、杨登山率军直冲蔚山城下，斩首17级。日军坚守不出，明军退屯岛山城对面的甑城山（伴鸥亭）。

九月二十一日四更，明军主力抵达蔚山，麻贵率骑兵在富平驿（兵营城西5里）扎营，步兵屯于兵营城。选精骑在岛山城外引诱日军出城。日军在反复试探后列阵城外，与明军骑兵交战。千总麻云等领200名骑兵，沿箭滩绕至岛山，袭击日军侧翼，将其部分士兵赶入江中，并乘胜焚烧蔚山要塞群中的房屋和粮草。金应瑞当天在东莱温井与日军交战，斩首数十级。

麻贵下令各军修建草屋，预备长期围困，同时每天派出小股部队前往蔚山城外挑战。日军坚守不出，待明军靠近工事后就以火绳枪乱射。

九月二十六日，麻贵命明军变阵，诈为退军，以引诱日军出城追击。但日军不为所动，死守不出。

九月二十九日，杨汝德报称釜山的日军援兵北上，数日后将抵达蔚山。三十日拂晓，麻贵先将辎重、大炮等运往后方30里外，派骑兵设伏于兵营城西谷地。天明，各路明军退往后方，麻贵派1000余名骑兵再次抵达蔚山城外，在港口耀兵，但加藤清正依旧死守不出。

十一月六日，麻贵听闻中路明军在泗川之战中大败，撤围退兵。

第二十一章

最后的海战

明万历二十六年（1598）九月十八日，中路军董一元部的明、朝联军自三嘉出发，连夜前往晋州，在黎明时分渡过南江，列阵望晋山前野，正式拉开了泗川之战的序幕。

董一元当时进攻泗川倭城，并非只需要面对一座倭城。驻守泗川的岛津义弘以泗川倭城为核心，外围依托原泗川、晋州、昆阳等朝鲜邑城或山寨为警备哨，构建了一个较大范围的防御圈。泗川倭城位于泗川湾西面船津一座标高约20米的山丘之上，为明万历二十五年（1597）十月至十二月末，由长宗我部元亲、中川秀成、池田秀雄等人修筑。泗川新城三面环海，仅在东部与平原接壤，泗川倭城东西长约500米，南北宽约500米，以石垣工事为核心，内有房屋几千间，环石垣本丸以同心圆方式修筑三道外郭，为土垣、木栅结构，由岛津义弘亲自驻守。

至董一元南下之时，岛津义弘在泗川外围警备的兵力如下。

泗川城：川上忠实，领兵300余人。

永春寨：川上久智，领兵300余人。

望津（晋）寨：寺山九兼，领兵200余人。

晋州城：三原重种，领兵300余人。

昆阳城：不详。

明军在围攻望晋山之前，晋州未曾发生战斗，可知驻守晋州的三原重种未曾抵抗便弃城而逃。明军控制望晋山一带之后，随时可以切断南下泗川的道路，因此川上久智部在三原重种弃城后，至望晋山寺山九兼焚营之前，从永春寨主动撤离。

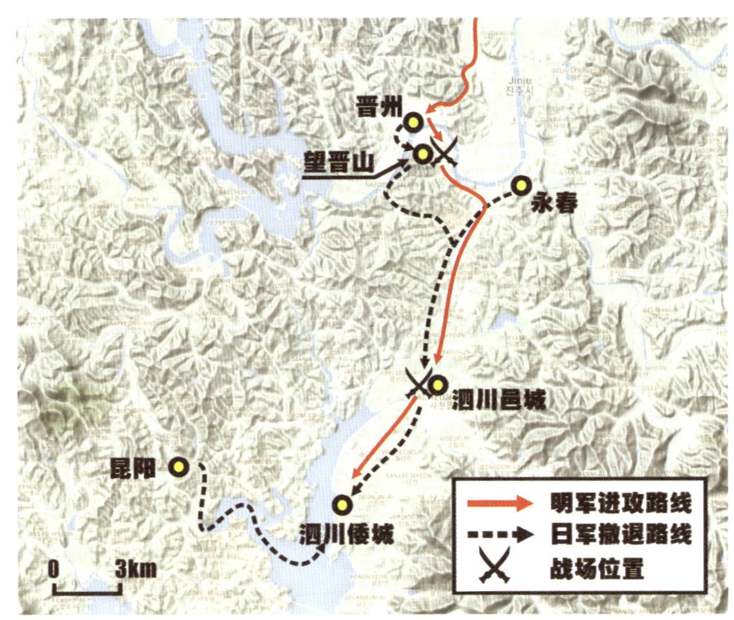

泗川倭城外围战斗

九月十九日，明军攻望晋山。寺山九兼部仅有200余人，力少不能支，退往泗川。永春、昆阳等地日军也焚毁工事，退往泗川倭城。未时，明军占领望晋山，泗川倭城周边除了泗川邑城，其他据点均被明军扫平，董一元为等待西路军战报，在晋州城南逗留了7天。

九月二十七日，朝鲜军再三要求出战，董一元以郑起龙为先锋，领步兵2000人、骑兵1000人，抽出各营精锐合计4000人为中军南下。二十八日夜半，明军突袭泗川邑城，由于之前日军发现明军便自毁营垒而退，明军连胜之下颇为轻敌。大同参将李宁自恃勇武，领兵先行攻入城中，在街巷中迷失道路，被守城日军围杀。天明，明军主力赶到泗川城外，日军当时正在城外抢收粮食，见到明军立刻弃粮入城。泗川守将川上忠实率300余人，整队出城与明军交战。卢得功亲率骑兵冲阵，遭日军火绳枪反击阵亡。明军后队步兵赶至，斩杀日军士兵150人，剩余日军士兵人人带伤，川上忠实本人中箭36支，带残部退往泗川倭城。

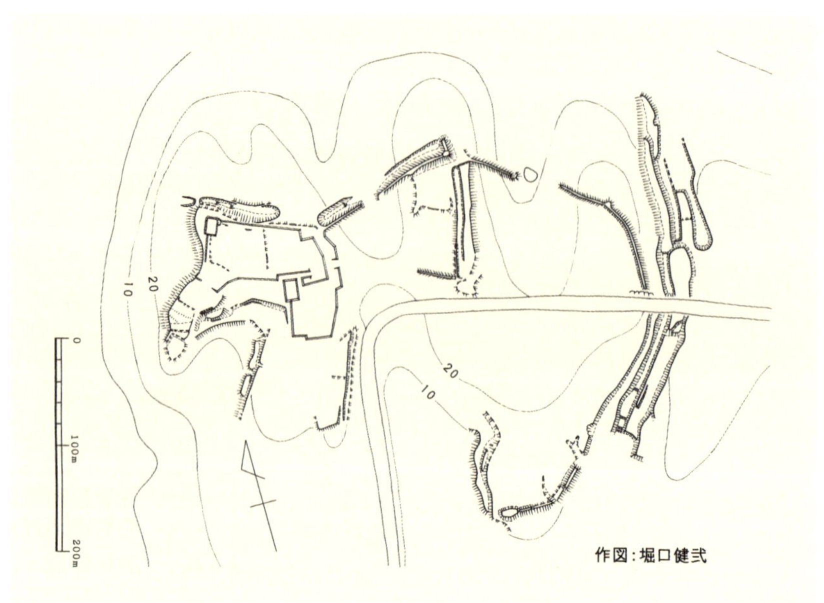

泗川倭城城垣测绘图（堀口健二）

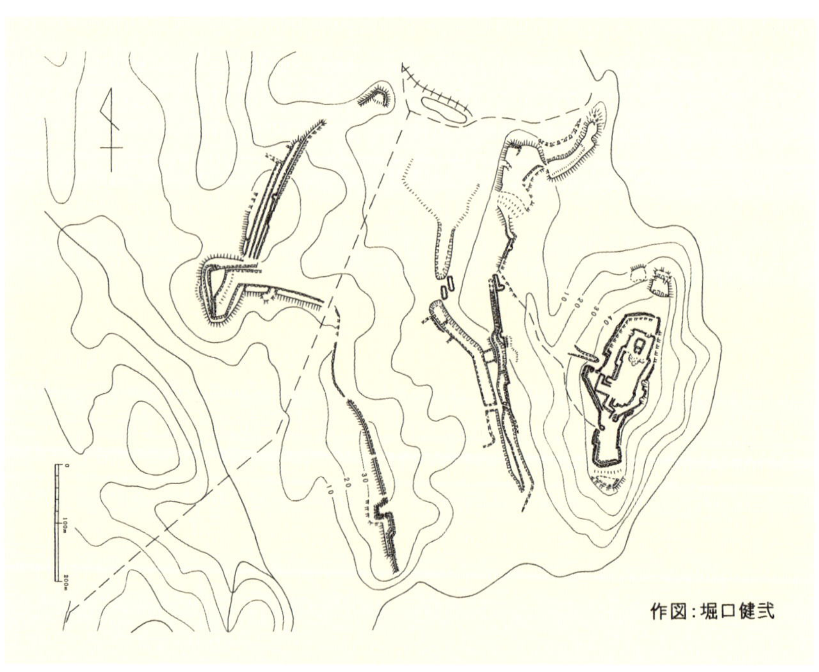

顺天倭城测绘图（堀口健二）

明军沿途焚毁日军在泗川倭城外围据点的仓储物资，两天两夜烟火不绝。日军则在泗川倭城中闭门不出。至此，岛津义弘部控制区仅剩泗川倭城一地。

九月二十九日，明军召开军议，商讨如何进攻泗川倭城。茅国器认为，日军放弃所有外围工事，龟缩泗川倭城内，必然会竭力防守，不可以轻易攻占，长期围困，又会有固城方向日军增援的可能，不如乘日军连败之时，转攻固城倭城。固城倭城较泗川倭城小，兵力也少于泗川，攻城较泗川容易，若占领固城，则泗川援军断绝，可以从容攻打，不必忧虑侧后。董一元在横扫泗川外围据点的连胜之下，对岛津义弘部的战力极为轻视，认为可以一鼓作气攻下泗川城，不必绕路先攻固城。

十月一日上午卯时，茅国器、叶邦荣、彭信古率三营步兵开始攻城，郝三聘、师道立、马呈文、蓝芳威率四营骑兵分左右翼，剩余士兵镇守中军。重型火器难以在朝鲜南部道路通行，明军以轻便木熕炮轰击泗川倭城城垣，掩护步兵攻城。战至巳时，泗川城一道大门被火炮击毁，城垣栅栏也垮塌数处。

从泗川倭城测绘图的等高线里可以看出，泗川倭城大致是个葫芦形，位于海边一个海拔20米的台地上，虽然日军设计了多层城垣的复郭防护，但明军攻城通道的海拔也有10米，因此，泗川倭城内外的相对高度差只有10米。蔚山清正大寨有24米高度差，依旧在短时间内被拿下，同是复郭模式，高度差仅有10米的泗川倭城在城门被攻破之后，局面对于日军而言已是十分危险。在战后的报告中，岛津义弘自称亲自持火绳枪参战。

明军就要攻入泗川城，彭信古部火药库爆炸，半边天皆是黑烟，明军一时慌乱，岛津义弘乘势带兵出城，反攻彭信古部。郝三聘部骑兵正环泗川城射箭，见彭信古部军溃，望风而走，致使茅国器、叶邦荣部陷入日军包围。蓝芳威本为殿后军，见前军作战不利，不前去救援，反而带头逃跑，致使撤退变成了崩溃。彭信古部几乎全军覆灭，茅国器部损兵六七百人，溃逃途中

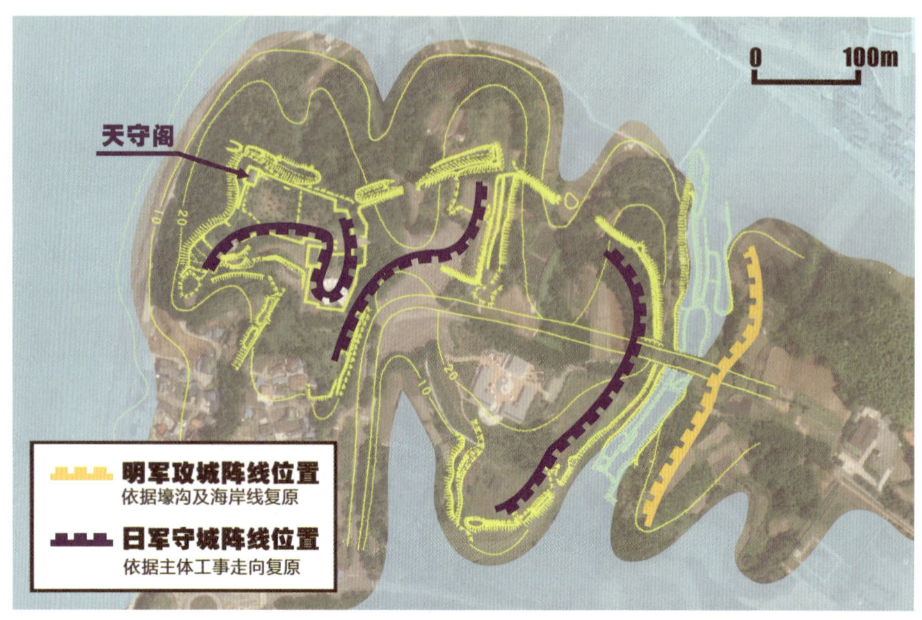

泗川倭城攻城示意图（通过卫星地图并复原当时潮汐线，然后标注堀口健二城垣测绘图后，复原泗川倭城大致原貌）

骑兵争道，导致大批士兵坠崖而亡。

彭信古阵中火药库突然爆炸，明方记录是火炮操作失误，而日方记录是所谓天将神迹、白狐点火、忍术隐身法点火之类。真实情况应该是，当时岛津义弘在城中招募了市来清十郎、濑户口弥七郎、佐竹光印坊三名死士，用自杀式袭击的方式引爆了明军的火药。市来清十郎、濑户口弥七郎穿着带有白色植绒装饰的盔甲，出城冲向彭信古部攻城火炮阵地，用颜色鲜艳的盔甲吸引明军的注意，佐竹光印坊则穿明军盔甲，乘乱抵达明军火药库附近，点燃明军火药库。这就是岛津方记录中的所谓白狐纷纷而入明军阵地，其后明军火药库爆炸，而佐竹光印坊会忍法隐身术的由来。此役明军伤亡达7000余人，日方损失据《高野朝鲜阵战殁者供养碑铭》所记，南原、泗川岛津两战战死3000人，南原之战仅战死100余人，因此整个泗川之战战死应在2900

人左右。(《两朝平攘录》;《泗川新寨战捷之伟迹》)

九月十日，右路刘綎部明朝、朝鲜联军在全州誓师之后，分兵三协：吴广领兵5600人，同元慎入乐安之路；王之翰、司懋官、李宁领8000人，同李时言入求礼、光阳之路；提督率李芳春等兵10000余人，同李光岳入顺天之路。又与水师都督陈璘相约于九月十九日海、陆并进，围攻顺天倭城。

刘綎以顺天倭城近海，地形险要，不利于大军进攻，计划仿效李如松在平壤之战时以沈惟敬名义和谈，诓骗小西行长出城。刘綎派出吴宗道等多名使节，进入顺天城，面见小西行长，告知刘綎打算商讨和谈退兵之事。小西行长开始并不相信，刘綎反复派遣使节，甚至单枪匹马在道路中间等候。小西行长认为可以和明军谈判，与刘綎约定正式和谈日期，并自行选择地点搭建谈判场地。

九月二十日，刘綎命王之翰、司懋官从光阳绕道顺天，以抄袭小西行长后路，并在小西行长必经之路埋伏20余人以传递消息，待小西行长进入谈判厅后吹响鸽哨，伏兵便于两路夹击。辰时，小西行长命宇都宫国纲、大村喜前等部3000人在离城5里处驻扎，他带松浦镇信及几十名亲随前来谈判，中途见明军大军在附近，犹豫是否前进。军中降倭吹响鸽哨，向小西行长示警，道路两侧鸽哨响应，伏兵冲出。小西行长尚未进入包围圈，大惊之下回城。松浦镇信领亲随殿后，且战且退。城外列阵的宇都宫国纲、大村喜前等见前方有变，出兵北上，接应小西行长。刘綎放炮督战，追杀小西行长。李芳春试图以骑兵切断道路，城外日军以一部原地抵抗，一部护送小西行长入城。明军沿途斩首93级，但未能生擒小西行长及松浦镇信。当晚，水军都督陈璘率水师抵达顺天冲洋面。

九月二十一日，刘綎令船队抵近顺天倭城炮击守军及工事，并在顺天倭城外围构建工事，以备长期围困。日军士兵在土塀之后持械警戒，一旦有明军靠近，便用火绳枪射击。当晚，刘綎命士兵持火炬呐喊，做出攻城的姿态，守城日军呐喊射击回应，投掷松明火把至城壕外缘，警戒直至天明。

顺天倭城前哨战示意图

九月二十二日，明、朝联军水师乘涨潮进攻北船沧，日军在港口及城垣上用火绳枪反击，阻止明军登岸。游击季金座舰在潮退后搁浅，日军用排枪乱射，掩护士兵夺船。明军用火炮反击，将登船的日军士兵杀死后退出港外。

九月二十三日，刘綎下令建造防牌、飞楼、云梯等攻城器械。当晚有朝鲜人自顺天城中逃出，向刘綎报告城中守军数万人中有一半是朝鲜人，而日本人中有厌战的，也有贪战争财的，此时日军正在港口连夜抢修工事，以防止明军从海上登陆。

九月二十九日，刘綎将造好的攻城器械排列阵前，传令斩日军士兵首级者一律赏银60两。三十日晚，王元周、福日升、王之琦带领百余艘舰船，抵达松岛附近洋面，海上灯火通明，明、朝联军士气大振。

十月一日，刘綎与诸将约定于次日攻城。黄昏时分，明军的推轮车、飞楼运至顺天倭城外郭。

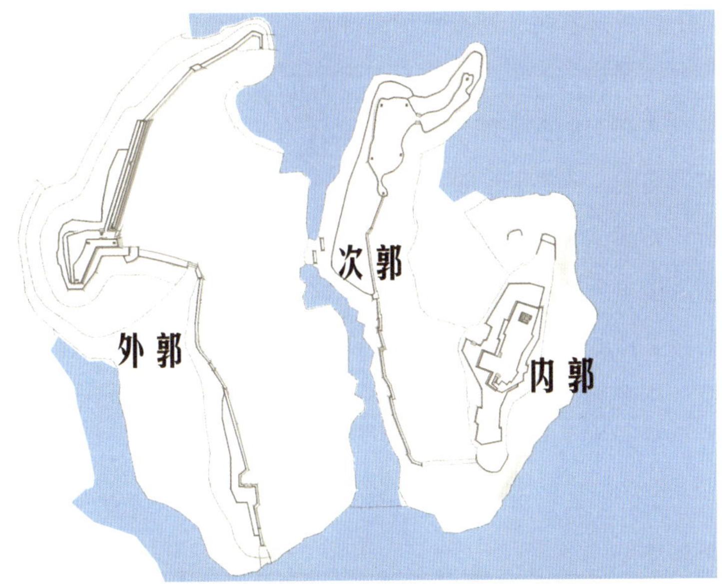

顺天倭城示意图。从图可见顺天倭城主要工事分三大部分，北船沧位于次郭和内郭之间（通过测绘图并复原当时潮汐线，复原顺天倭城大致原貌）

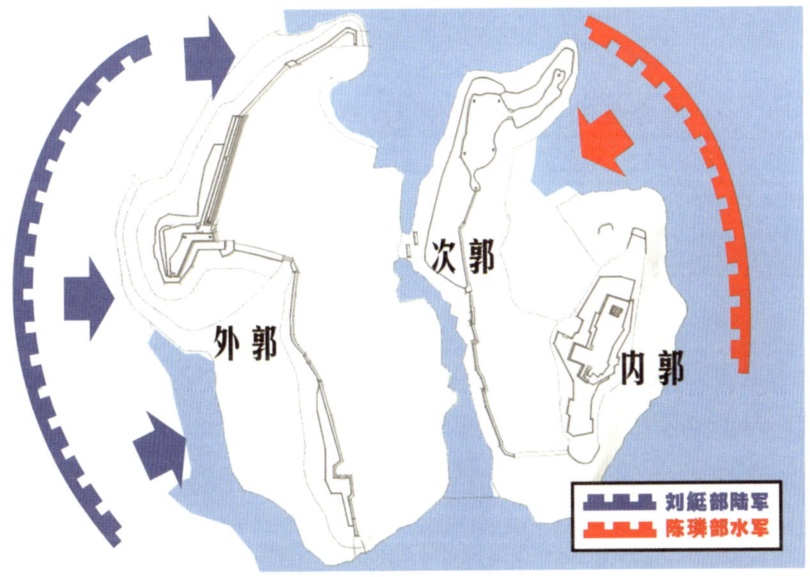

顺天倭城之战水、陆两路攻势图

十月二日黎明，刘綎竖立大将旗，登山台传令指挥。明军的推轮车、飞楼等攻城器械先行出发，骑兵10000余人为后援。水军乘涨潮攻打港口。王之翰部在顺天城西北部推飞楼至城10余步。日军发现楼车沉重，行动迟缓，开城门突击，斩杀推车明军40余人。王之翰部暂退之后再次回军，依托飞楼为掩体，尝试再次进攻。日军在城中瞄准明军的楼车，连发轻、重火绳枪。明军以楼车为掩体，躲在飞楼后方射击死角。顺天倭城土垣外围有壕沟，明军的楼车抵近土垣和木栅，由于没有得到后退的命令，攻城的明军只能沿着外壕，在楼车后方小心翼翼地躲避火枪射击，直至午时依旧进退不能。潮水渐落，水军随落潮退兵。守城日军在火绳枪的掩护下，出城反击顺天城北吴广部。吴广部阵亡20余人，退至百余步开外。日军乘机将城外明军的攻城器械全部焚毁。

十月三日，刘綎与陈璘、李舜臣相约，当天乘夜潮进行水、陆夹攻。二更时分，陈璘、李舜臣再次进攻顺天倭城，刘綎的陆军失约未动。水兵孤军进入港湾之中，与日军混战，明军以舰炮炮击顺天倭城本丸天守。潮退之后，明军沙船23艘在港内浅滩搁浅。小西行长部士兵及宇都宫国纲部将小山主马助等人，穿越滩涂，围攻搁浅明船。明军以刀枪砍杀，日军士兵用火焚船，明军大半阵亡，余部140人在朝鲜船的掩护下逃脱。日军在顺天城东抵抗水军之时，朝鲜人建议陆军进攻城墙西面，当时顺天城西城垣之上有被俘朝鲜妇人对联军大呼此处守御空虚，但刘綎一直按兵不动。

十月四日，陈璘再次进攻顺天倭城港口，日军将城中火炮集中搬运至岸边，炮击明朝、朝鲜的水军，刘綎仍按兵不动。陈璘大怒，登岸毁刘綎帅旗。当晚，日军在顺天城西开城门，以供骑兵出入。

十月五日，日军自顺天西门出，抵近明军营地后放枪即退。当晚，有人在岭南三天后峰举火三炬，与顺天城中呼应。

十月六日，得知泗川之战中路大败的刘綎决定退兵，下令遣散朝鲜兵中的弱病者。

征倭纪功图卷

十月七日，刘綎要求朝鲜军队先撤离战场，又令朝鲜随军陪臣、接伴、元帅、监兵使等官员离开。当夜，陈璘、李舜臣部准备船只，预备再次攻城，刘綎趁机撤离攻城营寨，将军营中的9000多石军粮遗弃，退往于富有。陈璘发现刘綎部陆军撤离，便退还泊地。

十月十五日，德川家康等“五大老”担心明军再次南下，下达了具体的撤军指示。乘着明军暂退，日军迅速执行撤退命令。釜山倭城周边乃至泗川城周边的明军因缺乏船只，无法干涉日军渡海。但位于顺天倭城的小西行长部十分尴尬，陈璘、李舜臣部水军一直在附近洋面活动。小西行长部的海上退路已被切断。刘綎部虽然暂时退走，但在王士琦的压力下，又很快重返顺天邑城，小西行长部也无法从陆路撤退。

十月十七日，王士琦与刘綎登上顺天倭城10里外的高峰观察日军动向。十八日，刘綎与副总兵吴宗道及军中的降倭等人商议，主动派人与小西行长约定和谈。刘綎与小西行长互换礼物，约定小西行长向刘綎交出2000人，作为放其一马的代价。小西行长要求刘綎派出人质。刘綎命旗手刘万守、王建功二人诈称参将，带家丁30人入顺天倭城。小西行长认为人数太少，要求再

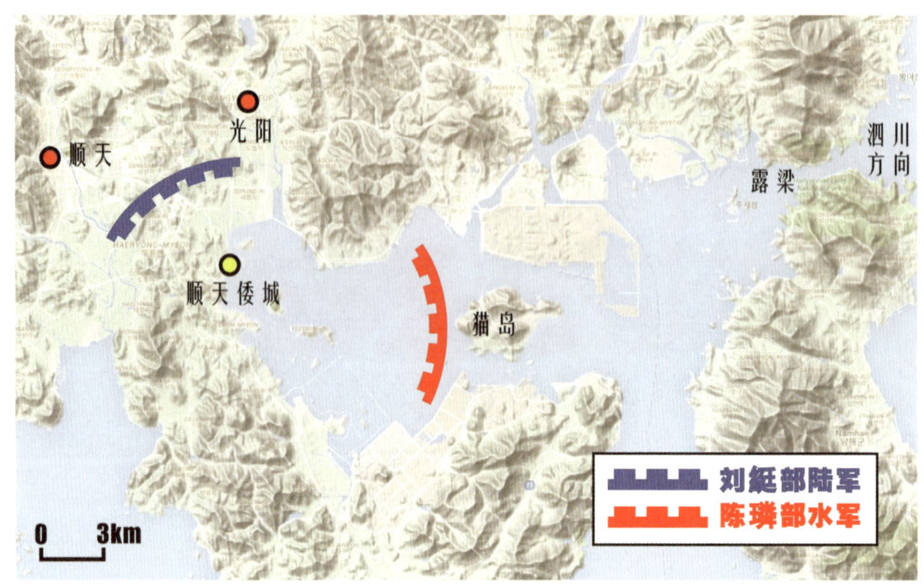

顺天倭城之战后，明军水、陆两军切断了小西行长部的撤离通道

加20人为质，作为刘綎对其退兵途中安全的担保。刘綎同意了。达成协议后，刘綎部甚至与小西行长进行军粮贸易，可见当时双方关系融洽。刘綎还派吴宗道通知陈璘，要求不要阻拦小西行长的撤兵船只，但与刘綎有矛盾的陈璘并未理会。

十月三十日，小西行长与固城的立花宗茂、泗川的岛津义弘、南海岛的宗义智分别约定，他与刘綎交易达成后，将从顺天撤兵，而泗川、固城的日军要给予援助，就是说，泗川的岛津义弘部前往南海岛，固城的立花宗茂部前往见乃梁，以便掩护自己自顺天撤退。

十一月十二日，小西行长派出十几艘船先行突围，经过顺天外围的猫岛时，被陈璘部水军斩杀殆尽。船队全军覆没的消息传回顺天后，认为退路断绝的小西行长大怒，斩断营中两名明兵的手臂送至刘綎营，责问为何诓骗。刘綎建议小西行长向陈璘行贿，以便打开海上通道。于是，小西行长向陈璘赠送财物、兵器，约定出城之时送2000人给陈璘。“当初行长，怕其天威，

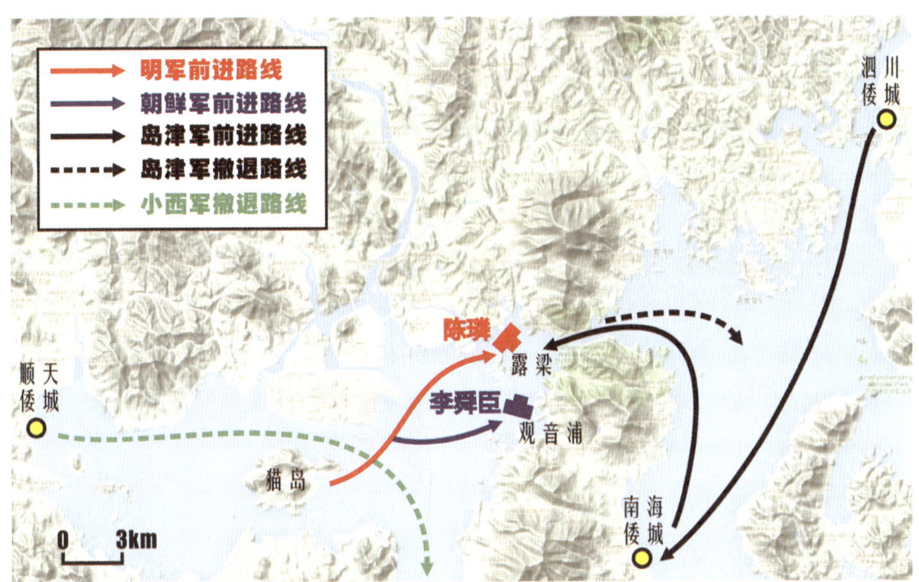

露梁海战示意图

与刘、陈相讲，刘处约送首级二千，陈处约送首级一千，许我放还云云，陈都督信之曰：‘送二千则可放出。’行长连日送礼，酒馔、枪剑，馈遗不绝。”（《李朝实录》宣祖三十一年十二月乙卯）

打通了陈璘的关节，十一月十四日，小西行长派出一艘载有8人的小船，前往泗川。十一月十七日，在泗川倭城的岛津义弘部倾巢而出，前往顺天倭城接应小西行长。当晚，小西行长在顺天倭城之中举火，与南海柳川调信部呼应。舟师伏兵将庆尚右水使李纯信向陈璘、李舜臣汇报，泗川倭城岛津义弘部数百条船乘潮水赶来顺天。陈璘与李舜臣商议，朝鲜军屯于南海观音浦，明军屯于昆阳竹岛，起锚待变。

十一月十八日酉时，100余艘日本舰船自南海方向而来，在严木浦短暂停留，意图穿越露梁海峡，前往顺天倭城。陈璘与李舜臣约定当夜二更同发，四更时抵达露梁，遭遇岛津义弘部舰队。该舰队并非仅有岛津义弘一部，还包括立花宗茂、小早川秀包、高桥统增、寺泽广高等部。李舜臣身先士卒，率朝鲜水师船队为先导，突入日军船队之中，日军趁机将李舜臣座舰重重包围，陈璘见事态危急，换乘朝鲜船杀入重围，救援李舜臣。日军船只较小，不能与朝鲜船只冲撞，只能同陈璘座舰进行接舷战。一名日军士兵攀爬至上层甲板上，欲击杀陈璘，陈璘之子陈九经用身体遮挡，被刺至鲜血淋漓而不退。紧要关头，旗牌官世炜持镗钯刺中该名日军士兵胸膛，将他推入海中。日军战船云集陈璘座舰的周围，陈璘下令船只抛锚，王元周、福日升二将同样换乘朝鲜船，前来护卫陈璘座舰左右两舷。李舜臣见陈璘被围，下令突围而出，与陈璘并进，明、朝联军以舰炮轰击日军船只，日军则以火绳枪回应。

日军战船较明朝和朝鲜的船要小得多，双方在近战进行接舷时，明、朝联军只需从船舷下刺，即可攻击日军。日军虽有火绳枪掩护，但进行接舷战时，需要攀爬船舷，而且小船兵力也较大船为弱，因此日军将船只集结一处，试图用集群战术抵消装备、人员劣势，明军乘机向日舰投掷火罐、发射喷筒，这些是含有大量松香、硫黄等助燃物和燃烧物的火器，对于堆积在一起的木制帆船来说，是致命性武器。一船起火，燃烧相邻的军舰，最终绵延一片，日军大败溃逃。战斗中，明将邓子龙座舰误中己方火罐，导致邓子龙被日军包围而阵亡，李舜臣在战斗中被火绳枪击中，贯穿胸背而亡。在临死前，李舜臣下令秘不报丧，以免动摇军心，直至战斗结束。明军当晚斩首320级，日军实际损失应是两三千人。

顺天倭城内的小西行长，在明朝、朝鲜水军进攻岛津义弘等部之时，趁机乘船逃走。刘綎部明军并未加以阻拦。

露梁海战，成为万历朝鲜役中的最后一场战役。

日本庆长三年（1598）十一月十八日，加藤清正焚毁蔚山倭城，于二十二日抵达釜山。二十四日，加藤清正、锅岛直茂、黑田长政、毛利吉成等部焚毁釜山倭城，撤军回到日本。十一月二十七日，岛津义弘等部作为最后一支回国的在朝日军，从巨济岛出发，经对马岛回到日本。

尾声

谁是赢家

万历朝鲜役后，朝鲜耕地减少，各地也瞒报田产数量，朝鲜中央政府的权威大为衰落。“平日全罗道，为四十四万结。乱后起耕几半云，而所报只六万结……而乱后八道田结，仅三十余万结，则不及平时全罗一道矣。”（《李朝实录》宣祖三十四年八月戊寅）

“李睟光《芝峰类说》曰：国家平时，八道田结合一百四十五万九千二百四十五结一负（谓万历壬辰倭寇以前），癸卯年时起，平安道外七道，合九十四万五千一百五十三结十八负三束（谓寇退后万历癸卯）。”（《经世遗表》卷六）万历癸卯年（1603），是万历朝鲜役结束后的第五年，也就是说，朝鲜在这场战争中最少损失了51万田结的耕地，有超过35%的田地处于荒芜或未登记状态。

耕地如此，军队也近乎虚设，战前汉城上番军士常设5000余人，战后最多的月份不满1000人，“各道上番之军，多至之月，仅九百余名”（《李朝实录》宣祖三十四年八月癸巳）。

在农耕时代大量田地荒芜，意味着大量人口损失。李睟光提到汉城人口在倭乱时期的巨大损失，在战后20多年仍未恢复至战前数量：“世传开城府城内民户，前朝时十三万，而迁都后仅八千余户。今汉都平时户八万，不及开都之盛，而乱后死亡殆尽，至今二十许年，未满数万户，生聚之难如此。”战前汉城户口数量暂不可考，不过，就朝鲜世宗十年（1428）汉城府上五部口数——“世宗十年戊申，汉城府上五部户[1]一万六千九百二十一，口十万三千三百二十八”（《五洲衍文长笺散稿》）——来看，到了朝鲜宣祖二十六年（1593）九月，汉城“人口都目总数五万四千九百六十三名”（《李朝实录》宣祖二十六年九月丁巳），可知日本烧杀抢掠，致使汉城人口数降至165年前的53.2%。

这是一个异常残酷的数字，按人口自然增长数据来看，朝鲜正祖十年（1786），中途经历丙子胡乱的再次人口损失，汉城人口规模，依旧能达到“五部都元户四万二千七百八十六，口十九万五千七百三十一”（《五洲衍文长笺散稿》）。也就是说，以93年的时间计算人口自然增长，刨除“丙子胡乱”时期的人口损失，汉城五部户的人口，以朝鲜宣祖二十六年的数字为基数，依然增加了3倍有余。如果不经历大规模战乱，从世宗十年到宣祖二十六年，经过160年的自然增长，汉城的人口规模之大可想而知，李睟光所谓汉城“户八万”不算夸张。对比朝鲜宣祖三十九年（1606）的12965户来算，汉城在战争中户数损失超过了87.5%，堪称“十室九空”。因此，仅从汉城一地可见日本的入侵和屠戮给朝鲜带来了多么惨烈的人口损失。

汉城是朝鲜国的首都，为维持国家体面，战后勉强维持了城市规模。而陪都之一平壤，因为在战争中曾作为主要战场，同样遭受了巨大的人口损失，无法再维持原有城区的规模。朝鲜被迫在1623年修筑内城，以缩小城区面积，缓解平壤在防御上的人力匮乏。“含毬门者，平壤之南门也，天启癸亥，蹙城而小之，置朱雀门于南而含毬废。自是浿之人，谓旧城为中城，以其间于内外城也……城今毁，门虽存，椽摧桷陊，阙其半矣。”（《竹石馆遗集》卷三）

① 五部户即汉城里坊，“丙午/令汉城府建五部坊名标，东部十二坊曰燕喜、崇教、泉达、彰善、建德、德成、瑞云、莲花、崇信、仁昌、观德、兴盛，南部十一坊曰广通、好贤、明礼、太平、熏陶、诚明、乐善、贞心、明哲、诚身、礼成，西部十一坊曰永坚、仁达、积善、余庆、仁智、皇华、聚贤、养生、神化、盘石、盘松，北部十坊曰广化、阳德、嘉会、安国、观光、镇定、顺化、明通、俊秀、义通，中部八坊曰贞善、庆幸、宽仁、寿进、澄清、长通、瑞麟、坚平”（《李朝实录》太祖五年四月丙午）。

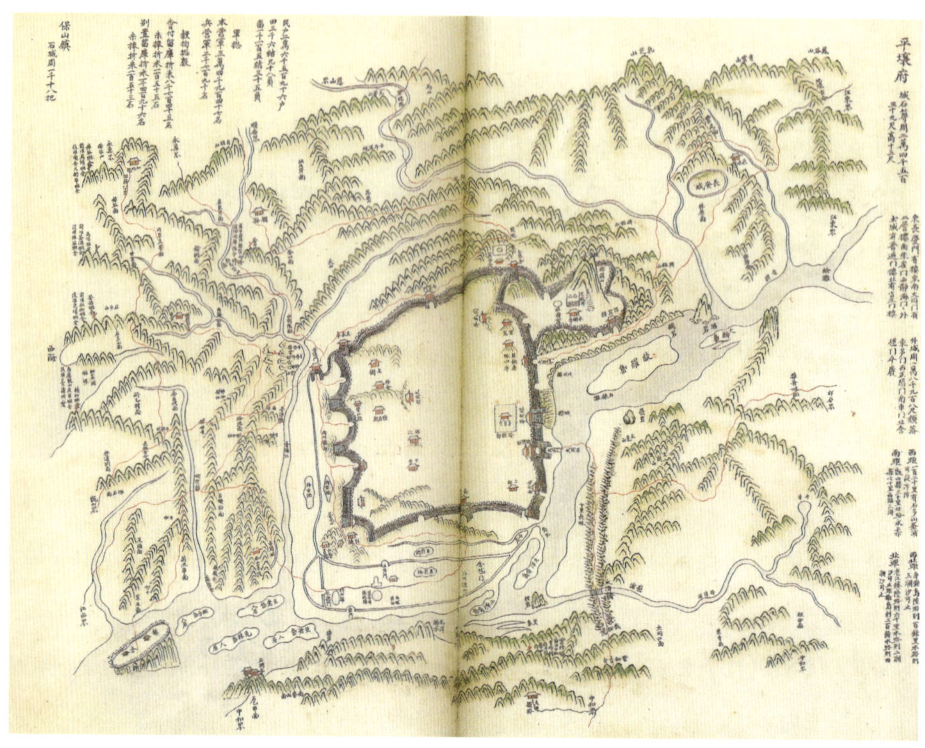

《海东地图》平壤府城图。平壤放弃了原有设防城区，包括普通门—正阳门—含毬门在内，中城及外城两个原设防城区被全部放弃

此外，很多朝鲜人被日军俘获之后，作为战利品运回日本贩卖为奴隶，如蔚山之战的城下奴隶商人。典型的是李退溪的门生姜沆，在南原之战后，他被藤堂高虎部俘获，送至日本本土伊予大津。当时日军一次回国的六七百艘船中，有一半是朝鲜人。姜沆抵达大津之时，当地已有朝鲜俘虏千余人，一半的朝鲜人被日本人同化。“贼船六七百艘，弥满数里许，我国男女，与倭几相半，船船呼哭，声震海山……佐渡者之私邑三城，大津其一也，既至则我国男女，前后被掳来者无虑千余人，新来者晨夜巷陌啸哭成群，曾来者半化为倭，归计已绝。”（《看羊录》）同姜沆一样被俘的还有朝鲜儒学者——被蜂须贺家政俘虏的郑希得、被锅岛直茂俘虏的洪浩然等。姜沆及郑希得最

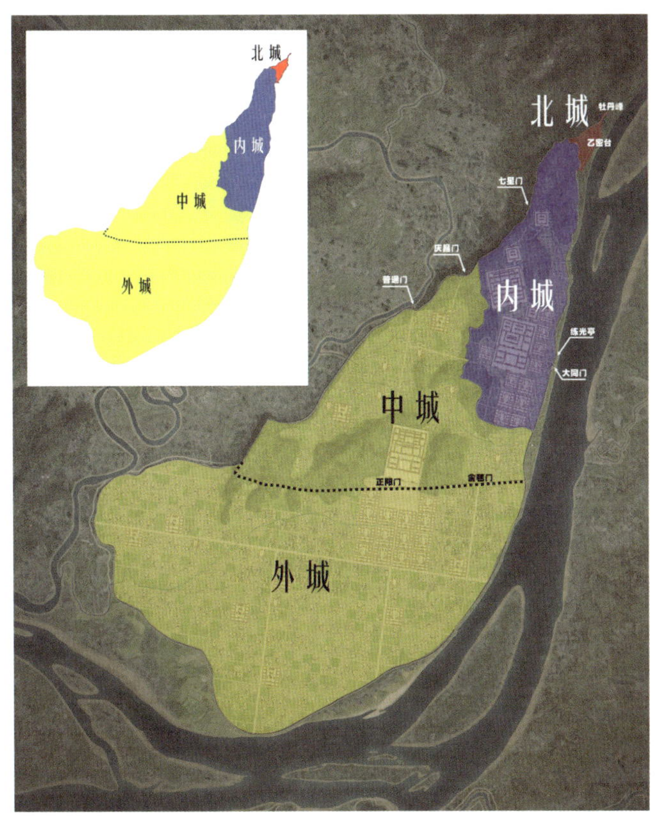

图中黄色部分为中城和外城，平壤役之时，日本军队设防区域为北城、中城、内城区域，战后朝鲜无力防御如此大面积的城区，退缩设防内城及北城，外围即黄色面积部分，全部为不设防区域

后回到了朝鲜。洪浩然效忠了锅岛直茂、锅岛胜茂，成为佐贺儒学之祖，在锅岛胜茂死后为其殉死。

除了儒生和农民，日军还会抓捕朝鲜的缝官女、陶工等工匠。缝官女即朝鲜的刺绣女工，丰臣秀吉曾亲自下令各大名抓捕缝官女运往国内。日本上层人士流行茶道，茶道的必备工具是陶瓷茶具，拥有一定级别的名唐物的茶入，是当时武将身份和权势的象征。著名的“九十九发茄子”便是自日本茶道开山祖师村田珠光从中国购入后，在战国时代分别被朝仓宗滴、松永久秀、织田信长等大名持有。在当时的日本，上自领主，下至平民，无论是奢侈品还是日常用品，对优质陶瓷品的需求一直极为旺盛。朝鲜当时的陶瓷制

12世纪的青瓷透雕七宝香炉（首尔国立中央博物馆藏）

“弘治二年（1489）”铭青花松竹纹梅瓶（东国大学博物馆藏）

造技术长期与中国交流，达到了中国陶瓷的烧制水平。“世宗朝御器专用白瓷，至世祖朝杂用彩瓷，求回回青于中国，画樽、杯、觞，与中国无异”，“新罗高丽，亦制青窑进贡；高丽忠烈王时，中书省求青砂瓮等器。则我东所用青彩，即中土产之青也”（《慵斋丛话》；《五洲衍文长笺散稿》）。因此，当时拥有烧制优美陶瓷技艺的朝鲜陶工，成为被日本人重点抓捕的对象。

朝鲜的陶瓷工匠给日本的陶瓷业带来了飞跃式的发展。日本江户时代有名的陶瓷产地，大多是朝鲜工匠开创的，如毛利领内的长门萩烧，开创者为李勺光、李敬兄弟，锅岛领内有田烧（伊万里），开创者为李参平，黑田领内筑前高取烧，开创者为八山（日本名“高取八藏重真”）。为炫耀武功和保留异国趣味，岛津氏特意要求，被俘虏的朝鲜陶工及其子孙后代，为其烧制萨摩烧的同时，保留朝鲜的风俗习惯、语言乃至宗教。

日军从朝鲜掳掠的农民、学者、工匠、僧侣以及大量典籍，使近代日本

藤原惺窝像

林罗山像

在文化和技术上取得了飞跃式发展。以姜沆为例，他被俘至日本后，与江户儒学的开创者藤原惺窝相遇。藤原惺窝的儒学基础就是通过姜沆学习其师李退溪（李滉）的退溪学。藤原惺窝在关原之战后为德川家康讲学，此时的藤原惺窝，已经成为一个“精神朝鲜人”，模仿朝鲜人穿深衣道服，使用朝鲜版汉文书籍，连饮食也要仿效朝鲜和中国。林罗山作为藤原惺窝的弟子，在儒学、历史、文学、医学、兵学等方面的知识都得自日本人掳掠的朝鲜书籍。与老师一样，林罗山极为崇拜李退溪，称“退溪辩，尤可嘉也”，并写诗赞美李退溪“劳如圃隐要须慰，理与退溪将共穷”，“退溪李氏拔群殊，贵国儒名世佥呼”。（《林罗山诗集》）

日军对朝鲜在文化上的掳掠，给日本带来了一股崇敬朝鲜文化的风潮。万历朝鲜役结束以后，朝鲜向日本派遣的通信使抵达江户城时，德川幕府会安排学者与使节对谈。而在日本国内的行程中，日本各地学者常到客馆与朝鲜使节联谊，互相笔谈朝鲜的文物制度、风俗习惯、医药、著作，唱和汉文诗歌，求朝鲜方面的文字书画等。在1607年、1624年、1636年、1643年、1655年五次朝鲜通信使前往江户时，林罗山均亲自参与笔谈、唱和。这种活动在1682年和1711年两次达到巅峰，特别是在1711年，朝鲜使节和日本学者笔谈唱和时所录文字，汇聚成册，达一百多卷。“按使节来聘，必笔谈唱和，天和、正德之顷，其事盛，故书类成册至百数十卷。”（《通航一览》）

“我国文献之名，素饱日东人之耳目，求诗求墨之请，在路次已不可堪，及到舍馆，自馆伴与其国执政者，以至厮养之倭及儒释好事辈，张纸砚墨，日来求恳……则余虽无临池之学，好纸精缣，堆积眼前，而来者杂沓，挥之不去。始试忘耻挥洒，终遂成一苦役，矢在弦上，不得不发云者。”（《东槎日录》）1682年，朝鲜使团成员金指南在前往日本的旅途中，被日方人员求诗求墨，不堪应付。面对日方学者、僧侣乃至小厮伴随人员的不断索求，这位汉学前正很苦恼。

1711年，朝鲜副使任守干记录了当时在日本的所见所闻。日本国内大规模刊印中国的各类文献书籍，其中医书、佛经之类特别多，同时也在翻刻朝鲜书籍。日本儒生已经达到其认可的博古通今的水平，画手水平不弱于中国，但日本人不擅长诗歌及书法，见到朝鲜使节，就求要文字书画，得只字片言也当宝物收藏把玩，甚至求到稍懂文字的下卒身上，令他应接不暇。“国中印行册枚及唐本甚多，而医书佛经尤多，抑或有我国书籍翻刊者矣。儒生辈或有涉猎经史，博通古今者，而作诗未工，语多不成，行文稍胜，而亦昧蹊径，书法甚拙，不成模样。而最工于画，或有妙品高手不让于唐人矣。国俗最喜我国人文字及书画，如得只字片言，宝藏而传玩之，甚至求书于下卒辈，稍解把笔者，亦不其酬应云云。可笑！”（《东槎日记》）

“日本人求得我国诗文者，勿论贵贱贤愚，莫不仰之如神仙，货之如珠玉，即舁人（轿夫）厮卒目不知书者，得朝鲜楷草数字，皆以手攒顶而谢。所谓文士，或不远千里，而来待于站馆，一宿之间，或费纸数百幅，求诗而不得，则虽半行笔谈，珍感无已。”（《申制述海游录》）日本上下视朝鲜诗文“如神仙”，“如珠玉”，文人不远千里求诗，以至于使团一宿费纸数百幅，可见朝鲜文化在日本的影响。

然而，这不是什么值得朝鲜骄傲的事情，由于朝鲜在万历朝鲜役中的军事失利，日本在朝鲜文化风行的同时，认为可以凌驾于朝鲜之上。日本长期自得的“武德”“武道”，并非朝鲜人用区区几句诗文就能抵消，“太阁讨伐朝鲜，迄今世服本邦，皆武德所光耀也”，“神武垂训，武道不失，故至今无自他国侵掠之事，诚好风俗也”。（《海国兵谈》卷十六；《西域物语》）

朝鲜的国格在战后被日方在外交上强行打压，由于国力、军力远逊日本，朝鲜被迫承认日本强加的地位——朝鲜是日本的藩属国。1764年，朝鲜正使赵曮向幕府将军行四拜礼，“关白坐于上层，三使行四拜礼，四拜礼未知始于何时，而诚可寒心也”（《海槎日记》）。在1643年的《癸未东槎日记》中能找到同样的内容：“岛主奉国书入纳关白前，引三使升正堂，行四拜礼毕。”（《癸未东槎日记》）而四拜礼，是明代藩国国王面见明天子的礼节（《大明会典》卷五十八），也就是说，江户的德川幕府将军在明亡之前，就将自己视为“明天子”，而将朝鲜降格为日本“明天子”的藩属国。朝鲜使节实际上是默认了。

日本在外交上对朝鲜的鄙夷，并不局限在礼节上强行藩国化，而是挖空心思对朝鲜使节进行各种羞辱。即便在使节、文人进行笔谈唱和最盛期的1682年，将军面见朝鲜使节甚至用帘子遮蔽面容，而一开始的敬酒宴会环节早在1643年便已撤销，只对朝鲜使节行酒礼。1784年，将军干脆高坐高台，对朝鲜使节举空杯。李退溪在日本的徒孙林罗山，还一手推行过对朝鲜国王在称号上的压服，称将军在中国为中下之官，认为幕府将军对朝鲜国王应称“日本国大君”。此词或为林罗山一手炮制，“日本国大君”等同日本国天子，以日本天子对朝鲜国王，意图在称号上压制朝鲜。（《日鲜关系史之研究》）

丰臣秀吉对朝鲜的侵略取得了巨大成功，这份遗产由继任者德川家康继承，对朝鲜有了外交上的优越感。日本庆长十五年（1610）十二月，本多正纯向大明国投递的国书中，称日本国主源家康（德川家康）“其化所及，朝鲜入贡，琉球称臣，安南、交趾、占城、暹罗、吕宋、西洋、柬埔寨等蛮夷之君长酋帅，各无不上书输宾”（《林罗山文集》卷十二）。日本之后视朝鲜为藩属，以军力胁迫朝鲜，要求使节行四拜礼也并不出奇。

日本对朝鲜的蔑视一直延续到近代。日本大胜朝鲜而败于中国，让一些日本学者认为自己是除中国之外最优越的国家。

例如，熊泽番山（1619—1691）在《集义和书》中写道：“九夷之内，朝鲜、琉球、日本最优越，三国之中，又以日本最优秀。然中夏之外，无及日本之国。”

古学派始祖山鹿素行（1622—1685）干脆称日本为中华，中国为外朝，视朝鲜为藩臣，“况朝鲜、新罗、百济，皆本朝藩臣”，“高丽本我属国，云文云武又不比外朝（中国），况中华（日本）”，他称朝鲜为“蕞尔小国”，丰臣秀吉对朝鲜的征伐是一件正义的事，“况征，正也，以我之正，正人之不正，谓征。秀吉有何正，正高丽之不正也”。（《山鹿随笔》）

1682年，新井白石（1657—1725）在本誓寺与朝鲜制述官成琬、裨将洪世泰等人唱和笔谈，并请成琬为其诗集《陶情集》作序，并作《送成伯圭琬之日本》诗追慕成琬人格崇高，但他同时称“朝鲜狡黠多诈，利之所在，不顾信义，盖蕨貉之俗，天性使然”（《新井白石全集》），认为日本和朝鲜议和，是日本对朝鲜的再造之恩。他还将自己在儒学和诗文上的失败，归咎朝鲜在军事上争不过日本，所以特意派使节来针对日本文化上的劣势进行羞辱，认为无法与朝鲜和睦相处。“两国和事……再造之恩，彼国君臣所不可长忘也……然彼信使耻其国武事难敌，改以长我国之文事争之……朝鲜之事，非永结临好之国。”（《新井白石全集》）近代日本在进行扩张之时，首选的国家便是朝鲜，也就不足为奇了。

日本对朝鲜的胜利，从军事技术层面上讲，在很大程度上倚仗了嘉靖大倭乱时期通过葡萄牙和中国走私商人，传入日本境内的，采用熟铁皮卷管锻接制作的管型火器——火绳枪。与需要从采矿冶炼到铸造成型的完整产业体系不同，用锻造拼接方式制作枪管或炮管，技术难度较低。在16世纪，只要是会打造合格刀剑的文明地区或国家，都能用铁皮卷出一个个大小不一的铁筒，通过反复锻打拼接，制作出长短不一的合格的枪管或炮管。

这种方式可以绕过铸造这条技术线路，迅速拥有较高水平的中、轻型火器，但是，枪管或炮管做得越大，锻造难度就越高。因此，用锻造卷管的方式制作火炮，成本很高，所以侵朝日军在火炮这片领域，绝大部分只是20～50匁（1匁=3.75克）弹丸重量的庆长大铁炮。从日本元龟二年（1571）织田信长命国友村锻造出两门200匁（750克）弹重、9尺（2.7米）长的“大筒”（锻造炮）作为开端，价格高昂的锻造火炮成为战国时代中后期至江户时代初期日本火炮的主要来源。据《国友文书》，一门7尺（2.1米）长、100匁（375克）弹丸的大筒，折合米价为284～349石，折明石为511～628石。以2石米1两银的粮价计算，制造一门只有10两重弹丸的小炮，要用255.5～314两白银。

而同时期的明朝，“依奉查得部发马价银一万八百余两，行济州道委官打造大将军炮二百二十位，据监督通判孙兴贤并陈云鸿呈报，造完一百一十位，已解京营六十位，见存五十位，未完一百一十位，星夜打造”（《经略复国要编》卷三）。明朝在备战之时，花费10800两白银，用锻造方式制造了220门大将军炮，一门火炮的均价约为49两，而日本一门火炮的造价是明朝的5.2～6.4倍。宋应昌记录的这批陈云鸿监造的、一门造价49两的大将军炮，在碧蹄馆之役中被明军丢弃，被日军获得。弹丸重量被日军刻上“二贯目玉”，即2000匁，是100匁日式火炮弹丸重量的20倍。1匁弹丸重量的火炮，日本在制造成本上是明朝的104～128倍。“复按日本鸟铳……每铁（铳）用药二钱，多弹者有加减，一铳总放三弹，横直分发，此秘法也……此见皇明末《绣水施永图》、山民所著《心略》”（《五洲衍文长笺散稿》），“上命出降倭大鸟铳，以示诸宰曰：此穴中，容铁丸二十箇及小石四箇。若于陆战，载车以放，则不可当也”。

在朝鲜人的记录中还可以看到一个有趣的现象，日本在朝鲜的鸟铳使用发射的霰弹。日本《信长公记》的卷首记录了一场战时决斗，桥本一巴用装有两枚弹丸（“二つ玉”）的火绳枪击败了名弓手林弥七郎。大分县佐伯市染矢家所藏《毛利伊势守高政的伊势守流秘传书》中，记录了几种不同种类的复数弹丸、火药装法，其中装药重量多数为1匁5分。杉谷善住坊在狙击织田信长之时，也是对织田信长发射了两枚弹丸。所以，日本在火器时代使用复数弹丸的装填模式并不罕见。

日本战国时代的文书《权现山有之城之忆》中，记录了当时城防火器的数量、大小和种类，其中大铁炮1门，铁炮15门，小铁炮50门，大铁炮弹丸137发，金玉（铁质弹丸）2250发，玉（铅弹）3200发，火药2714发，另有火药九斤，焰硝一箱。①15挺铁炮被单独分列，火药1500放，玉（铅弹）3200发，或者可以说当时铁炮备弹为1挺可以发射100次，每次发射2～3发弹丸。从数据上可以看出，日本在战国时代的火器以小口径铁炮为主。文禄二年（1593）七月，岛津军2000人在唐岛（巨济岛）守备之时，登记的火器数量为：大筒1丁、50目（187.5克）玉5丁、30目（112.5克）玉5丁、20目（75克）玉5丁、6匁玉（22.5克）10丁、13匁（48.75克）玉2丁、2.5匁（9.375克）玉72丁。上述100件火器中，2.5匁玉的小口径火器占72%强。与此同时，小早川隆景部5000人在驻守加德岛端城期间，装备的火器为：大铁炮1丁、13目10丁、50目10丁、6目10丁、30目10丁、2目155丁、20目10丁。在上述206件火器中，小口径火绳枪有155件，约占火器总数的75.2%。②

由此可见，日军在朝鲜役时主要使用的是小口径火绳枪，有复数装弹的模式。与明朝当时装备的三钱（11.16克）重单弹丸，战时三钱二分（11.9克）加装火药的鸟铳相比，日军除了在轻型火器的弹丸重量和装药量上处于劣势，烦杂的口径也加重了后勤压力。如上文提及的伊势守流火器，佐

---

① ［日］宇田川武久：《铁炮介绍》，中央公论社，1990年，第55—56页。

② ［日］宇田川武久：《铁炮介绍》，中央公论社，1990年，第88—89页。

伯藩所记载的43挺伊势守流长御筒，竟然多达26个口径，即便四舍五入简化，口径也有近20种。日军火器口径的复杂程度，能在江户初期的文献《忠周公·龟山御城渡·御所替纪要·贞亨三丙寅年》中找到，三月十八日的一份火器登记中记录了火器的详细数量和规格："500目玉2挺、300目玉3挺、200目玉1挺、100目玉20挺、50目玉1挺、40目玉1挺、30目玉7挺、20目玉9挺、15目玉1挺、13目玉2挺、10目玉21挺、6目玉117挺、5目玉6挺、4.5目玉1挺、4.3目玉224挺、4目玉8挺、3.7目玉3挺、3.6目玉1挺、3.5目玉159挺、3.3目玉18挺、3.2目玉4挺、3目玉9挺、2.8目玉1挺、2目玉5挺、1目玉2挺。"以上合计628件火器，共有25个口径。贞亨三年是1686年，属于江户时代中前期，此时日军所装备的轻火器主口径依旧不大，6匁中筒之下共有441件火器，占579件单兵火器（13匁/口径20毫米以下）的约76%。

在万历朝鲜役中，除了加藤清正曾订购2000支四匁筒[①]，未曾看见日军有统一口径简化后勤的意图，直至江户德川幕府时代，日军的火绳枪口径依旧处于极端混乱的状态，动辄几十种口径的火绳枪，给其后勤带来的压力之大可想而知。除此之外，日军的火药和铅弹产量以及海外进口量，也难以支撑其在朝鲜进行高强度的军事活动。以加藤清正为例，为确保火药和铅弹的供给，加藤清正多次亲自指示在东南亚用小麦粉（面粉），置换战争所需的铅、硝。1594年2月，加藤清正向位于肥后的家老门发出书函："对于塩硝与火药，去年以来多次指示，至今为何仍未送来塩硝五百斤。怠慢至极。如上所指示，在当地调制火药，因此该书翰到达后，至少将塩硝五六千斤，如去年指示的那样，与硫黄一起一定要送到。铅也按比例送来。"紧接着，在2月21日和4月再次命令国内搜集军火，"铅完全没有送到。去年只送来一次。按与火药相当的量，送来铅"，"如以前所指示，筹集铅与塩硝。送来塩硝千斤，则送来铅二千斤，为塩硝的两倍"。（《新熊本市史》）

① ［日］宇田川武久：《铁炮介绍》，中央公论社，1990年，第87页。

1593年整整一年，加藤清正仅仅得到一次铅的补充，具体数量不详，而硝在多次催促下连500斤都未能送到，1594年试图筹集的硝最高纪录为5000～6000斤，铅如按比例为硝重量的两倍，便是10000～12000斤的需求量。按加藤清正在理想状态下的弹药供给量，以2000支四匁筒计算，一支火枪配发铅弹为5～6斤，即800～960发四匁重弹丸，火药按硝重量比例计算，每一发在2.5匁左右，弱于明军火绳枪的装药量。与加藤清正苦求500斤焰硝相比，明朝战前仅辽东都司库存焰硝就有16000斤，而辽海一道便造了33656斤火药。"辽东都司所取……烟硝16000斤，硫黄13200斤……麻楷灰1300斤……辽海道所取……火药3656斤……见造大将军铅子……火药30000斤。"（《经略复国要编》卷四）明军火器在数量、质量乃至标准化程度上，均对日军形成了碾压态势。

另外，甲府市"躑躅ヶ崎館"（踯躅崎馆）（武田氏馆旧址）西曲轮南虎口处，出土了一匹日本战国时代的完整马骨，推测这匹战马的肩高在115.8～125.8厘米。[①]这是日本战国时代肩高在120厘米左右的优质战马。而日本在昭和九年（1934）的征兵标准，合格的甲种兵员身高为1.55米及以上[②]，大致而言，日本当时使用120厘米左右的马匹，配合身高155厘米的骑兵。反观明朝，如前文所述，明军战马的中马最少肩高4尺（128厘米），高马可达4尺7寸（约150厘米），明代普通人的身高，由医书可知，约为172.5厘米，"众人者，众人之常度也，常人之长多以七尺五寸为率。如《经水篇》岐伯云八尺之士，《周礼·考工记》亦曰人长八尺，乃指伟人之度而言，皆古黍尺数也"（《类经·经络类》卷八）。

日本骑兵的马匹不及明朝军马，日本兵员的体质更是不如明兵。据朝鲜人的情报，当时日军口粮不多，食品质量低劣，日本兵战时才能保证一日

① 参见日本山梨园立博物馆网站的展览档案《甲斐的黑驹》。

② ［日］松冈环：《南京战：寻找被封闭的记忆》，上海辞书出版社，2002年，第40页。

甲斐的黑驹

三餐，平常只能吃两顿饭。“贼之所食至少，以一升米，可供三时之用”，“每饭不过三合米……卒倭则例喫两吨，有役作然后喫三吨，但将官外，皆用赤米为饭，形如瞿麦而色似蜀秫，殆不堪下咽，盖稻米之最恶者也”（《李朝实录》宣祖二十六年二月丙午；《日本往还日记》十二月初九日辛未）。一般日本兵一天的口粮，以朝鲜枡计算，不过6合至1升的赤米（糙米），而明兵在营养摄入方面大大超越日本兵，口粮配给至少是日本兵的2.7倍。“天兵……一日粮，每一名一升五合……上国米一升五合，准我国米二升七合。”（《李朝实录》宣祖二十五年十月壬子）

营养摄入不足导致日军士兵体力偏弱，所以在肉搏中，日军对明军处于明显劣势，自身难以身负重甲。日本资源不足，中下级武士和普通士兵很难有良好的护具。加藤清正的家臣甲“朱漆金箔押二枚佛胴”全套重量仅有4千克。一般的小大名也很难有坚韧的护具。真田昌辛的“升梯子”当世具足全重才9.2千克，其身甲部分仅有4.3千克，较好的防具部分只有头盔“八间椎形筋兜”，重量为2.05千克。即便是大大名不惜成本的护具，如榊原康政南蛮胴具足二枚胴、德川家康金陀美具足二枚胴，重量也分别只有8.5千克、6.2千克。著名的当世具足中，在重量上符合明军精甲标准的，是伊达家的五枚胴，重13.15千克。明军的冷锻盔甲重量为18斤（10.71千克），头盔重量为2.5斤（1.4875千克）。“乞敕兵仗局成造上样盔甲各二项副、腰刀二把、其甲重十八斤、盔二斤半、发与南京军器局、著令管局内外官员照样成造。”（《皇明经世文编》卷之六十四）明兵护具的防护性

朱漆金箔押二枚佛胴

八间椎形筋兜

能大大优于日本足轻，甚至比多数日本大名的当世具足好。

然而，明军在朝鲜战场上没有取得碾压式的战果，除了朝鲜后勤问题，自身也有问题。明军的“南兵北军之争”集中表现在碧蹄馆之战后。南兵吴惟忠部开始以北军打压南兵为由，联合朝鲜人对李如松进行挑衅。“前者攻平壤时，俺之一军，皆上牡丹峰，得以献捷，平壤之收复，咸我绩也。”（《李朝实录》宣祖二十七年一月癸巳）“当初南兵先登有功，而李提督不为录功，是以南兵多怨怼者，拿致提督之旗牌数罪枭首。”（《李朝实录》宣祖三十年一月丁未）南兵对李如松可以画牌枭首，而一手缔造浙兵威名的戚继光，其亲侄子戚金逃过南兵的羞辱，被生生拔掉全脸胡须。“南兵性急，前者戚金，被其军所作乱，尽拔其须矣。”（《李朝实录》宣祖三十一年四月戊寅）

吴惟忠部在平壤役时位于牡丹峰，平壤役中牡丹峰的日军并未失守，其部先登平壤之说是无理取闹。吴惟忠本人私下绕过明军系统，建议朝鲜国王状告宋应昌、李如松等人瞒报军情，行为跋扈等。“（吴惟忠）答曰：提督权倾内外，经略瞒报倭遁，新兵因何出来？必国王奏本达朝廷，然后别有一番处置。”他意图在商议留军之时，与朝鲜人配合，多留南兵，而不用北军。这些以雇佣兵形式招募的南兵，有很强的功利性，吴惟忠营将领郑德说，南兵皆为名利而来，只要有钱赚，攻城略地一往无前，“况我浙江俱是富家子

弟，招募而来，又与马军不同，皆是为名利而至，攻城略地，实肯向前。”（《唐将书帖》）

吴惟忠南兵营以战前新募士兵为主，属于新兵营，居然敢在主帅不符合其名利追求目标的时候，对主帅进行人身攻击，还与藩属国君臣勾结，意图干涉高层的战、和协议及军事部署。这是一个相当危险的信号。南兵求名利的背后，是明廷探索雇佣兵模式的失败。高薪养出来的南兵，并不能完全受控于朝廷。而且，雇佣兵“为名利而至，攻城略地，实肯向前”，不代表其战斗力强。吴惟忠南兵营第一次援朝时参与的两次战斗，均以失败告终，先攻牡丹峰未果，其后又在庆州贪功入伏而逃，战绩不如其鄙夷的北军。然而，吴营南兵依旧以“鼓噪”的形式来求取在朝鲜的功赏。后来，明廷忍无可忍，在蓟镇南兵兵变之时，灭了吴惟忠营。“南兵屡噪乃蓟镇痼疾，然向来鼓噪止协众要恩，今则渐成逆乱，若复过为姑息，不行尽数驱逐，贻患必深。”（《明实录》万历二十三年十一月己巳）

明军水、陆两军在战术配合上也存在问题。这可以从顺天之战的战况描述，以及顺天倭城的工事、水文复原图中看出。陈璘水军专攻次郭、内郭之间的港口，若顺利登陆，陈璘等人可以越过外郭、次郭工事从港口直上内郭，而陆军刘綎部则需要攻破外郭、次郭之后才能抵达水军登陆地点。若陈璘计划完全成功，则刘綎部陆军需要吸引并消灭日军主力，涨潮有利于水军大队行动，但不利于刘綎的陆军机动。陆军出力多，伤亡大且无大的战功，只能是水军获取战功的辅助。因此，当陈璘做出集中兵力直扑内郭，谋求最大利益，而无视涨潮时不利陆军大队行动，任由陆军单独进攻外郭的决定后，刘綎对配合水军作战表现消极，干脆按兵不动。

从朝鲜妇人对明军喊话此处空虚，再结合内郭天守遭到舰炮袭击可以看出，陈璘部进攻方向为次郭港口，并未有配合陆军先拿下外郭的打算。日军为应对陈璘水军登陆内郭和次郭之间港口的意图，将城中防守兵力集结于次郭和内郭，才使顺天倭城中被俘的朝鲜妇人有登城后对城外明军喊

顺天外郭港口位置及次郭港口位置。红色虚框圈注内绘有日本船只，此为顺天倭城所属港口所在地

话的机会。

陈璘在战术上选择的登陆地点，可以将日军前后分割于外郭和内郭，但无视陆军的利益，引起刘綎不满。陈璘战法冒进，打算用舰载火炮压制内郭，试图在次郭和内郭之间港口登陆，快速拿下内郭。水军和陆军配合作战最为稳健的方式，应该是水军用火炮压制日军内郭以及外郭、次郭北上突出部，以便利用涨潮将登陆部队先投放到外郭后方，内外夹击，接应陆军进入外郭，并在内郭北方港口部署疑兵。若位于次郭、内郭的后方日军救援外郭，明朝水军则趁机登陆。若后方日军不救援外郭，明军可趁势加大外郭登陆部队数量，陆军进入外郭之后，水军和陆军可再次配合以占据次郭。这样步步为营，水军和陆军相互照应，逐步压缩日军的纵深，将会取得更大的战果。

通过对外郭城门左右高地地形核心工事的复原，以及从顺天倭城外郭城门的位置，可以看出刘綎部进攻的困难程度。刘綎部陆军没有大型火器，只能临时建造防牌、飞楼、云梯等攻城器械，仰攻绝对高度差为二三十米的台地。无论是进攻城门，还是进攻西北角海拔较低处，陆军都无法绕开外郭正中间的锤形多层工事。而陈璘部水军主要攻击内郭和次郭阵地，并曾用舰载火炮击中顺天倭城内郭本丸天守台。水军任由陆军临时制造冷兵器时代的旧式攻城器械，也不支援陆军炮火。经过对复原地形图的多方测距，水军所处位置与陆军的攻击地点直线距离仅为一二里，可见明军水军和陆

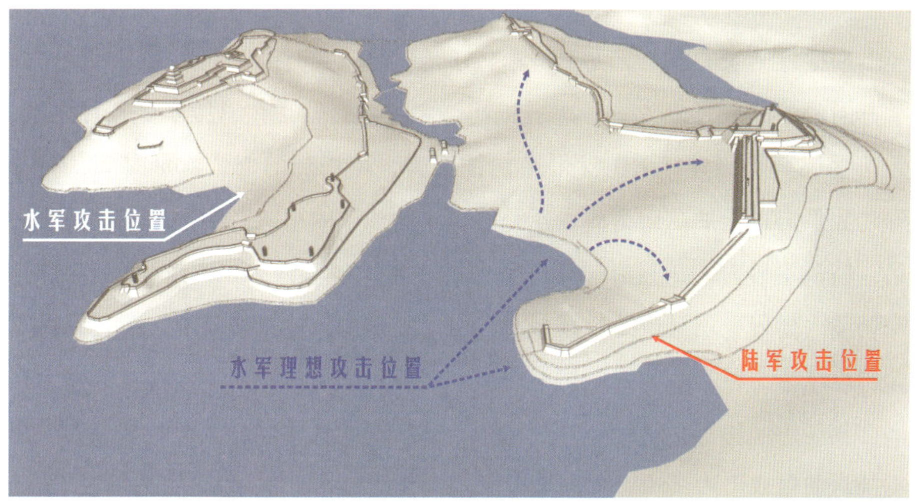

顺天倭城地图作业战术态势图。从地形和工事的复原图可以清晰看到，顺天倭城外郭西北角，即图中水军理想攻击位置，海拔高度要较外郭核心工事群低20米，城内坡度较为缓和，水军可在此与陆军里应外合

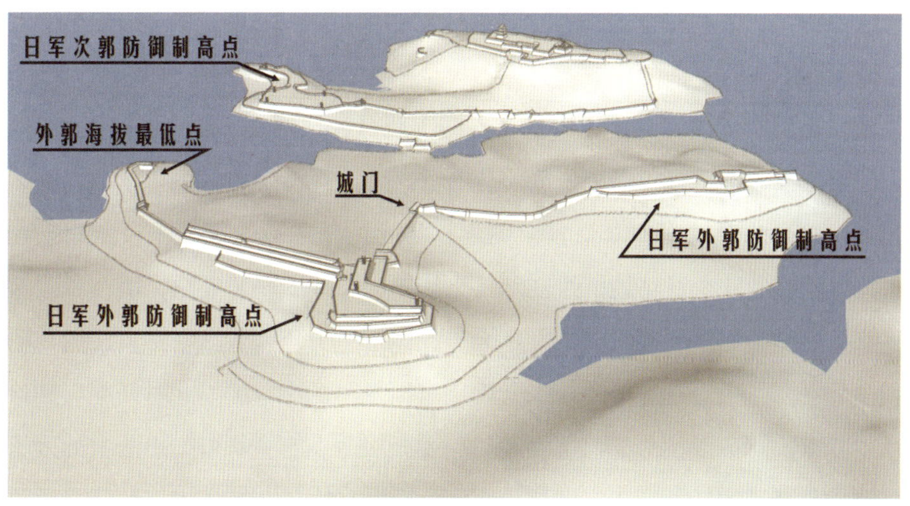

顺天倭城外郭、次郭核心工事及外郭城门和低海拔工事所处位置

军无配合意图。

从整个朝鲜役的过程来看，此时的明廷面对外部和内部势力的挑战，已经出现捉襟见肘的现象。无论是军队还是财政，此时的明廷无法同时应对两个方向的挑战。日本人第一次进犯朝鲜之时，明朝正在镇压宁夏哱拜之乱，无法抽调军队，只好派遣沈惟敬前往朝鲜，用谈判的方式拖延时间，待哱拜之乱平定才能抽调兵员前往朝鲜。第一次抽调的军队之中，过半是新募士兵，精锐不过万人，只有原计划兵力的一半。日本人第二次进犯朝鲜之时，明朝境内播州土司杨应龙举兵叛乱，由于大量军队被调往朝鲜，明廷只能等朝鲜役结束，将派往朝鲜的兵力调回，才有足够力量镇压。这就意味着，在保证其他边境防御力量的同时，1600年前后的明代中国，其财政和兵力只能支持对周边或国内某一个方向进行大规模作战。

实际上，由于在时间和作战军队上的紧密关联性，万历朝鲜役可以结合宁夏之役、播州之役进行综合性评估。从朝廷只能依次调动部队进行“万历三大征”可见，这支被来回抽调的机动兵力或者说明廷“救火队”，没有富余的兵力。从国家安全上进行评估，这支明朝唯一的“救火队”，在军事上只能胜而不能败。即便作战一时失利，也不能造成兵力过度损耗，一旦遭受惨重损失，明廷短时间难以重建具有同等质量和规模的“救火队”。这对偌大的明帝国而言，是一个十分危险的信号。

所以，此时的明朝看似繁荣强大，实际位于危险的边缘，只能靠一支十万级别且并非全员精锐的机动部队来维护天朝的威严和安全，潜在风险被三次战争的接连胜利掩盖。耗银1000万余两的“万历三大征”结束之后，明朝国力下降，兵力在连年战争中受到一定损耗，国库空虚。此时，本应勤俭积累，以应对下次挑战，但沉浸在“朕受天明命，君主华夷”想法中的万历皇帝，不断增加额外开支，制造出高额的财政赤字，与朝臣内讧赌气，导致各地机构大量缺员，严重影响行政效率。被损耗的边境守备军和机动“救火队”，不但没有在战后补充损耗并予以加强，反而在万历皇帝的操作下被一

入跸图（局部）

再削弱。

明军战力持续衰落，被长期潜伏在辽镇内部的建州卫努尔哈赤窥见。努尔哈赤整合东北女真各部，悍然挑起对明战争，明军用“万历三大征”模式从全国调集了80000多人的机动“救火队”，投放到辽东境内，试图镇压建州女真掀起的叛乱。这支“救火队”的相当一部分是参与过万历朝鲜役的兵将。由于准备不足及情报泄露，明军在萨尔浒之战中战败，损失了40000多人，明廷对于辽东方向就此转攻为守，短期内再也拼凑不出一支像样的军队。短短十几年，在朝鲜半岛上叱咤纵横的强大的明军，从真老虎变成了一只纸老虎。